GDS-Archiv
für
Hochschul- und Studentengeschichte

Band 10

herausgegeben im Auftrag der
Gemeinschaft für deutsche Studentengeschichte (GDS)
von
Helge Kleifeld
Harald Lönnecker
Klaus Gerstein
Peter Krause

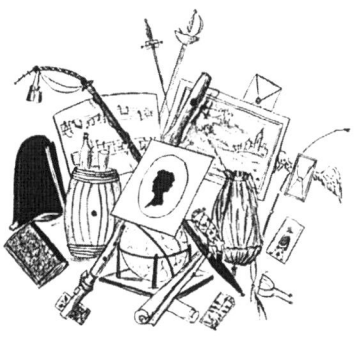

GDS-Archiv
für
Hochschul- und Studentengeschichte

Band 10

2014

Unterstützt durch den Mitherausgeber Stiftung Deutsche Studentengeschichte, Sitz: Frankfurt/Main
(www.stiftung-deutsche-studentengeschichte.de)

Umschlagbild: „KLSand 1817", Unterschrift des Burschenschafters und Kotzebue-Attentäters Karl Ludwig Sand, vermutlich eingeschnitzt Ostern 1817; Eichentisch, ehemals Gasthaus „Zum Löwen" in Wertheim, heute Grafschaftsmuseum Wertheim, Inv.-Nr. 4101.

Erscheinungsweise: Das GDS-Archiv erscheint im Auftrag der Gemeinschaft für Deutsche Studentengeschichte (GDS) e. V. GDS-Mitglieder erhalten auf Anforderung je ein Exemplar unentgeltlich, weitere zu einem Sonderpreis.

Manuskripte: Beiträge können von jedermann eingesandt werden. Durch elektronische Post, auf Datenträgern gespeicherter und unformatierter Text ist bevorzugt. Dieser soll im Regelfall nicht über 15 Seiten (DIN A 4, eineinhalbzeilig bzw. 40.000 Zeichen) betragen. Illustrationen als druckfähige Vorlagen im Original, in Kopie oder als Datei (Auflösung mindestens 300 dpi, gern mehr) sind erwünscht. Die Zitierweise soll dem Muster der Reihe genügen. Manuskripte, die anderwärts veröffentlicht sind oder werden sollen, können nur in begründeten Ausnahmefällen in das GDS-Archiv aufgenommen werden. Die Autoren erhalten Belegexemplare des jeweiligen Bands und auf Wunsch reproduzierfähige Dateiauszüge.

Redaktion: Dr. Dr. Harald Lönnecker, Bundesarchiv, Potsdamer Straße 1, D-56075 Koblenz, loennecker-bundesarchiv@email.de

© 2014, Gemeinschaft für Deutsche Studentengeschichte (GDS) und akadpress, Oberstraße 45, D-45134 Essen, info@akadpress.de. Alle Rechte der Verbreitung, auch durch Funkmedien, der photomechanischen Wiedergabe, Speicherung mittels EDV oder auf Tonträgern jeder Art und auszugsweiser Nachdruck, sind vorbehalten.

ISBN 978-3-939 413-10-3

Inhaltsverzeichnis

Geleitwort 7

Abkürzungen 9

Aufsätze 11

    Bernhard Homa
    „Keiner hat vor dem andern einen Vorzug" – Untersuchungen zu
    Studentenorden in Tübingen um 1770 11

    Harald Lönnecker
    „... am griechischen Kampf für die Freiheit" beteiligt –
    deutsche Studenten und Griechenland im 19. und frühen 20. Jahrhundert 47

    Helma Brunck
    Die „Flucht der Studenten ..." – Schicksale Frankfurter Wachenstürmer von 1833 71

    Mario Todte
    Der Akademische Richard-Wagner-Verein Leipzig (1872-1937) 99

    Ronald Lambrecht
    Die sächsische Studentenschaft in den Jahren der Weimarer Republik
    und des Nationalsozialismus 119

    Alexander Graf
    Die Wilden 20er Jahre in Marburg –
    Studenten in nationalsozialistischen Organisationen 145

    Sebastian Sigler
    Franz Böhm – Wissenschaftler, Widerstandskämpfer, Wirtschaftsfachmann 171

Dokumentation 187

    Wolfgang Nüdling
    Vielfältiges pennales Korporationswesen in Würzburg –
    Die Schülerverbindungen des Alten Gymnasiums Würzburg 187

    Bartłomiej Wróblewski
    Noch ist Polen nicht verloren –
    die polnischen Studentenverbindungen 1816-2011 209

Lexikon 223

Nachrichten 245

Redaktion 259

Register 261

Geleitwort

Liebes GDS-Mitglied,

in Ihre Hände legt die GDS den 10. Band des „GDS-Archivs für Hochschul- und Studentengeschichte". Zehn Bände verschiedenster Beiträge zur Geschichte deutscher Hochschulen und ihrer Studenten sind nicht nur eine runde Zahl, sondern auch ein kleines Jubiläum. Es ist nicht vergleichbar mit den großen mancher Universität, verdient aber trotzdem Erwähnung.

Der vorliegende Band enthält gewöhnlich-ungewöhnliche Themen vom 18. bis zum 21. Jahrhundert: auf Tübinger Studentenorden um 1770 folgen Beiträge über die studentische Griechenland-Begeisterung 1821 ff. und den Frankfurter Wachensturm 1833 und seine Folgen für die Beteiligten, über den Akademischen Richard-Wagner-Verein in Leipzig ab 1872 und die sächsische Studentenschaft in der Weimarer Republik und im Nationalsozialismus sowie ein Blick auf die Marburger Hochschüler in dieser Zeit und „Franz Böhm – Wissenschaftler, Widerstandskämpfer, Wirtschaftsfachmann". Beschlossen wird der Band durch einen Aufsatz über Würzburger Schülerverbindungen und einen Hinweis auf polnische Korporationen. Die Herausgeber bemühten sich, möglichst viele verschiedene Bereiche abzudecken und so ein – im wahrsten Sinne des Wortes – buntes Bild von der Vielfältigkeit des Studententums und seiner Geschichte darzubieten.

Wilhelm Fabricius, Altmeister der Corpsgeschichte, schrieb 1911 an seinen Freund Herman Haupt, Nestor der burschenschaftlichen Geschichtsforschung, die Geschichte der Studenten diene der Belehrung und der Befriedigung der Neugier, aber auch der „Ergötzung", der Unterhaltung, der eine würde mehr dies, der andere mehr das bevorzugen. Daran hat sich nichts geändert und wir hoffen, dem mit dem vorliegenden Band Genüge tun zu können.

Neben einigen Worten zum Inhalt sei auch in eigener Sache noch etwas hinzugefügt. Seit Ende des Jahres 2012 hat das GDS-Archiv eine veränderte Herausgeberschaft. Mit Dr. Helge Kleifeld wurde ein weiterer Studentenhistoriker in das Gremium der Herausgeber aufgenommen, um das GDS-Archiv weiterhin angemessen begleiten zu können. Die bisherigen Herausgeber wünschen ihm bei seiner Tätigkeit alles Gute.

Die Zukunft des GDS-Archivs ist auch im Vorstand und Beirat der GDS viel diskutiert. Soll es zukünftig wieder automatisch an alle Mitglieder versendet werden? Soll es gegebenenfalls in halber Stärke jährlich erscheinen? Die Herausgeber des GDS-Archivs und der Vorstand sowie der Beirat der GDS sind hierüber in eine Diskussion eingetreten. Das Ergebnis ist noch offen.

Für die Herausgeber

Harald Lönnecker
Helge Kleifeld

Abkürzungen

Acad	Academia. Zeitschrift des Cartellverbandes der katholischen deutschen Studentenverbindungen	CV	Cartellverband katholischer deutscher Studentenverbindungen
ACDP	Archiv für christlich-demokratische Politik, St. Augustin	DAFK	Deutsch-Amerikanischer Freundeskreis Paderborn-Belleville
ADB	Allgemeine Deutsche Biographie Allgemeiner Deutscher Burschenbund	DB	Deutsche Burschenschaft
		DS	Deutsche Sängerschaft (Weimarer Chargierten-Convent)
ADW	Allgemeiner Deutscher Waffenring	DSt	Deutsche Studentenschaft
ARWV	Akademischer Richard-Wagner-Verein	DuQ	Darstellungen und Quellen zur Geschichte der deutschen Einheitsbewegung im neunzehnten und zwanzigsten Jahrhundert
ASH	Abhandlungen zum Studenten- und Hochschulwesen		
AStA	Allgemeiner Studentenausschuß	EdN	Enzyklopädie der Neuzeit
ATB	Akademischer Turnbund	EuJ	Einst und Jetzt. Jahrbuch des Vereins für corpsstudentische Geschichtsforschung e. V.
BA	Bundesarchiv		
BAB	Bundesarchiv, Berlin	GDS	Gemeinschaft für Deutsche Studentengeschichte e. V.
BAK	Bundesarchiv, Koblenz		
BayBl	Bayreuther Blätter	GDS-A	GDS-Archiv für Hochschul- und Studentengeschichte
BBl	Burschenschaftliche Blätter		
BHK	Burschenschaftliche Historische Kommission	GfbG	Gesellschaft für burschenschaftliche Geschichtsforschung e. V.
Bl.	Blatt, Blätter	GStPK	Geheimes Staatsarchiv Preußischer Kulturbesitz, Berlin
BzTS	Beiträge zur Tübinger Studentengeschichte		
CC	Coburger Convent der Landsmannschaften und Turnerschaften	HA	Historia Academica. Schriftenreihe der Studentengeschichtlichen Vereinigung des Coburger Convents
		HDA	Hochschulring deutscher Art
		HRG	Handwörterbuch zur deutschen Rechtsgeschichte

HStAS	Hauptstaatsarchiv, Stuttgart		r	recto
HZ	Historische Zeitschrift		RSF	Reichsstudentenführung
IDS	Institut für Deutsche Studentengeschichte an der Universität Paderborn (im Stadtarchiv Paderborn)		SA	Sturmabteilung
			SB	Schwarzburgbund
			SC	Senioren-Convent
Jgg.	Jahrgang		SK	Studenten-Kurier. Zeitschrift für Studentengeschichte, Hochschule und Korporationen
KSCV	Kösener Senioren-Convents-Verband			
			SHStA	Sächsisches Hauptstaatsarchiv, Dresden
KV	Kartellverband katholischer deutscher Studentenvereine			
			SS	Sommersemester
KVVDSt	Kyffhäuser-Verband der Vereine Deutscher Studenten		SV	Sondershäuser Verband deutscher Sängerverbindungen / akademisch-musikalischer Verbindungen
LZ	Landsmannschafter-Zeitung			
MKV	Mittelschüler-Kartellverband		TH	Technische Hochschule
MR	Miltenberger Ring		TU	Technische Universität
ND	Nachdruck		UAL	Universitätsarchiv Leipzig
NDB	Neue Deutsche Biographie		UAT	Universitätsarchiv Tübingen
NF	Neue Folge		v	verso
NLSH	Niedersächsisches Landesarchiv, Hauptstaatsarchiv Hannover		VARWV	Verband der Akademischen Richard-Wagner-Vereine
NSDStB	Nationalsozialistischer Deutscher Studentenbund		VC	Vertreter-Convent der Turnerschaften an deutschen Hochschulen
PA	Pallas Athene. Beiträge zur Universitäts- und Wissenschaftsgeschichte			
			WS	Wintersemester
			WSA	Wiener Schlußakte von 1815
QuD	Quellen und Darstellungen zur Geschichte der Burschenschaft und der deutschen Einheitsbewegung		WSC	Weinheimer Senioren-Convent
			ZW	Zwischensemester

Aufsätze

Bernhard Homa

„Keiner hat vor dem andern einen Vorzug" – Untersuchungen zu Studentenorden in Tübingen um 1770[*]

1. Einleitung

Die hier vorgelegte Studie beabsichtigt einen Blick in einen Bereich zu werfen, der der Geschichtswissenschaft von Natur aus kaum zugänglich ist: Derjenige der Geheimgesellschaften[1]. Schon immer haben derartige Vereinigungen die Phantasie der Menschen angeregt und Verschwörungstheorien aller Art hervorgerufen. Wenn hier aber die studentischen Orden des 18. Jahrhunderts als eine spezifische Ausprägung im Fokus stehen, so hat dies nicht nur mit dem Interesse am Arkanen zu tun, sondern auch wesentlich mit ihrer Einordnung in das aufgeklärte Sozietätswesen. Denn auch an der Universität Tübingen haben die von der Französischen Revolution herkommenden Ideen durchaus einen gewissen Widerhall gefunden[2]. Es stellt sich die Frage, ob Symptome für diese späteren Aktivitäten, aufklärerisches Gedankengut oder entsprechende Sozialisationsformen innerhalb der Studentenschaft schon vor 1789 erkennbar sind. Zugleich aber läßt sich an diesem Beispiel zeigen, wie selbst in der Neuzeit, die gemeinhin als überreich an Quellen gilt, Geschichtswissenschaft an kaum zu überwindende Grenzen stößt.

Folgende Ziele sollen hier verfolgt werden:
1. eine Darlegung des Forschungsstandes sowie der darin bisher ermittelten Merkmale von studentischen Orden und ähnlichen akademischen Gemeinschaften im 18. Jahrhundert, sowohl allgemein als auch speziell für Tübingen;
2. eine Analyse einiger Quellen aus dem Universitätsarchiv Tübingen zur Frühgeschichte solcher Verbindungen (ca. 1770);
3. eine Überprüfung der in der Geschichtswissenschaft bestimmten Charakteristika der Studentenorden anhand dieser Dokumente.

---

[*] Diese Studie entstand im Rahmen eines Hauptseminars mit dem Titel „Studentenleben und akademischer Alltag an deutschen Universitäten in der Frühen Neuzeit", gehalten im Wintersemester 2008/09 am Historischen Seminar der Universität Tübingen unter Leitung von Prof. Dr. Matthias Asche.

[1] Vgl. als Einführung dazu: Ludz, Peter C. (Hg.): Geheime Gesellschaften (Wolfenbütteler Studien zur Aufklärung, V/1), Heidelberg 1979; zur Verbindung der Themenfelder „Aufklärung" und „Universität" vgl. allgemein Füssel, Marian: Akademische Aufklärung. Die Universitäten des 18. Jahrhunderts im Spannungsfeld von funktionaler Differenzierung, Ökonomie und Habitus, in: Hardtwig, Wolfgang (Hg.): Die Aufklärung und ihre Weltwirkung (Geschichte und Gesellschaft, Sonderheft 23), Göttingen 2010, S. 47-73.

[2] Wandel, Uwe J.: Verdacht von Democratismus? Studien zur Geschichte von Stadt und Universität Tübingen im Zeitalter der Französischen Revolution (Contubernium. Tübinger Beiträge zur Universitäts- und Wissenschaftsgeschichte, 27), Stuttgart 1981.

2. Forschungsstand

2.1. Zu Studentenorden im 18. Jahrhundert allgemein

2.1.1. Gang der Forschung und Bearbeitungsstand

Die Forschungslage zu den Studentenorden im 18. Jahrhundert muß insgesamt als unübersichtlich und uneinheitlich gekennzeichnet werden. Dies nicht unbedingt wegen der Fülle der Literatur, sondern wegen der stark divergierenden Untersuchungsmethoden. Das hängt nicht zuletzt auch damit zusammen, daß dieser Gegenstand nicht kontinuierlich im Fokus der historischen Forschung stand.

Die ersten maßgeblichen Werke zu den studentischen Orden im 18. Jahrhundert stammen von Wilhelm Fabricius vom Ende des 19. bzw. dem ersten Viertel des 20. Jahrhunderts[3]. Fabricius hat in mehrfacher Hinsicht die Pfade der zukünftigen Forschungen abgesteckt, sei es im Hinblick auf das Quellenmaterial (Stammbücher, Ordensstatuten, Untersuchungsakten), die geographische Fokussierung, nämlich vor allem auf den mitteldeutschen Raum, oder bezüglich der historischen Interpretationen[4]. Das Problem bei Fabricius wie bei anderen diesbezüglichen Arbeiten bis weit ins 20. Jahrhundert[5] ist der zumeist fehlende professionelle Ansatz, zumal die Autoren häufig selber aus verbindungsstudentischem Milieu stammten und die Geschichte der Studentenorden oft als Vorgeschichte ihrer eigenen Corps und Burschenschaften ab 1800 präsentierten[6]. Dies führte dazu, daß sich in diesen Arbeiten kaum Quellenbelege finden, was die Überprüfung ihrer Ergebnisse extrem erschwert. Zudem fehlt meist die sozial- oder mentalitätsgeschichtliche Einordnung. Nichtsdestotrotz bleiben die Arbeiten der Geschichtsforscher aus verbindungsstudentischem Milieu, wie sie heute vor allem in der Zeitschrift „Einst und Jetzt" zu finden sind, dankenswerte Fundgruben, zumal sich auch das wissenschaftliche Niveau in diesem Bereich in den letzten Jahren deutlich gehoben hat[7].

---

3   Fabricius, Wilhelm: Die Studentenorden des 18. Jahrhunderts und ihr Verhältnis zu den gleichzeitigen Landsmannschaften. Ein kulturgeschichtlicher Versuch, Jena 1891; ders.: Die Deutschen Corps. Eine historische Darstellung des studentischen Verbindungswesens in Deutschland bis 1815, der Corps bis zur Gegenwart, 2. Aufl. Frankfurt a. M. 1926; zu Fabricius (1857-1942): Golücke, Friedhelm: Verfasserlexikon zur Studenten- und Hochschul[Universitäts-]geschichte. Ein bio-bibliographisches Verzeichnis (Abhandlungen zum Studenten- und Hochschulwesen, 13), Köln 2004, S. 97-99.
4   Fabricius, Studentenorden (s. Anm. 3), S. 31-35; ders., Corps (s. Anm. 3), S. 45-52 und 56-71.
5   Etwa: Wentzcke, Paul: Geschichte der deutschen Burschenschaft, Bd. 1: Vor- und Frühzeit bis zu den Karlsbader Beschlüssen (Quellen und Darstellungen zur Geschichte der Burschenschaft und der deutschen Einheitsbewegung, 6) Heidelberg 1919, 2. Aufl. 1965; Deneke, Otto: Göttinger Studentenorden, Göttingen 1938.
6   Zur Entwicklung der Verbindungshistoriographie vgl. grundsätzlich: Gerber, Stefan: „Burschenschaft, was warst du?" – Entstehungsbedingungen der Burschenschafts- und Korporationsgeschichtsschreibung im 19. und frühen 20. Jahrhundert, in: Oldenhage, Klaus (Hg.): 200 Jahre burschenschaftliche Geschichtsforschung – 100 Jahre GfbG – Bilanz und Würdigung (Jahresgabe der Gesellschaft für burschenschaftliche Geschichtsforschung e. V. (GfbG) 2009), Koblenz 2009, S. 39-57.
7   Einst und Jetzt. Jahrbuch des Vereins für corpsstudentische Geschichtsforschung e. V. (künftig zit.: EuJ); das gestiegene wissenschaftliche Niveau erkennt man allein schon an dem seit dem Jahr 2000 stark ausgeweiteten Bibliographie- und Rezensionsabschnitt.

Auf Seiten der Historiker ist das Thema der Studentenorden erst von Wolfgang Hardtwig in mehreren Aufsätzen ab Mitte der 1980er Jahre systematisch aufgegriffen worden[8]. Weiter haben sich Rainer A. Müller[9] sowie in neuerer Zeit Joachim Bauer[10], Jens Riederer[11] und Holger Zaunstöck[12] mit diesem Thema befaßt. Die Zahl der studentischen Orden geltenden Studien hält sich insgesamt in Grenzen, und es spricht für sich, daß alle neueren Arbeiten noch immer die Werke Fabricius' als eine maßgebliche Referenzquelle zitieren. Zwar ist es richtig, daß in den letzten zwei Jahrzehnten die Forschung zu den spezifisch studentischen Vergesellschaftungsformen

---

8   Hardtwig, Wolfgang: Krise der Universität, studentische Reformbewegung (1750-1815) und die Sozialisation der jugendlichen deutschen Bildungsschicht. Aufriß eines Forschungsproblems, in: Geschichte und Gesellschaft 11 (1985), S. 155-176; ders.: Sozialverhalten und Wertwandel der jugendlichen Bildungsschicht im Übergang zur bürgerlichen Gesellschaft (17.-19. Jahrhundert), in: Vierteljahresschrift für Sozial- und Wirtschaftsgeschichte 73 (1986), S. 305-335 (Wiederabdruck unter dem Titel: „Emotion und Disziplin. Sozialverhalten und Wertewandel der jugendlichen Bildungsschicht im Übergang zur bürgerlichen Gesellschaft (17.-19. Jahrhundert)", in: ders.: Macht, Emotion und Geselligkeit. Studien zur Soziabilität in Deutschland 1500-1900, Stuttgart 2009, S. 33-62); ders.: Studentische Mentalität – Politische Jugendbewegung – Nationalismus. Die Anfänge der Deutschen Burschenschaft, in: Historische Zeitschrift 242 (1986), S. 581-628; ders.: Zivilisierung und Politisierung. Die studentische Reformbewegung 1750-1818, in: ders.: Nationalismus und Bürgerkultur in Deutschland 1500-1914, Göttingen 1994, S. 79-107 (zuerst in: Malettke, Klaus (Hg.): 175 Jahre Wartburgfest 18. Oktober 1817 – 18. Oktober 1992. Studien zur politischen Bedeutung und zum Zeithintergrund der Wartburgfeier (Darstellungen und Quellen zur Geschichte der deutschen Einheitsbewegung im neunzehnten und zwanzigsten Jahrhundert, 14), Heidelberg 1992, S. 31-60); ders.: Studentenschaft und Aufklärung. Landsmannschaften und Studentenorden in Deutschland im 18. Jahrhundert, in: François, Etienne (Hg.): Sociabilité et société bourgeoise en France, en Allemagne et en Suisse. 1750-1850 – Geselligkeit, Vereinswesen und bürgerliche Gesellschaft in Frankreich, Deutschland und der Schweiz. 1750-1850, Paris 1986, S. 239-259; ders., Genossenschaft, Sekte, Verein in Deutschland, Bd. 1: Vom Spätmittelalter bis zur Französischen Revolution, München 1997, S. 50 ff.

9   Müller, Rainer A.: Landsmannschaften und studentische Orden an deutschen Universitäten des 17. und 18. Jahrhunderts, in: Brandt, Harm-Hinrich/Stickler, Matthias (Hg.): „Der Burschen Herrlichkeit". Geschichte und Gegenwart des studentischen Korporationswesens (Historia Academica, 36), Würzburg 1998, S. 13-24.

10 Bauer, Joachim: Studentische Verbindungen zwischen Revolution und Restauration. Von den Landsmannschaften zur Burschenschaft, in: Strack, Friedrich (Hg.): Evolution des Geistes: Jena um 1800. Natur und Kunst, Philosophie und Wissenschaft im Spannungsfeld der Geschichte (Deutscher Idealismus. Philosophie und Wirkungsgeschichte in Quellen und Studien, 17), Stuttgart 1994, S. 59-79; ders.: Methodische Überlegungen zur Erforschung studentischer Sozietäten, in: Kessler, Cornelia (Hg.): Friedrich Ludwig Jahn und die Gesellschaften der Turner. Wirkungsfelder, Verflechtungen, Gruppenpolitik. Beiträge des Jahnsymposiums vom 3. bis 5. Oktober 2003 in der Friedrich-Ludwig-Jahn-Ehrenhalle in Freyburg a. d. Unstrut (Beiträge zur Regional- und Landeskultur Sachsen-Anhalts, 33), Halle a. d. Saale 2004, S. 16-24; ders.: Studentische Organisation zwischen Geselligkeit und Politik – Gedankenwelt und Selbstwahrnehmung, in: Zaunstöck, Holger/Meumann, Markus (Hg.): Sozietäten – Netzwerke – Kommunikation. Neue Forschungen zur Vergesellschaftung im Jahrhundert der Aufklärung (Hallesche Beiträge zur Europäischen Aufklärung, 21), Tübingen 2003, S. 115-126; ders.: Freimaurerei, Geheimgesellschaften und Studenten in Jena zu Beginn der zweiten Hälfte des 18. Jahrhunderts, in: ders. (Hg.): Zwischen Geheimnis und Öffentlichkeit: Jenaer Freimaurerei und studentische Geheimgesellschaften im 18. Jahrhundert (Schriften zur Stadt-, Universitäts- und Studentengeschichte Jenas, 1), Jena 1991, S. 10-41.

11 Riederer, Jens: Die Jenaer Konstantisten und andere Studentenorden an der Universität Jena im letzten Drittel des 18. Jahrhunderts. Eine statistische Untersuchung, in: Bauer, Zwischen Geheimnis (s. Anm. 10), S. 42-109; ders.: Aufgeklärte Sozietäten und gesellige Vereine in Jena und Weimar zwischen Geheimnis und Öffentlichkeit 1730-1830. Sozialstrukturelle Untersuchungen und ein Beitrag zur politischen Kultur eines Kleinstaates, Jena 1995.

12 Zaunstöck, Holger: Sozietätslandschaft und Mitgliederstrukturen. Die mitteldeutschen Aufklärungsgesellschaften im 18. Jahrhundert (Hallesche Beiträge zur Europäischen Aufklärung, 9), Tübingen 1999; ders.: Zwischen Bürgerwelt und Studentengesellschaft. Zur Typologie akademisch-studentischer Geheimgesellschaften im 18. Jahrhundert, in: Bauer, Joachim/Hellmann, Birgitt/Müller, Gerhard (Hg.): Logenbrüder, Alchemisten und Studenten. Jena und seine geheimen Gesellschaften im 18. Jahrhundert (Bausteine zur Jenaer Stadtgeschichte, 6), Jena 2002,

zunehmend in Gang gekommen ist[13]. Doch abgesehen von der überschaubaren Forscherzahl ist auch eine ausgesprochene Ungleichverteilung in der Bearbeitung zu konstatieren. Es ist somit kaum verwunderlich, daß es keine neueren Gesamtdarstellungen zu studentischen Verbindungen im 18. Jahrhundert im alten Reich gibt. In der Geschichtswissenschaft werden die Orden entweder in einem Konglomerat mit anderen (aufgeklärten) Sozietäten im 18. Jahrhundert behandelt[14], oder aber es handelt sich um Monographien, die die studentischen Verbindungen an einem bestimmten Ort erfassen[15]. Mit der „Gemeinschaft für deutsche Studentengeschichte" seit den 1970er Jahren und dem seit 1990 herausgegebenen „GDS-Archiv für Hochschul- und Studentengeschichte" auf Seiten der Korporationshistoriker und den vermehrten Anstrengungen von ‚professioneller' geschichtswissenschaftlicher Seite ist die studentische Alltags- und Kulturgeschichte inzwischen als Themenfeld gut etabliert[16]. Trotzdem bleibt festzustellen, daß das Thema „Studentenorden" genau wie andere Felder aus dem Bereich der akademischen Alltags- und Kulturgeschichte noch kaum bearbeitet ist, insofern es an der entsprechenden quellenkritischen Aufarbeitung sowie der sozial- und mentalitätsgeschichtlichen Einordnung fehlt[17].

Die Quellenlage zu studentischen Orden ist insofern problematisch, als daß jene als nicht von der Obrigkeit anerkannte Vereinigungen fast immer mit landesherrlichen und universitären Verboten belegt wurden. Es handelt sich bei diesen Vereinigungen um sog. „Arkangesellschaften", was dazu führt, daß Selbstzeugnisse von Ordensmitgliedern – außerhalb Halles oder Jenas – im Vergleich zu externen Quellen in weitaus geringerem Maß vorhanden sind, da sie bei drohender Entdeckung entweder sofort vernichtet wurden oder aber in Privatbesitz verschwanden[18]. Als Quellenmaterial hat Joachim Bauer folgende Überlieferungsgruppen ausgemacht: Satzungen, Statuten, Protokollbücher, Autobiographien, Enthüllungsschriften, staatliche Untersuchungsakten[19]. Man müßte hier noch konkreter eine spezifische Quellengattung hervorheben, die im studentischen Leben in der gesamten Frühen Neuzeit eine wichtige Rolle gespielt hat: die studentischen Stammbücher. Die darin vorhandenen Devisen und heraldischen Zeichen wurden nämlich schon von Fabricius benutzt, um die Verbreitung studentischer Verbindungen an verschiedenen Uni-

---

S. 87-100; als Fallbeispiel für das konfliktreiche Verhältnis zwischen den geheimen Studentenorganisationen einerseits, universitärer und landesherrlicher Obrigkeit andererseits: ders.: Die arkane Kultur der Studenten und die Emergenz der Denunziation. Halle 1765-1768, in: Krug-Richter, Barbara/Mohrmann, Ruth-E. (Hg.): Frühneuzeitliche Universitätskulturen. Kulturhistorische Perspektiven auf die Hochschulen in Europa (Beihefte zum Archiv für Kulturgeschichte, 65), Köln/Weimar/Wien 2009, S. 135-155.

13 So Bauer, Studentische Organisation (s. Anm. 10), S. 117 f.
14 So bei Zaunstöck, Aufklärungsgesellschaften (s. Anm. 12); typisches Beispiel aus jüngster Zeit: Zillner, Holger: Freimaurerei und Studentenverbindungen. Geschichte, Struktur, Identität (Politica 75), 2. Aufl. Hamburg 2008; ebd., S. 27-31, ein sehr kurzer Abschnitt über studentische Orden.
15 Beispielhaft: Heinz, Michael: Studentische Landsmannschaften und Studentenorden am Ende des 18. Jahrhunderts in Jena, Saarbrücken 2008.
16 So die zusammenfassende Beurteilung im jüngsten Forschungsbericht zur Universitätsgeschichte bei: Asche, Matthias/Gerber, Stefan: Neuzeitliche Universitätsgeschichte in Deutschland. Entwicklungslinien und Forschungsfelder, in: Archiv für Kulturgeschichte 90 (2008), S. 159-201, hier S. 196-201.
17 Diese Feststellung zur Bearbeitung der akademischen Alltags- und Kulturgeschichte: ebd., S. 200 f.
18 Siehe zusammenfassend: Hardtwig, Wertewandel (s. Anm. 8), S. 307-311; ders., Studentenorden (s. Anm. 8), S. 242-244.
19 Bauer, Studentische Verbindungen (s. Anm. 10), S. 61 f.

versitäten zu belegen[20]. Das Problem mit dieser Quellengattung ist zum einen ihre noch unvollständige Bearbeitung sowie weite Verstreuung und zum anderen die gleichermaßen notwendige heraldische und studentengeschichtliche Fachkenntnis, die so nur wenige Experten haben[21]. Zum anderen können die Stammbücher dem Historiker zwar etwas über die *Verbreitung* von bestimmten Verbindungen sagen, jedoch nichts oder kaum etwas über ihre *innere Verfaßtheit*. Zudem sind die Dokumente zur inneren Struktur der Orden zahlenmäßig sehr viel geringer als die Stammbucheinträge. Möglicherweise wurden letztere von den Studierenden in reichhaltigerem Maß verwendet, da sie aufgrund ihres kryptisch-singulären Charakters den akademischen Organen kaum Rückschlüsse auf den Verfasser und seine Verbindungszugehörigkeit erlaubten.

Ähnlich steht es mit den Untersuchungsprotokollen von landesherrlichen und universitären Behörden: Sie bezeugen – wie die Stammbücher – das Vorhandensein von studentischen Organisationen, zumindest aus Sicht dieser Behörden. Doch über die internen Verhältnisse solcher Verbindungen können sie nur wenig aussagen: Abgesehen davon, daß der Zwangscharakter einer behördlichen Untersuchung die darin vorhandenen Aussagen von vornherein unsicher erscheinen läßt, haben die meisten beschuldigten Personen gegenüber den Behörden schlicht die Existenz einer solchen Gesellschaft negiert und alle möglichen Ausreden erfunden. Auch für Tübingen findet sich solch ein Fall: 1765 meinte die Universität, eine „freymaurer-loge" unter Leitung eines Dr. med. Richeville aus Colmar entdeckt zu haben[22]. Der beschuldigte Richeville und die beteiligten Studierenden beharrten dagegen in Schreiben an den württembergischen Herzog und den Senat auf der Harmlosigkeit ihrer Verbindung und leugneten selbstredend jedwede freimaurerischen Aktivitäten. Die Studenten behaupteten gar, die Universität wolle Richeville nur verbannen, weil dieser angeblich auf Kosten der Studenten lebe und man von Seiten der Universität daher um deren finanzielle Leistungsfähigkeit Sorge habe[23]. Damit war die Untersuchung offenbar beendet, auch wenn der Herzog die Verbindung schließlich verbot. Wenn es schon den damaligen Behörden schwer möglich war, hinter die äußere Fassade zu blicken, um wie viel schwerer muß es dann erst für Historiker des 21. Jahrhunderts sein?

2.1.2. Genossenschaften, Logen, Orden: Inhaltliche und begriffliche Bestimmungen

Was zeichnet „Studentenorden" aus, und wie sind sie begrifflich zu fassen? Die Schwierigkeit einer angemessenen Terminologie für diese Form studentischer Sozialisation bestehen zum Teil in

---

20 Vgl. neben seinen schon erwähnten Arbeiten als instruktives Beispiel: Fabricius, Wilhelm: Ein Tübinger Stammbuch 1766-69, in: Beiträge zur Tübinger Studentengeschichte (künftig zit.: BzTS) 3 (1939/1940), S. 51-54.
21 Zur Einführung in diese Problematik: Gatscher-Riedl, Gregor: Das studentische Wappenwesen. Eine Einführung in die heraldische Tradition akademischer Studentenverbindungen, in: Adler. Zeitschrift für Genealogie und Heraldik 24/4 (2005), S. 97-105.
22 Der gesamte Fall ist aufgeführt unter: Universitätsarchiv Tübingen (künftig zit.: UAT) 10/5 III, Nr. 17-25; über Richeville ist sonst bisher wenig bekannt, nicht einmal ob er wirklich aus Colmar kam; in einem Brief an den Herzog gab Richeville selbst Colmar als seinen Herkunftsort an: UAT 10/5 III, Nr. 18; im Senatsprotokoll vom 30. 5. 1765 wird der Beschluß vermerkt, daß „Dr. Richeville aus Colmar oder Utrecht", dem zuletzt „Inscriptio und Protectio" verweigert wurden, umgehend fortzuschaffen sei, da er „große Schulden und auff Credit den Pursch gemacht" habe; es müsse auch auf die Bezahlung dieser Schulden gedrungen und eventuell Arrest verhängt werden; UAT 47/6, fol. 64r-67r.
23 Die Antwortschreiben in: UAT 10/5 III, Nr. 18-20.

Differenzen zwischen der Selbstbeschreibung der Verbindungen einerseits und den Typologisierungsversuchen der Historiker andererseits. Auch innerhalb der Forschung herrscht keineswegs Einheitlichkeit, was wiederum mit den unterschiedlichen Deutungen bezüglich Herkunft und Entwicklung der „Studentenorden" zusammenhängt[24]. Um sich einer angemessenen Bezeichnung zumindest anzunähern, erscheint es sinnvoll, sich zunächst den inhaltlichen Beschreibungen des Phänomens zuzuwenden, wie sie von der bisherigen Forschung erarbeitet worden sind.

a) Studentische Verbindungen und Landsmannschaften in der Frühen Neuzeit

Die Grundlage für die Entstehung studentischer Organisationsformen ist zum einen in der Verfaßtheit der frühneuzeitlichen Universität als Personenverband zu sehen, in der personal definierte Beziehungen – sei es über Verwandtschaft, Freundschaft oder Landsmannschaft – die universitäre Gemeinschaft sehr viel stärker prägen als die Bindung an eine abstrakte Institution[25]. Zum anderen war aber die Universität als privilegierte Korporation Teil der ständischen Gesellschaft der Frühen Neuzeit. Diesen ständisch definierten Rechts- und Sozialstatus übertrug sie auf ihre studentischen Mitglieder, die so in den Genuß der vielbeschworenen „Akademische Freiheit" kamen[26].

Beide Elemente flossen in den ab etwa 1600 im Reich verstärkt auftretenden Landsmannschaften zusammen[27]. Diese waren – so weit sich sehen läßt – vor allem ein Phänomen an den lutherischen Universitäten des Reiches, zudem auch im schwedischen Reich, hingegen nicht an calvinistischen sowie niederländischen und Universitäten auf den britischen Inseln. In regionaler Betrachtung scheint besonders Mitteldeutschland[28] ein wichtiges Verbreitungsgebiet gewesen zu

---

24 Dazu und zum Folgenden: Müller, Landsmannschaften (s. Anm. 9), S. 26-30; Hardtwig, Zivilisierung (s. Anm. 8), S. 82-85; ders., Studentenorden (s. Anm. 8), S. 239-242; Bauer, Studentische Verbindungen (s. Anm. 10), S. 65-69; Riederer, Jenaer Konstantisten (s. Anm. 11), S. 48-50; Zaunstöck, Aufklärungsgesellschaften (s. Anm. 12), S. 67-73; sowie zuletzt als Überblick zum studentischen Verbindungswesen in der Neuzeit insgesamt: Asche, Matthias/Gerber, Stefan: Art. „Studentenverbindung", in: Jaeger, Friedrich (Hg.): Enzyklopädie der Neuzeit (künftig zit.: EdN, Bd. 12, Stuttgart/Weimar 2010, Sp. 1166-1175; „Akademische Loge" ist genau wie „Studentenorden" eine von der Forschung konstruierte Bezeichnung.

25 Vgl. dazu und zum Folgenden: Asche/Gerber, Studentenverbindung (s. Anm. 24), Sp. 1166-1172.

26 Zu Begriff und Entwicklung vgl. Asche, Matthias: Art. „Akademische Freiheit", in: EdN 1, Stuttgart 2005, Sp. 156-159; insbesondere zu beachten ist die Doppeldeutigkeit des Begriffs, der einerseits ein rechtliches Privileg beinhalten, andererseits jedoch auch als ideologische Legitimationsgrundlage für separat definierte akademische – oder auch studentische – kulturelle und soziale Praktiken dienen konnte; in letzterer Form hat er sich in seinen Grundzügen bis heute erhalten.

27 Zum Folgenden auch: Hardtwig, Studentenorden (s. Anm. 8), S. 239-242; ders., Wertewandel (s. Anm. 8), S. 307-311; ders.: „Genossenschaft" in der deutschen Geschichte. Wirtschafts- und Lebensformen, in: ders. (Hg.): Macht, Emotion und Geselligkeit. Studien zur Soziabilität in Deutschland 1500-1900, Stuttgart 2009, S. 13-32 (erweiterte Fassung von: ders.: Korporation und Sozietät, in: Wendehorst, Stephan/Westphal, Siegfried (Hg.): Lesebuch „Altes Reich", München 2006, S. 154-160), hier S. 22 f.; ders.: Verein, Gesellschaft, Geheimgesellschaft, Assoziation, Genossenschaft. Geschichtliche Grundbegriffe, in: ders., Macht, Emotion und Geselligkeit (s. Anm. 8), S. 139-179 (zuerst: Art. „Verein, Gesellschaft, Geheimgesellschaft, Assoziation, Genossenschaft, Gewerkschaft", in: Brunner, Otto/Conze, Werner/Koselleck, Reinhart (Hg.): Geschichtliche Grundbegriffe. Historisches Lexikon zur politisch-sozialen Sprache in Deutschland, Bd. 6, Stuttgart 1990, Sp. 789-829), hier S. 140-151.

28 „Mitteldeutschland" wird auch in der allgemeinen Universitätsgeschichte als ein Beispiel für die mit spezifischen Merkmalen ausgestattete Raumkategorie der „Bildungslandschaft" verwendet, vgl. etwa Töpfer, Thomas: Gab es „Bildungslandschaften" im Alten Reich? Dimensionen und Möglichkeiten einer aktuellen Kategorie der frühneuzeitlichen Universitätsgeschichte am Beispiel Mitteldeutschlands, in: Jahrbuch für Universitätsgeschichte 9 (2006), S. 101-112, sowie allgemein Asche, Matthias: Bildungslandschaften im Reich der Frühen Neuzeit. Überlegungen

sein[29]. Auch an katholischen Hochschulen waren Landsmannschaften nicht zu finden, da hier die Kontrolle der Studierenden durch die Jesuiten bis zur Aufhebung des Ordens 1773 weitaus strikter war als an den meisten protestantischen Universitäten. Denn an letzteren verschwand ab dem 16. Jahrhundert allmählich der Bursenzwang und damit auch die zugehörigen Kollegien und Pädagogien. Umgekehrt fiel dadurch aber auch eine Institution studentischen Gemeinschaftslebens fort – mochte dessen Form auch immer weniger dem studentischen Selbstbewußtsein entsprechen – und in diese Lücke konnten die Landsmannschaften stoßen. Einerseits trugen sie damit einem verbreiteten Schutz- und Geselligkeitsbedürfnis der Studierenden Rechnung. Andererseits lösten sie so aber auch zumindest teilweise ein Spannungsverhältnis, dem der Status der Studenten in der ganzen frühneuzeitlichen Universität ausgesetzt war: Als Universitätsmitglieder hatten die Studierenden zwar Teil an deren ständischem Rang, an den Handlungen der Korporation besaßen sie jedoch keinerlei Mitbestimmungsrechte. Die frühneuzeitlichen Universitäten des Reiches waren allein von den Professoren und dem Universitätsträger bestimmt. Gleichsam als Ersatz hierfür bildeten die Landsmannschaften einen eigenen Ehrenkodex, eine gemeinschaftliche Praxis und Verhaltensnormen aus, die ganz klar von der Teilhabe der Studenten am akademischen Status geprägt waren[30]. Doch konnte diese Nachahmung nicht verschleiern, daß Landsmannschaften und Studentenverbindungen allgemein letztlich private Zusammenschlüsse ohne Verankerung in den Rechtssatzungen der Universität oder mit expliziter landesherrlicher Akzeptanz waren. Tatsächlich waren die Landsmannschaften von Seiten der staatlichen wie universitären Behörden allenfalls geduldet, offiziell jedoch blieb ihre Existenz untersagt, was durch das allgemeine Verbindungsverbot im Reich 1664 noch zementiert wurde. Diese ablehnende Haltung rührte sicherlich auch daher, daß die innerhalb der Verbindungen praktizierten Disziplinierungs- und Ehrwahrungsmaßnahmen – worunter auch das notorisch gewordene „Duell" fällt – dem in diesen Feldern immer stärker artikulierten staatlichen Hoheitsanspruch wie auch seinem Gewaltmonopol Konkurrenz machten[31]. Zudem beanspruchte die staatliche Obrigkeit seit dem Spätmittelalter immer mehr ein grundsätzliches Sanktionierungsrecht gegenüber allen Korporationen auf ihrem Territorium und stand daher unkontrollierten Versammlungen der Untertanen während der ganzen Frühe Neuzeit zumeist kritisch gegenüber[32]. Doch änderte dies

---

zum landsmannschaftlichen Prinzip an deutschen Universitäten in der Vormoderne, in: Siebe, Daniela (Hg.): „Orte der Gelahrtheit". Personen, Prozesse und Reformen an protestantischen deutschen Universitäten des Alten Reiches (Contubernium. Tübinger Beiträge zur Universitäts- und Wissenschaftsgeschichte, 66), Stuttgart 2008, S. 1-44; der Frage, ob und wenn ja welche spezifischen Merkmale bestimmte „Bildungslandschaften" für die Verbreitung von Verbindungen prädestinierten, kann hier nicht nachgegangen werden.

29 Müller, Landsmannschaften (s. Anm. 9), S. 23 f.
30 Zum Problem ständisch geprägter Rangkonflikte im akademischen Milieu allgemein vgl. Füssel, Marian: Gelehrtenkultur als symbolische Praxis. Rang, Ritual und Konflikt an der Universität der Frühen Neuzeit, Darmstadt 2006; ders.: Rituale in der Krise? Zum Wandel akademischer Ritualkultur im Zeitalter der Aufklärung, in: Paideuma. Mitteilungen zur Kulturkunde 55 (2009), S. 137-153; als Fallbeispiel: ders.: Organisationsformen, Rituale und Rangstreitigkeiten, in: Gleixner, Ulrike/Bruning, Jens (Hg.): Das Athen der Welfen. Die Reformuniversität Helmstedt 1576-1810, Wiesbaden 2010, S. 88-97.
31 Zum frühneuzeitlichen Duell und seiner Bekämpfung durch die landesherrlichen Obrigkeiten vgl. Frevert, Ute: Art. „Duell", in: EdN 2, Stuttgart 2005, Sp. 116-1168; vgl. dazu etwa auch: Füssel, Marian: Devianz als Norm? Studentische Gewalt und akademische Freiheit in Köln im 17. und 18. Jahrhundert, in: Westfälische Forschungen 54 (2004), S. 145-166.
32 Vgl. dazu auch Hardtwig, Genossenschaft (s. Anm. 27), S. 14 f.

nichts daran, daß die Landsmannschaften an einigen Universitäten einen hohen Organisationsgrad aufwiesen und beinahe obligatorisch für Neuimmatrikulierte wurden[33].

So ergibt sich in der Nachbetrachtung ein merkwürdiges Paradoxon: Da den Landsmannschaften die obrigkeitliche Sanktionierung fehlte, wären sie de jure in die rechtshistorischen Kategorien „Verein"[34] bzw. „Verband" einzuordnen: Privatrechtliche, auf freiwilligem Beitritt beruhende Zusammenschlüsse, auf Basis der Gleichordnung existierend, mit auf Dauer angelegter Zielsetzung, jedoch in ihren Bestimmungen und Beschlüssen klar den obrigkeitlichen Normen unterworfen[35]. Doch de facto traten Landsmannschaften zum Teil eher wie Organisationen auf, die sich als „Korporation" bezeichnen lassen: Sie bildeten im studentischen Bereich ein quasi autonomes, von staatlicher Obrigkeit und universitärer Korporation unabhängiges Normensystem aus, besaßen eigene Funktionsträger, Mitgliederversammlungen und formalisierte Beschlußfassung, nicht zuletzt auch Zeichen, Rituale und Symbole, mit denen sie ihren Anspruch auf eine autonome Sphäre demonstrieren konnten. Korporativen Charakter besaß auch die schon fast obligatorische Beitrittspflicht für Neuimmatrikulierte und ebenso die Tatsache, daß die Studenten im Hinblick auf ihre geographische Herkunft in eine Landsmannschaft quasi „hineingeboren" wurden, sie also nicht frei wählen konnten[36]. Damit aber waren sie als Organisation auch mehr als nur die Summe ihrer Mitglieder, nämlich faktisch eine autonome Verbandsperson. So sind denn etwa Konflikte zwischen den Angehörigen verschiedener Landsmannschaften eben stets auch Auseinandersetzungen zwischen den Organisationen selbst und nicht nur zwischen Einzelpersonen gewesen.

Vielleicht ist die Subsumierung der Landsmannschaften unter dem Begriff „Genossenschaft", wie sie Hardtwig vorgeschlagen hat, am treffendsten[37]. Denn unter diesem Begriff hat die rechtshistorische Forschung seit dem 19. Jahrhundert diejenigen vormodernen Organisationsformen der altständischen Gesellschaft eingeordnet, die nicht dem herrschaftlichen bzw. staatlichen Bereich zugehörig waren. Dabei konnte es sich sowohl um traditional-ständische „Korporationen" (wie etwa die Universität) als auch dem modernen Vereins- und Verbandswesen – wie es

---

33   Auch hier nimmt Tübingen eine Sonderstellung ein, da die starke Kontrolle eines Großteils der Studierenden durch das herzogliche Stipendium die Etablierung studentischer Verbindungen wesentlich erschwerte.

34   Die ursprüngliche Bedeutung von „Verein" als Abkommen zwischen Herrschaftsträgern ist von der naturrechtlichen Staats- und Gesellschaftstheorie seit den 1790er Jahren im modernen Sinne umgeformt worden. Die traditional-ständischen und obrigkeitlichen Konnotationen des Vereinsbegriffs sind dabei allmählich abgeschwächt, aber nie ganz beseitigt worden, wobei der Weg zunächst über den weniger ständisch als assoziativ aufgefaßten Begriff der „Gesellschaft" führte; vgl. Hardtwig, Verein (s. Anm. 27), S. 139-141 mit Anm. 31.

35   Vgl. dazu: Werkmüller, Dieter: Art. „Verein", in: Erler, Adalbert/Kaufmann, Ekkehard/Werkmüller, Dieter (Hg.): Handwörterbuch zur deutschen Rechtsgeschichte (künftig zit.: HRG), Bd. 5, Berlin 1998, Sp. 690-696; sowie: Schulze, Reiner: Art. „Verbände", in: ebd., Sp. 662-666; die Nutzung von Symbolen bzw. öffentlichen Auftritten zur politischen Machtdemonstration ist in der Geschichtswissenschaft schon lange und intensiv bearbeitetes Forschungsfeld; vgl. etwa Stollberg-Rilinger, Barbara (Hg.): Ritaule der Macht. Rituale im Alten Europa 800-1800 (Katalog zur Ausstellung im Kulturhistorischen Museum Magdeburg), Darmstadt 2008; Althoff, Gerd (Hg.): Zeichen – Rituale – Werte. Internationales Kolloquium des Sonderforschungsbereichs 496 an der Westfälischen Wilhelm-Universität Münster (Symbolische Kommunikation und gesellschaftliche Wertesysteme, 3), Münster 2004.

36   Vgl. dazu Kaufmann, Ekkehard: Art. „Körperschaft", in: HRG 2, Berlin 1978, Sp. 1147-1155; Hardtwig, Genossenschaft (s. Anm. 27), S. 15 f.

37   Der Begriff ist eher als Forschungsterminus denn als Selbstbezeichnung aufzufassen und bis zum 19. Jahrhundert selten verwendet worden; vgl. dazu: Hardtwig, Genossenschaft (s. Anm. 27), S. 15 f.; zur Definition vgl. Stradal, Helmuth: Art. „Genossenschaft", in: HRG 1, Berlin 1971, Sp. 1522-1527.

oben skizziert wurde – näher stehende „Assoziationen" handeln. Doch hat es stets korporativ-assoziative Mischformen gegeben. Genau um eine solche handelte es sich bei den Landsmannschaften[38]. Das eigentlich schwierige Problem liegt in der konkreten Relation: Wo und wann überwog das korporative, wo das assoziative Element?

In mancher Hinsicht ist dieser Doppelcharakter den Studentenverbindungen bis heute eigen geblieben, auch wenn es sich heutzutage nicht mehr um Geheimgesellschaften handelt. Der enorm hohe Rekrutierungsgrad der Landsmannschaften – zumindest dort, wo sie existieren konnten – unterschied sie wesentlich von den späteren Studentenorden, die stets ein Minderheitenphänomen geblieben sind[39]. Dennoch waren erstere im Hinblick auf die Prinzipien studentischer Selbstorganisation der wichtigste Vorläufer wie zugleich Kontrapunkt der Studentenorden des 18. Jahrhunderts.

b) Die Studentenorden des 18. Jahrhunderts

Der Begriff „Studentenorden" ist maßgeblich durch Fabricius in die Forschung eingeführt worden[40]. Er benannte in seinen Untersuchungen vier große Orden mit mehreren Ablegern: Amicisten (gegr. in Jena 1770), Constantisten (gegr. in Halle 1777), Unitisten (gegr. in Halle 1774) und Harmonisten (gegr. in Jena 1784/5). Daneben gab es eine Vielzahl weiterer kleiner und oft kurzlebiger Ordensgründungen[41]. Ihren Ursprung verortete Fabricius in den Landsmannschaften, und hat als ersten Fall hierfür die Entstehung des Amicisten-Ordens aus der Mosellaner Landsmannschaft in Jena um 1771 angeführt. Nach seiner Interpretation bestanden enge Verbindungen zwischen Orden und Landsmannschaften, wohingegen er eine klare Grenze zwischen diesen – in seiner Sicht – rein studentisch geprägten Organisationsformen und den schon früher entstandenen Freimaurer-Logen sowie bürgerlichen Orden des 18. Jahrhunderts zog. In der Konsequenz läßt sich daher für ihn erst ab 1770 von „Studentenorden" sprechen, während die zuvor existierenden Gemeinschaften mit dem Namen „Orden" zwar studentische Mitglieder haben konnten, aber nicht rein studentisch geprägt waren und deshalb auch nicht als Studentenorden bezeichnet werden können. Die Herkunft des Begriffs „Orden" als Selbstbeschreibung führte er auf die entsprechenden Vereinigungen im adlig-höfischen Bereich zurück. Zu denken wäre dabei etwa an den englischen Hosenbandorden oder den Orden vom Goldenen Vließ. Die Übernahme des Ordensbegriffs durch studentische Vereinigungen sollte zweifellos ein besonderes Maß an Würde, Exklusivität und nicht zuletzt auch die Existenz eines selbständigen Normensystems dokumentieren, wie es für den höfischen und monastischen Bereich kennzeichnend war[42].

---

38 Vgl. dazu insgesamt nochmals: Hardtwig, Genossenschaft (s. Anm. 27), S. 15 f., 22 f.; auch „Assoziation" ist ein seit dem 19. Jahrhundert verwendeter Forschungsbegriff.
39 Dazu: Hardtwig, Zivilisierung (s. Anm. 8), S. 79 f.
40 Vgl. zum Folgenden: Fabricius, Corps (s. Anm. 3), S. 48-52, 56-71; ders., Studentenorden (s. Anm. 3), S. 31-35; seine Liste der verschiedenen Orden (ebd., S. 85-92) ordnet die „Studentenorden" zeitlich ausschließlich nach 1770 ein; zum Typus der „Studentenorden" als Teil des studentischen Verbindungswesens vgl. auch insgesamt Asche/Gerber, „Studentenverbindung" (s. Anm. 24), Sp. 1168-1173.
41 Vgl. Fabricius, Studentenorden (s. Anm. 3), S. 85-92.
42 Vgl. dazu Walther, Gerrit: Art. „Orden", in: EdN 9, Stuttgart 2009, Sp. 462-468, bes. Sp. 466 f.

Wolfgang Hardtwig[43] hat in seinen Arbeiten die Gegenposition zu Fabricius' Thesen bezogen: Er sieht die „Studentenorden" im engen Zusammenhang mit der sich seit ca. 1740 im Reich ausbreitenden Freimaurer-Bewegung und von daher auch eine enge Affinität dieser Verbindungen zur aufklärerischen Programmatik. Zwar erkennt auch Hardtwig in den Landsmannschaften die hauptsächliche Rekrutierungsbasis der Orden, doch sieht er letztere in ihrer Programatik von Anfang an in prinzipieller Gegnerschaft zu den Landsmannschaften. Das Auftreten von Orden im Sinne genuin studentisch geprägter Verbindungen verortet er bereits in die Zeit um 1750.

Hardtwig hat spezifische Merkmale der studentischen Orden in Abgrenzung etwa zu den „alten" Landsmannschaften definiert[44]:
1. überregionale Rekrutierung und Kommunikationsnetze;
2. philanthropische, über die rein gegenseitige Hilfspflicht hinausgehende Tendenzen[45];
3. moralisiertes Geselligkeits- und Freundschaftspathos;
4. Lebensbund-Prinzip;
5. literarisch-ästhetische sowie philosophische Gelehrsamkeit und Forderung nach Studienfleiß;
6. moralisierte und individualisierte Sittenvorstellungen, Disziplinierungsbewegung;
7. gegenseitige Ehrwahrung, keine eigenständigen Rachehandlungen, Einschränkung des Duellwesens;
8. Eliteanspruch: freiwillige Mitgliedschaft, andererseits aber Ausschließlichkeitsprinzip;
9. Machtstreben: Streben nach Dominanz des eigenen Ordens am Universitätsort.

Die innere Struktur war gewöhnlich durch die Position eines Seniors und seiner Mitarbeiter, meist Consenior und Sekretär, bestimmt. Ansonsten war jedoch die Stellung der einzelnen Brüder zumindest formal egalitär. Die soziale Zusammensetzung dürfte ungefähr einem Querschnitt der jeweiligen Universität entsprochen haben, also das jeweilige prozentuale Verhältnis zwischen adligen und bürgerlichen Studierenden widergespiegelt haben.

Anhand der vorgestellten Merkmale deutete Hardtwig die Studentenorden als Teil der bürgerlich-aufklärerischen Sozietätsbewegung, die einen Mentalitätswandel in der jugendlichen Bildungsschicht weg von alten Vorstellungen über die korporativ definierte „Akademische Freiheit" hin zu einem individuelleren, „bürgerlichen" Gesellschaftsmodell und Verhaltenskodex hervorbrachte. Dabei hat seines Erachtens auch ein erheblich verstärkter Leistungsdruck von staatlicher Seite aus eine Rolle gespielt. In weiterer Perspektive trugen die Orden auf diese Weise mit zur Politisierung und Nationalisierung der zukünftigen Bildungselite am Vorabend und im Verlauf der Französischen Revolution bei[46]. Da Hardtwig zwischen Freimaurerei, bürgerlichen Aufklärungsgesellschaften und Studentenorden eine enge inhaltliche Kongruenz sah, bezeichnete er alle ab den 1750er Jahren an den Universitäten auftretenden Vergesellschaftungsformen als „Orden". Darunter fallen nun auch die in der Forschung gewöhnlich als „Akademischen Logen" bezeichneten Gesellschaften. Diese lassen sich allgemein definieren als zwar im akademischen

---

[43] Vgl. zum Folgenden: Hardtwig, Zivilisierung (s. Anm. 8), S. 79-85; ders., Studentenorden (s. Anm. 8), S. 239-243.
[44] Die folgenden Prinzipien zusammengefaßt nach: Hardtwig, Studentenorden (s. Anm. 8), S. 248-259; ders., Zivilisierung (s. Anm. 8), S. 85-101; ders., Wertewandel (s. Anm. 8), S. 324-330.
[45] Dieses Motiv wurde von Fabricius, Corps (s. Anm. 3), S. 58, ziemlich abwertend beurteilt.
[46] Vgl. auch Hardtwig, Wertewandel (s. Anm. 8), S. 325-335; ders., Mentalität (s. Anm. 8), S. 614-617, 623-628; ders., Bildungsschicht (s. Anm. 8), S. 170-176.

Raum angesiedelte, aber mit einem hohen Anteil an nichtstudentischen Mitgliedern versehene Sozialisationsformen.

Gerade in letzterem Punkt hat nun aber wiederum Holger Zaunstöck klar widersprochen[47]: Er ordnete zwar die „Akademischen Logen", nicht aber die „Studentenorden" in das Spektrum aufgeklärter Sozietäten ein. Denn die Studentenorden seien in ihrer Zusammensetzung und im sozialen Habitus rein studentische Organisationen gewesen. Gerade diese soziale Beschränktheit habe sie wesentlich von den „Akademischen Logen" unterschieden, in denen Studenten nur eine Minorität bildeten und die sich sehr viel stärker als die Studentenorden an freimaurerische Praktiken angelehnt hätten. Zaunstöck sieht daher in den Landsmannschaften den Ursprung der Studentenorden, deren Entstehung er – wie Fabricius – in den Zeitraum um 1770 verortet.

Allerdings machte Zaunstöck im Hinblick auf seine Ergebnisse drei wichtige Einschränkungen:
1. Er wies darauf hin, daß viele Beurteilungen der Phänomene „Akademische Logen" und „Studentenorden" auf den Untersuchungen für Jena als prototypischem Fall beruhen, weil hier die meisten organisationsinternen Quellen erhalten sind[48]. Für andere Universitäten ist die Quellenlage meist wesentlich schlechter[49].
2. Auch wenn man eine Zäsur um 1770 für die Entstehung der Studentenorden setzt, sind deswegen nicht alle zuvor existierenden arkanen Gesellschaften mit studentischer Beteiligung automatisch als „Logen" einzustufen. Die typologische Zuordnung muß vielmehr anhand des konkreten Einzelfalls getroffen werden.
3. Eine strenge typologische Zuordnung ist auch wegen der schlechten Quellenlage oft nur schwer durchzuführen.

Im Zusammenhang mit diesem letzten Punkt hat denn auch Joachim Bauer – unter Betrachtung des „prototypischen" Beispiels Jena – darauf hingewiesen, daß eine scharfe organisationsgeschichtliche Abgrenzung zwischen Studentenorden und Landsmannschaften der historischen Realität kaum entsprochen haben dürfte[50]. Denn zum einen hat es auch bei den „alten" Landsmannschaften im 18. Jahrhundert schon reformerische Tendenzen, wie etwa Beschränkungen des Duellwesens gegeben, welches ja auch bei den Studentenorden keineswegs gänzlich abgeschafft wurde[51]. Innerstudentische Machtkämpfe fanden auch unter den Studentenorden weiterhin statt, umgekehrt war die Idee eines „Freundschaftskults" auch in den Landsmannschaften nicht gänzlich unbekannt[52]. Man darf daher seiner Ansicht nach auch nicht – wie etwa Hardtwig – pauschal von aufgeklärt-bürgerlichen Intentionen bei den Studentenorden ausgehen,

---

47 Zum Folgenden: Zaunstöck, Aufklärungsgesellschaften (s. Anm. 12), S. 66–78; vgl. auch ders., Geheimgesellschaften (s. Anm. 12), S. 91 f., 96 f.
48 Zaunstöck stützt sich denn auch in seiner Analyse auf die Untersuchungen von Bauer und Riederer für Jena; vgl. etwa Bauer, Freimaurerei (s. Anm. 10); ders., Studentische Verbindungen (s. Anm. 10), S. 65-69; Riederer, Jenaer Konstantisten (s. Anm. 11); ders., Aufgeklärte Sozietäten (s. Anm. 11).
49 Schlecht ist sie nach Zaunstöcks Einschätzung etwa in Leipzig und Wittenberg, etwas besser in Halle: Zaunstöck, Aufklärungsgesellschaften (s. Anm. 12), S. 64-66; zu Halle vgl. zuletzt: ders., Arkane Kultur (s. Anm. 12).
50 Vgl. dazu im Folgenden: Bauer, Studentische Verbindungen (s. Anm. 10), S. 64 f., 71-74; ders., Studentische Organisation (s. Anm. 10), S. 118-120, 123-126.
51 Vgl. Hardtwig, Wertewandel (s. Anm. 8), S. 318-322.
52 So auch die Einschätzung von Asche/Gerber, „Studentenverbindung" (s. Anm. 24), Sp. 1168; anders Hardtwig, Mentalität (s. Anm. 8), S. 586-588, der einen speziell ausgeformten Freundschaftskult nur den Studentenorden und „neuen" Landsmannschaften ab 1800 zuzuschreiben scheint.

sondern muß immer – soweit möglich – die konkreten Motive und Anlässe des Eintritts der einzelnen Mitglieder prüfen. Zum anderen existierten „alte" Landsmannschaften und Studentenorden, korporativ-ständische und assoziativ-individuell charakterisierte Organisationsformen nach 1770 in wechselseitiger Beeinflussung weiter. Ebenso läßt das häufig vorzufindende Phänomen der Doppel- oder aufeinander folgenden Mitgliedschaften eine scharfe Trennung der Verbindungstypen als zweifelhaft erscheinen[53]. Demnach wäre auch für die Landsmannschaften von einem dynamischen Veränderungsprozeß auszugehen, der nicht zuletzt aus der latenten Konkurrenzsituation mit den Studentenorden resultierte.

Der Rekrutierungsgrad der Studentenorden ist ebenfalls umstritten. Die Schätzungen Hardtwigs belaufen sich auf Zahlen zwischen 10 und 35 %, wohingegen Riederer in seiner Fallstudie für Jena nur zwischen 7 und 8 % berechnet[54]. Die vorhandenen Differenzen verweisen einmal mehr auf die existenten Forschungslücken. Ohne eine erweiterte empirische Grundlage können etwa Fragen nach dem realen Wirkungsgrad der Verbindungen oder einem etwaigen Dominanzanspruch der Orden nur unter Vorbehalt beantwortet werden.

Einigkeit herrscht jedoch darüber, daß die Blütezeit der studentischen Orden von etwa 1780 bis 1795 dauerte. Doch spätestens ab etwa 1790 sahen sie sich starken Angriffen von nichtorganisierten Studenten und Landesbehörden ausgesetzt, insbesondere wegen ihres Anspruchs, das Verbindungsleben an den Universitäten zu dominieren und des weiterhin gepflegten Duellwesens[55]. Mochten auch „neue" Landsmannschaften und Corps mit starker Stoßrichtung gegen die Orden diese schließlich ablösen, so übernahmen sie doch wesentliche Teile von deren Programm[56]. Spätestens um 1800 war der spezifische Typus der Studentenorden erloschen. Auffällig ist in der Rückschau, daß anscheinend die Studentenorden – in noch stärkerem Maße wie die Landsmannschaften – ein ausschließlich auf die Universitäten des alten Reiches und des schwedischen Reiches beschränktes, zunächst rein protestantisches Phänomen gewesen sind[57].

c) Terminologische Bestimmungen

Die skizzierten inhaltlichen und typologischen Forschungsdifferenzen[58] werfen zwangsläufig die Frage auf, welche Terminologie für die Klassifizierung von studentischen Verbindungen am zweckmäßigsten ist. Aus Sicht des Historikers ist etwa im Vergleich zu den Landsmannschaften der weitaus arkanere Charakter wie auch die stärker assoziativen Elemente der Studentenorden

---

53 Vgl. dazu die Analysen von Riederer, Jenaer Konstantisten (s. Anm. 11), S. 69-71.
54 Hardtwig, Bildungsschicht (s. Anm. 8), S. 165 f., sowie ders. Zivilisierung (s. Anm. 8), S. 82-85; Riederer, Jenaer Konstantisten (s. Anm. 11), S. 63-68.
55 Das Folgende wiederum nach: Hardtwig, Studentenorden (s. Anm. 8), S. 246 f.; ders., Wertewandel (s. Anm. 8), S. 315 f.; sowie kurz: Müller, Landsmannschaften (s. Anm. 9), S. 32-34.
56 Die Zusammenhänge sind nicht unumstritten, verständlicherweise vor allem bei den heutigen Verbindungen, die sich auf diese Zeit zurückführen; vgl. etwa Assmann, Rainer: Kränzchen – Landsmannschaften – Corps. Zur Frühgeschichte der Corps, in: EuJ 41 (1996) S. 155-178; diskutiert wird dieses Problem auch bei: Zaunstöck, Aufklärungsgesellschaften (s. Anm. 12), S. 70 f.; Hardtwig, Mentalität (s. Anm. 8), S. 586 ff.
57 Asche/Gerber, „Studentenverbindung" (s. Anm. 24), Sp. 1171 f., weisen zwar auf exklusive Studentenverbindungen etwa an amerikanischen oder britischen Universitäten hin, die aber mit den inhaltlichen Merkmalen und dem Entstehungskontext der „Studentenorden" keine Gemeinsamkeiten aufweisen würden.
58 Asche und Gerber subsumieren in ihrem Lexikonartikel den Typus „Studentenorden" neutral unter der Rubrik „Studentenverbindung". Sie übernehmen dabei inhaltliche Elemente aus mehreren Forschungsansätzen. So wird etwa den „Studentenorden" durchaus ein bürgerlicher Zivilisierungsimpuls zugeschrieben, andererseits aber auch ihre Rolle in der Darstellung einer spezifisch studentischen Identität betont; vgl. ebd., Sp. 1168-1172.

auffällig. Doch sind dies Merkmale, die terminologisch kaum zu verbinden sind und zudem in jedem Einzelfall variieren können.

Das Problem wird noch verschärft, wenn man zu den Benennungen der Forschung die Selbstbezeichnungen der untersuchten Organisationen hinzuzieht. Schon der Studentenhistoriker Friedrich August Pietzsch hat nämlich in den 1960er Jahren darauf hingewiesen, daß die in der Forschung als „Akademische Logen" klassifizierten Vereinigungen sich häufig „Orden" nannten[59]. Walter Richter andererseits kam in seinen Untersuchungen zum Constantisten-Orden zu der Schlußfolgerung, daß im zeitgenössischen Sprachgebrauch „Loge" für eine Einzelverbindung stehe, wohingegen „Orden" eine aus mindestens zwei Logen bestehende Dachorganisation meine. Neue Logen konnten demnach nur von einer bereits existierenden Mutter-Loge gegründet werden[60]. Als Beleg führte er beispielsweise die Gründung des „Amicistenordens" aus zwei schon zuvor existierenden „Amicistenlogen" in Tübingen und Jena 1771 an[61]. Demnach sind also auch im Hinblick auf die Selbstbezeichnungen sehr divergente Aussagen in der studentenhistorischen Forschung anzutreffen.

Diese große Varianz in der Terminologie wie auch der damit verbundenen inhaltlichen Zuschreibungen machen die Begriffswahl für den am konkreten Fallobjekt arbeitenden Historiker alles andere als einfach. Vier Optionen scheinen wählbar:

1. Die Wahl eines allgemeinen Begriffs ohne strenge inhaltliche Definition, wie etwa „Verbindung, „Vereinigung", „Genossenschaft" oder „(Geheim-)Gesellschaft". Der Vorteil besteht darin, daß man so eine inhaltliche Vorfestlegung vermeidet. Darin liegt aber auch der Hauptnachteil, da eine unspezifische Terminologie auch auf einen großen Kreis von Phänomenen anwendbar ist und so vorhandene wesentliche Unterschiede zu verdecken droht.
2. Wahl eines spezifischen Begriffs aus der Forschung bei gleichzeitiger genauer Angabe der inhaltlichen Definition. Würde man etwa „Studentenorden" verwenden, so wäre demnach anzugeben, ob man Fabricius/Zaunstöck oder Hardtwig folgt, ob man unter „Orden" auch eine Einzel-Verbindung versteht oder nicht, ob man sie rein studentisch definiert oder nicht. Der Vorteil liegt in einer präzisen terminologischen Beschreibung des Phänomens. Der Nachteil besteht – abgesehen davon, daß dies eine längere Defintion erfordert – in der Inflexibilität, sobald mehrdeutige Fälle auftreten. Denn wenn eine konkrete Vereinigung einige organisationstypologische Kriterien erfüllt, andere nicht oder sogar Kriterien, die anderen Vereinigungen zugeschrieben werden, ergeben sich zwangsläufig terminologische Schwierigkeiten.
3. Wahl des Begriffs „Studentenorden" ohne inhaltliche Festlegungen, so etwa, ob rein studentische Organisationen gemeint sind oder nicht, ob ihnen aufklärerische Absichten zugeschrieben werden oder nicht. Der Nachteil besteht in einer drohenden Mißverständlichkeit, welche Art von Verbindung konkret gemeint ist.

---

59 Pietzsch, Friedrich August: Das Verbindungswesen an der Universität Duisburg. Versuch einer Darstellung an Hand von Studentenstammbüchern Duisburger Studenten, in: Duisburger Forschungen. Schriftenreihe für Geschichte und Heimatkunde Duisburgs 4 (1961), S. 1-45, hier S. 11; ders.: Unklarheiten in der Studentengeschichte (Ordensverbindungen), in: EuJ 14 (1969), S. 62-70; Zaunstöck, Aufklärungsgesellschaften (s. Anm. 12), S. 68, sowie ders., Geheimgesellschaften (s. Anm. 12), S. 91, konnte diesem Argument wenig abgewinnen.
60 Richter, Walter: Entstehung und Ausbreitung des Constantisten-Ordens, in: EuJ 23 (1978), S. 48-90, hier S. 48 f.; ders.: Das allgemeine Ordensprinzip der förmlichen Logengründung, in: EuJ 21 (1976), S. 57-63.
61 Richter, Constantisten-Orden (s. Anm. 60), S. 49; ders.: Zur Frühgeschichte des Amicisten-Ordens, in: EuJ 22 (1977), S. 19-48.

4. Wahl der Selbstbezeichnung der Vereinigungen. Der Vorteil dieser Option besteht in der Quellennähe und damit Annäherung an die historische Realität. Der Nachteil besteht in der Bindung an die konkrete Fallstudie, denn für eine übergeordnete Terminologie nach empirischen Kriterien sind die Selbstdefinitionen einzelner Organisationen zumeist kaum geeignet.

Angesichts der mangelhaften empirischen Grundlage im Bereich „Studentenverbindungen des 18. Jahrhunderts" wäre es vermessen, zum gegenwärtigen Zeitpunkt überhaupt eine grundsätzliche Entscheidung treffen zu wollen. Der Verfasser hat sich daher für eine Mischung aus den Optionen 1 und 3 und 4 entschieden, und dies im Bewußtsein über die zwangsläufig damit einhergehende inhaltliche Unschärfe. Dies gründet auf zwei Voraussetzungen:

1. Der in den Quellen verwendete Begriff für die beiden behandelten Verbindungen lautet schlicht „Orden"[62]. Diese Wahl läßt sich zudem dadurch rechtfertigen, daß „Orden" im 18. Jahrhundert auch anderen Geheimgesellschaften zur Selbstbezeichnung diente[63].
2. Die Fremdbezeichnung „Studentenorden" wird ebenfalls verwendet und hier definiert als im akademischen Raum angesiedelte, aus überwiegend studentischen Mitgliedern bestehende Organisationen. Da „Orden" in der Selbstbezeichnung auftaucht, gibt es eine weitere Begründung für die Verwendung von „Studentenorden".

Es sei betont, daß mit der Nutzung von Begriffen wie „Orden" als Selbstbezeichnung, „Studentenorden", „Verbindung" oder „Organisation" als Fremdbezeichnungen keinerlei inhaltliche Vorfestlegungen verbunden sind. Das gilt auch, wenn sie aus den Angaben der Literatur heraus verwendet werden. Welche konkreten Merkmale die vorgestellten Organisationsformen mit studentischer Beteiligung charakterisierten, wird hoffentlich durch die vorgestellten Quelleninhalte deutlich werden.

2.2. Forschungsstand zu studentischen Verbindungen im 18. Jahrhundert in Tübingen

Die Forschung zu studentischen Orden in Tübingen weist Parallelen zu derjenigen über die Studentenorden insgesamt auf. Sie begann im frühen 20. Jahrhundert und beruhte im Wesentlichen auf den Arbeiten eines Forschers: Georg Schmidgall[64]. Schmidgall hat in den 1930er bis 1950er Jahren eine Zeitschrift mit dem Titel „Beiträge zur Tübinger Studentengeschichte" herausgegeben, in der hauptsächlich Abhandlungen zu den Verbindungen im 19. Jahrhundert erschienen.

---

62 Für beide behandelten Verbindungen verwendet in: UAT 9/1, Nr. 14, Blatt 4; siehe auch unten Abschnitt 3.
63 Hardtwig, Verein (s. Anm. 27), S. 146-148.
64 Georg Schmidgall (* Rutesheim 23. 2. 1867, † Tübingen 17. 2. 1953), 1886-1891 Studium der Kameralwissenschaften an der Universität Tübingen, während dieser Zeit Eintritt in die Studentenverbindung Normannia, bis 1931 Verwaltungsbeamter, zuletzt Regierungsrat am evangel. Waisenhaus in Ellwangen, ab 1902 Sammlung studenten- und korporationsbezogener Realia, 1924 Mitgründer der „Vereinigung deutscher Studentenhistoriker"; nach der Pensionierung Rückkehr nach Tübingen und intensive Beschäftigung mit der Studentengeschichte, ab 1937 Herausgeber der „Beiträge zur Tübinger Studentengeschichte"; einen Teil seiner umfangreichen studentenhistorischen Sammlung schenkte er 1943 der Universität, sie wurde zunächst im Haering-Haus verwahrt und 1976 vom Universitätsarchiv Tübingen übernommen; Golücke, Verfasserlexikon (s. Anm. 3), S. 293-295; Schmidgall, Georg: Die Burschenschaft Normannia 1839/41-1936, in: Doblinger, Max/Schmidgall, Georg: Geschichte und Mitgliederverzeichnisse burschenschaftlicher Verbindungen in Alt-Österreich und Tübingen 1816 bis 1936 (Burschenschafterlisten. Geschichte und Mitgliederverzeichnisse der burschenschaftlichen Verbindungen im großdeut-

Abb. 1: Farbige Miniaturmalerei mit studentischen Alltagsszenen vor städtischem Hintergrund (offenbar Tübingen): fechtbereite Studenten auf der Straße, im rechten Gebäude mehrere, offenbar studentische Zuschauer; im oberen Stockwerk des linken Gebäudes zwei weitere Studenten, einer Pfeife rauchend, der andere im Begriff, seinen Nachtkübel auf eine unten auf der Straße befindliche Spaziergängerin auszuleeren (Quelle: Universitätsarchiv Tübingen, S. 127/26 (= Stammbuch Röscheisen, Raymund), fol. 40r (moderne Foliierung) bzw. S. 79 (zeitgenössisch).

Die meisten Beiträge hat er selbst verfaßt. Einer dieser Beiträge gilt studentischen Orden in Tübingen gegen Ende des 18. Jahrhunderts[65]. Schmidgall liefert darin einen Überblick über die akademischen Gesellschaften vom Auftreten der schon erwähnten Freimaurerloge um 1765 bis etwa 1795 und bietet zudem zu allen von ihm aufgefundenen Organisationen Mitgliederlisten. Sein Quellenmaterial sind dabei universitäre Untersuchungsakten wie Senatsprotokolle und Relegationsakten, aus denen er immer wieder zitiert, die studentischen Stammbücher[66] sowie zufällig aufgefundene Briefe[67].

---

schen Raum 1815 bis 1936,), Görlitz 1940, S. 159-192; V.C.F.N.!, o. O. 1940, S. 1 (Inhalt: „Die Burschenschaft Normannia zu Tübingen, gestiftet am 27. 8. 1841, seit 30. November 1861 Normannia"); Schäfer, Volker: Studentenhistorische Kostbarkeiten der Eberhard-Karls-Universität Tübingen. Aus der Studentica-Sammlung Schmidgall im Universitätsarchiv Tübingen, in: UAT S 108/10 (Jahreskalender der Universität Tübingen 1983); http://www.uni-tuebingen.de/UAT/prov/datei662.htm (Stand 10. 1. 2011).

65 BzTS 3 (1939/40), darin folgende drei Abschnitte: Schmidgall, Georg: Die akademischen Logen und Studentenorden in Tübingen I, S. 34-50; ders.: Die akademischen Logen und Studentenorden in Tübingen II, S. 65-96; ders.: Die akademischen Logen und Studentenorden in Tübingen III, S. 97-122 (die Zitierung wird im Folgenden zusammengefaßt als: Schmidgall, Studentenorden).

66 Schmidgall, Studentenorden (s. Anm. 65), S. 35-38.

67 Schmidgall, Georg: Zwei Tübinger Briefe aus Ordenskreisen vom Mai 1781, in: BzTS 4 (1940/41), S. 92-95; diese Briefe aus dem Universitätsarchiv Erlangen sind quellenkritisch korrekt verzeichnet.

Das Problem an Schmidgalls Arbeiten sind zum einen die zumeist fehlenden Quellenbelege, zum anderen die oftmals fehler- oder mangelhaften Angaben etwa bei den Mitgliederlisten, die gelegentlich mit den Matrikelbüchern nicht abgeglichen sind. In einem weiteren, posthum veröffentlichten Beitrag von 1953 hat Schmidgall speziell die Amicisten in Tübingen behandelt, doch nur im Hinblick auf das erste Erscheinen dieser Vereinigung[68].

Sonstige Arbeiten sind entweder noch älter[69] oder aber behandeln Tübingen nur als kleines Teilgebiet, so etwa Fabricius[70]. Walter Richter hat Tübingen zum ersten im Hinblick auf die Frühgeschichte des Amicisten-Ordens und zum zweiten auf die Entstehung des „ZN-Orden" kurz in den Blick genommen[71]. Ein Aufsatz von Fritz Bolle aus dem Jahr 1977 behandelt lediglich ein von ihm offenbar zufällig aufgefundenes Dokument der oben erwähnten Freimaurer-Loge des Dr. Richeville, über die auch schon Schmidgall geschrieben hatte[72]. Er identifiziert aus diesem verbindungsinternen Dokument den Namen dieser Loge als „Loge teutonique", wovon Schmidgall aber noch nichts wußte. Richter identifizierte diese Vereinigung allerdings als „Amicisten-Loge" und mögliche Göttinger Gründung. Er setzte sie mit derjenigen Vereinigung gleich, die 1771 zusammen mit einer Jenaer „Amicisten-Loge" den Amicistenorden gegründet haben soll[73]. Sonstige neuere Darstellungen oder auch eine quellenkritische Überprüfung der Arbeiten Schmidgalls existieren nicht.

Kurz gefaßt: Wer sich mit der Geschichte der Tübinger Studentenorden bzw. allgemeiner, akademischen Vereinigungen im 18. Jahrhundert befassen will, bleibt im Wesentlichen auf Schmidgalls Angaben verwiesen und muß zudem mit einer ziemlichen Fragmentierung der ohnehin spärlichen sonstigen Forschung umgehen. Eine zusammenfassende Darstellung nach heutigen wissenschaftlichen Kriterien ist – ähnlich wie für die Studentenorden im alten Reich insgesamt – ein Desiderat.

Obwohl behördlicher Druck und die Existenz des Tübinger Stifts dem Verbindungswesen nicht gerade dienlich waren, hat Schmidgall allein zwischen 1762 und 1782 neun verschiedene Organisationen identifiziert. Auch hier ist freilich nicht immer klar, um welche Art von Verbindungen es sich handelt, wie etwa das Beispiel des „Frankenordens/Immuable" belegt[74]. Dennoch läßt sich ein durchaus lebendiges Neben- und Nacheinander der studentischer Verbindungen ab ca. 1762 beobachten, welches – parallel zu Entwicklungen an anderen Universitäten des alten Reichs – in den 1790er Jahren schließlich tiefgreifenden Wandlungen unterworfen war.

---

68 Schmidgall, Georg: Das Alter der Tübinger Amicistenordens, in: BzTS 6 (1932), S. 2-5.
69 Schuh, Bernd: Orden und Landsmannschaften in Tübingen: Beiträge zur Studentengeschichte/S. l, 1912; ders.: Vor hundert Jahren. 2. Teil von „Orden und Landsmannschaften in Tübingen: Beiträge zur Studentengeschichte/S. l, 1913.
70 Fabricius, Studentenorden (s. Anm. 3), S. 68 f. (zu den Amicisten in Tübingen).
71 Richter, Amicistenorden (s. Anm. 61); ders.: Der Esperance- und ZN-Orden, in: EuJ 19 (1974), S. 30-54; Richter stützt sich in seinen Angaben unter anderem auf die Arbeiten von Schmidgall und Fabricius.
72 Bolle, Fritz: Die Tübinger Akademische Loge als Deutschritter-Loge, in: Wandel, Uwe J. u. a. (Bearb.): „… helfen zu graben den Brunnen des Lebens". Historische Jubiläumsausstellung des Universitätsarchivs Tübingen, Tübingen 1977, S. 141-146; das behandelte Dokument ist aufgeführt unter: UAT 9/1 Nr. 14; zur Geschichte der Loge vgl. Schmidgall, Studentenorden I (s. Anm. 65), S. 36-38.
73 Richter, Amicistenorden (s. Anm. 61), S. 38-42.
74 Zum „Frankenorden/Immuable": Schmidgall, Studentenorden (s. Anm. 65), S. 71-73, 86 (Mitgliederliste).

3. Dokumente zu zwei Tübinger Studentenorden im 18. Jahrhundert aus den Beständen des Universitätsarchivs Tübingen

3.1. Materialien im Universitätsarchiv Tübingen

3.1.1. Überblick zu den Archiv-Beständen allgemein

Bereits Schmidgall hat die Beschränkung seiner Quellenbasis klar erkannt und eingestanden: „Bedauerlicherweise war es bei dem Fehlen aller ordensamtlichen Nachrichten nur möglich, diese Darstellung auf spärlichen Stammbüchern und einseitig gefärbten Niederschriften der akademischen Behörden aufzubauen"[75]. Die Bestände im Universitätsarchiv Tübingen, die sich mit den Studentenorden und akademischen Vereinigungen befassen, lassen sich in vier Bereiche unterteilen:

1. Eine Akte mit der Überschrift „Pennalismus (durchgestrichen: Disziplin) 1661-1821", worin sich ein Faszikel mit der Freimaurerloge befaßt, die 1765 aufgeflogen war[76].
2. Relegationsakten: Hier finden sich ab 1770 etliche Akten, die über die Relegation von Studenten wegen Ordensaktivitäten handeln. Relevant ist hier besonders ein Schreiben der Universität Jena an die Universität Tübingen vom 22. November 1780 (Abb. 1 u. 2), in der über eine „Elsäßer" oder „Oberrheinische Ordensverbindung" berichtet wird, die seit 1770 in Gießen, Erlangen und auch in Tübingen bestanden haben soll. Im Anhang des nach Tübingen gesandten Schreibens wurden von den Jenaer Universitätsbehörden die Devisen, Zeichen und Statuten sowie ein Mitgliederverzeichnis des angeblichen Ordens aufgeführt[77]. Ein Vergleich mit den Mitgliederlisten Schmidgalls legt nahe, daß er sich in seinen Untersuchungen ebenfalls schon dieser Quelle bedient hat.
3. Eine aus mehreren Akten bestehende Archivalie mit dem Deckblatt: „Acta Universitatis. casus singulares et tragici. 1560-1827 Nro. 1-22". Eine dieser Akten enthält diejenigen Ordensdokumente, die im Folgenden behandelt werden[78].
4. Senats- und Untersuchungsprotokolle wegen Ordensaktivitäten. Umfang und Verzeichnis dieser bei Schmidgall häufig zitierten Quellengattung wurden für diese Studie nur teilweise untersucht und bedürften noch einer genaueren Prüfung.

---

75 Schmidgall, Studentenorden (s. Anm. 65), S. 116 f.
76 UAT 10/5 III Nr. 17-25.
77 UAT 44/10,1, Nr. 6, 1-3; die Universität Tübingen hat im übrigen im Antwortschreiben nach Jena lediglich vermerkt, daß von den genannten Personen sich keine mehr in Tübingen aufhalte; ebd., Nr. 6, 4. – Als 1781 aus Brandenburg-Ansbach eine Aufforderung zum gemeinsamen Vorgehen gegen Studentenorden an das Herzogtum Württemberg erging, fragte der Landesherr diesbezüglich bei der Universität um deren Meinung an. Die Universität berichtete über das 1780 eingegangene Schreiben Jenas und wies darauf hin, daß seit 1772 keine Ordensverbindungen in Tübingen mehr bekannt geworden seien, scharfe Untersuchungen also unnötig wären; ebd., Nr. 7, 1-4; inwiefern diese Behauptung der Wahrheit entsprach, oder ob der Senat nicht vielmehr vor genauen Untersuchungen zurückscheute, um keine Studenten – auf deren Zahlungen ja auch die Professoren in vielfacher Weise angewiesen waren – zu vergraulen, wäre eine interessante Frage und bedürfte einer genaueren Untersuchung.
78 UAT 9/1 Nr. 14; die im Folgenden verwendete Zitierung nach Blättern bezieht sich auf einzelne Schriftstücke und ist vom Beginn der Akte an gerechnet; sie war notwendig, da etliche Dokumente undatiert sind und eine weitere archivische Unter-Numerierung erst mit den universitären Untersuchungsprotokollen beginnt.

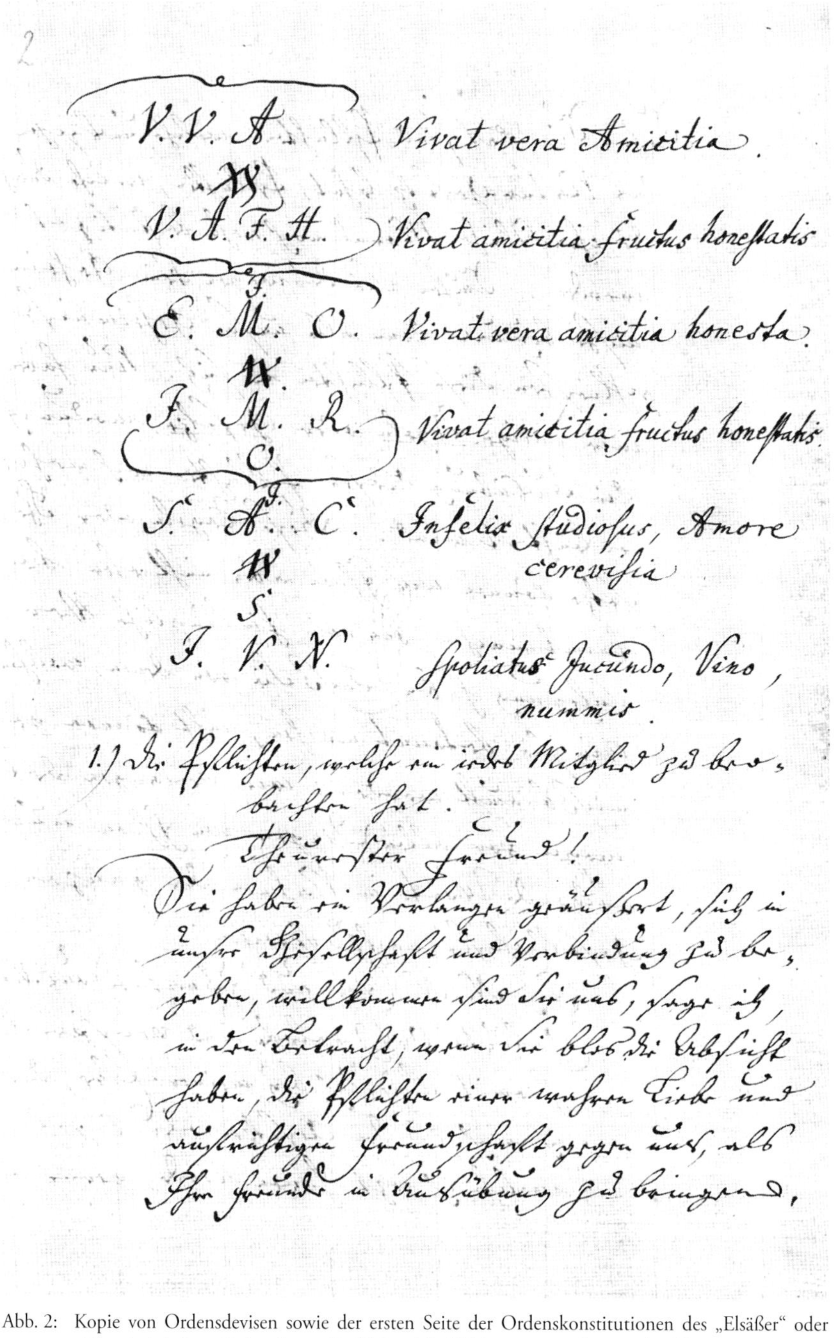
2

V. V. A. Vivat vera Amicitia.
W
V. A. F. H. Vivat amicitia fructus honestatis
F
E. M. O. Vivat vera amicitia honesta.
W.
F. M. R.
O. Vivat amicitia fructus honestatis.
g
S. A. C. Infelix studiosus, Amore cerevisia
W
S.
F. V. N. Spoliatus Jucundo, Vino, nummis.

1.) Die Pflichten, welche ein iedes Mitglied zu beobachten hat.

Theurester Freund!

Sie haben ein Verlangen geäußert, sich in unsere Gesellschaft und Verbindung zu begeben, willkommen sind Sie uns, sage ich, in der Erwartung, wenn Sie blos die Absicht haben, die Pflichten einer wahren Liebe und aufrichtigen Freundschaft gegen uns, als Ihre Freunde in Ausübung zu bringen,

Abb. 2: Kopie von Ordensdevisen sowie der ersten Seite der Ordenskonstitutionen des „Elsäßer“ oder „Oberrheinischen Ordens“, an die Universität Tübingen gesandt von der Universität Jena im November 1780 (Quelle: Universitätsarchiv Tübingen, 44/10,1, Nr 6,2).

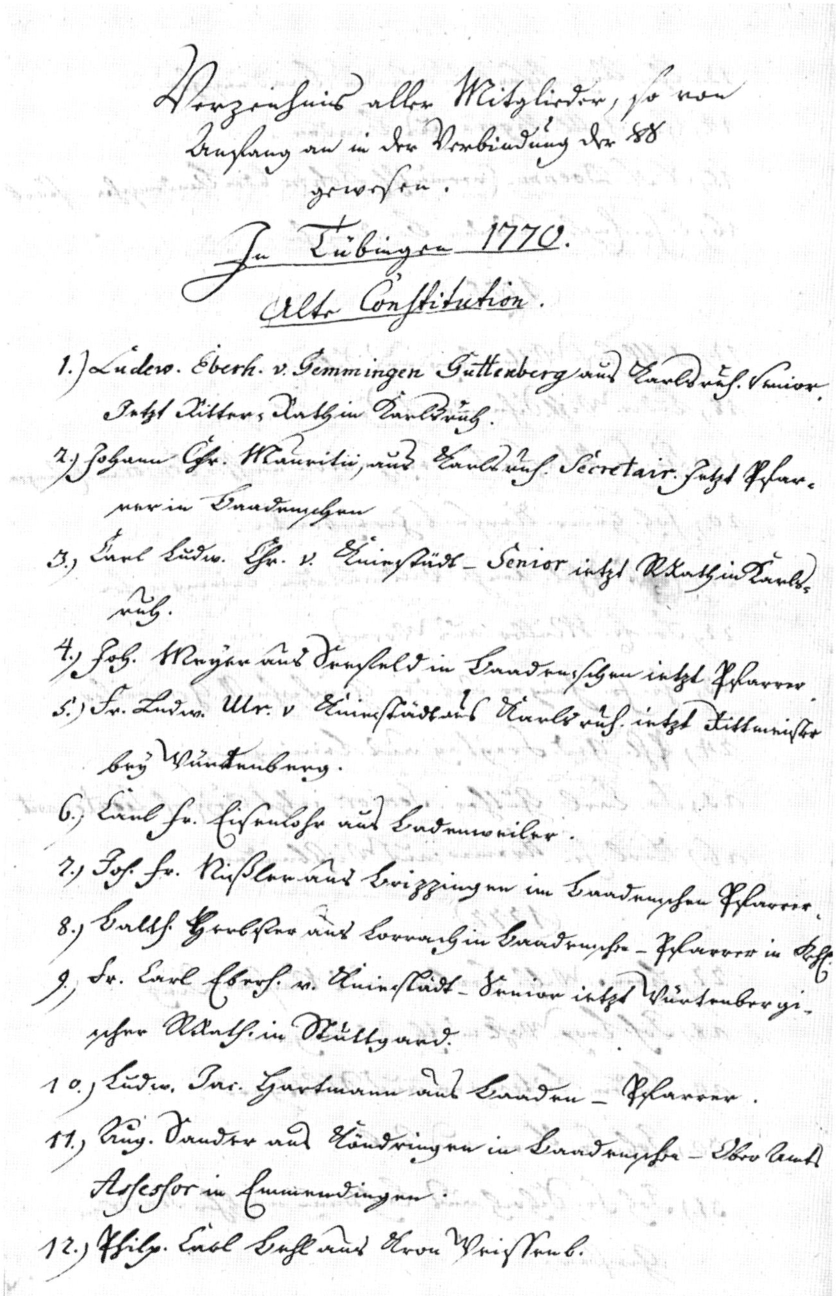

Abb. 3: Kopie der ersten Seite der Mitgliederliste des „Elsäßer" oder „Oberrheinischen Ordens", an die Universität Tübingen gesandt von der Universität Jena im November 1780 (Quelle: Universitätsarchiv Tübingen, 44/10,1, Nr 6,3).

3.1.2. Der Bestand UAT 9/1 Nr. 14: Inhalt und Überlieferung

Am Beginn der Akte befinden sich zunächst zwei Blätter einer Art Werbeanzeige für einen Sammelband mit dem Titel „Old Testament und Semitic Studies", das von einem handschriftlichen Archivarsvermerk auf 1931 datiert wird. Blatt 3 enthält dann das schon von Fritz Bolle bearbeitete Dokument über die Aufnahme des Studenten Theodor Conrad Wolf in die „loge teutonique"[79]. Merkwürdigerweise hat Bolle offenbar die Akte nicht weiter durchgearbeitet, denn die nun folgenden drei Blätter befassen sich mit internen Vorgängen zweier studentischer Orden um 1769[80]. Die ersten zwei davon enthalten Aufzeichnungen über einen Kooperationsvertrag zwischen diesen Verbindungen. Diese werden im Folgenden als Text 1 und Text 2 bezeichnet. Text 1 dürfte verbindlicheren Charakter haben, denn er ist von den Vorstehern beider Orden unterzeichnet, während Text 2 ein Konzept aus einem früheren Stadium gewesen zu sein scheint. Text 3 beinhaltet eine Art ordensinterne Gerichtsverhandlung wegen einer Beleidigung mit anschließendem Urteilsspruch.

Somit wird man die Aussage Schmidgalls, es gebe in bzw. für Tübingen keine ordensinternen Dokumente, korrigieren müssen, wenngleich man bei den drei hier vorgestellten Blättern auch nicht von übermäßigem Quellenreichtum sprechen kann.

Die Frage stellt sich freilich, weshalb diese Dokumente im Universitätsarchiv überliefert worden sind, da ja die akademischen Arkangesellschaften und Studentenorden eher darauf bedacht waren, ihre schriftlichen Aufzeichnungen vor den Universitätsbehörden geheim zu halten. Die vermutliche Antwort darauf findet sich im Rest der Akte. Neben einigen kleineren Schriftstücken (Kurzbriefe, Notizen), die wohl ebenfalls dem Verbindungsmilieu zuzuschreiben sind[81], besteht der Rest der Akte – und das sind ungefähr 90 %! – aus Untersuchungsprotokollen und Schriftsätzen zum Tode des Studenten der Theologie Johannes Jacob Herward. Dieser wurde am 3. Februar 1770 erschossen in seinem Zimmer im Haus des Bürgermeisters Georgii aufgefunden[82]. Offenbar hat er Selbstmord begangen, wie Abschiedsbriefe nahelegen, die mit den Ordensdokumenten und den universitären Untersuchungsprotokollen in der Akte aufbewahrt worden sind[83]. Der Grund für den Suizid lag nach Ansicht der Universität in Herwards Schuldenlast, aus der er keinen anderen Ausweg mehr sah. Das Verfahren zur Bereinigung dieser Schulden – wofür auch mehrfach mit Herwards Vater korrespondiert wurde – dauerte noch bis 1772 an[84]. Ein ehrenhaftes Begräbnis wurde ihm durch den Herzog von Württemberg verweigert.

---

79 UAT 9/1 Nr. 14, Bl. 3; zu den Einzelheiten vgl. Bolle, Deutschritter-Loge (s. Anm. 72), 142 f.
80 UAT 9/1 Nr. 14, Bl. 4-6.
81 UAT 9/1, Nr. 14, Bl. 7 und folgende; Bl. 8 etwa enthält eine auf ca. 1769 zu datierende Einladung des „v. W[allbrunn?]" an den „Bruder" Herward zu gemeinsamem Reiten und Fechten.
82 Diese und die folgenden Angaben zu den Studenten nach den Tübinger Universitätsmatrikeln: Bürk, Albert/Wille, Wilhelm (Bearb.), Universitätsbibliothek Tübingen (Hg.): Die Matrikeln der Universität Tübingen, Band 2/3 (1600-1817), Tübingen 1953 (künftig zit.: MUT), hier Bd. 3, S. 226, Nr. 36753; es gibt keine andere Person dieses Namens in den Matrikeln für diesen Zeitraum.
83 UAT 9/1, Nr. 14, Bl. 9-11 (undatiert); die Untersuchungsprotokolle der Universität beginnen danach mit den Berichten des Prof. jur. Eberhard Christoph Canz vom 3. 2. 1770 an den Senat; ab diesem Dokument ist auch eine Numerierung der einzelnen Schriftstücke angegeben.
84 UAT 9/1, Nr. 14, [Nr. 2]: [1.] Schreiben des Eberhard Christoph Canz an den Senat, 3. 2. 1770 (erste Erwähnung des Schuldenproblems); die Frage nach der Bereinigung der Schulden macht denn auch den größten Teil des universitären Schriftverkehrs in dieser Akte aus.

Herward stammte aus Saarbrücken und hatte sich am 4. Januar 1769 in Tübingen immatrikuliert. Sein Name wird im ersten Vertragsentwurf genannt und auf der Rückseite des Dokuments findet sich die Unterschrift „Herward" unter folgendem Satz: „die sämtl[ichen] Herren sind gebeten daßjenige was noch hinzugethan werden kann, an dem Rande zu bemerken und mir es so bald möglich wieder zurück zusenden damit ich es sauber abschreiben kann [...]"[85]. Daraus läßt sich folgern, daß genau dieser Herward der Sekretär eines der beiden Orden gewesen ist, obwohl er in Text 1 als Senior gekennzeichnet wird – was in der Theorie nicht stimmen kann, da schon zwei Seniores mit ihrer Ordenszugehörigkeit genannt werden. Mit seinen Immatrikulations- und Todesdaten existieren je ein sicherer terminus post quem und ante quem, die beide etwa dreizehn Monate auseinander liegen. Zwischen diesen müssen die Ordensdokumente verfaßt worden sein und tatsächlich findet sich eine entsprechende Datumsangabe für den 20. November 1769 in Text 1. Die unklaren Todesumstände Herwards müssen hier nicht weiter interessieren, doch steht zu vermuten, daß der darauf folgenden Untersuchung des Rektors und der Universität die Überlieferung zu verdanken ist: Die Universität hat die bei Herward gefundenen Dokumente neben ihren Untersuchungsprotokollen aufbewahrt, möglicherweise gerade wegen ihres die Orden betreffenden Inhalts. Warum die ganze Angelegenheit unter der Rubrik „Casus singulares et tragici" eingeordnet wurde, dürfte nun klar sein. Die Tradierung verdankt sich also letztlich einem glücklichen – bzw. für den Studenten Herward unglücklichen – Zufall. Es ergibt sich hier zudem der interessante Fall, daß mehrere Dokumente aus dem Umfeld studentischer Vereinigungen um 1770 vorliegen, also genau in der von einem Teil der Forschung definierten Phase der Entstehung genuin studentischer Orden[86].

3.2. Identifizierung der Verbindungsnamen und historische Einordnung

Da die drei Texte die Namen der Verbindungen nicht enthalten, kann die Identifizierung nur über die in Text 1 genannten Devisen gelingen:
Ae. S.N.C. = Aeterna sit nostra coniunctio
S.E.C. = Sincere et constanter / Spes et Constantia[87]

Die erste Devise ist einer unter dem Namen „Mosellaner Landsmannschaft" bekannten Organisation zuzuordnen. Bei der Darstellung dieser Verbindung ist man leider wieder fast ausschließlich auf die Untersuchungen von Fabricius und Schmidgall angewiesen, so daß die folgenden Angaben mit einer gewissen Vorsicht zu behandeln sind[88]. Dabei ist noch zu beachten, daß Fabricius häufig die zeitgenössische Schrift des „Magister Laukhard" vom Ende des 18. Jahrhunderts als Quellengrundlage zitiert[89]. Laukhard, zunächst selbst Mitglied eines Studentenordens,

---

85 UAT 9/1, Nr. 14, Bl. 4 (= Text 1).
86 Oder zumindest einer verstärkten Phase von Zivilisierungs- und Vergesellschaftungsbemühungen innerhalb der Studentenschaft; vgl. Hardtwig, Zivilisierung (s. Anm. 8), S. 79 f.
87 Eine gute Übersicht über diese und diverse andere Ordens- und Verbindungsdevisen im 18. Jahrhundert findet sich bei Hümmer, Hans Peter: Jenaer Stammbuchexzerpte aus dem Nachlaß F. A. Pietzsch (I), in: EuJ 53 (2008), S. 299-330, hier S. 322 f.
88 Siehe zum Folgenden: Fabricius, Studentenorden (s. Anm. 3), S. 8-16; ders., Corps (s. Anm. 3), S. 44-55.
89 Laukhard, Friedrich Christian: Der Mosellaner- oder Amicistenorden, Halle 1799.

wurde später zu einem ausgesprochenen Ordensgegner. Die Problematik einer solchen Quelle ist offenkundig.

Es ist unsicher, ob die „Mosellaner Landsmannschaft" im 17. Jahrhundert schon existierte oder erst eine Gründung des 18. Jahrhunderts ist. Sicher belegt scheint sie zum ersten Mal 1721 in Jena. Der Einzugsraum umfaßte die Rheingebiete, Schwaben, die Pfalz und das Elsaß, ging also über die reinen „Moselländer" weit hinaus. 1769 gab es eine Abspaltung, die sich als „Oberrheinische Landsmannschaft" konstituierte. Auffällig ist, daß die Prinzipien der Verbindung – soweit sie überliefert sind – durchaus später auch von den Studentenorden artikuliert wurden: Freundschaft als zentrales Element, gütliche Regelung von internen Ehrstreitigkeiten, Mehrheitsentscheidungen[90]. Organisatorisch waren Senior, Subsenior und Sekretär als Führungsspitze vorgesehen, doch ab wann dies voll ausgebildet war, bleibt unklar. Obwohl die Aufnahmeregularien ungeklärt sind, scheint festzustehen, daß die Mitgliedschaft bei den Mosellanern letztlich einer individuellen Willensentscheidung unterlag und keinesfalls eine „korporative Zwangsmitgliedschaft" beinhaltete – auch diese Verbindung war also eine korporativ-assoziative Mischform, womöglich sogar mit mehr assoziativem Anteil als bei den älteren Landsmannschaften des 17. Jahrhunderts.

In Tübingen sind die Mosellaner[91] erstmals um 1763 belegt, doch gibt es sonst wenig Informationen über sie[92]. Die Gesamtzahl der von Schmidgall identifizierten Mitglieder in Tübingen beträgt 26[93]. Bestanden hat sie hier offenbar bis etwa 1778.

Die offenkundigen Ähnlichkeiten zwischen der „Landsmannschaft" der Mosellaner und den Studentenorden können wenig überraschen, wenn man weiß, daß aus ersterer sich ab 1771 teilweise der Amicisten-Orden rekrutierte, und zwar zugleich in Jena und Tübingen[94]. Von daher hatte Laukhard vielleicht gar nicht so Unrecht, wenn er Mosellaner und Amicisten gemeinsam als „Orden" bezeichnete, obwohl gerade Fabricius dies als terminologische Unschärfe kritisiert hat[95].

Der zweite „Orden" mit dem Kürzel „S.E.C." ist wohl einer Arkangesellschaft mit Verbindung zu „L'Esperance" – später „ZN-Orden" genannt – zuzurechnen. Beim „Ordre de L'Esperance" oder „Orden der Hoffnung" handelte es sich um eine etwa 1750 entstandene „Akademische Loge", deren Schwerpunkte zunächst in Jena und Göttingen lagen[96]. Mehrfachmitgliedschaften in anderen Vereinigungen scheinen üblich gewesen zu sein, offenbar gab es sogar einige weibliche und adlige Mitglieder. Ableger existierten in Lübeck und Hamburg. Um 1767 jedoch wurde

---

90   Grundsätze abgedruckt bei Fabricius, Corps (s. Anm. 3), S. 46, allerdings zitiert nach Laukhard.
91   Der Begriff „Mosellaner" wird im Folgenden aufgrund der Zuordnung der Devise verwendet (vgl. Anm. 87 u. 88), ohne daß damit etwas über die Art der Verbindung (Landsmannschaft oder Studentenorden) ausgesagt werden soll.
92   Zusammenfassung bei: Schmidgall, Studentenorden (s. Anm. 65), S. 38-42.
93   Ebd., S. 45 f., 93 f.
94   Vgl. dazu nochmals: Richter, Amicistenorden (s. Anm. 61), S. 40-42.
95   Fabricius, Studentenorden (s. Anm. 3), S. 14 f.; eine ähnliche Terminologie wie Laukhard wählte auch ein anderer Autor, der fast zur selben Zeit schrieb: Turin, Bernhard: Graf Guido von Taufkirchen oder Darstellung des zu Jena aufgehobenen Mosellaner- oder Amicistenordens in historischer, psychologischer und rechtlicher Hinsicht zur Beherzigung für Staat und Ordensbrüder, Weißenfels 1799.
96   Dazu und zum Folgenden umfassend: Bauer, Studentische Organisation (s. Anm. 10), S. 121-123; ders., Studentische Verbindungen (s. Anm. 10), S. 65-67; ders., Freimaurerei (s. Anm. 10), S. 34-40; Richter, ZN-Orden (s. Anm. 71), 30-41.

nach Entdeckung durch die universitären Behörden fast zeitgleich in Jena und Göttingen durch die Obrigkeit die Auflösung verfügt.

In Tübingen gab es nach Schmidgalls Darstellung eine Verbindung „S.E.C." seit etwa 1762. Hier und in Göttingen ist ab 1772 auch zum ersten Mal das „ZN"-Zeichen in Stammbüchern belegt, so daß man seitdem vom „ZN-Orden" sprechen kann. Die Änderung wurde vielleicht wegen des behördlichen Verfolgungsdrucks in Göttingen notwendig, so daß man auf diese Weise einen organisatorischen Neuaufbau starten konnte. Die Bedeutung des „ZN"-Zeichens ist nicht ganz klar, möglicherweise war es eine Chiffre für das früher schon verwendete „S.E.C.". Das Kürzel „S.E.C." taucht in Stammbüchern ab etwa 1772 öfters mit dem „ZN"-Kürzel auf, was auf die Verbindung beider Gesellschaften hindeutet.

Fest steht also, daß zwischen der Tübinger und der Göttinger Verbindung ein enges Verhältnis bestanden hat, wie sich auch am Wechsel einiger studentischer S.E.C.-Mitglieder nach Göttingen und ihrem dortigen Mitwirken im ZN-Orden belegen läßt[97]. Richter jedenfalls sieht die Entstehung des ZN-Ordens in einer Vereinbarung der Tübinger und Göttinger Verbindungen um 1772 begründet. Doch räumt er ein, daß die exakte Verbindung der Tübinger S.E.C. zum Göttinger „Orden der Hoffnung" vor der Entstehung des „ZN-Ordens" unklar ist[98]. Man sollte diese Verbindung sicher als selbständige Organisation auffassen. Kaum zu beantworten ist auch die Frage, ob nun der Wechsel von „Esperance" zu „ZN" auch einen organisationstypologischen Wandel bedeutete, ob nun also aus einer „Akademischen Loge" ein „Studentenorden" wurde und wie schnell dies geschah.

Die von Schmidgall ermittelten 47 Tübinger S.E.C.-Mitglieder immatrikulierten in einem Zeitraum zwischen 1762 und 1774, womit ein grober Existenzrahmen gegeben wäre[99]. Auffällig ist, daß sämtliche von ihm erfaßten Personen Studenten, die Bezeichnung als „Studentenorden" – im Sinne von Fabricius und Zaunstöck – also gerechtfertigt wäre. Sonstige Informationen sind rar und speisen sich ausschließlich ex negativo aus universitätsbehördlichen Untersuchungen[100]. Die Auflösung der Devise selbst ist ebenfalls unsicher, denn Schmidgalls „Sincere et Constanter" ist genauso im Bereich des Möglichen wie Richters „Spes et Constantia"[101]. Eine enge Affinität zum „Ordre de l'Esperance" bzw. später zum ZN-Orden war sicher gegeben, doch ob dies bedeutet, daß die Tübinger Verbindung S.E.C. nach 1772 Teil des ZN-Ordens war oder als eigenständige Organisation agierte, bleibt unklar. Schmidgall jedenfalls hat eher letzteres vermutet, da er die ZN-Mitgliedschaften der S.E.C.-Mitglieder gesondert aufführte.

Die Klassifizierung der Verbindung S.E.C. als „Loge"[102] erscheint wenig sinnvoll, denn ob diese ein Teil einer hierarchischen Ordensorganisation war ist fraglich. Die rein studentischen Mitgliedschaften wie auch die Selbstbezeichnung (in Text 1) lassen die Verwendung des Begriffs „Orden" am sinnvollsten erscheinen. Schmidgall hat denn auch in seinen Ausführungen stets vom „S.E.C.-Orden" gesprochen. Betrachtet man die Sache nüchtern, so scheint die Vereinigung S.E.C. Teil des dynamischen Sozietätswesens des 18. Jahrhunderts gewesen zu sein: Sie war eine

---

97 Schmidgall, Studentenorden (s. Anm. 65), S. 38-42; Richter, ZN-Orden (s. Anm. 71), S. 41-45.
98 Ebd., S. 44 f.
99 Schmidgall, Studentenorden (s. Anm. 65), S. 46-48, 94 (Ergänzungen).
100 Ebd., S. 65-73.
101 Richter, ZN-Orden (s. Anm. 71), S. 42, kritisiert Schmidgalls Auflösung als „durch keinerlei Nachweise gestützt"; das gilt freilich für viele Angaben Schmidgalls.
102 So die terminologische Definition; Richter, Constantisten-Orden (s. Anm. 60), S. 48 f.

von vielen Organisationen, hatte fluktuierende Mitgliederzahlen und löste sich nach einer gewissen Zeit auf, ohne daß dies irgendwo besonders vermerkt worden war.

Die Schwierigkeiten der Zuordnung lassen sich auch daran erkennen, daß einige Studenten zugleich Mitglieder der Mosellaner, des S.E.C.-Ordens oder der „Freimaurerloge" bzw. „loge teutonique" von 1765 waren, wenn dies auch nur für vier Personen festgestellt werden kann. Der Extremfall ist hier Johann Friedrich Seyffer, immatrikuliert in Tübingen am 2. November 1763, der anscheinend in allen drei Organisationen Mitglied war[103]. Dazu kommt dann noch, daß im Amicistenorden ab 1771 auf Tübinger Seite ebenfalls Mitglieder aus allen drei vorher existierenden Vereinigungen beteiligt waren – sofern man nicht mit Richter die „Freimaurerloge" sowieso als „Amicistenloge" definiert[104].

Es ist – bei der momentanen Forschungssituation – kaum eine Vermutung darüber möglich, wie beide Orden nach Tübingen gelangt sein könnten oder ob sie genuine Tübinger Gründungen waren. Feststellbar ist allerdings eine Wanderung der Mitglieder zwischen verschiedenen Universitäten des alten Reiches. Betrachtet man beispielsweise die ersten acht von Schmidgall ermittelten Mitglieder des Tübinger S.E.C.-Ordens, so ergibt sich – chronologisch sortiert nach Tübinger Immatrikulationsdatum – folgendes Bild[105]:

S.E.C.-Orden:

5. Heinrich Friedrich Nestel, stud. jur., aus Stuttgart, immatrikuliert an der Universität Tübingen am 24. Oktober 1763, an der Universität Göttingen am 9. Mai 1768[106];

7. Friedrich Ernst Vock, stud. theol., aus Franken, immatrikuliert an der Universität Jena am 17. November 1761, an der Universität Tübingen am 8. November 1763[107];

8. Johann Friedrich Seyffer, stud. jur., immatrikuliert an der Universität Tübingen am 2. November 1763, an der Universität Leipzig am 23. Mai 1767, an der Universität Göttingen am 31. Oktober 1767[108].

Die Ableitung einer genauen Abfolge von „Mutterlogen" und „Tochterlogen" erscheint angesichts der dürren Quellenlage weder möglich noch sinnvoll. Der erwähnte Johann Friedrich Seyffer etwa ist zugleich als viertes Mitglied der Mosellaner Landsmannschaft ausgewiesen[109]. Die bei Schmidgall belegten und zuvor immatrikulierten Mitglieder der Mosellaner lassen sich weder in Göttingen noch in Jena nachweisen. Da Seyffer aber erst später nach Leipzig und Göttingen wechselte, bleibt unklar, wie die Verbindung „Mosellaner Landsmannschaft" bzw. Ae.S.N.C. nach Tübingen gelangt sein könnte.

---

103 Schmidgall, Studentenorden (s. Anm. 65), S. 38-42, hat auf diese zahlreichen Querverbindungen zwischen den drei Organisationen bereits hingewiesen.

104 Vgl. dazu nochmals ebd., S. 76-71, 87 f.; Richter, Amicistenorden (s. Anm. 61), S. 38-42.

105 Belege und chronologische Ordnung nach: Schmidgall, Studentenorden (s. Anm. 65), S. 46 ff.

106 MUT, Bd. 3, S. 204, Nr. 36174; Selle, Götz von (Hg.): Die Matrikel der Georg-August-Universität zu Göttingen 1734-1837 (Veröffentlichungen der Historischen Kommission für Hannover, Oldenburg, Braunschweig, Schaumburg-Lippe und Bremen, IX), Hildesheim/Leipzig 1937 (künftig zit.: MGö), S. 172, Nr. 7970.

107 Köhler, Otto (Bearb.): Die Matrikel der Universität Jena, Bd. 3: 1723-1764, Weimar 1992, S. 795: WS 1671, Nr. 154; MUT, Bd. 3, S. 206, Nr. 36214.

108 MUT, Bd. 3, S. 204, Nr. 36178; Erler, Georg (Hg.): Die Iüngere Matrikel der Universität Leipzig 1559-1809. Als Personen- und Ortsregister bearbeitet und durch Nachträge aus den Promotionslisten ergänzt, Bd. III: Die Immatrikulationen vom Wintersemester 1709 bis zum Sommersemester 1809, Leipzig 1909 (ND 1979), S. 391; MGö, S. 169, Nr. 7812.

109 Vgl. nochmals: Schmidgall, Studentenorden (s. Anm. 65), S. 45 f.

Belegbar ist zum Mindesten ein lebhafter Austausch von Studierenden nicht nur zwischen einzelnen Verbindungen an einer Universität, sondern auch zwischen den Universitäten selbst. Infolgedessen gab es zweifellos auch eine Wanderung der dem Ordensmilieu inhärenten moralischen, sozialen und organisatorischen Vorstellungen – nur sind deren inhaltliche Ausprägungen weitaus schwerer rekonstruierbar als ihre Verbreitung.

Wie viele Mitglieder Ae.S.N.C. und S.E.C. insgesamt um 1769 hatten und wie sich deren Anzahl zur Gesamtheit der Studierenden verhielt, ist angesichts der nur indirekten Feststellbarkeit – ordenseigene Mitgliederlisten und vor allem Eintrittsdaten gibt es in Tübingen nicht – hochgradig spekulativ. Es dürften jeweils mindestens zehn ständige Mitglieder gewesen sein, wahrscheinlich (aufgrund der von Schmidgall ermittelten Mitgliederzahlen) mehr S.E.C. als Ae.S.N.C.

Zwei wichtige Feststellungen sind am Ende dieses Kapitels anzubringen:
1. Die Informationen zu vielen Tübinger Verbindungen des 18. Jahrhunderts sind ausgesprochen dürftig. Bezeichnend für die Quellenlage ist, daß Schmidgall das Erlöschen beider Organisationen nicht genau angeben kann. Er läßt sie einfach mit den zeitlich zuletzt bekannten Mitgliedern enden, etwa um 1778.
2. Starre Definitionen von „Freimaurerlogen", „Akademische Logen", „Landsmannschaften" und „Studentenorden" laufen hier ins Leere und werden der enormen Dynamik und wechselseitigen Beeinflussung zwischen und innerhalb dieser Organisationen nicht gerecht[110]. Gerade Tübingen bietet hier ein gutes Beispiel: Ab 1768 scheint es einen starken Aufschwung an Geselligkeits- und Organisationsformen im studentischen bzw. akademischen Bereich gegeben zu haben, mit erheblicher Fluktuation und wechselnden Mitgliedschaften.

Warum gerade der Zeitraum ab 1768 von einem solchen Aufschwung gekennzeichnet war, kann noch nicht ausreichend beantwortet werden. Möglicherweise führte der sich zeitgleich verschärfende Verfolgungsdruck in Jena und Göttingen zum Zuzug von dort stammenden Verbindungsmitgliedern[111]. Doch staatliche und universitäre Verfolgung gab es auch in Tübingen, spätestens nach der Entdeckung der „freymaurer-loge" 1765. Infolgedessen wurde 1768 in Tübingen ein landesherrliches Verbot von Ordenszeichen und Orden erlassen sowie 1770 dem Studenteneid ein entsprechender Zusatz beigefügt[112]. Am bestehenden Faktum der Zunahme verbindungsstudentischer Aktivitäten ändert dies nichts.

3.3. Kollektivbiographische Analyse

Es soll nun der Versuch gemacht werden, mit Hilfe einer Zusammenstellung der Universitätsmatrikel die in den Texten 1 bis 3 genannten Personen prosopographisch darzustellen. Von diesen konnten bisher drei außer in Tübingen noch in Göttingen nachgewiesen werden, nicht jedoch an

---

110 In diesem Sinne argumentiert auch Riederer, Jenaer Konstantisten (s. Anm. 11), S. 71, im Hinblick auf die ordens- und sozietätsübergreifenden Doppelmitgliedschaften.
111 Eine interessante Parallele dazu bietet Halle, wo ebenfalls ab 1765 Untersuchungen gegen akademische Arkangesellschaften stattfanden und 1767 ein allgemeines Ordensverbot ausgesprochen wurde; vgl. Zaunstöck, Arkane Kultur (s. Anm. 12), S. 141-146; worin diese auffälligen chronologischen Parallelen im Vorgehen gegen die Arkangesellschaften im akademischen Bereich begründet liegen, bedürfte einer genaueren Untersuchung.
112 Schmidgall, Studentenorden (s. Anm. 65), S. 42-45.

anderen Universitäten des Reichs[113]. Damit wird nicht nur entsprechenden Forderungen aktueller Universitätsgeschichte entsprochen[114], sondern es bietet sich auch die Möglichkeit, die soziale Zusammensetzung näher zu beleuchten. Da nur bei den „Seniores" die Ordenszugehörigkeit direkt angegeben ist, werden zur Zuordnung noch die Mitgliederlisten Schmidgalls herangezogen[115]. Es sei von vornherein darauf hingewiesen, daß keine der im Folgenden aufgeführten Personen in dem oben genannten, von der Universität Jena 1781 zugeschickten Verzeichnis zu finden ist[116].

Mosellaner
von Wallbrunn	Fridericus Cuno de Wallbrunn, Stuttgardianus, immatrikuliert an der Universität Tübingen am 29. Oktober 1766[117]
Herward	Johann Jacob Herward, aus Nassau-Saarbrücken, immatrikuliert an der Universität Göttingen am 9. April 1768 als stud. theol., Anmerkung: ex ac[ademia] halensi immatrikuliert an der Universität Tübingen am 4. Januar 1769 als stud. theol.; Anm. der Herausgeber: Gest. 3. Februar 1770 (erschossen in seiner Stube gefunden)[118]
Vitriarius	Ludwig Jakob Franz Vitriarius, aus Partenheim i. d. Pfalz, immatrikuliert an der Universität Göttingen am 28. Oktober 1766 als stud. theol., immatrikuliert an der Universität Tübingen am 29. Oktober 1768[119]
Walz	Johannes Ludwig Walz, 21, theol., immatrikuliert an der Universität Tübingen am 30. Oktober 1769[120]
Hoerle	Heinrich Christian Hoerle, aus Worms, immatrikuliert an der Universität Tübingen am 26. Oktober 1768, Zusatzbemerkung: Dep., medicinae cultor[121], immatrikuliert an der Universität Straßburg am 7. November 1770[122]

---

113 Vom Verfasser überprüft wurden die Matrikel von Basel, Erlangen, Frankfurt/Oder, Gießen, Göttingen, Greifswald, Helmstedt, Heidelberg, Kiel, Königsberg, Leipzig, Rostock, Straßburg und Wittenberg. Für Marburg konnte nur das Register für den Zeitraum 1653-1830 eingesehen werden. Für Halle lag für den relevanten Zeitraum keine gedruckte Matrikel vor. Für Jena hat Dr. Ulrich Rasche (Wien) dankenswerterweise die Originalmatrikel eingesehen, jedoch keine der im Text aufgeführten Personen gefunden. Falls eine Person zeitlich oder sachlich nicht klar zuzuordnen ist, wurde(n) die Alternative(n) angegeben.

114 Die Notwendigkeit verstärkter prosopographischer Nutzung der Universitätsmatrikeln postulieren auch: Asche/Gerber, Universitätsgeschichte (s. Anm. 16), S. 192.

115 Vgl. dazu im Folgenden Anm. 93 u. 99; sind Personen in den Listen Schmidgalls nicht verzeichnet, so wird dies in den Anmerkungen gesondert aufgeführt.

116 Vgl. nochmals: UAT 44/10,1. Nr. 6, 3.

117 MUT, Bd. 2, S. 215, Nr. 36 474.

118 MGö, S. 170, Nr. 7839; MUT, Bd. 3, S. 226, Nr. 36 753; für die Universität Halle konnte wegen des Fehlens gedruckter Matrikel für den relevanten Zeitraum keine Überprüfung vorgenommen werden.

119 MGö, Bd. 1, S. 164, Nr. 7554; MUT, Bd. 3, S. 224, Nr. 36 700; bei Schmidgall nicht verzeichnet, allerdings wurde dort später ein Bleistift-Nachtrag mit diesem Namen hinzugefügt; wer dies getan hat oder ob dazu eine Publikation existiert, konnte vom Verfasser bisher nicht in Erfahrung gebracht werden; Schmidgall, Studentenorden (s. Anm. 65), S. 46.

120 MUT, Bd. 3, S. 230, Nr. 36 824; bei Schmidgall nicht verzeichnet.

121 MUT, Bd. 3, S. 223, Nr. 36 697; bei Schmidgall nicht verzeichnet.

122 Knod, Gustav C. (Bearb.): Die alten Matrikeln der Universität Straßburg 1621-1793, Bd. 1: Die Allgemeinen Matrikeln und die Matrikeln der Philosophischen und Theologische Facultät (Urkunden und Akten der Stadt Straßburg, hg. mit Unterstützung der Landes- und Stadtverwaltung. Dritte Abteilung: Die Alten Matrikeln der Universität Straßburg), Straßburg 1897, S. 88: Matricula Generalis Maior, 7. 11. 1770, Nr. 58.

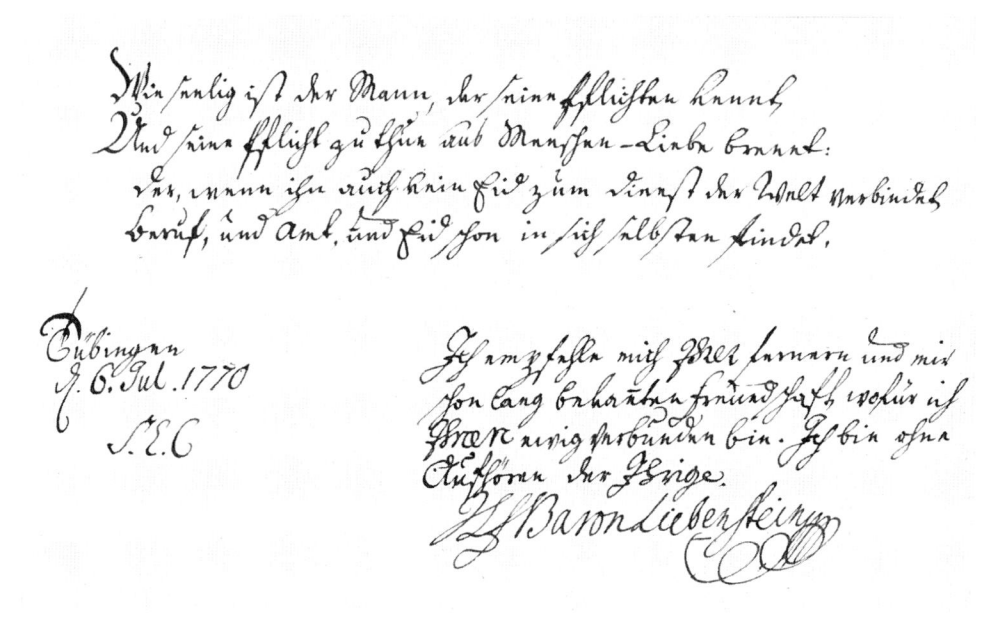

Abb. 4: Unterschrift des Seniors des Tübinger S.E.C.-Ordens Liebenstein im Stammbuch des Christian Conrad Abel, mit Gedicht und Ordensdevise S.E.C., 6. Juli 1770: „Wie seelig ist der Mann, der seine Pflichten kennt/Und seine Pflicht zu thun aus Menschen-Liebe brennt:/der, wenn ihn auch kein Eid zum Dienst der Welt verbindet/Beruf, und Amt, und Eid schon in sich selbsten findet./Tübingen/d. 6. Jul. 1770/S.E.C./Ich empfehle mich Ihrer fernern und mir schon lang bekannten freundschafft, wofür ich Ihnen ewig verbunden bin. Ich bin ohne Aufhören der Ihrige./JLF Baron Liebenstein" (Quelle: Universitätsbibliothek Tübingen, Mh 973 (= Stammbuch Abel, Christian Conrad), fol. 30r).

S.E.C.	
von Liebenstein	Johann Ludwig Friedrich de Liebenstein, aus Kirchheim, immatrikuliert an der Universität Tübingen am 29. Oktober 1766[123] (s. a. Abb. 3)
Posselt	1. Gottfried Posselt, aet. 20. iurid. immatrikuliert an der Universität Tübingen am 14. August 1769[124]
	2. Wilhelm Heinrich Posselt, Durlacensis aet. 18, stud. iur., immatrikuliert an der Universität Tübingen am 14. November 1768[125]
Alenfeld	Georg Bernhard von Ahlefeldt von Saxtorff, aus Holstein, immatrikuliert an der Universität Göttingen am 15. April 1766 als stud. jur., immatrikuliert an der Universität Tübingen am 18. April 1769[126]

---

123 MUT, Bd. 3, S. 215, Nr. 36 475.
124 MUT, Bd. 3, S. 229, Nr. 36 802.
125 MUT, Bd. 3, S. 224, Nr. 36 704.
126 MGö, Bd. 1, S. 160, Nr. 7342; MUT, Bd. 3, S. 227, Nr. 36764; die Verbindung zwischen Göttingen und Tübingen über Ahlefeld wurde schon von Richter, ZN-Orden (s. Anm. 71), S. 45, festgestellt; vgl. dazu auch: Schmidgall, Studentenorden (s. Anm. 65), S. 48.

Nicht zuzuordnen

Fechtmeister Güssau: Johann Ernst Friedrich Güssau, aus Leipzig, seit Oktober 1749, Fechtmeister am Tübinger Collegium Illustre, gest. 30. Juli 1778, wahrscheinlich Mitglied der Freimaurer-Loge von 1765[127]

4. Interpretation

4.1. Soziale und geographische Zusammensetzung

Es mag etwas verwegen sein, auf Grundlage von so wenigen Personen generelle Aussagen zur sozialen und geographischen Zusammensetzung zu treffen, doch soll zur Absicherung noch die Prosopographie Schmidgalls herangezogen werden[128].

Es kann wenig überraschen, daß in beiden Verbindungen Mitglieder aus dem südwestdeutschen Raum die deutliche Mehrheit bilden. Allerdings scheinen die Moselaner hier tatsächlich einem geographisch engeren Rekrutierungsrahmen zu unterliegen, obwohl sich auch bei ihnen einzelne Mitglieder finden, die nicht dem von Fabricius definierten Raum angehören. Nur in dieser Hinsicht würde ihre Definition als „Landsmannschaft" einigermaßen passen. Der S.E.C-Orden dagegen hat offenkundig einen deutlich breiteren Horizont gehabt, denn neben dem in Text 1 genannten adligen Herrn von Ahlefeldt aus Holstein finden sich in Schmidgalls Listen auch Mitglieder aus Greifswald, Bayreuth oder Chur. Insgesamt läßt sich aber für beide Orden festhalten, daß sie das Merkmal der regional übergreifenden Rekrutierung erfüllen, wenn auch die Moselaner in eingeschränktem Maß.

Von neun in den Quellen gefundenen Personen waren immerhin drei zuvor in Göttingen immatrikuliert. Auch hier läßt sich also ein Austausch von Ordenmitgliedern – und damit Ordensideen – zwischen verschiedenen Universitäten feststellen. Bei aller Vorsicht ist zumindest für die hier behandelten Organisationen von einer engeren Verbindung zwischen Tübingen und Göttingen auszugehen. Inwiefern solche verbindungsstudentisch konnotierten Wechsel zwischen verschiedenen Universitäten ein über die jeweilige Landesherrschaft hinausgehendes räumliches und politisches Bewußtsein gefördert haben, wäre zweifellos eine spannende Frage, die aber derzeit nicht zu beantworten ist.

---

127 Für die Informationen zu Name und Lebensdaten danke ich Frau Silke Schöttle (Tübingen), die zur Zeit über die frühneuzeitlichen Exerzitienmeister an der Universität Tübingen und dem Collegium Illustre arbeitet. Zu Herkunft und Anstellung Güssaus am Collegium illustre: Hauptstaatsarchiv Stuttgart (künftig zit.: HStAS) A 202 Bü 94: Die Fechtmeister Johann Ernst Friedrich Güssau, Achatius Friedrich Lorenz Seufert (Seyfarth) und Johann Friedrich Gottlieb Roux beim Collegium illustre, 1778-1794; HStAS A 284/94 Bü 94: Fecht- und Exerzitienmeister des Collegium illustre: Konrad Jacob, Johann Kasimir Eller, Josef Hagel, Johann Braun, Balthasar Friedrich Dinckel, Johann Andreas Schmid, Johann Ernst Friedrich Güssau, 1661-1754; zur Mitgliedschaft Güssaus in der Freimaurer-Loge: Benennung eines „Gühsau" in der Untersuchung der Universität 1765; UAT 10/5, Nr. 20; Schmidgall verzeichnet Güssau übrigens nicht als Mitglied der Freimaurer-Loge – ein erneuter Hinweis darauf, daß seine Listen keinesfalls als vollständig angesehen werden können.

128 Vgl. Anm. 93 u. 99.

Abb. 5: In der Mitte Studenten (möglicherweise Adlige) zu Pferd, reiten über einen Acker und werden von Bauern verfolgt, letztere rufen den Studenten zu: „Ihr Herra reutet Schada", die Studenten antworten: „Hundsfötter" (umgedrehtes Schriftbild); im Hintergrund der Neckar mit Beschriftung, links oben offenbar die Wurmlinger Kapelle, rechts Tübingen mit Beschriftung (erkennbar das Schloß sowie ganz rechts vielleicht die Burse); Verfasser unbekannt (Quelle: Universitätsarchiv Tübingen, S 127/26 (= Stammbuch Röscheisen, Raymund), fol. 86v [moderne Foliierung] bzw. S. 183 (zeitgenössisch).

Was den gesellschaftlichen Hintergrund betrifft, so unterscheiden sich beide Orden nur wenig: Ein paar Adlige und eine überwiegende Mehrheit nichtadliger Studenten. Dies dürfte wohl dem von Hardtwig proklamierten universitären und überhaupt dem gesellschaftlichen Querschnitt entsprechen, auch wenn hier die Stipendiaten des Tübinger Stifts nicht in die Betrachtung miteinbezogen wurden. Beide Orden sind demnach auch als sozial übergreifend zu bezeichnen. Allerdings fällt auf, daß die Seniorsposten beider Verbindungen von Adligen eingenommen wurden, während der S.E.C.-Subsenior Posselt und der Ae.S.N.C.-Schriftführer Herward offenbar Nichtadlige waren. Die obersten Führungspositionen blieben also auch hier – wie in der gesamten altständischen Gesellschaft – dem Adel vorbehalten. Unmittelbar darunter finden sich freilich schon Nichtadlige und insgesamt zeugen die Dokumente von einem ordensinternen Umgang, der durch ständische Gewohnheiten praktisch unbeeinflußt war (siehe dazu 4.2). Somit ergibt sich auch hier die Form einer gemischten ständisch-assoziativen Organisation, mit jedoch deutlichem Schwerpunkt auf dem assoziativen Element.

Ein Sonderproblem stellt die Person des „Fechtmeisters Güssau" dar: Dieser war kein Student, wahrscheinlich Mitglied der Mosellaner, da von diesen nur drei sicher gegenüber vier von S.E.C. belegt sind. Doch wäre es offensichtlich absurd, den Tübinger Mosellaner-Orden deswegen nicht mehr als studentischen Orden anzusehen, da alle anderen bekannten Mitglieder Studenten waren. Mit engen Terminologien kommt man auch hier nicht weiter, sondern es bleibt die

Feststellung: Es war ein studentischer Orden, der trotzdem auch ein nichtstudentisches Mitglied hatte – welches freilich als Fechtmeister dem studentischen Milieu eng verbunden war.

4.2. Normen und Werte

Im Folgenden sollen die zentralen Wertmaßstäbe und Verhaltensvorschriften dargelegt werden, wobei sich manches selbstverständlich überschneidet. Eine gewisse Schwierigkeit ergibt sich dadurch, daß nur die für die Vereinigung festgelegten Statuten bekannt sind, nicht diejenigen der einzelnen Orden speziell, doch bietet auch dies genügend Einblicke.

4.2.1. Rang und Ehre

Die Behandlung von Ehrfragen nimmt einen wichtigen Raum ein. „Ehre" als Konzept ist hier – soweit sich erkennen läßt – nicht korporativ oder sozial definiert, sondern individuell-persönlich, doch Konflikte konnten dennoch bis zu einer gewaltsamen Austragung führen[129]. Die Regelung von Ehrkonflikten[130] ist zum Beispiel in Text 1 als erster Punkt benannt. Zwar wird eine gütliche Einigung vorgezogen, „[s]ind die Beleidigungen aber sehr grob und erheblich, so müssen freylich Schlägereien zugelassen werden", wobei diese „Duelle" jedoch unter Aufsicht der Orden stattfinden sollten. Dabei ist zu bedenken, daß diese Akte ritualisierter Gewalt eine erhebliche Verbesserung gegenüber unkontrollierten Gewalttätigkeiten bedeuteten und somit die Austragung studentischer Ehrkonflikte in einigermaßen geregelte Bahnen lenkten[131]. Wahrscheinlich ist hier auch eher an Streitigkeiten zwischen den Mitgliedern unterschiedlicher Orden zu denken, die man anläßlich der Vereinigung regeln zu müssen glaubte.

Individuelle Ehrwahrung spielt also durchaus eine bedeutsame Rolle, Rangfragen hingegen nicht: In Text 1, Nr. 3 wird eindeutig festgelegt, daß es keinerlei Präzedenz irgendwelcher Art geben soll: „Keiner hat vor dem anderen einen Vorzug". Ausgenommen sind lediglich die „Seniores" als Ordensvorsteher, die „bei öffentlichen Gelegenheiten wechselsweise" anführen sollen. Doch ist ihre Präzedenz rein funktional begründet, auch wenn es sich bei diesen Personen um Adlige gehandelt hat. Nun kann man lange über die praktische Realität spekulieren, doch ändert dies nichts an der Tatsache, daß hier die Idee einer prinzipiell egalitären Gesellschaft zum Vorschein kommt, in der Rangunterschiede nur noch über variable Funktionen definiert sind, was letztlich auf die Nullifikation ständischer Gesellschaftsordnungen und Hierarchien hinausläuft.

---

129 Die verschiedenen Konzepte von „Ehre" in der Frühen Neuzeit können hier nicht einzeln aufgeführt werden; vgl. einführend: Weber, Wolfgang E. J.: Art. „Ehre", in: EdN 3, Stuttgart 2006, Sp. 77-83.
130 Vgl. allgemein dazu: Fuchs, Ralf-Peter: Art. „Beleidigung", in: EdN 1, Stuttgart 2005, Sp. 1180-1183.
131 Die frühneuzeitliche Universität ist als Austragungsort für Konfliktrituale und Ehrstreitigkeiten bisher nur teilweise bearbeitet. Als grundlegender Einstieg mit theoretischem Überblick nützlich Füssel, Gelehrtenkultur (s. Anm. 30), sowie zur Betrachtung des akademischen Lebens aus kulturgeschichtlichem Blickwinkel allgemein: Krug-Richter/ Mohrmann, Universitätskulturen (s. Anm. 12); Fallstudien für den studentischen Bereich finden sich unter anderem bei: Braun, Tina/Liermann, Elke (Hg.): Feinde, Freunde, Zechkumpane. Freiburger Studentenkultur in der Frühen Neuzeit (Münsteraner Schriften zur Volkskunde/Europäischen Ethnologie, 12), Münster 2007.

4.2.2. Freundschaft und Gemeinschaft

Die Idee der „Freundschaft" spielt ebenfalls eine nicht zu unterschätzende Rolle[132]. Was damit gemeint ist, wird am markantesten in Text 2, Nr. 3 ausgedrückt: Interne Zwistigkeiten sollten vermieden und falls sie doch auftraten, gütlich beigelegt werden. Gewaltsame Ehrwahrung war – wie eben erwähnt – lediglich zwischen den Orden zugelassen, und auch dies nur geregelt und im Extremfall. Zu diesem Freundschaftskult gehört auch, daß Streitigkeiten eine Angelegenheit der gesamten Verbindung sind. So heißt es in Text 3 nach der Beschreibung des Streitfalles in der „Sentenz": „Die ganze gesellschaft hat hiermit beschlossen […]", wobei dann der verurteilte Herr Walz eben nicht nur eine Geldstrafe an die Gemeinschaft zahlen, sondern zugleich Herrn Vitriarius „eine freundschafts Versicherung […] thun" sollte. Es wird hier die Zielvorstellung einer Gemeinschaft sich gegenseitig achtender, individueller Persönlichkeiten erkennbar, die auch im Streit den Respekt gegenüber sich und der Gemeinschaft nicht aufgeben sollen. Hardtwigs Begriffe vom „moralisierten Freundschaftspathos" oder „individualisierten Sittenvorstellungen" scheinen hier trotz der geringen Quellenbelege ganz gut zu passen[133]. Die Rolle der Gemeinschaft wird auch daran deutlich, daß zum „Ordensfest" nur die jeweiligen „Seniores" bzw. einige wichtige Mitglieder des anderen Ordens verpflichtend geladen werden sollen, jeder Orden also eine eigene Einheit von besonderer Intensität bildet, die fortbestehen soll. Sehr verschwommen kann man an solchen Regelungen erkennen, daß diese „Ordensfeste" offenbar zu den Höhepunkten des Gemeinschaftslebens gehörten. Explizit wird die unabhängige Stellung beider Gesellschaften in Text 2, Nr. 1 genannt und prägnant auch in Nr. 2: „Wie weit decouvrirt man sich einander?" Und als Antwort der Gegenseite wird hinzugefügt: „Gar nicht. sondern es ist nur ein äußerliche Verbindung." Hier wird im Übrigen auch der prinzipiell arkane Charakter beider Verbindungen nochmals deutlich, die sogar gegeneinander die Geheimhaltung zumindest partiell wahrten.

4.2.3. Normen und gemeinschaftliches Handeln

Es wurde offensichtlich Mühe darauf verwandt, den Charakter einer besonderen Gemeinschaft durch die Aufstellung von Gesetzen zu bekunden. Hinweise auf die Regelungen für Aufnahme und Ausschluß finden sich in Text 1, Nr. 4 und 5, wo es heißt, daß „einer recipiendi auch bei der reception sowol […] diese Punkte, als auch die Gesetze eines Ordens selbst schwören" soll. In Nr. 8 wird die Ahndung von „Gesetzes-Verstößen" behandelt. Ähnlich sind die Äußerungen dazu in Text 2, Nr. 7 und 8. Auch wenn es auf die konkreten Aufnahmebedingungen beider Orden in Tübingen heute keinen Zugriff mehr gibt, so wird doch deutlich, daß eine Mitgliedschaft nicht nur ein freiwilliger, sondern auch ein verpflichtender Akt war. Denn der „recipirte" hatte die Normen und Prinzipien beider Verbindungen, welche demnach wohl auch nicht allzu konträr waren, zu achten. Die besondere Erwartung, die über rein formale Mitgliedschaft hinausging, wird daran deutlich, daß zwar jeder Orden weiterhin aufnehmen konnte, wen er wollte, „doch wird natürlicher Weise ein jeder natürlich Leute aufnehmen, von denen man sich etwas ver-

---

[132] Zur Einführung in den Freundschafts-Begriff: Weber, Wolfgang E. J.: Art. „Amicitia", in: EdN 1, Stuttgart 2005, Sp. 297-299.
[133] Vgl. Anm. 44.

sprechen kann". Wie ernst die ganze Angelegenheit genommen wurde, läßt sich auch an Text 1, Nr. 7 und Text 2, Nr. 11 ablesen, wo – fast schon bürokratisch anmutend – Ausfertigungszahl und Unterschrifts-Verpflichtungen für die Vereinigungsverträge festgelegt werden. Text 1, Nr. 9 verbietet das Glücksspiel gegeneinander (aber anscheinend nicht gegen Nicht-Mitglieder) und ist die einzig direkte moralische Vorschrift, die sich in den Dokumenten findet, doch muß man davon ausgehen, daß hier interne Regelungen beider Orden auf eine höhere Ebene übertragen wurden[134]. Immerhin läßt sich daraus auf die Existenz solcher moralischer Vorschriften in beiden Orden schließen.

Auch wenn beide Verbindungen weiterhin separate Einheiten bleiben sollten, war die Frage nach dem Vorgehen in gemeinsamen Angelegenheiten evident. Man kann dies im Sinne Max Webers als den Bereich der Politik definieren, insofern es um die Frage der Machtverteilung und Machtanwendung geht[135].

Text 1, Nr. 2 und 6, und Text 2, Nr. 4, 9 und 10 befassen sich mit dieser Frage, wobei sie sich darin durchaus unterscheiden. In Text 2 wird noch getrennte Abstimmung vorgeschlagen, die zusammen das „Haupt-Votum" ergeben sollen. Bei „paria" sollen die „Seniores" entscheiden und zu diesem Zweck soll ein regelmäßiger Wechsel in der Gesamtleitung stattfinden. In Text 1 hingegen ist an gemeinsame Beratung und Beschlußfassung der Mitglieder beider Orden von Anfang an gedacht, wobei bei Gleichstand einfach nochmals votiert werden soll. Für schnelle Beschlüsse wird die Einrichtung einer sechsköpfigen „deputation" festgelegt – aus wem diese gebildet werden soll, bleibt unklar –, bei „paria" in diesem Falle soll noch ein weiteres Mitglied hinzugezogen werden. Auffällig ist auch hier die Akribie, mit der man verschiedene Möglichkeiten regeln wollte. Das Prinzip der Mehrheitsentscheidungen durchzieht alle aufgeführten Fälle. In Text 2, Nr. 8, ist davon die Rede, daß „jeder senior [...] nach der bei einem jeden gewöhnlichen Art und Weise das deciduum [...] per unanimia oder majora" macht, doch leider ist nicht bekannt, wie dies vonstatten ging. Offenkundig waren aber sowohl in den „privat-Kränzchen" wie auch in der „general-Versammlung" offene Diskussionen durchaus üblich, wie auch die Begrifflichkeit nahe legt: So wird zweimal das Wort „deliberirt" in diesem Zusammenhang verwendet, und in Text 2, Nr. 6 heißt es: „Ein jeder Orden ist berechtiget die Sachen, die ihn allein angehen zu debattirn", was nebenbei nochmals die prinzipielle Eigenständigkeit beider Organisationen verdeutlicht. Man darf demnach auch hier davon ausgehen, daß Handlungsmuster aus beiden Gesellschaften zu einem gemeinsamen Kanon zusammengegossen wurden. Und diese Handlungsmuster lassen sich – bei aller Vorsicht der Begriffswahl – durchaus als egalitär und demokratisch kennzeichnen, sowohl was die Art des Meinungsaustauschs als auch die der Willensbildung angeht[136]. Es gibt auch hier keinerlei ständisches Vorrecht, und eventuelle „vota decisiva" einzelner Mitglieder oder der „Seniores" sind als Sonderfälle, nicht als gewöhnliche Norm gedacht. Aus heutiger Sicht mag

---

134 Ähnliche Disziplinarvorschriften zitiert bei: Riederer, Jenaer Konstantisten (s. Anm. 11), S. 96.
135 Weber, Max: Politik als Beruf, in: Mommsen, Wolfgang J./Schluchter, Wolfgang (Hg.): Max Weber. Wissenschaft als Beruf 1917/1919. Politik als Beruf 1919 (Max-Weber-Gesamtausgabe, I/17), Tübingen 1994, S. 36.
136 Dieser Punkt ist in der bisherigen Forschung zu den Studentenorden zwar implizit unter Punkten wie der zunehmenden Durchsetzung des Egalitätsprinzips (vgl. Hardtwig, Zivilisierung (s. Anm. 7), S. 99 f.) sicher mitgedacht, doch ansonsten sind die Willensbildungsmechanismen der Studentenorden – soweit ich sehe – noch kaum thematisiert worden, was freilich auch an der mangelhaften Quellenlage liegen dürfte; vgl. aber den Hinweis von Riederer, Jenaer Konstantisten (s. Anm. 10), S. 95, auf das allgemein in studentischen Verbindungen übliche Prinzip der Mehrheitsentscheidung.

dieser Komplex ziemlich unspektakulär erscheinen, aber man halte sich als Gegenbild nur einmal die bis zu dessen Untergang 1806 gültigen Abstimmungsprozeduren des Reichs und seiner politischen Institutionen vor Augen[137].

Die politischen Regelungsmechanismen, wie sie in diesen Dokumenten zu sehen sind, unterscheiden sich fundamental von traditional-ständischen Politikstrukturen. Zwanzig Jahre vor der Französischen Revolution lassen sich hier – wie flüchtig auch immer – Entwicklungen beobachten, die auf einen Umbruch im politischen Denken und auch Handeln eines Teils der zukünftigen Bildungselite hindeuten[138]. Die öfters postulierte extrem starke Stellung der Ordensoberen, die angeblich „weitgehend unbeschränkt herrschten", läßt sich aus den in Tübingen vorliegenden normativen Texten jedenfalls nicht belegen[139]: Sie hatten gewiß eine funktional bestimmte Sonderstellung, doch ein ebenso handlungsfähiges Kollektiv trat ihnen gegenüber – so etwa in Text 3, wo die „ganze gesellschaft" einen Beschluß faßt.

5. Zusammenfassung

Zum Abschluß sollen zwei Bereiche nochmals kurz in den Blick genommen werden: einmal die Zusammenfassung der zentralen Elemente der Studentenorden im Hinblick auf das Beispiel Tübingen, dann die allgemeinen Erwägungen zu geschichtswissenschaftlichen Methodenproblemen anhand des gewählten Beispiels.

Erstens bestätigt die Analyse der sozialen und geographischen Herkunft sowie der Normen, Werte und Ziele, wie sie in den drei vorgestellten Texten formuliert sind, im Wesentlichen die Merkmale, wie sie die Forschung schon anhand anderer Universitäten formuliert hat, freilich angesichts des Quellenumfangs zumeist nur schemenhaft. Auffällig ist allerdings die Aufmerksamkeit, die dem politischen Bereich gewidmet wird. Es lassen sich hier – wenn auch nur als Einzelspuren – Hinweise auf eine beginnende Demokratisierung im studentischen Bereich finden. Dieser Vorgang ist hier als Basisprozeß im Sinne von Einübung und Ritualisierung von politischen Verhaltens- und Regelungsmechanismen zu sehen, die langfristig nicht mehr mit denen des ständischen Systems kompatibel waren. Um eine Politisierung im Sinne von nationalen bis nationalistischen Tendenzen oder Forderung nach politischer Partizipation im Staat, wie

---

137 Zu denken wäre beispielsweise an den Kurfürstenrat und den Reichstag mit ihren nach Rangfolge festgelegten Abstimmungsmodi, oder an die ritualisierten Abläufe eines Reichstags, die diesen oft zur Darstellungsbühne von zuvor ausgehandelten Kompromissen oder Entscheidungen werden ließen; Einzelheiten und weiterführende Literatur hierzu bei: Neuhaus, Helmut: Das Reich in der Frühen Neuzeit (Enzyklopädie deutscher Geschichte, 42), München 1997, bes. S. 8 ff., 21-27, 39-42.

138 Ähnliches Fazit auch bei Riederer, Jenaer Konstantisten (s. Anm. 10), S. 107-109, der trotz des Fehlens direkter Politisierung der Studenten-Orden während der Revolutionszeit feststellt: „Im ganzen dürften […] die Studentenorden als Keimzellen tendenziell bürgerlicher Bewußtseins- und Verhaltensbildung eine im weiteren Sinne politische Dimension für sich durchaus beanspruchen"; ebd., S. 109; zum Menatlitäts- und Wertewandel innerhalb der Studentenschaft ab 1780/1790 allgemein vgl. Steinhilber, Horst: Von der Tugend zur Freiheit. Studentische Mentalitäten an deutschen Universitäten 1740-1800 (Historische Texte und Studien, 14), Hildesheim/Zürich/New York 1995, bes. S. 363-371.

139 So Hardtwig, Mentalität (s. Anm. 8), S. 623, der damit die communis opinio bis heute zusammenfassen dürfte; die Bewertung der ordensinternen Strukturen wird wie bei anderen Phänomenen enorm erschwert durch Anti-Ordens-Polemiken wie die des Magister Laukhard (s. Anm. 89).

sie später von den Burschenschaften getragen wurden[140], ging es dabei noch nicht. Doch ist das eine ohne das andere schwer denkbar, und über diesen Zusammenhang besteht noch erheblicher Klärungsbedarf. Gerade auch wenn man bedenkt, daß offenbar noch immer das 19. Jahrhundert bzw. die revolutionäre Phase nach 1789/92 – auch und gerade was die Studierenden betrifft – als Beginn übergreifender politischer Aktivitäten in Deutschland gilt[141].

Daraus und aus den ausgewerteten Texten ergibt sich, daß auch in Tübingen die Studentenorden Werte und Verhaltensformen eingeübt haben, die zu dem herrschenden ständischen Gesellschaftssystem konträr waren und einen Mentalitätswandel[142] ankündigten, dessen Inhalte bei längerfristiger Anwendung zu allgemeingültigen Prinzipien ausgebaut werden konnten. Zumal die weitere Untermauerung eines solchen kollektiven Bewußtseinswandels schon öfters gefordert worden ist[143], versteht sich die vorliegende Untersuchung als ein Fallbeispiel dafür.

Zweitens muß die Frage gestellt werden, ob sich angesichts der schmalen Quellengrundlage eine solche Aussage überhaupt rechtfertigen läßt. Damit gelangt man zu grundsätzlichen Problemen historischer Methodologie, wie sie sich hier exemplarisch verdeutlichen lassen.

Zunächst einmal sollte einsichtig geworden sein, wie wenig starre Terminologien mitunter die historische Realität treffen. Eine scharfe Unterscheidung zwischen Landsmannschaften, Orden (ob „bürgerlich" oder „akademisch"), akademischen und Freimaurer-Logen sowie Studentenorden wird der enormen Dynamik und Fluktuation – wie sie etwa an den Überkreuzmitgliedschaften zu beobachten war – nicht gerecht. Ein Großteil dieser Organisationen tauchte ebenso schnell auf wie er wieder verschwand. Die Gründe hierfür liegen weitgehend im Dunkeln, doch der obrigkeitliche Verfolgungsdruck wie auch die kurzen Studienzeiten dürften dabei eine nicht unwesentliche Rolle gespielt haben. Auf diese Verbindungen das volle Merkmalskorsett der Forschung, wie es oben dargestellt wurde, anzuwenden, ist wohl wenig sinnvoll[144]. Das Beispiel der Mosellaner demonstriert dies eindrücklich, denn je nach Betrachtungsweise (Mitgliederherkunft, Programm) könnte man diese entweder als Landsmannschaft, Studentenorden oder Akademische Loge (theoretisch wegen des mutmaßlichen nichtstudentischen Mitglieds) kennzeichnen. Angesichts dessen erscheint es am besten, in der Typologisierung entweder überhaupt einen allgemeinen Begriff wie „Verbindung" oder „Organisation" zu verwenden, oder die Selbstbezeichnung, soweit sie bekannt ist – in diesem Fall also „Orden".

Damit soll nicht behauptet werden, daß geschichtswissenschaftliche Kategorisierungsversuche illegitim wären. Im Gegenteil, sie können als Orientierungsschemata weiterhin den historischen Gegenstand ordnen helfen. Nur muß man sich über ihren konstruierten Charakter klar sein,

---

140 Vgl. dazu: Hardtwig, Mentalität (s. Anm. 8), S. 617, 623-628.
141 Typisches Beispiel: Osterhammel, Jürgen: Die Verwandlung der Welt. Eine Geschichte des 19. Jahrhunderts, 2. Aufl. München 2009, S. 113; es handelt sich hier wohlgemerkt um eines der zur Zeit am stärksten rezipierten Werke zu dieser Epoche.
142 Zur inhaltlichen Präzisierung des Mentalitätsbegriffs als „informelle, unterbewusste oder unbewusste Bewusstseinslagen" vgl. Reinhard, Wolfgang: Lebensformen Europas. Eine historische Kulturanthropologie, München 2004, S. 20 f.; sowie weiter: Daniel, Ute: Kompendium Kulturgeschichte. Theorien, Praxis, Schlüsselwörter, Frankfurt a. M. 2001, S. 221-229.
143 Hardtwig, Zivilisierung (s. Anm. 8), S. 101 ff.; vgl. aber dazu nochmals die kritischen Anmerkungen von Bauer, Studentische Organisation (s. Anm. 10), S. 119.
144 Diese simple Tatsache ist in der bisherigen Forschung kaum thematisiert worden, vermutlich weil die Experten dafür (wie Hardtwig) sich hauptsächlich mit den großen Orden und dann auch noch mit deren stärkerer Ausprägung an den im 18. Jahrhundert bedeutenden Universitäten wie Jena, Halle, Marburg befaßt haben.

und es darf dies nicht dazu führen, daß die dynamische Realität in der Geschichte übersehen wird. Die Grenzen zwischen den verschiedenen studentischen Organisationen waren genauso schwimmend und instabil wie die der Gedankenwelten und mentalen Dispositionen der einzelnen Studierenden.

Das andere Problem ist die Quellenbasis und die daraus resultierenden Erkenntnismöglichkeiten: Man kann kurze Momente des historischen Geschehens wahrnehmen und merkt doch zugleich, daß ein bei weitem größerer Teil verborgen bleibt und vielleicht für immer verborgen bleiben wird. Ob man dies nun bedauert oder nicht, es ist das tägliche Brot des Historikers, auch auf schmaler Quellenbasis Urteile fällen zu müssen. Auch in der gemeinhin als quellenreich geltenden Neuzeit finden sich also Bereiche, die nur schwer einsehbar sind: Es kommt nur darauf an, wo man hinschaut!

Dennoch scheint die Annahme gerechtfertigt, daß die oben getroffenen Urteile – Einordnung der Tübinger Verbindungen in das allgemeine Muster studentischer Orden, Anzeichen für einen Einstellungswandel gegenüber ständisch geprägten Verhaltensnormen – sich legitimieren lassen. Sie passen in ein generelles Schema, das dem „Zeitalter der Aufklärung" eigen war und die Auflösung traditioneller sozialer Strukturen und Verhaltensweisen beinhaltete[145]. Dabei fällt auf, daß gerade die hier betrachtete Zeit um 1770 – die ja auch die erste große Blüte der Studentenorden brachte – zugleich als Umschlagpunkt der Aufklärung hin zu einer breiter verankerten Bewegung gilt[146]. Hier scheint es Querverbindungen gegeben zu haben.

Ob die gefundenen Deutungen falsch sind oder der Fall Tübingen eine Ausnahme darstellt, kann nur im Vergleich mit anderen Fällen festgestellt werden[147]. Eine solche komparatistische Untersuchung steht für das alte Reich noch aus. Die hier vorgestellten Dokumente und ihre Auswertung verstehen sich auch als ein Beitrag zu einem solchen Vorhaben, wann immer dieses erfolgen mag. Bis zu ihrer Falsifizierung mögen die vorgestellten Deutungen also ihre Gültigkeit behalten. Der Blick in das Dunkel der dynamischen Veränderungen im Bereich mentaler Dispositionen und sozialer wie politischer Wertvorstellungen ist – bei allen Schwierigkeiten der Erfassung gerade für Personengruppen wie Jugendliche oder Studenten – für den Historiker weiterhin ebenso reizvoll wie notwendig.

---

145 Zur Einordnung vgl. Walther, Gerrit: Art. „Aufklärung" in: EdN 1, Stuttgart 2005, Sp. 791-830.
146 Ebd., Sp. 827 ff.; vgl. weiter auch: Müller, Winfried: Die Aufklärung (Enzyklopädie deutscher Geschichte, 61), München 2002.
147 Die Problematik solcher komparatistischen Zugriffe ist keineswegs neu, vgl. die methodologisch instruktiven Überlegungen von Bloch, Marc: Vergleich, in: Schöttler, Peter (Hg.): Marc Bloch. Aus der Werkstatt des Historikers. Zur Theorie und Praxis der Geschichtswissenschaft, Frankfurt a. M. 2000, S. 113-121 (zuerst in: Bulletin du Centre international de synthèse 9 (Juni 1930), S. 31-39).

Harald Lönnecker

„... am griechischen Kampf für die Freiheit" beteiligt – deutsche Studenten und Griechenland im 19. und frühen 20. Jahrhundert

Der Vorsitzende der Burschenschaftlichen Historischen Kommission (BHK) in Gießen und Direktor der dortigen Universitätsbibliothek, Geheimer Hofrat Prof. Dr. Herman Haupt, hielt angesichts des Balkankriegs von 1912 nicht allzu viel von den Griechen. Es müsse dahingestellt bleiben, ob ihr gegenwärtiger Kampf gegen die Türken berechtigt sei, denn eigentlich handele es sich um „Fledderei an einer Leiche", bei der es möglichst große Stücke aus dem vom Zerfall bedrohten Osmanenreich herauszureißen gelte; zu behaupten, damit stünde man in einer 1821 beginnenden Tradition des Freiheitskampfs, sei angesichts der gegenwärtigen politischen Konstellation in Südosteuropa wohl kaum möglich. Richtig sei hingegen, daß Burschenschafter „am griechischen Kampf für die Freiheit in den [18]20er Jahren" beteiligt waren[1].

Das sah auch das Nationalmuseum in Athen so, denn es fragte 1913 bei Haupt an, ob die Kommission und das von ihr in der Gießener Universitätsbibliothek unterhaltene Burschenschaftliche Archiv angesichts der nahenden 100-Jahr-Feiern des griechischen Unabhängigkeitskrieges etwas beisteuern könne über Burschenschafter, von denen „viele sich hervorragend und führend an der Befreiung unseres griechischen Vaterlandes beteiligten [...] und sich um seine Freiheit verdient machten"[2]. Der Erste Weltkrieg unterbrach die erst 1919/20 wieder aufgenommene Korrespondenz, Haupt sagte Hilfe und Unterstützung der BHK wie des Archivs zu, welches sich mit etlichen Ausstellungsstücken von schwarz-rot-goldenen Bändern bis hin zu Flugschriften, Briefen, Erinnerungen usw. an der vom Nationalmuseum ausgerichteten Ausstel-

---

[1] Bundesarchiv, DB 9 (Deutsche Burschenschaft) (künftig zit.: BA, DB 9), O. GfbG (BHK), Haupt an Paul Wentzcke, 21. 12. 1912; zur BHK: Lönnecker, Harald: „Das Thema war und blieb ohne Parallel-Erscheinung in der deutschen Geschichtsforschung". Die Burschenschaftliche Historische Kommission (BHK) und die Gesellschaft für burschenschaftliche Geschichtsforschung e. V. (GfbG) (1898/1909-2009). Eine Personen-, Institutions- und Wissenschaftsgeschichte (Darstellungen und Quellen zur Geschichte der deutschen Einheitsbewegung im neunzehnten und zwanzigsten Jahrhundert [künftig zit.: DuQ], 18), Heidelberg 2009; zu Haupt (1854-1935): ebd., S. 11-17; zu Wentzcke (1879-1960): ebd., S. 21-29; s. a. Lönnecker, Harald: 100 Jahre Archiv und Bücherei der Deutschen Burschenschaft – 100 Jahre Burschenschaftliche Historische Kommission (BHK)/Gesellschaft für burschenschaftliche Geschichtsforschung e. V. (GfbG), in: Archivar. Zeitschrift für Archivwesen 63/2 (2010), S. 181-183.

[2] BA, DB 9 (s. Anm. 1), O. GfbG (BHK), Benutzer, Schreiben v. 25. 10. 1913.

lung beteiligte³. Großes Interesse hatte das Museum an Listen der beteiligten Burschenschafter, die, soweit ermittelt, Haupt kopieren und nach Athen senden ließ⁴, und insbesondere an solchen, die wie Johann Daniel Elster (1796–1857), Harro Harring (1798–1870) und Franz Lieber (1798–1872) über ihre Erlebnisse berichtet und sie zu Papier gebracht hatten⁵. Besonderen Anklang fanden in der Ausstellung die zahlreichen studentischen Stammbuchblätter aus der ersten Hälfte der 1820er Jahre, insbesondere eines aus Jena, das wahrscheinlich 1821/22 entstand:

„In Hellas geht die Sonne der Freiheit auf!
Wandeln wir ihm zu!
Richtet nach Süden euren Lauf!
Vergeßt der Philister Ruh'!"⁶

Schon das Nationalmuseum wollte wissen, ob der BHK Erkenntnisse darüber vorlägen, welche Wirkungen die burschenschaftliche Griechenlandbegeisterung gehabt hätte, woher und woraus sie sich ableitete, welche Wirkungen sie zeitigte, ob es Quellen und Gedrucktes gäbe und „wie überhaupt die Beziehungen zwischen der studierenden deutschen Jugend ab 1820/21 im Hinblick auf den um sich greifenden Phil-Hellenismus gewesen sind"⁷. Eben diesen Fragen wollen wir uns zuwenden.

---

3   Ebd., 1921 ff.; ebd., 1927 ff.; ebd., Archiv, Korrespondenz 1927 ff.; Lönnecker, BHK/GfbG (s. Anm. 1), S. 247; eingeflossen sind die Beziehungen der BHK nach Griechenland auch in: Dietrich, Karl (Hg.): Aus Briefen und Tagebüchern zum deutschen Philhellenismus 1821-1828 (Historisch-literarische Schriftenreihe der Deutsch-Griechischen Gesellschaft, 2), Hamburg 1928.
4   BA, DB 9 (s. Anm. 1), O. GfbG (BHK), Benutzer, 1921 ff.; zu den Burschenschafterlisten: Lönnecker, BHK/GfbG (s. Anm. 1), S. 172-182; ders.: Die Burschenschafterlisten – eines „der wichtigsten Hilfsmittel für die Kenntnis der deutschen politischen und Geistesgeschichte". Zur Entstehung und Entwicklung eines Gesamtverzeichnisses deutscher Burschenschafter, in: Bahl, Peter i. A. des Herold. Verein für Heraldik, Genealogie und verwandte Wissenschaften zu Berlin (Hg.): Herold-Jahrbuch, Neue Folge, Bd. 14, Neustadt a. d. Aisch 2009, S. 153-170.
5   BA, DB 9 (s. Anm. 1), M. Burschenschafterlisten, Elster, Johann Daniel; ebd., Harring, Harro; ebd., Lieber, Franz; Dvorak, Helge: Biographisches Lexikon der Deutschen Burschenschaft, Bd. I: Politiker, Teilbd. 1-7, Heidelberg 1996-2013, hier I/1, S. 251 f.; ebd., I/2, S. 240-242; ebd., I/3, S. 284-287; s. a. Hethey, Frank: Entstehungsbedingungen philhellenischer Literatur im Vormärz – das Beispiel Harro Harring, in: Meyer, Anne-Rose (Hg.): Forum Vormärzforschung. Jahrbuch 2012 (Vormärz und Hellenismus) [im Druck].
6   BA, DB 9 (s. Anm. 1), A. 2. Stammbücher, 1726-ca. 1850, Stammbuchblätter-Sammlungen, Slg. Jena 1815-1834, Nr. 22 (ca. 1821/22) (Abschrift). – Zur Bezeichnung „Philister", die, je nach Gebrauchszusammenhang, sowohl „ehrenwerter ehemaliger Student" wie „verachtenswerter Nichtakademiker" bedeuten kann und hier in letzterem Sinne gebraucht ist: Golücke, Friedhelm: Studentenwörterbuch. Das akademische Leben von A bis Z (Abhandlungen zum Studenten- und Hochschulleben [künftig zit.: ASH], 1), 4. Aufl. Graz/Wien/Köln 1987, S. 344; Kluge, Friedrich/Rust, Werner: Deutsche Studentensprache, 2 Bde. (Historia Academica, 24/25), o. O. (Stuttgart) 1984 u. 1985, hier 2, S. 100 f.; Paschke, Robert: Studentenhistorisches Lexikon (GDS-Archiv für Hochschul- und Studentengeschichte, Beiheft 9), Köln 1999, S. 208, 247. – Zu studentischen und insbesondere burschenschaftlichen Stammbüchern und Alben: Lönnecker, Harald: Netzwerke der Nationalbewegung. Das Studenten-Silhouetten-Album des Burschenschafters und Sängers Karl Trebitz (Jena 1836-1840) [in Vorbereitung].
7   Siehe Anm. 1.

1. Studenten – Verbindungen – Burschenschaft

Studenten sind als künftige Akademiker das Führungspersonal von morgen. Das macht sie als Gegenstand der Forschung interessant. Zudem vereinen sich in der Studentenschaft Aspekte einer juristisch, kulturell und gesellschaftlich relativ geschlossenen Gruppe: Zunächst ist das Studententum eine zeitlich begrenzte Phase im Leben junger Erwachsener, die ein ausgeprägtes, studentische Traditionen weitergebendes Gruppenbewußtsein aufweisen und daher wenig soziale Kontakte zu anderen Schichten pflegen. Studenten sind familiärer Sorgen weitgehend ledig, auf Grund des deutschen, wissenschaftlichen und nicht erzieherischen Studiensystems in ihrem Tun und Lassen ausgesprochen unabhängig und wegen ihrer vorrangig geistigen Beschäftigung wenig auf vorhandene Denkmodelle fixiert. Besonderen Nachdruck verleihen studentischem Engagement die berufliche, soziale und finanzielle Ungewißheit, der instabile Sozialstatus: Studenten sind noch nicht gesellschaftlich integriert und stehen daher auch Kompromissen weitgehend ablehnend gegenüber. In ihren politischen Ideen und Idealen neigen Studenten deshalb zum Rigorismus. Daraus resultiert, Gegner zu bekehren, oder, wenn das nicht möglich ist, sie niederzukämpfen oder zu vernichten. Zudem: Bis weit in die fünfziger Jahre des 20. Jahrhunderts hinein begriffen die Gesellschaft wie die Studenten sich selbst als Elite, die als Akademiker die führenden Positionen des öffentlichen Lebens einnehmen würden, woraus letztlich das für eine Avantgarderolle unerläßliche Selbstbewußtsein entstand. Damit einher ging eine anhaltende Überschätzung der eigenen Rolle, aber auch eine Seismographenfunktion gesellschaftlicher Veränderungen. Mehr noch, studentische Organisationen, die akademischen Vereine und Verbindungen, hatten für die politische Kultur des bürgerlichen Deutschland von jeher eine Leitfunktion, spiegeln die Vielgestaltigkeit des gesellschaftlichen Lebens und sind mit den Problemen der einzelnen politisch-gesellschaftlichen Kräfte und Gruppen verzahnt[8].

---

8   Lönnecker, Harald: Quellen und Forschungen zur Geschichte der Korporationen im Kaiserreich und in der Weimarer Republik. Ein Archiv- und Literaturbericht, in: Steinbach, Matthias/Gerber, Stefan (Hg.): „Klassische Universität" und „akademische Provinz". Studien zur Universität Jena von der Mitte des 19. bis in die dreißiger Jahre des 20. Jahrhunderts, Jena 2005, S. 401-437, hier S. 402; ders.: „In Leipzig angekommen, als Füchslein aufgenommen" – Verbindungen und Vereine an der Universität Leipzig im langen 19. Jahrhundert, in: Blecher, Jens/Wiemers, Gerald (Hg.): Die Matrikel der Universität Leipzig, Teilbd. II: Die Jahre 1833 bis 1863, Weimar 2007, S. 13-48, hier S. 14-16; ders.: „Ehre, Freiheit, Männersang!" – Die deutschen akademischen Sänger Ostmitteleuropas im 19. und 20. Jahrhundert, in: Fischer, Erik (Hg.): Chorgesang als Medium von Interkulturalität: Formen, Kanäle, Diskurse (Berichte des interkulturellen Forschungsprojektes „Deutsche Musikkultur im östlichen Europa", 3), Stuttgart 2007, S. 99-148, hier S. 99 f.; ders.: Zwischen Völkerschlacht und Erstem Weltkrieg – Verbindungen und Vereine an der Universität Leipzig im 19. Jahrhundert (Jahresgabe der Gesellschaft für burschenschaftliche Geschichtsforschung e. V. (GfbG) 2007), Koblenz 2008, S. 8-11; ders.: „… freiwillig nimmer von hier zu weichen …" Die Prager deutsche Studentenschaft 1867-1945, Bd. 1 (ASH, 16), Köln 2008, S. 18 f.; ders.: Der Student im Garten, in: Stolberg, Eva-Maria (Hg.): Auf der Suche nach Eden. Eine Kulturgeschichte des Gartens, Frankfurt a. M./Berlin/Bruxelles/New York/Oxford/Wien 2008, S. 111-133, hier S. 115-118; ders.: Studenten und Gesellschaft, Studenten in der Gesellschaft – Versuch eines Überblicks seit Beginn des 19. Jahrhunderts, in: Schwinges, Rainer Christoph (Hg.): Universität im öffentlichen Raum (Veröffentlichungen der Gesellschaft für Universitäts- und Wissenschaftsgeschichte, 10), Basel 2008, S. 387-438, hier S. 392-396; ders.: „Goldenes Leben im Gesang!" – Gründung und Entwicklung deutscher akademischer Gesangvereine an den Universitäten des Ostseeraums im 19. und frühen 20. Jahrhundert, in: Ochs, Ekkehard/Tenhaef, Peter/Werbeck, Walter/Winkler, Lutz (Hg.): Universität und Musik im Ostseeraum (Greifswalder Beiträge zur Musikwissenschaft, 17), Berlin 2009, S. 139-186, hier S. 140 f.; ders.: Peregrinatio Academica. Beispiele nordwestdeutscher Bildungsmigration nach Halle, Jena und Göttingen in der ersten Hälfte des 19. Jahrhunderts, in: Niedersächsisches Jahrbuch für Landesgeschichte 81 (2009), S. 271-296, hier S. 273 f.; ders.:

Seit Beginn der mitteleuropäischen Universitätsgründungen im 14. Jahrhundert schlossen sich deutsche Studenten an der Hochschule zusammen[9]. Diese Zusammenschlüsse, die akademischen Verbindungen oder Korporationen, sind keine rein kulturelle Besonderheit der deutschsprachigen Hochschulen, sondern beruhen auf einer besonderen Entwicklung. Sie war seit dem späten Mittelalter durch den modus des freien Wohnens, Studierens und Lebens der Studenten und nicht zuletzt durch Territorialisierung geprägt, die ihren Ausdruck in den Staat und Kirche mit akademisch gebildeten Juristen und Klerikern versorgenden „Landesuniversitäten" fand. Dies galt nach der Reformation jedoch nicht mehr für die katholisch gebliebenen oder neugegründeten Universitäten, wo Studium und Studenten einem mehr oder weniger strengen Reglement unterworfen wurden. Auf den nicht-katholischen Hochschulen entwickelte sich im 18. Jahrhundert, gebrochen durch die studentische, selbstdisziplinierend und verantwortungsethisch wirkende Reformbewegung ab etwa 1750, der Typus der Korporation, der für das 19. und 20. Jahrhundert bestimmend wurde. Sie war Integrations-, Symbol-, Ritual-, Hierarchisierungs-, Werte- und Weltanschauungs- sowie Lebensbundgemeinschaft. Da die neuhumanistische Universität Humboldts die selbständige geistige und sittliche Entwicklung des Studenten propagierte und das jugendliche Gemeinschaftsbedürfnis ignorierte, bildete, aber nicht erzog, bot sich diesem Typus ein weites Feld von Ansprüchen, die er sich zu eigen machte und auszufüllen suchte. Verbindung war daher auch ein Bildungsinstrument und -element, das nach eigenem Verständnis eine Lücke als Korrektiv der akademischen Freiheit ausfüllte und im Rahmen einer innerkorporativen Charakterbildung die wissenschaftlich-berufliche Ausbildung der Universität abzurunden versuchte, zugleich aber auch die Erziehung für die Zugehörigkeit zur Oberschicht der deutschen Gesellschaft bezweckte. In einem Satz: „Die Universitäten unterrichteten, die Verbindungen erzogen."[10]

Die studentischen Vereinigungen differenzierten sich immer mehr aus. Ende des 18. und zu Beginn des 19. Jahrhunderts beherrschten Landsmannschaften und Orden die Studentenschaft. Sie stellten einen älteren Korporationstyp dar, korporativ-regionalistisch mit unpolitischer, geselliger Orientierung oder standen unter aufklärerisch-freimaurerischem Einfluß. Ihnen trat ab 1815 die Burschenschaft entgegen, ein neuer, assoziativ-nationaler Organisationstypus mit außeruniversitärer Orientierung an Nation und bürgerlicher Freiheit. „Burschenschaft" bedeu-

---

Deutsche studentische Zusammenschlüsse in Ostmitteleuropa zwischen 1800 und 1920: Grundlagen – Quellen – Literatur, in: Berichte und Forschungen. Jahrbuch des Bundesinstituts für Kultur und Geschichte der Deutschen im östlichen Europa 17 (2009) [2010]), S. 185-214, hier S. 186 f.; jeweils mit weiteren Nachweisen.

9   Hierzu u. im folgenden: Lönnecker, Harald: „... gilt es, das Jubelfest unserer Alma mater festlich zu begehen ..." – Die studentische Teilnahme und Überlieferung zu Universitätsjubiläen im 19. und 20. Jahrhundert, in: Blecher, Jens/Wiemers, Gerald (Hg.): Universitäten und Jubiläen. Vom Nutzen historischer Archive (Veröffentlichungen des Universitätsarchivs Leipzig, 4), Leipzig 2004, S. 129-175, hier S. 132 f.; ders., Quellen und Forschungen (s. Anm. 8), S. 403 f.; ders., „In Leipzig angekommen" (s. Anm. 8), S. 15; ders., Zwischen Völkerschlacht (s. Anm. 8), S. 11 f.; ders., Studenten und Gesellschaft (s. Anm. 8), S. 396-398; ders., Peregrinatio Academica (s. Anm. 8), S. 273 f.; ders., Zusammenschlüsse (s. Anm. 8), S. 187 f.

10 Zusammenfassend u. mit weiteren Nachweisen: Lönnecker, Harald: „... nur den Eingeweihten bekannt und für Außenseiter oft nicht recht verständlich". Studentische Verbindungen und Vereine in Göttingen, Braunschweig und Hannover im 19. und frühen 20. Jahrhundert, in: Niedersächsisches Jahrbuch für Landesgeschichte 82 (2010), S. 133-162, hier S. 137; ders., Quellen und Forschungen (s. Anm. 8), S. 404 f.; ders., „In Leipzig angekommen" (s. Anm. 8), S. 15 f.; ders., Student im Garten (s. Anm. 8), S. 118-120; ders., Studenten und Gesellschaft (s. Anm. 8), S. 399 f.; ders., Peregrinatio Academica (s. Anm. 8), S. 274; ders., Zusammenschlüsse (s. Anm. 8), S. 188; vgl. ders., Prager deutsche Studentenschaft (s. Anm. 8), S. 17-19; ders., Universitätsjubiläen (s. Anm. 9), S. 134 f.

tete zuvor nicht mehr als „Studentenschaft", erst ab diesem Zeitpunkt begann es einen bestimmten Korporationstypus zu bezeichnen, der sich selbst zunächst nicht als solcher verstand, sondern als Gesamtverband der organisierten Studierenden. Dieser Anspruch wurde bis um 1840 aufrechterhalten[11].

Die Burschenschaft wurzelte in den Freiheitskriegen, stand unter dem Einfluß von Friedrich Ludwig Jahn, Ernst Moritz Arndt und Johann Gottlieb Fichte, war geprägt durch eine idealistische Volkstumslehre, christliche Erweckung und patriotische Freiheitsliebe. Diese antinapoleonische Nationalbewegung deutscher Studenten war politische Jugendbewegung – die erste in Europa – und die erste gesamtnationale Organisation des deutschen Bürgertums, deren schwarz-rot-goldene Farben zu den deutschen wurden, die 1817 mit dem Wartburgfest die erste gesamtdeutsche Feier ausrichtete – wo mit den „Beschlüssen des 18. Oktober" erstmals in Deutschland Grund- und Freiheitsrechte formuliert wurden – und die mit rund 3.000 Mitgliedern 1818/19 etwa ein Drittel der Studentenschaft des Deutschen Bundes umfaßte.

Die zur nationalen Militanz neigende Burschenschaft, zu einem Gutteil hervorgegangen aus dem Lützowschen Freikorps, setzte ihr nationales Engagement in neue soziale Lebensformen um, die das Studentenleben von Grund auf reformierten. Aber nicht nur das: Die Studenten begriffen die Freiheitskriege gegen Napoleon als einen Zusammenhang von innerer Reform, innenpolitischem Freiheitsprogramm und Sieg über die Fremdherrschaft. Nationale Einheit und Freiheit wurden propagiert, Mannhaftigkeit und Kampfbereitschaft für das deutsche Vaterland – alles Intentionen, die sich kurz darauf nahtlos auf Griechenland übertragen ließen.

---

11 Hierzu u. im folgenden: Lönnecker, BHK/GfbG (s. Anm. 1), S. 2-5; ders.: Profil und Bedeutung der Burschenschaften in Baden in der ersten Hälfte des 19. Jahrhunderts, in: Aurnhammer, Achim/Kühlmann, Wilhelm/Schmidt-Bergmann, Hansgeorg (Hg.): Von der Spätaufklärung zur Badischen Revolution – Literarisches Leben in Baden zwischen 1800 und 1850 (Literarisches Leben im deutschen Südwesten von der Aufklärung bis zur Moderne. Ein Grundriss, II), Freiburg i. Br./Berlin/Wien 2010, S. 127-157, hier S. 129-133; ders.: Robert Blum und die Burschenschaft, in: Bundesarchiv (Hg.), Jesse, Martina/Michalka, Wolfgang (Bearb.): „Für Freiheit und Fortschritt gab ich alles hin." Robert Blum (1807-1848). Visionär – Demokrat – Revolutionär, Berlin 2006, S. 113-121, hier S. 113; ders.: Rebellen, Rabauken, Romantiker. Schwarz-Rot-Gold und die deutschen Burschenschaften, in: Stiftung Haus der Geschichte der Bundesrepublik Deutschland Bonn (Hg.): Flagge zeigen? Die Deutschen und ihre Nationalsymbole [Ausstellungskatalog], Bielefeld/Leipzig 2008, S. 27-33; ders., Zwischen Völkerschlacht (s. Anm. 8), S. 16-18; ders., Peregrinatio Academica (s. Anm. 8), S. 276-278; ders., Zusammenschlüsse (s. Anm. 8), S. 189; ders., „... nur den Eingeweihten bekannt" (s. Anm. 10), S. 139 f.; die ältere Literatur: ders.: „Unzufriedenheit mit den bestehenden Regierungen unter dem Volke zu verbreiten". Politische Lieder der Burschenschaften aus der Zeit zwischen 1820 und 1850, in: Matter, Max/Grosch, Nils (Hg.): Lied und populäre Kultur. Song and Popular Culture (Jahrbuch des Deutschen Volksliedarchivs Freiburg i. Br., 48/2003), Münster/New York/München/Berlin 2004, S. 85-131, hier S. 85 f.; nach wie vor unverzichtbar: Wentzcke, Paul/Heer, Georg: Geschichte der Deutschen Burschenschaft, 4 Bde. (Quellen und Darstellungen zur Geschichte der Burschenschaft und der deutschen Einheitsbewegung [künftig zit.: QuD], 6/10/11/16), Heidelberg 1919-1939, 2. Aufl. 1965-1977; vor allem auf Wentzcke/Heer stützt sich: Balder, Hans-Georg: Geschichte der Deutschen Burschenschaft, Hilden 2007; ders.: Die Deutsche Burschenschaft in ihrer Zeit, Hilden 2009; politik- bzw. sozialwissenschaftlich, „überdies dem Typus sich ideologiekritisch gerierender, in der Attitüde des Anklägers daherkommender Entrüstungsliteratur verhaftet, die, meist ohne überzeugende Quellenfundierung, dem heutigen Verbindungswesen pauschal eine Avantgardefunktion bei der Herausbildung eines neuen organisierten Rechtsextremismus unterstellt" (Matthias Stickler in: Das Historisch-Politische Buch 51/6, 2003, S. 622): Elm, Ludwig/Heither, Dietrich/Schäfer, Gerhard (Hg.): Füxe, Burschen, Alte Herren. Studentische Korporationen vom Wartburgfest bis heute, 1. Aufl. Köln 1992, 2. Aufl. 1993; Heither, Dietrich/Gehler, Michael/Kurth, Alexandra/Schäfer, Gerhard: Blut und Paukboden. Eine Geschichte der Burschenschaften, Frankfurt a. M. 1997; Kurth, Alexandra: Männer – Bünde – Rituale. Studentenverbindungen seit 1800, Frankfurt a. M. 2004.

Dem Wartburgfest, der Gründung der Allgemeinen Deutschen Burschenschaft 1818 als erster deutscher überregionaler bürgerlicher Organisation und der Ermordung August von Kotzebues (1761-1819) durch den Burschenschafter Carl Ludwig Sand (1795-1820) folgten 1819 die Karlsbader Beschlüsse und die Unterdrückung der Burschenschaft. Sie wurde zu einer sich mehr und mehr radikalisierenden Bewegung an den deutschen Hochschulen, die bald mehr, bald weniger offiziell bestand. War in der Urburschenschaft neben der Sicherung des Volkstums nach außen die „Erziehung zum christlichen Studenten" für den Innenbereich bestimmend gewesen und der Zusammenhang von Wartburg, Luther und Reformation 1817 mehr als deutlich geworden, so ließ der Frankfurter Burschentag 1831 die Forderung nach „christlich-deutscher Ausbildung" zu Gunsten einer zunehmenden Politisierung endgültig fallen. Der Stuttgarter Burschentag faßte im Dezember 1832 einen Beschluß zur Tolerierung und Förderung revolutionärer Gewalt zum Zweck der Überwindung der inneren Zersplitterung Deutschlands. Das mündete in die Beteiligung am Hambacher Fest und am Preß- und Vaterlandsverein – der erste Versuch einer politischen Partei in Deutschland – sowie in den Frankfurter Wachensturm vom 3./4. April 1833, an dem vor allem Heidelberger, Erlanger, Würzburger und Münchner Burschenschafter beteiligt waren, und löste eine neue Welle der Verfolgungen durch die eigens eingerichtete Bundeszentralbehörde in Frankfurt a. M. bis in die vierziger Jahre hinein aus, die der älteren burschenschaftlichen Bewegung das Rückgrat brach und den Wiederaufstieg alter Korporationstypen – der Corps – und den Aufstieg neuer – etwa der jüngeren Landsmannschaften und Fach- und konfessionellen Vereinen und Verbindungen – ermöglichte[12].

Die Burschenschaft der späten 1820er und der 1830er Jahre wandelte sich zusehends. Einmal nahm der Verfolgungsdruck nach dem Frankfurter Wachensturm nochmals stark zu. Dazu veränderte sich das geistige Klima in einer sich herausbildenden bürgerlichen Öffentlichkeit, neue intellektuelle und literarische Strömungen wie die der Junghegelianer – hier war Arnold Ruge (1802-1880) führend, Burschenschafter in Halle, Jena und Heidelberg[13] –, des „Jungen Deutschland" – den Begriff prägte der Kieler und Bonner Burschenschafter Ludolf Christian Wienbarg (1802-1872)[14] – und der französischen utopischen Sozialisten kamen auf, begleitet von einer fortschreitenden Industrialisierung und tiefgreifenden gesellschaftlich-sozialen Umbrüchen. Der anhaltende Akademikerüberschuß der dreißiger und vierziger Jahre machte ein Studium zum Risiko. Oft war auf Jahre keine Anstellung in Staat und Kirche in Aussicht, was viele Studenten wiederum für die sozialen Probleme der Zeit sensibilisierte. Ausdruck fand dies im „Progreß", einer in unterschiedlichen Ausprägungen auftretenden burschenschaftlichen Reform- und Erneuerungsbewegung[15].

---

12 Lönnecker, Studenten und Gesellschaft (s. Anm. 8), S. 405-407; ders., „In Leipzig angekommen" (s. Anm. 8), S. 15-18; ders., Zusammenschlüsse (s. Anm. 8), S. 190; ders., „… nur den Eingeweihten bekannt" (s. Anm. 10), S. 141; ders., Robert Blum (s. Anm. 11), S. 113; ders., „Unzufriedenheit" (s. Anm. 11), S. 86-88; zu konfessionellen Verbindungen und Vereinen zuletzt zusammenfassend: ders.: „Demut und Stolz, … Glaube und Kampfessinn". Die konfessionell gebundenen Studentenverbindungen – protestantische, katholische, jüdische, in: Schwinges, Rainer Christoph (Hg.): Universität, Religion und Kirchen (Veröffentlichungen der Gesellschaft für Universitäts- und Wissenschaftsgeschichte, 11), Basel 2011, S. 479-540.
13 BA, DB 9 (s. Anm. 1), M. Burschenschafterlisten, Ruge, Arnold; Dvorak, Lexikon (s. Anm. 5) I/5, S. 143-145.
14 BA, DB 9 (s. Anm. 1), M. Burschenschafterlisten, Wienbarg, Ludolf Christian; Dvorak, Lexikon (s. Anm. 5) I/6, S. 297-300.
15 Lönnecker, „In Leipzig angekommen" (s. Anm. 8), S. 26 f.; ders., Zwischen Völkerschlacht (s. Anm. 8), S. 38 f.; ders., Peregrinatio Academica (s. Anm. 8), S. 291 f.; Burschenschaften in Baden (s. Anm. 11), S. 131 f.; ders., Robert Blum (s. Anm. 11), S. 116.

Der Einfluß der Burschenschaft auf das nationale Bewußtsein der Deutschen, ihren Einheits- und Freiheitswillen, ist überhaupt nicht hoch genug zu veranschlagen, vielfach haben die Burschenschaften dieses Bewußtsein erst geschaffen, machten es „Vom Elitebewußtein zur Massenbewegung"[16]: viele der führenden Liberalen des Vormärz' und weit darüber hinaus waren Burschenschafter[17] und in der Revolution von 1848/49 spielte die Burschenschaft noch einmal eine wichtige Rolle[18]. In der zweiten Hälfte des 19. Jahrhunderts entpolitisierten sich die Burschenschaften zumindest äußerlich und näherten sich bei aller gegenteiligen Rhetorik immer mehr dem traditionellen, vor allem von den Corps repräsentierten Korporationstypus mit eher gesellschaftlich-sozialem Schwerpunkt an, der nach 1850 und endgültig nach der Reichsgründung 1871 bestimmend wurde[19].

Die Zugehörigkeit zu einer studentischen Korporation war für zahlreiche Akademiker und viele führende Persönlichkeiten des 19. und 20. Jahrhunderts ein konstitutives Element ihres späteren Lebens, das nicht überschätzt, keinesfalls aber auch unterschätzt werden sollte[20]. Teilweise kannte man sich schon „aus der Schulzeit am selben Gymnasium, teilweise im selben Jahrgang". Viele waren

> „miteinander vertraut [...] Sie festigten dies Verhältnis durch Zugehörigkeit zur gleichen Burschenschaft oder pflegten, wenn sie an verschiedenen Orten studierten, untereinander brieflich zu verkehren und sich gegenseitig zu besuchen. Sie erweiterten den Kreis ihrer Freunde und Gleichgesinnten durch gemeinsame burschenschaftliche Aktivität und durch den Wechsel der Universitäten und die damit verbundene Mitwirkung im neuen burschenschaftlichen Umfeld. So bildete sich ein Netzwerk der Kommunikation und Nahverhältnisse, in das viele einbezogen waren."[21]

---

16 Hardtwig, Wolfgang: Vom Elitebewußtsein zur Massenbewegung. Frühformen des Nationalismus in Deutschland 1500-1840, in: ders.: Nationalismus und Bürgerkultur in Deutschland 1500-1914. Ausgewählte Aufsätze, Göttingen 1994, S. 34-54, hier S. 47 ff.

17 Zahlreiche Beispiele in: Dvorak, Lexikon (s. Anm. 5); zwei Nachtragsbände sind in Vorbereitung; Kaupp, Peter (Hg.): Burschenschafter in der Paulskirche. Aus Anlaß der 150. Wiederkehr der Frankfurter Nationalversammlung 1848/49 im Auftrag der Gesellschaft für burschenschaftliche Geschichtsforschung (GfbG), o. O. (Dieburg) 1999.

18 Ebd.; zusammenfassend zuletzt: Thomann, Björn: Die Rolle der Burschenschaften in Jena, Bonn und Breslau in der Revolution 1848/49, in: Cerwinka, Günter/Kaupp, Peter/Lönnecker, Harald/Oldenhage, Klaus (Hg.): 200 Jahre burschenschaftliche Geschichte. Von Friedrich Ludwig Jahn zum Linzer Burschenschafterturm (DuQ, 16), Heidelberg 2008, S. 312-401; ders.: „Das politische Gewissen der deutschen Burschenschaft" – Geschichte und Gesichter der Breslauer Raczeks in Vormärz und Revolution, in: Brunck, Helma/Lönnecker, Harald/Oldenhage, Klaus (Hg.): „... ein großes Ganzes ..., wenn auch verschieden in seinen Teilen" – Beiträge zur Geschichte der Burschenschaft (DuQ, 19), Heidelberg 2012, S. 147-428.

19 Lönnecker, BHK/GfbG (s. Anm. 1), S. 4 f.; grundlegend: Studier, Manfred: Der Corpsstudent als Idealbild der Wilhelminischen Ära. Untersuchungen zum Zeitgeist 1888 bis 1914 (ASH, 3), Schernfeld 1990; Möller, Silke: Zwischen Wissenschaft und „Burschenherrlichkeit". Studentische Sozialisation im Deutschen Kaiserreich 1871-1914 (Pallas Athene. Beiträge zur Universitäts- und Wissenschaftsgeschichte [künftig zit.: PA], 4), Stuttgart 2001, S. 109 f.

20 Vgl. Lönnecker, Robert Blum (s. Anm. 11); beispielhaft: ders.: „... die Zugehörigkeit ist von größter Bedeutung für die Hochschul-Laufbahn" – Mitgliedschaft in studentischen Verbindungen und Vereinen als Qualifikationsmerkmal für die Berufung von Professoren, in: Hesse, Christian/Schwinges, Rainer Christoph (Hg.): Professorinnen und Professoren gewinnen. Zur Geschichte des Berufungswesens an den Universitäten Mitteleuropas (Veröffentlichungen der Gesellschaft für Universitäts- und Wissenschaftsgeschichte, 12), Basel 2012, S. 257-284.

21 Selle, Kurt: Oppositionelle Burschenschafter aus dem Lande Braunschweig in der Zeit von 1820 bis 1848, in: Braunschweigisches Jahrbuch für Landesgeschichte 80 (1999), S. 101-141, hier S. 139 f.

Das Aufnahmebegehren – man mußte kooptiert werden – war einmal ein politisch-weltanschauliches Bekenntnis zu einer Gesinnungsgemeinschaft. Ebenso wichtig war zum anderen der Anteil des „ursprü[n]gliche[n], meist durch emphatische Freundschaft bestimmte[n] Beziehungsgefüge[s] einer Studentenverbindung", der allerdings kaum meßbar ist. Prägend ist auf jeden Fall diese Doppelung, „bezogen auf die Verbindung als einer Gemeinschaft mit verbindlichen Idealen und Werten und auf deren Mitglieder, die meist untereinander als enge Freunde verbunden waren"[22].

Deutlich wird das Beziehungsgeflecht einer bürgerlichen Elite, die durch gemeinsame edukative Sozialisation geprägt ist. Im Gegensatz zum ausgehenden 18. Jahrhundert und den zeitgleich sich etablierenden Corps und jüngeren Landsmannschaften erfolgte die gesellschaftliche Verflechtung in der Burschenschaft aber nicht nur sozial, durch gemeinsame Identität und Mentalität, sondern auch kulturell, zivilisatorisch und politisch, durch eine gemeinsame Zielvorgabe, einen ideologischen Gleichklang. Zur weiteren Verdichtung trugen gemeinsame Weltbilder, Interessen, Zukunftsentwürfe und identische Kommunikationsmuster bei sowie das Bewußtsein, das Moment der Geschichte auf seiner Seite zu haben. Man empfand sich gegenseitig als glaubwürdig und authentisch, woraus wiederum Zusammenarbeit, Verständnis, Affinität, Vertrautheit und Freundschaft entstand bzw. entstehen konnte. Übereinandergelegt und quer über Dritte und Vierte verbunden, ergaben die vielen verschiedenen Linien ein Netz, das seine Belastbarkeit und Dauerhaftigkeit immer wieder bewies. Mentale Nähe nivellierte noch nach Jahren die geographische Distanz und wurde politik- oder sonst wirkungsmächtig[23].

2. Burschenschafter und Griechenland

„Die Griechen sind uns nicht bloß ein nützlich historisch zu kennendes Volk, sondern ein Ideal. Sie sind für uns das, was ihre Götter für sie waren; Fleisch von unserem Fleisch und Bein von unserem Bein."[24] Was Wilhelm von Humboldt hier beschrieb, fand sich so oder ähnlich auch bei Lessing und Goethe, Schiller und Hölderlin. Kulturelles und ästhetisches Ebenmaß ebenso wie politisches vereinten sich danach im klassischen Hellenentum und sollten Vorbild sein für die deutsche Gegenwart. Geist, das Durchdenken der Welt, Kunst, Kultur und Sprache wie die Grundlegung der individuellen Freiheit zeichneten ein Bild von der Antike, welches kaum positiver sein konnte. Die griechische Sprache, Homers Epen und griechische Dramen, boten den Stoff, aus dem sich das Ideal der klassischen Bildung formte. Es bildete sich ein neuhumanistisches Bildungskonzept heraus, das vor allem Sprache, Philosophie und Geschichte zum Gegenstand hatte und im gymnasialen Unterricht kanonisierte. Griechenland wurde als Modell begriffen, das vermehrt um das klassische Rom geeignet erschien, den Menschen zu bilden und damit erst zum Menschen zu machen, zu seiner inneren und Persönlichkeitsbildung beizutragen.

---

22 Roeseling, Severin: Burschenehre und Bürgerrecht. Die Geschichte der Heidelberger Burschenschaft von 1824 bis 1834 (Heidelberger Abhandlungen zur mittleren und neueren Geschichte, 12), Heidelberg 1999, S. 147.

23 Lönnecker, „... nur den Eingeweihten bekannt" (s. Anm. 10), S. 160 f.; ders., Burschenschaften in Baden (s. Anm. 11), S. 145.

24 Humboldt, Wilhelm von: Über den Charakter der Griechen, die idealistische und historische Aussicht derselben, in: Flitner, Andreas/Giel, Klaus (Hg.): Wilhelm von Humboldt. Schriften zur Altertumskunde und Ästhetik (Werke, 2), Darmstadt 1961, S. 65-72, hier S. 65.

Daß das überhaupt möglich schien, basierte auf der angenommenen Ähnlichkeit von antiken Griechen und modernen Deutschen, die nicht wie Briten und Franzosen in starken, sich selbst genügenden Nationalstaaten lebten, sondern sich stattdessen als Dichter und Denker bewiesen, sehnsuchtsvoll auf der Suche nach ihrer ideellen wie nationalen Form. Deutsch zu sein imaginierte danach die Nähe zu denen, die zuerst dichteten und dachten und bot zugleich die Möglichkeit des Bewußtmachens des eigenen. Die „Reinheit und Stärke des geistigen Lebens" sei hier wie dort das einigende Band höchster Kultur[25]. Und die Deutschen seien erwählt, die Neubestimmung dieser höchsten Form der Menschenbildung vorzunehmen. Insofern handelt es sich auch um einen idealen Gegenentwurf zu den politischen Gegebenheiten der Restaurationszeit[26].

Griechenbild und -verständnis speisten sich nur aus der Vergangenheit. An den höheren Schulen und den Universitäten wurden um 1820 die Klassiker gelesen, griechische Vokabeln und Grammatik gelernt und griechische Aufsätze geschrieben, vom aktuellen Griechenland aber hatte man keinerlei Begriff, deutlich sichtbar auch daran, daß viele der späteren burschenschaftlichen Griechenlandkämpfer die Landessprache auf der Schule gelernt zu haben meinten. Weitgehend unbekannt war ihnen das nachantike Griechenland, die fast tausendjährige byzantinische Geschichte, nichts wußten sie über Stellung und Einfluß der Orthodoxie, über Geographie und Kultur[27]. Griechenland, das war das „Arkadien des Schulbuchs u. d. Literatur", das „Land eines Achilleus u. Ajax u. Hektor"[28]. Nur sehr wenige Gebildete reisten nach Griechenland, die griechischen Erfahrungen der Neuhumanisten stammten aus Italien. „Das Griechenbild der Klassik ist von Beginn an eine idealisierende Haltung gegenüber der Vergangenheit eines Landes, dessen Gegenwart kaum jemand kennt."[29]

Im März 1821 begann der griechische Aufstand gegen die das Land seit dem Mittelalter besetzenden Osmanen und löste eine neue Welle der Griechenbegeisterung in Deutschland aus, den Philhellenismus[30]. Er ging von den Hochschulen aus, Professoren waren es, die zuerst Hilfsaufrufe erließen und Hilfsvereine gründeten, für die Aufstellung von Freiwilligenverbänden warben, die den Griechen in ihrem Befreiungskampf zu Hilfe kommen sollten. Die Aufrufe erinnern in Wortwahl und Absichten an das Lützowsche Freikorps, jene berühmte militärische Einheit von 1813, die als „Wiege der Burschenschaft" (Georg Heer) gilt, wie keine andere dem neuen bürgerlichen Selbstbewußtsein Ausdruck verlieh und damit eine politische und gesellschaftliche Breitenwirkung erzielte, die in keinerlei Verhältnis zu ihrem militärischen Wert stand, der – vorsichtig ausgedrückt – unbedeutend war. Das 3. Bataillon der Lützower kommandierte Friedrich Ludwig Jahn, hier dienten Turner wie Friedrich Friesen, Joseph von Eichendorff war dabei, alle

---

25 Ebd., S. 68.
26 Haase, Sven: Berliner Universität und Nationalgedanke 1800-1848. Genese einer politischen Idee (PA, 42), Stuttgart 2012, S. 220 f.
27 Grimm, Gerhard: Griechenland in Forschung und Lehre an den deutschen Universitäten vor dem Ausbruch des griechischen Unabhängigkeitskrieges, in: N. N.: Der Philhellenismus und die Modernisierung in Griechenland und Deutschland. Erstes Symposium (Institute for Balkan Studies, 207), Thessaloniki 1986, S. 29-46.
28 BA, DB 9 (s. Anm. 1), B. I. Urburschenschaft und frühe Burschenschaft, 1815-1850, d. Urburschenschaft, Örtliche Burschenschaften: Erlangen; ebd., Halle; ebd., Heidelberg; ebd., Jena; ebd., Tübingen.
29 Haase, Universität (s. Anm. 26), S. 221.
30 Quack-Eustathiades, Regine: Der deutsche Philhellenismus während des griechischen Freiheitskampfes 1821-1827 (Südosteuropäische Arbeiten, 79), München 1984; Philippou, Melina: Der Philhellenismus in Deutschland. Philhellenische Bekundungen der Deutschen am Anfang des 19. Jahrhunderts bis zur Gründung des griechischen Staates, Magisterarbeit Freie Universität Berlin/Institut für Neogräzistik 2007 (gedruckt: München 2008).

weit zurückstehend hinter dem Dichter Theodor Körner, der 1813 im Kampf gegen die französische Besatzung gefallen war und darum als „deutscher Märtyrer" nun besonderes Ansehen genoß, zugleich aber als Patenkind Schillers und Bekannter Heinrich von Kleists, Alexander und Wilhelm von Humboldts, der Brüder Schlegel und Arndts das Idealbild des vielfach mit der deutschen Klassik und Romantik in engste Berührung gekommenen Patrioten verkörperte[31].

Der in München lehrende Friedrich Thiersch (1784-1860) warb denn auch ganz in dieser Tradition für die Aufstellung einer „Deutschen Legion", die den Griechen zu Hilfe eilen sollte[32]. Bei ihm und anderen finden sich Wendungen Körners, eine Befreiungskriegs-Rhetorik, die die Zeitgenossen kannten und sehr genau verstanden. Auch der von Thiersch vorgeschlagene Name erinnerte nicht zufällig an die „Deutsche Legion", jene Einheit, die ab 1803 in Großbritannien aus deutschen Soldaten gebildet worden war, die gegen Napoleon kämpfen wollten[33]. Die Analogie war offensichtlich und intendierte den Sieg, denn, so die Vorstellung, das kleine Inselreich wehrte sich gegen den übermächtigen, den Kontinent beherrschenden Franzosenherrscher – und hatte gewonnen. Jetzt kämpfte das kleine (Halb-)Inselreich gegen das mächtige Osmanenreich – und würde gewinnen. Außerdem hielt Thiersch, dem „die Wiederbelebung der philologischen Studien in Bayern zu danken" ist, „seine schützende Hand über die Burschenschaft", ihre Mitglieder waren ihm eng verbunden[34]. Noch 40 Jahre später erinnerte sich ein damals durchreisender Burschenschafter, Mitglied der Erlanger Concordia und der Breslauer Burschenschaft, mit wel-

---

31 Brandt, Peter: Einstellungen, Motive und Ziele von Kriegsfreiwilligen 1813/14: Das Freikorps Lützow, in: Dülffer, Jost (Hg.): Kriegsbereitschaft und Friedensordnung in Deutschland 1800-1814 (Jahrbuch für historische Friedensforschung, 3), Münster 1995, S. 211-233; Bauer, Frank: Horrido Lützow! Geschichte und Tradition des Lützower Freikorps, München 2000; zu Körner, Mitglied der Landsmannschaften Montania Freiberg, Thuringia Leipzig und Guestphalia Berlin: Scheuer, O[skar]. F[ranz].: Theodor Körner als Student, Bonn 1924; Weber, Heinrich: Theodor Körner als Freiberger Montane, Leipziger Thüringer und Berliner Westphale, in: Einst und Jetzt. Jahrbuch des Vereins für corpsstudentische Geschichtsforschung (künftig zit.: EuJ) 4 (1959), S. 5-41; Jöst, Erhard: Der Heldentod des Dichters Theodor Körner. Der Einfluß eines Mythos auf die Rezeption einer Lyrik und ihre literarische Kritik, in: Orbis litterarum 22 (1977), S. 310-340.

32 Thiersch, Friedrich: Vorschlag zur Errichtung einer Deutschen Legion in Griechenland, München 1821; zur Person: Kirchner, Hans-Martin: Friedrich Thiersch. Ein liberaler Kulturpolitiker und Philhellene in Bayern (Veröffentlichungen des Instituts für Geschichte Osteuropas und Südosteuropas der Universität München, 16), München 1996, 2. erg. u. erw. Aufl. Mainz/Ruhpolding/Wiesbaden 2010 (Peleus; 46); Loewe, Hans: Friedrich Thiersch. Ein Humanistenleben im Rahmen der Geistesgeschichte seiner Zeit (Philhellenische Studien, 15), Frankfurt a. M./Berlin/Bern/Bruxelles/New York/Oxford/Wien 2010; s. a. Kilian, Jürgen: Friedrich Thiersch und Jacob Philipp Fallmerayer – Zwei Gegenspieler in der Zeit des deutschen Philhellenismus, in: Meyer, Vormärzforschung (s. Anm. 5).

33 Pfannkuche, A.: Die königlich deutsche Legion 1803-1816. Eine Geschichte der vor allem aus Hannover stammenden Truppen, welche während der Napoleonischen Kriege in englischen Diensten standen, Hannover 1926 (Nachdruck Berlin 2007); Peters, Friedhelm: Die Königlich Deutsche Legion. Eine hannoversche Heeresform im Umbruch einer Zeit, Diss. iur. Göttingen 1942; N. N.: Die Königlich Deutsche Legion. Geschichte und Taten, o. O. (Wolfenbüttel) 2007; s. a. Heinzen, Jasper: Transnational Affinities and Invented Traditions. The Napoleonic Wars in British and Hanoverian Memory 1815-1915, in: The English Historical Review 127 (2012), S. 1404-1434.

34 Lönnecker, Harald: „O Aula, herzlich sinnen mein!" – Die Akademische Gesellschafts-Aula zu München 1829-1831, in: Musik in Bayern. Jahrbuch der Gesellschaft für Bayerische Musikgeschichte e. V. 71 (2006/2008), S. 129-172, hier S. 137; ders.: Zwischen Corps und Burschenschaft. Zur Geschichte der „Akademischen Gesellschafts-Aula" in München um 1830, in: Sigler, Sebastian (Hg.): Sich stellen – und bestehen! Festschrift für Klaus Gerstein, Essen 2010, S. 171-214, hier S. 175.

cher Begeisterung sich Thiersch einsetzte, wie er die Studenten zu fesseln und ihren Enthusiasmus zu entflammen und zu nähren wußte[35].

Ähnlich in Leipzig, wo sich die Professoren Wilhelm Traugott Krug (1770-1842) – er hatte im Befreiungskrieg ab 1813 als reitender Jäger mitgekämpft und stand der 1818 gegründeten Leipziger Burschenschaft im Gegensatz zu manchem Kollegen deswegen besonders nahe – und Heinrich Gottlieb Tzschirner (1778-1828) engagierten, die „Die Sache der Griechen" zu einer „Sache Europas" machen wollten[36]. Parallel erfaßte die Griechenbegeisterung die Leipziger Burschenschaft, „die Herren Professores mussten das Feuer nicht entfachen, es brannte in der L[eipziger]. Burschenschaft schon lichterloh und schlug manchen Funken"[37]. Die Studenten beteiligten sich an Griechenvereinen und gründeten noch im Sommersemester, im Mai 1821, einen eigenen, unter dessen Mitgliedern Johann Daniel Elster war – 1817 Wartburgfestteilnehmer, im folgenden Jahr Mitgründer der Burschenschaft in Leipzig –, der später selbst nach Griechenland ging und „als Stabsarzt und Doktor-Major" am Befreiungskampf teilnahm[38]. Eine prosopographische Aufstellung der beteiligten Burschenschafter in Leipzig und andernorts existiert bisher noch nicht, wäre auf Grund der Burschenschafterlisten aber möglich und würde sicherlich einige interessante Ergebnisse erbringen[39].

Meldungen und Berichte wie die aus München und Leipzig sind verhältnismäßig häufig, aus Berlin, Greifswald, Breslau, Königsberg, Göttingen, Halle, Jena, Erlangen, Tübingen und Heidelberg ist ähnliches bekannt. Motiviert war das burschenschaftliche Engagement einmal durch den Dank, den der junge gebildete Deutsche den „alten Griechen" schulde und den er jetzt durch die Tat abtragen könne. Symbolisch hoch aufgeladene Orte sollten von „fremder Herrschaft gereinigt" werden, Griechenland, die Wiege der europäischen Kultur, gelte es von den Osmanen zu befreien und besonders die Deutschen stünden als Hellas-Nachfolger in der Pflicht, das kulturelle Erbe zu retten und zu bewahren[40]. Hinzu tritt ein religiöses Motiv, der Kampf gegen die islamischen Türken mobilisierte die „jungen Kreuzfahrer", es verbanden sich romantische Mittelalterbegeisterung und Philhellenismus, vor allem in der Tübinger Burschenschaft[41]. Ludwig Uhland (1787-1862),

---

35   Karl Wilhelm Junge (1797-1871), später Arzt in Friedeburg i. Schles., dann auch Badearzt in Flinsberg, Stadtverordneter, Dichter und Maler, Schreiben v. 10. 11. 1861, in: BA, DB 9 (s. Anm. 1), M. Burschenschafterlisten, Junge, Karl Wilhelm; Junge war im schlesischen Philhellenismus engagiert; ebd.
36   Tzschirner, Heinrich Gottlieb: Die Sache der Griechen, die Sache Europas, Leipzig 1821; die Schrift erschien anonym.
37   N. N.: Deutsche Griechen. Eine Erinnerung, um 1830 (Abschrift), o. S., in: BA, DB 9 (s. Anm. 1), B. I. Urburschenschaft und frühe Burschenschaft, 1815-1850, d. Urburschenschaft, Örtliche Burschenschaften: Leipzig; zur Leipziger Burschenschaft: Lönnecker, „In Leipzig angekommen" (s. Anm. 8), S. 23-27; ders.: Zwischen Völkerschlacht (s. Anm. 8), S. 29-39.
38   BA, DB 9 (s. Anm. 1), M. Burschenschafterlisten, Elster, Johann Daniel; Dvorak, Lexikon (s. Anm. 5) I/1, S. 252.
39   Siehe Anm. 4.
40   BA, DB 9 (s. Anm. 1), B. I. Urburschenschaft und frühe Burschenschaft, 1815-1850, d. Urburschenschaft, Örtliche Burschenschaften: Berlin; ebd., Breslau; ebd., Erlangen; ebd., Göttingen; ebd., Greifswald; ebd., Halle; ebd., Heidelberg; ebd., Jena; ebd., Königsberg; ebd., Tübingen.
41   Ebd.; Scheitler, Irmgard: Deutsche Philhellenenlyrik. Dichter, Veröffentlichungsformen, Motive, in: Konstantinou, Evangelos (Hg.): Ausdrucksformen des europäischen und internationalen Philhellenismus vom 17.-19. Jahrhundert (Philhellenische Studien, 13), Frankfurt a. M./Berlin/Bern/Bruxelles/New York/Oxford/Wien 2007, S. 69-82; vgl. Quack-Eustathiades, Philhellenismus (s. Anm. 30), S. 37-42; Haase, Universität (s. Anm. 26), S. 222; s. a. Ullrich, Heiko: Lyrische Kreuzzüge. Motivparallelen bei Walther von der Vogelweide und den schwäbischen Philhellenen, in: Meyer, Vormärzforschung (s. Anm. 5). – Zur Tübinger Burschenschaft: Wentzcke, Burschenschaft 1 (s. Anm. 11), S. 175 f.; Heer, Burschenschaft 2 (s. Anm. 11), S. 64 f.; Camerer, J[ohann Friedrich]. W[ilhelm].:

Freund und später Ehrenmitglied der Tübinger Burschenschaft Germania, deren Binnenethik, der „Comment", maßgeblich von ihm beeinflußt und teilweise geschrieben wurde, und Wilhelm Hauff (1802-1827) wirkten hier, dessen griechischer Arzt Zaleukos aus „Die Geschichte von der abgehauenen Hand" ein beliebter burschenschaftlicher Bier- oder Deckname wurde, zumal viele seiner Wendungen aus dem den Studenten vertrauten Bereich von Satisfaktion, Duell und Mensur stammten, der Hauff selbst gern gehuldigt hatte und der er sein Lied „Brüder auf, erhebt die Klingen!" widmete[42]. Ähnlich trafen Religiöses und Gegenwärtiges bei Karl August Mebold (1798-1854) aufeinander, ein engagierter Tübinger Burschenschafter, der wegen seiner Mitgliedschaft eine zweieinhalbjährige Haftstrafe verbüßte[43]. August Ludwig Reyscher (1802-1880), seit 1821 Mitglied der Burschenschaft Germania Tübingen, dann der Feuerreiter-Burschenschaft, ein „frischer Turner, kühner Reiter und tapferer Schläger", der folglich mit der um 1800 im studentischen Milieu entstandenen Hiebwaffe, dem Schläger, gut umzugehen verstand, war ein überaus aktiver Philhellene. Der spätere Tübinger Jura-Professor und Rektor bekämpfte die Karlsbader Beschlüsse, trat gegen die Vorrechte des Adels auf, solidarisierte sich 1837 mit den „Göttinger Sieben", war 1848 Abgeordneter des deutschen Vorparlaments, dann der württembergischen verfassunggebenden Versammlung und bis 1855 – nochmals 1858 bis 1863 – des Landtags, 1859 Mitgründer des Deutschen Nationalvereins und ab 1871 Reichstagsmitglied[44]. Sein Lebenslauf war idealtypisch für einen burschenschaftlichen Griechenfreund.

Geschichte der Burschenschaft Germania Tübingen 1816-1906, Urach 1909; Schmidgall, Georg: Die alte Tübinger Burschenschaft 1816 bis 1828, in: Wentzcke, Paul (Hg.): QuD, Bd. 17, Heidelberg 1940, S. 1-186; ders.: Tübinger Burschenschafterlisten 1816-1936, in: Wentzcke, Paul (Hg.): Burschenschafterlisten. Geschichte und Mitgliederverzeichnisse der burschenschaftlichen Verbindungen im großdeutschen Raum 1815 bis 1936, Bd. 1, Görlitz 1940, S. 25-219, hier S. 34-56.

42 BA, DB 9 (s. Anm. 1), M. Burschenschafterlisten, Uhland, Ludwig; ebd., Hauff, Wilhelm; Dvorak, Lexikon (s. Anm. 5) I/6, S. 77-80; Schmidgall, Tübinger Burschenschafterlisten (s. Anm. 41), S. 69, Nr. 355, S. 95, Nr. 1272; Philipp, Karl (Bearb.): Burschenschaft Germania Tübingen. Gesamtverzeichnis der Mitglieder seit der Gründung 12. Dezember 1816, Stuttgart 2008, Nr. 355; ebd., Nr. 1272; Zinkernagel, Franz: Wilhelm Hauff, in: Haupt, Herman/Wentzcke, Paul (Hg.): Hundert Jahre deutscher Burschenschaft. Burschenschaftliche Lebensläufe (QuD, 7), Heidelberg 1921, S. 102-111; Freytag, Gerhard: Tübinger Studentenleben nach der Stiftung der ersten Corps und Gründung der Burschenschaften im Spiegel von Wilhelm Hauffs Werken, in: EuJ 39 (1994), S. 293-298. – Satisfaktion oder Genugtuung ist die Wiedergutmachung einer wörtlichen oder tätlichen Beleidigung durch einen Zweikampf (Duell) mit schweren Waffen, wozu der Beleidigte seinen Gegner herausfordert; für eine Mensur ist kein Ehrengrund notwendig, ihr Zweck ist der erzieherischer, da Mut, Kraft, Haltung, Selbstbeherrschung usw. gezeigt werden sollen; zu Begriffen, Hintergrund, Entwicklung und theoretischer Einordnung zusammenfassend: Lönnecker, Harald: „… bis an die Grenze der Selbstzerstörung". Die Mensur bei den akademischen Sängerschaften zwischen kulturellem Markenzeichen, sozialem Kriterium und nationalem Symbol (1918-1926), in: EuJ 50 (2005), S. 281-340; ders.: Perspektiven burschenschaftlicher Geschichtsforschung. Erforderliches – Wünschbares – Machbares, in: Oldenhage, Klaus (Hg.): 200 Jahre burschenschaftliche Geschichtsforschung – 100 Jahre GfbG – Bilanz und Würdigung (Jahresgabe der Gesellschaft für burschenschaftliche Geschichtsforschung e. V. (GfbG) 2009), Koblenz 2009, S. 111-128, hier S. 119-127.

43 Beispiele seiner Dichtungen in: Mygdalis, Lampros E./Papadoupolos, Nikolaos A.: Der deutsche Philhellenismus durch die Poesie = O Germanikos philellēnismos mesa apo tēn poiēsē, Bd. 1, Thessalonikē 2001; zu Mebold: BA, DB 9 (s. Anm. 1), M. Burschenschafterlisten, Mebold, Karl August; Dvorak, Lexikon (s. Anm. 5) I/4, S. 68 f.; Schmidgall, Tübinger Burschenschafterlisten (s. Anm. 41), S. 62, Nr. 93; Philipp, Germania Tübingen (s. Anm. 42), Nr. 93.

44 BA, DB 9 (s. Anm. 1), M. Burschenschafterlisten, Reyscher, August Ludwig; Dvorak, Lexikon (s. Anm. 5) I/5, S. 58-60; Schmidgall, Tübinger Burschenschafterlisten (s. Anm. 41), S. 72, Nr. 473; Philipp, Germania Tübingen (s. Anm. 42), Nr. 473.

Die religiöse Motivation ist in Halle, Jena und Erlangen viel stärker als in Heidelberg oder Berlin ausgeprägt. Dies hängt mit der Meinungsführerschaft der evangelischen Theologiestudenten in der frühen Burschenschaft zusammen, die an Saale und Regnitz besonders stark war, während das religiöse Moment in Berlin eher in den Hintergrund trat[45]. Das Wartburgfest galt ausdrücklich der Feier Luthers, der Reformator wurde gefeiert und interpretiert als einer, der „Sieger über geistige Knechtschaft" geworden war, der die „Grundpfeiler der jetzigen deutschen Sprache" gelegt, das deutsche Kirchenlied geschaffen und damit gemäß dem Römerbrief des „Lichtes Waffen" geschmiedet hatte: „Die Nacht ist vergangen, der Tag aber herbeigekommen. So lasset uns ablegen die Werke der Finsternis, und anlegen die Waffen des Lichts."[46] Die burschenschaftliche Interpretation der Lichtmetaphorik verwob Nationalismus und Christentum zu einer neuen Nationalreligiosität, aus der die Notwendigkeit des Kampfes gegen den „bösen Feind" gefolgert wurde. Daß Luther zudem wiederholt gegen die Türken gepredigt und geschrieben hatte, wurde als weitere Legitimation, ja als direkte Aufforderung zum Kampf begriffen[47]. Dabei spielte auch der Missionseifer der Hochschüler eine Rolle, allen voran der Theologen. Den „Juengern des maledeiten Muhamed" gelte es die Gebiete zu entreißen, die sie sich seit dem Mittelalter untertan gemacht und islamisiert hatten. Endlich kam die „Stunde der Rache" an denjenigen, „welche die Widernatuerlichkeiten Asiens nach Europa geschleppt" und seine „christliche Ruhe gestoeret"[48].

In Berlin, Göttingen und Heidelberg wird auch erstmals die aktuelle politische Brisanz der Ereignisse in Griechenland angesprochen und eine Analogie zur gegenwärtigen politischen Situation gezogen:

„Wir sprachen wohl von Griechenland und seiner Freiheit, aber es lag doch unter der Hand klar vor aller Augen, wir meinten: Deutschland" – „Oft trugen uns die Gedanken gen Hellas und seine Freiheit, um die nun gerungen wurde, ach, wäre es doch nur in Deutschland schon so weit!" – „Was heute die tapfern Griechen, das morgen die tapfern Deutschen! Schüttelt die Ketten von euch, liebe Deutsche!" – „Was es nun gilt Eleusis und Elysion, das nur zu bald auch Baden und Bayern, Preussen und Oesterreich – eine Freiheit, ein Reich und ein Kaiser!"[49]

Die Regierungen reagierten und vermeinten alsbald einer Verschwörung zum politischen Umsturz auf der Spur zu sein, bis zum Herbst 1821 konnte in Sachsen und Preußen das progrie-

---

45 Lönnecker, „Demut und Stolz" (s. Anm. 12), S. 485; zahlreiche Beispiele: BA, DB 9 (s. Anm. 1), M. Burschenschafterlisten; Dvorak, Lexikon (s. Anm. 5).
46 Brief des Paulus an die Römer 13, 12; vgl. Böcher, Otto: Christliche Endzeiterwartung und die Frömmigkeit des Vormärz, in: Bunners, Michael/Piesig, Erhard (Hg.): Religiöse Erneuerung, Romantik, Nation im Kontext von Befreiungskriegen und Wiener Kongress. Fünftes Symposium der deutschen Territorialkirchengeschichtsvereine, Güstrow/Mecklenburg, 21. bis 23. Juni 2002 (Jahrbuch für Mecklenburgische Kirchengeschichte. Mecklenburgia Sacra, 5 = Studien zur deutschen Landeskirchengeschichte, 5), Wismar 2003, S. 59-79.
47 Vgl. Berg, Silke vom: „Bis zertreten die Türken, bis erschienen wir werth unsres Ursprungs" – Alterität und Identität in der Philhellenen-Lyrik der griechischen Freiheitskämpfe von 1821 bis 1828", in: Meyer, Vormärzforschung (s. Anm. 5).
48 S. Anm. 40 u. 49.
49 Heinrich Christian Karl Frohwein (1801-1863), Erlanger und Jenaer Burschenschaft, später Adjunkt und Pfarrer in Hardisleben b. Buttstädt, Schreiben v. 15. 7. 1821, 5. 3. 1822 u. 10. 4. 1824, in: BA, DB 9 (s. Anm. 1), M. Burschenschafterlisten, Frohwein, Heinrich Christian Karl.

chische Engagement zurückgedrängt werden[50]. Es ist allerdings erstaunlich, daß die Demagogen-Verfolger, die seit 1819/20 den Burschenschaften nachhaltig zusetzten, keine Verbindung zwischen diesen und den „Griechenfreunden" entdeckten. Dies lag einmal daran, das anderes im Vordergrund stand: seit Januar 1820 der Aufstand in Spanien, der sich im August nach Portugal ausbreitete, Anfang Juli 1820 brachen im Königreich Neapel, im März 1821 im Piemont Aufstände aus, bereits vorher, am 13. Februar 1821, war der Herzog von Berry, der französische Thronfolger, ermordet worden, in Frankreich und Polen kam es wiederholt zu Unruhen, die Restauration schien überall in die Defensive gedrängt. Das war ein Irrtum, bis 1823 waren alle Aufstände unterdrückt. Gegenüber ihnen schienen die Burschenschaften den deutschen Regierungen ein kleineres, wenn auch nicht zu vernachlässigendes Übel zu sein[51].

Sodann waren in zahlreichen philhellenischen Vereinen Burschenschafter führende Mitglieder, die zur ersten Generation der Burschenschaft ab etwa 1815 gehört, nun als Examinierte die Hochschule längst verlassen hatten und den Verfolgern damit eher aus dem Blick geraten waren[52]. Die burschenschaftliche Vergangenheit der jungen Akademiker wird dem gegenseitigen Verständnis und der Zusammenarbeit mit den burschenschaftlichen Hochschülern sicherlich nicht geschadet haben, aber die Studenten waren um vieles aktionistischer und aktivistischer als ihre zwischen fünf und zehn Jahre älteren, bereits in Berufsleben und Familiengründung eingetretenen, entsprechende Sekuritätsbedürfnisse hegenden „Bundesbrüder", von denen sie jetzt vielfach gebremst wurden, statt das diese die nationalen und revolutionären Ideen umzusetzen halfen. Das wiederum setzte die Griechenvereine in den Augen der Studenten der frühen 1820er Jahre herab und dem Verdacht der „Philiströsität" und der „Schlafmützigkeit" aus. Vor allem „philiströs" ist ein der Studentensprache entstammendes, vielfältig gebrauchtes Schlag- und Schimpfwort, wenn es darum ging, warum junge Burschenschafter zwar Mitglied in philhellenischen Vereinen wurden und blieben, ihre Mitarbeit dort aber sehr zu wünschen übrig ließ[53]. Die soziale und politische Wiedererkennung war nicht gegeben, statt gebildeter Akademiker fanden sich außerdem auch als sozial nicht adäquat betrachtete Nichtakademiker in den Vereinen, „Philister", die dazu meist ökonomisch besser gestellt waren als die Studenten und zudem deren intellektuelle Führungsrolle nicht anerkennen wollten. Und ein „Kaufmann ist nicht unsereins". Selbst wenn er das Gymnasium besucht und vielleicht sogar ein paar Semester „Kameralistik u. Rechenkunst" studiert hatte, stand er doch stets im Ruch, das „Vaterland für ein paar Silberlinge" zu verkaufen[54]. Trotz aller Rhetorik von Volkstümlichkeit und geeinter Nation betrachteten die Burschenschafter ihre eigene politische und soziale Führungsrolle in

---

50 Haase, Universität (s. Anm. 26), S. 222.
51 Heer, Burschenschaft 2 (s. Anm. 11), S. 5.
52 Zahlreiche Nennungen in: BA, DB 9 (s. Anm. 1), M. Burschenschafterlisten; Dvorak, Lexikon (s. Anm. 5); siehe, wenn auch weitgehend ohne Nennung burschenschaftlicher Zugehörigkeiten: Hauser, Christoph: Anfänge bürgerlicher Organisation. Philhellenismus und Frühliberalismus in Südwestdeutschland (Kritische Studien zur Geschichtswissenschaft, 87), Göttingen 1990; Philippou, Philhellenismus (s. Anm. 30), S. 43-52.
53 Siehe Anm. 40 u. 49; zu „philiströs" s. Anm. 6.
54 Siehe Anm. 49, Schreiben v. 10. 4. 1824; zur Assoziation von Kaufmanns- und Geschäftsgeist mit nationaler und politischer Unzuverlässigkeit s. a.: Krug, Wilhelm Traugott: Der teutsche Anti-Sturdza oder die teutschen Burschenschaften und das teutsche Volk, Arnstadt 1819, S. 35 f.

einem künftigen Deutschland als selbstverständlich. Ändern sollte sich das erst während des Progresses ab Ende der 1830er Jahre[55].

Der innerburschenschaftliche Generationenkonflikt und das von den Studenten wahrgenommene, gesellschaftlichen Abstand erzeugende soziale Gefälle in den Philhellenenvereinen zog wiederum Reibungen nach sich, die zum weiteren Rückzug der Hochschüler – nicht jedoch der ehemaligen Burschenschafter, deren Aktivitäten nach wie vor überaus vielfältig blieben[56] – führten und zur Konzentration auf die „Kränzchen" oder „Kränzchenvereine" in den Burschenschaften. Der Diminutiv zeigt an, es handelte sich um personell kleinere Zusammenschlüsse innerhalb des „Kranzes" der örtlichen Gesamtburschenschaft. Verdeutscht aus dem seit etwa 1785 gebräuchlichen „circulus", des „Zirkels" der Verbindungsmitglieder[57], wurden als „Kränzchen" seit etwa 1815/16 geschlossene, nur Mitgliedern zugängliche Lese- und Debattierrunden mit unterschiedlichen, meist politischen Schwerpunkten – darunter regelmäßig auch der griechische Befreiungskampf[58] – bezeichnet, zu denen sich in der Regel etwa ein Dutzend Mitglieder zusammenschlossen. Oft bestanden 10, 15 und mehr Kränzchen in einer Burschenschaft nebeneinander, jeweils unter der Führung eines gewählten „Kränzchen-Führers", bei dem es sich immer um einen älteren, höhersemestrigen Burschenschafter mit Tutorenfunktion handelte, der vielfach nur seinem Kränzchen bekannt war.

Dazu hatte der andauernde Verfolgungsdruck seit 1819 eine Teilung der Burschenschaften in „engere Vereine" und „weitere Verbindungen" – die Bezeichnungen variieren – nach sich gezogen. Die engeren Vereine bestanden aus älteren und erfahrenen Studenten und waren die inneren Zirkel der jeweiligen Burschenschaften, in die man nach Bewährung kooptiert werden mußte. Sie entfalteten ein gewisses Eigenleben und schirmten sich nach außen strikt ab, weshalb wir auch längst nicht alle Mitglieder oder Gesprächsgegenstände kennen. Die Masse der jungen Burschenschafter gehörte hingegen den „weiteren Verbindungen" der einzelnen Burschenschaften an. Sie teilten deren Ziele, waren aber aus Sicherheitsgründen längst nicht über alle Einzelheiten informiert, wußten manchmal nicht einmal von der Existenz der engeren Vereine, obwohl diese Leitungsfunktion hatten: hier wurde die Satzung verwahrt, hier wurden interne Streitigkeiten geschlichtet, die Besetzung von Vorstandsposten beschlossen und die politische Richtung vorgegeben. Als sich nach dem Verrat des „Jünglingsbundes", einer im November 1823 von den Behörden entdeckten radikalen Verschwörergruppe innerhalb der engeren Vereine – Karl August Mebold war dort Mitglied[59] –, der Verfolgungsdruck wiederum erheblich erhöhte, wurde das

---

55 Heer, Burschenschaft 3 (s. Anm. 11); Kärgel, Gabriele: Der studentische Progreß und die oppositionelle Volksbewegung am Vorabend der bürgerlich-demokratischen Revolution 1844-1848, in: Asmus, Helmut (Hg.): Studentische Burschenschaften und bürgerliche Umwälzung. Zum 175. Jahrestag des Wartburgfestes, Berlin 1992, S. 232-241; zusammenfassend: Thomann, Burschenschaften (s. Anm. 18), S. 319 mit Anm. 30; s. a. Hippler, Thomas: Der „Progreß" an der Berliner Universität 1842-1844, in: Jahrbuch für Universitätsgeschichte 7 (2004), S. 169-189.
56 Inwiefern die Zugehörigkeit zu einer Burschenschaft diese meist 25 bis 30 Jahre alten Akademiker hinsichtlich ihres Engagements in den Philhellenenvereinen beeinflußte, bedarf noch der näheren Untersuchung; in Südwestdeutschland spielte es sicherlich eine Rolle; s. Anm. 42, 43 u. 52.
57 Der Sprachpurismus ging auf Friedrich Ludwig Jahn zurück und war charakteristisch für die Burschenschaften; Lönnecker, Harald: „So weit die deutsche Zunge klingt ..." – Burschenschaft und deutsche Sprache 1815-1935, in: Burschenschaftliche Blätter 120/1 (2005), S. 4-13, überarb. u. erw. auch: Koblenz 2005 (Veröffentlichungen des Archivs der Deutschen Burschenschaft. Neue Folge, Heft 10).
58 Siehe Anm. 40.
59 Siehe Anm. 43.

Verhalten der engeren Vereine noch konspirativer, manchmal kannten sich selbst nicht alle Mitglieder untereinander oder nur unter Decknamen, was die Erschließung heute ausgesprochen schwierig macht[60].

Sowohl in den Kränzchen der weiteren Verbindungen und Vereine als auch den Versammlungen oder Conventen der engeren war das „griechische Thema" Gegenstand von Erörterungen, doch wissen wir kaum einmal Einzelheiten[61]. Nur hin und wieder werden Vortragsthemen genannt, so wurden in Jena Kränzchen über „Was Griechenland zum besten sei? Ratschlag zur Freiheit" veranstaltet, deren Inhalt wir aber nicht kennen. Es liegt nicht einmal das genaue Semester oder Jahr fest. Andernorts war es ebenso[62]. Fest steht nur, der griechische Befreiungskampf war ein ständig präsentes Thema in den Burschenschaften und eine verhältnismäßig große Zahl der Mitglieder interessierte sich dafür. Daß das Rückwirkungen haben mußte auf diejenigen Burschenschafter, die Semester für Semester die Hochschule verließen und ins Berufsleben übertraten, war schon den Zeitgenossen klar: Wenn „man von der Universität kommt, geht man in einen Turn- oder Gesangverein, auch ein Griechen- oder Polenverein tut es"[63]. Die Begeisterung für und die Sehnsucht nach Freiheit erst für Griechenland, dann, vor allem ab 1830, auch für Polen erlaubte die Rückprojizierung auf Deutschland, wirkte aufrüttelnd und mobilisierend, erlaubte die Formulierung politischer Ansprüche und Bedürfnisse. Die Burschenschafter empfanden sich als Akademiker befähigt und berechtigt, hier führend tätig zu werden, sie sahen sich als zur Führung berufene Multiplikatoren der auf der Universität aufgenommenen Ideen. Dabei war das Engagement für Griechen wie für Polen wohl oft eine „nationalkämpferische Ersatzleistung", man positionierte sich so als Gegner des restaurativen Kurses der deutschen Regierungen, trieb Kompensation für fehlende eigene Aktionen[64]. Grundsätzlich gilt jedoch: Wer als Burschenschafter ab 1821 in einem Griechenverein mittat, der findet sich vielfach ab 1830 auch in einem Polenverein[65].

Dem eher passiven, auch ästhetischen Philhellenismus stand ein politisch-aktiver eines verhältnismäßig kleinen burschenschaftlichen Kreises gegenüber, der weit über die Unterstützung und Mitarbeit in Griechenvereinen hinausging. Unter den rund 250 deutschen Freiwilligen, die 1821/22 nach Griechenland zogen, um dort zu kämpfen, befanden sich etliche Burschenschaf-

---

60 Heer, Burschenschaft 2 (s. Anm. 11), S. 109-131; Lönnecker, Peregrinatio Academica (s. Anm. 8), S. 287; vgl. Hübner, Hans: Arnold Ruge – Jünglingsbund, Junghegelianismus, 48er Demokratie, in: Asmus, Burschenschaften (s. Anm. 55), S. 129-137; s. Anm. 4.
61 Siehe Anm. 40.
62 Siehe Anm. 35.
63 N. N., Deutsche Griechen (s. Anm. 37), o. S.
64 Haase, Universität (s. Anm. 26), S. 222 f.
65 BA, DB 9 (s. Anm. 1), M. Burschenschafterlisten; Dvorak, Lexikon (s. Anm. 5); s. Anm. 40; zur Aktivität von Burschenschaftern in Polenvereinen ab 1830 mit weiteren Nachweisen: Lönnecker, Burschenschaften in Baden (s. Anm. 11), S. 135; einige Bonner Burschenschafter, ohne diese als solche auszuweisen; Illner, Eberhard: Solidarität der Patrioten. Die Philhellenen- und Polenvereine im Rheinland, in: Schnelling-Reinicke, Ingeborg (Bearb.)/Dascher, Ottfried (Hg.): Petitionen und Barrikaden. Rheinische Revolutionen 1848/49 (Veröffentlichungen der Staatlichen Archive des Landes Nordrhein-Westfalen, Reihe D, 29), Münster 1998, S. 61-65; s. a. Tischler, Andreas: Die philhellenische Bewegung der 1820'er Jahre in den preußischen Westprovinzen, Diss. phil. Köln 1981; Dücker, Burckhard: „Polenbegeisterung" nach dem Novemberaufstand 1830, in: Aurnhammer u. a., Spätaufklärung (s. Anm. 11), S. 705-733; das Phänomen bedarf noch der näheren Untersuchung.

ter[66]. Einer von ihnen ist Franz Lieber, über den wir besser als über andere orientiert sind, da er Erinnerungen hinterlassen hat[67]. Er war 1798 in Berlin geboren worden, erstes prägendes Erlebnis war der Einmarsch der französischen Truppen 1806. Als Schüler ein eifriger Turner und eng vertraut mit „Turnvater" Jahn auf der Berliner Hasenheide, meldete sich Lieber siebzehnjährig als freiwilliger Jäger, machte 1815 die Schlachten bei Ligny und Belle Alliance/Waterloo mit und wurde bei Namur schwer verwundet. Er kehrte nach Berlin zurück, wo er 1818 mit der Gründergeneration der Burschenschaft auf jeden Fall näher bekannt war, vielleicht auch Mitglied wurde. Zum Wartburgfest des Vorjahres reiste er jedenfalls nach Eisenach. Lieber war Mitherausgeber des von der Burschenschaft gebrauchten Liederbuchs, der „Deutschen Lieder für jung und alt" (Berlin 1818).

Am 17. März 1819 organisierte er eine öffentliche Ehrung Jahns mit, bei einer darauf folgenden Hausdurchsuchung fand man sein Tagebuch mit politisch verfänglichen Notizen und „Goldsprüchlein aus Vater Jahns Munde". Mitte Juli wurde Lieber verhaftet und viermonatigen Verhören unterzogen, im November freigelassen, aber polizeilich überwacht und vom Studium an allen preußischen Universitäten ausgeschlossen. Nach einigen vergeblichen Immatrikulationsversuchen in Heidelberg, Tübingen, Marburg und Gießen, wo er überall bei den örtlichen Burschenschaften verkehrte, schrieb er sich im April 1820 in Jena für Theologie ein, zugleich wurde er Mitglied der offiziell aufgelösten Burschenschaft. Wenig später, am 18. Juni, war Lieber Hauptredner der burschenschaftlichen Waterloo-Erinnerungsfeier auf dem Jenaer Eichplatz, am 10. Juli promovierte er zum Dr. phil. mit einer mathematischen Dissertation. Anschließend setzte er sein Studium – unter polizeilicher Aufsicht – in Halle fort, am 23. Oktober 1820 immatrikulierte er sich, noch an diesem Tag oder unmittelbar darauf wurde Lieber Mitglied der „Quellengesellschaft", der Tarnorganisation der Halleschen Burschenschaft. Ende März 1821 reiste er für den Jünglingsbund, dem er vielleicht schon in Jena angehörte, ins Rheinland und nach Erfurt. Von Dresden brach er im folgenden Jahr über Nürnberg, die Schweiz und Marseille nach Griechenland auf, von wo er nach drei Monaten enttäuscht und mittellos nach Italien zurückkehrte. Lieber fand Aufnahme als Erzieher im Haus des preußischen Gesandten in Rom, des Historikers Barthold Georg Niebuhr (1776-1831), der ihn schätzte als einen von den „Jünglingen aus der schönen Zeit von 1813" und ihm die Rückkehr nach Deutschland ermöglichte. Dort wurde Lieber sofort in die Untersuchung gegen den gerade entdeckten Jünglingsbund hineingezogen und inhaftiert. 1826 emigrierte er nach London, dann in die USA, wo er die erste Schwimmanstalt auf dem amerikanischen Kontinent gründete, war als Publizist und Zeitungskorrespondent tätig, ab 1835 Geschichts- und Jura-Professor in Harvard, Columbia in South Carolina und New York. Der Freund Abraham Lincolns gilt als Begründer der Politikwissenschaft als akademische Disziplin in den USA sowie als geistiger Vater der Haager Konventionen von 1899 und 1907. Der Bonner Burschenschafter und Historiker Heinrich von Treitschke (1834-1896) nannte Lieber „dem Vaterland gewaltsam entfremdet", einen, der „mit dem ganzen Gedankenreichtum der

---

[66] Ein Heidelberger und andere fielen; Lönnecker, Burschenschaften in Baden (s. Anm. 11), S. 135; vgl. Philippou, Philhellenismus (s. Anm. 30), S. 61 f.; Furneri, Valerio: Die deutschen Freiwilligen im griechischen Freiheitskampf, in: Heß, Gilbert/Agazzi, Elena/Décultot, Élisabeth (Hg.): Graecomania. Der europäische Philhellenismus (Klassizistisch-Romantische Kunst(t)räume, 1), Berlin/New York 2009, S. 119-131.

[67] Holtzendorff, Franz von (Hg.): Franz Lieber. Aus den Denkwürdigkeiten eines Deutsch-Amerikaners, Berlin/Stuttgart 1885.

deutschen historischen Rechtsschule das Ideal der Bundesrepublik verherrlichte, der geistvollste unter allen Publizisten der modernen Demokratie"[68].

Über seine Reise gen Süden berichtete Lieber im „Tagebuch meines Aufenthaltes in Griechenland während der Monate Januar, Februar und März 1822" (Leipzig 1823), welches in den Burschenschaften viel gelesen und besprochen wurde und großen Einfluß auf das Griechenland-Bild der Burschenschafter hatte, galt Lieber doch als einer der ihren und genoß entsprechend großes Vertrauen[69]. Angesichts der griechischen Realitäten zerplatzten Liebers idealistische Träume, nicht die Wiege der Kultur fand er vor, sondern ein karges und vom Krieg entstelltes Land. Auf die nähere Bekanntschaft mit den Griechen folgten Ernüchterung und Enttäuschung, in Olympia, Delphi und an den Termopylen traf Lieber Menschen, die aber auch gar nichts mit der großen Vergangenheit verband, die nicht einmal von ihr wußten. Niemand verstand ihn, keiner sprach die Sprache Homers, Sitten und Gebräuche waren nicht die aus seinen Epen bekannten, sondern völlig fremde, nicht neue Helden kämpften, sondern Hirten, die sich mit den Deutschen nicht zum verabredeten Zeitpunkt zum Aufbruch in den Kampf trafen, weil sie den Regen scheuten und keine Lust verspürten, naß zu werden.

„Feigheit und Faulheit" seien Kennzeichen der neuen Griechen, sie seien „unfähig [...] ihr Land zu befreien, noch weniger zu verteidigen", und besiegt seien die Griechen nur deswegen noch nicht, weil „des Feindes Elendigkeit größer sey, denn derer, die wir Sieger wünschten". Lieber bilanzierte diese Zeit als Tage, die „keine freudebringenden waren" und verstand sein Buch als Warnung, daß keiner ihm nachfolgen und dieselben Fehler wie er machen solle[70]. Der Bonner Burschenschafter und Göttinger Corpsstudent Heinrich Heine (1797-1856) spottete: „Es muß den Griechen sehr viel geholfen haben, daß sie von unsern Tyrteen auf eine so poetische Weise erinnert wurden an die Tage von Marathon, Salamis und Platäa."[71]

Lieber war auch nach Griechenland gegangen, weil er trotz guter Ausbildung und Leistungen und hohen Ansprüchen an sich selbst in Deutschland keine Zukunft erwartete, von allen öffentlichen Anstellungen und Ämtern aus politischen Gründen ausgeschlossen war. Der Aufbruch glich einer Flucht angesichts der behördlichen Nachstellungen und zeigt „das Dilemma, das der idealistischen Kompensation zugrunde liegt". Dazu war sein von großen Hoffnungen getragener Einsatz im antifranzösischen Befreiungskampf ohne die politischen Folgen geblieben, für die er gekämpft und gelitten hatte. Enttäuscht von den Entwicklungen seit 1815 schien sich Lieber

---

68 Ebd.; Dvorak, Lexikon (s. Anm. 5) I/3, S. 284-287; Lönnecker, Harald: Die Mitglieder der Halleschen Burschenschaft 1814-ca. 1850, in: Cerwinka u. a., 200 Jahre (s. Anm. 18), S. 82-311, hier S. 194, Nr. 1109; vgl. Haase, Universität (s. Anm. 26), S. 223 f.

69 Siehe Anm. 40; Elster, Johann Daniel: Das Bataillon der Philhellenen, dessen Einrichtung, Feldzug und Untergang. Aus dessen Tagebuche, Baden i. d. Schweiz 1828, erschien später und fand kaum mehr Beachtung; ebd.

70 Lieber, Franz: Tagebuch meines Aufenthaltes in Griechenland während der Monate Januar, Februar und März 1822, Leipzig 1823, S. 16, 80, 182, 185; vgl. Haase, Universität (s. Anm. 26), S. 224.

71 Ebd., S. 227; zu Heine als Burschenschafter: Hermand, Jost: Eine Jugend in Deutschland. Heinrich Heine und die Burschenschaft, in: ders./Niedermeier, Michael (Hg.): Revolutio germanica. Die Sehnsucht nach der „alten Freiheit" der Germanen. 1750-1820 (Berliner Beiträge zur Wissenschaftsgeschichte, 5), Frankfurt a. M./Berlin/Bern/Brüssel/New York/Oxford/Wien 2002, S. 267-283, 341-343; Busch, Dieter: Das sind ja unsere burschenschaftliche Grechenschaftsfarben. Burschenschaftliches um Heinrich Heine (Jahresgabe der Gesellschaft für burschenschaftliche Geschichtsforschung e. V. (GfbG) 2010), Koblenz 2010; s. a. Kilchmann, Esther: Die Götter Griechenlands als Bundesgenossen der Revolution. Heinrich Heines politische Reformulierung klassischer Ästhetik, in: Meyer, Vormärzforschung (s. Anm. 5).

und anderen Verfolgten in Griechenland die Möglichkeit zu eröffnen, sich ein neues, freies und noch dazu auf ihrer kulturellen Skala weit oben angesiedeltes Vaterland zu erkämpfen und an seinem Aufbau mitzuwirken. Dabei waren sie mit völlig falschen Vorstellungen in ein Land gefahren, das sie nicht kannten, aber genau zu kennen glaubten. Liebers Erfahrungen dämpften seinen Enthusiasmus wie den seiner Leser erheblich[72].

Im Zusammenhang mit den seit Ende 1823 laufenden Ermittlungen und nachfolgenden Prozessen geriet das griechische Thema weitgehend aus dem Blick der auf deutschen Hochschulen studierenden Burschenschafter. Seit 1824 kam es kaum mehr vor und verschwand ab etwa 1827 ganz, als die bis um 1830/31 anhaltende Spaltung der Burschenschaften im den Großteil ihrer Energie verschlingenden Arminen-Germanen-Kampf einsetzte[73]. Präsent blieb Griechenland jedoch in der älteren burschenschaftlichen Generation, die sich nach wie vor in Philhellenenvereinen engagierte, die seit Frühjahr 1826, ausgehend von Berlin, einen neuen Auftrieb und in Bayern einen Höhepunkt erlebten, der im Herbst 1827, nach der Seeschlacht von Navarino, auch schon wieder vorüber war. Die zweite Welle hatte allerdings kaum mehr politische Akzente, sondern war vornehmlich karitativ ausgerichtet[74].

---

72 Haase, Universität (s. Anm. 26), S. 224 f.; Philippou, Philhellenismus (s. Anm. 30), S. 67 f.; Studenten, auch Burschenschafter, ohne Perspektive in Deutschland gingen meist in die Schweiz, nach Frankreich – vor allem nach Paris und ins Elsaß –, nach England oder Amerika, sie traten ab etwa 1820 aber auch als Soldaten und Offiziere in den Dienst der niederländischen Ostindien-Armee, die seit dem 18. Jahrhundert „als Sammelbecken für Halunken, gestrandete Existenzen, entflohene Lehrlinge und gescheiterte Studenten" galt; Eberspächer, Cord: Abenteurer oder Gastarbeiter? Deutsche Bedienstete in den niederländischen Überseekompanien im 17. und 18. Jahrhundert, in: Boer, Dick E. H. de/Gleba, Gudrun/Holbach, Rudolf (Hg.): „…. in guete freuntlichen nachbarlichen verwantnus und hantierung …". Wanderung von Personen, Verbreitung von Ideen, Austausch von Waren in den niederländischen und deutschen Küstenregionen vom 13.-18. Jahrhundert (Oldenburger Schriften zur Geschichtswissenschaft, 6), Oldenburg i. O. 2001, S. 425-440, hier S. 434; ebd., S. 435 f., zu deutschem Sanitätspersonal in Ostindien; zu Burschenschaftern darunter: Lönnecker, Harald: Nicht geheim, aber unsichtbar. Akademische Zusammenschlüsse in deutschsprachigen Streitkräften im 19. und der ersten Hälfte des 20. Jahrhunderts, in: Gahlen, Gundula/Segesser, Daniel Marc/Winkel, Carmen (Hg.): Geheime Netzwerke im Militär vom 18. Jahrhundert bis 1945 [im Druck]; Lieber dachte zeitweise auch an den Eintritt in den niederländischen Militärdienst in Übersee, ebenso Johann Daniel Elster, der zeitweilig der französischen Fremdenlegion angehörte; fremde Militärdienste, vor allem niederländische und dänisch-westindische, daneben auch britisch-indische, waren für Studenten ohne Examen immer eine Option, Wilhelm Hauff läßt etwa seinen Räuberhauptmann aus dem „Wirtshaus im Spessart" in die in der ersten Hälfte des 19. Jahrhunderts hinsichtlich ihrer militärischen Leistungsfähigkeit einen sehr guten Ruf genießende neapolitanische Armee eintreten und dort zu einem „braven Soldaten" werden; ebd.; s. a. Groen, Petra: Colonial warfare and military ethics in the Netherlands East Indies 1816-1941, in: Journal of Genocide Research 14/3-4 (2012), S. 277-296; das Phänomen bedarf noch der näheren Untersuchung.

73 Siehe Anm. 40; zum Arminen-Germanen-Kampf, der sich vorrangig darum drehte, ob die Burschenschaften nur die künftigen Kämpfer für Einheit und Freiheit ausbilden sollten – so die Arminen – oder, wie die Germanen meinten, als Organisationen den Befreiungs- und Einheitskampf führen sollten: Heer, Burschenschaft 2 (s. Anm. 11), S. 154-239, 249-323; ders.: Die allgemeine deutsche Burschenschaft und ihre Burschentage 1827-1833, in: Haupt, Herman (Hg.): QuD, Bd. 4, Heidelberg 1913, 2. Aufl. 1966, S. 246-353; Ballerstedt, Maren: Vom Bamberger zum Frankfurter Burschentag – Politische Aktivierung und Differenzierung der Burschenschaften zwischen 1826/27 und 1831, in: Asmus, Burschenschaften (s. Anm. 55), S. 168-184; Lönnecker, „O Aula" (s. Anm. 34), S. 135; ders., Zwischen Corps (s. Anm. 34), S. 174.

74 Siehe Anm. 40; vgl. Haase, Universität (s. Anm. 26), S. 225-227.

3. Dritte oder „bayerische" Welle und späte Folgen

Die griechische Frage wurde nicht in Griechenland oder Deutschland, sondern von den Großmächten Großbritannien, Frankreich und Rußland entschieden. 1832 wurde der Wittelsbacher Otto (1815–1867) zum König von Griechenland gewählt, ein Sohn des bayerischen Königs Ludwig I. (1786–1868), der Sympathien für die Philhellenen hegte[75]. Ottos einflußreicher Erzieher, Friedrich Thiersch, setzte sich maßgeblich für die Wahl seines Zöglings ein. Für den bei Regierungsantritt noch minderjährigen Otto führte ein vierköpfiger Regentschaftsrat unter dem Vorsitz des Premier- und Finanzministers Joseph Ludwig Graf von Armansperg (1787-1853) die Regierung. Armansperg war ab 1826 nicht nur bayerischer Finanz-, Innen-, Außen- und Minister des Königlichen Hauses gewesen und sollte nach 1835 griechischer Staats- und Erzkanzler werden, dazu Ehrenbürger von Athen, sondern er war als Landshuter Student am 30. November 1806 auch der Gründer des Corps Bavaria, das mit der Hochschule 1826 nach München übersiedelte[76]. Ein weiteres Regentschaftsratsmitglied war der Verwaltungsfachmann Karl August von Abel (1788–1859), bisher Ministerialrat im bayerischen Innenministerium, ab 1837 Finanz- und Innen-, später auch Kultusminister. Während der Demagogenverfolgung ab 1819 hatte er sich als „Studentenschinder" hervorgetan, gehörte selbst aber 1807 bzw. 1808 den Gießener Corps Franconia und Guestphalia an[77]. Zwar befand sich in der Entourage Ottos auch sein Leibarzt Heinrich Treiber (1796–1882), ein Philhellene der ersten Stunde, Jenaischer Burschenschafter und Freund des Kotzebue-Attentäters Sand, später Generalarzt der griechischen Armee[78], es überwogen jedoch die Corpsstudenten[79].

---

75 Schulz, Oliver: Ein Sieg der zivilisierten Welt? Die Intervention der europäischen Großmächte im griechischen Unabhängigkeitskrieg (1826-1832), Berlin/Münster 2011, insbesondere S. 431 ff.; s. a. Wagner, Barbara: Bayern in Hellas – Hellas in Bayern. Das Griechenlandbild unter König Ludwig I. von Bayern, in: Meyer, Vormärzforschung (s. Anm. 5).

76 Corps Bavaria München (Hg.): „Unser Corps gestern und heute". Festschrift des Corps Bavaria zu seiner 175-Jahrfeier vom 17. bis 19. Juli 1981, München o. J. (1981), S. 1; Sigler, Sebastian (Hg.): Freundschaft und Toleranz. 200 Jahre Corps Bavaria zu Landshut und München, München 2006; Gerlach, Otto (Bearb.): Kösener Corps-Listen 1930. Eine Zusammenstellung der Mitglieder der bestehenden und der nach dem Jahre 1867 suspendierten Corps mit Angabe von Jahrgang, Chargen und Personalien, Frankfurt a. M. 1930, S. 1036, Nr. 1.

77 Stahler, Fritz: Carl August (R[itte]r. v[on].) Abel (1788-1859) Franconiae [Gießen], Guestphaliae Gießen 1806/08, Bayer[ischer]. Staatsminister 1837-1847, in: EuJ 23 (1978), S. 112-126; Groos, Fritz: Die erste und zweite Frankonia zu Gießen (1788-1795 und 1801-1814) im Spiegel des politischen und studentengeschichtlichen Zeitgeschehens, in: EuJ 7 (1962), S. 49-73, hier S. 69, Nr. 93; Weiß, Egbert: Corpsstudenten im Vormärz – „Verfolgte" und „Verfolger", in: EuJ 33 (1988), S. 47-63, hier S. 58; s. a. Gollwitzer, Heinz: Ein Staatsmann des Vormärz. Karl von Abel 1788-1859. Beamtenaristokratie – monarchisches Prinzip – politischer Katholizismus (Schriftenreihe der Historischen Kommission bei der Bayerischen Akademie der Wissenschaften, 50), Göttingen 1993.

78 BA, DB 9 (s. Anm. 1), M. Burschenschafterlisten, Treiber, Heinrich; Kaupp, Peter: Stamm-Buch der Jenaischen Burschenschaft. Die Mitglieder der Urburschenschaft 1815-1819 (ASH, 14 = Jahresgabe der Gesellschaft für burschenschaftliche Geschichtsforschung e. V. (GfbG) 2005/06 = Sonderausgabe der Jenaischen Burschenschaften Arminia auf dem Burgkeller, Germania und Teutonia), Köln 2005, S. 88, Nr. 357; Ries, Klaus: Burschenturner, politische Professoren und die Entstehung einer neuen Öffentlichkeit, in: Brunck u. a., „… ein großes Ganzes …" (s. Anm. 18), S. 1-123, hier S. 38. – Treiber veranlaßte wahrscheinlich auch die Aufnahme des Erlanger und Würzburger Burschenschafters sowie Wachenstürmers Wilhelm Zehler (1811-1842) als Militärarzt in die griechische Armee; BA, DB 9 (s. Anm. 1), M. Burschenschafterlisten, Zehler, Wilhelm; Dvorak, Lexikon (s. Anm. 5) I/6, S. 409; s. den Beitrag von Helma Brunck in diesem Band.

79 Zahlreiche Nennungen: Gerlach, Corps-Listen (s. Anm. 76); Rügemer, Karl (Bearb. u. Hg.): Kösener Korps-Listen von 1798 bis 1904. Eine Zusammenstellung aller Korpsangehörigen mit Angabe von Rezeptionsjahr, Chargen, Stand und Wohnort, beziehungsweise Todesjahr, Starnberg 1905.

Die Corps fußten auf den Landsmannschaften des späten 18. Jahrhunderts und standen nach 1815 zunächst im Schatten der Burschenschaften, waren vielfach in ihnen aufgegangen[80], erlebten aber parallel zur sich steigernden Verfolgung der Burschenschaften ab 1819/20 eine Renaissance[81]. Sie waren im Gegensatz zu den eher bildungsbürgerlichen Burschenschaften nicht nur eine eher groß- und besitzbürgerlich geprägte Korporationsform mit verhältnismäßig hohem Adelsanteil, sie verstanden sich auch als un- oder apolitisch, was faktisch vielfach staatstragend und die politischen Verhältnisse stabilisierend bedeutete und sie zu Gegnern der Burschenschaften werden ließ. Das wiederum erhöhte ihre Attraktivität in den Augen der deutschen Regierungen und der diese tragenden sozialen Schichten, für deren studierende Jugend die Mitgliedschaft viel eher als in einer Burschenschaft in Frage kam. Den Corps an den bayerischen Hochschulen sprach Ludwig I. am 31. Juli 1827 durch Reskript die förmliche Anerkennung aus, was praktisch einer Bestandsgarantie entsprach[82].

Die bayerische wie andere Regierungen sahen in den Corps oft wirksame Gegengewichte gegen die Burschenschaften, die zudem das eigene Landesbewußtsein auf der Universität stützen und erhalten konnten und die Hochschüler gegen burschenschaftliches Gedankengut immunisierten[83]. Besonders deutlich wird dies etwa an den Namen, die Corps benannten sich fast immer nach partikularen Ländern oder Landesteilen – „Bavaria", „Franconia", „Guestphalia" usw. –, während die Burschenschaften mit „Germania", „Arminia", „Teutonia" usw. stets das ganze Deutschland im Blick hatten[84], oder am Freiheitsbegriff: Während die Burschenschaften einen politisch-egalitären vertraten, der sich an der Einigung Deutschlands mit entsprechenden liberalen Freiheitsrechten für die Deutschen orientierte, stand der corpsstudentische mehr in der Tradition der „akademischen Freiheit", die wiederum auf dem privilegierten Rechtsstatus des „civis academicus" beruhte, der in einer eigenen Welt lebte, dessen akademisches Bürgerrecht von den Studien über die Wohnung und das Schuldenmachen bis hin zur eigenen Gerichtsbarkeit kaum einen Lebensbereich unberührt ließ und dessen Vereinigungen entsprechend immer etwas Ständisch-Korporatives, Antietatistisches und Selbstreguliertes an sich hatten[85].

Niederschlag gefunden hatte diese Orientierung auch im corpsstudentischen Philhellenismus, der kaum einmal eine politische Wendung mit der Parallelisierung griechischer und deutscher Verhältnisse wie bei den Burschenschaften genommen hatte, sondern fast immer im Ästhetisch-Intel-

---

80 So gehörte Johann Daniel Elster etwa der Landsmannschaft Thuringia Leipzig an, bevor er die Leipziger Burschenschaft mitgründete; s. Anm. 5.
81 Assmann, Rainer: Kränzchen – Landsmannschaften – Corps, zur Frühgeschichte der Corps, in: EuJ 41 (1996), S. 155-178; nach wie vor grundlegend: Fabricius, Wilhelm: Die deutschen Corps. Eine historische Darstellung mit besonderer Berücksichtigung des Mensurwesens, o. O. (Berlin) 1898, 2. Aufl. Frankfurt a. M. 1926; ders.: Geschichte und Chronik des Kösener S[enioren-]C[onvents]-Verbandes, 1. Aufl. Marburg a. d. Lahn 1907, 2. Aufl. Marburg a. d. Lahn 1910, 3. Aufl. Frankfurt a. M. 1921; mit einem Hang zur Apologie: Baum, Rolf-Joachim (Hg.): „Wir wollen Männer, wir wollen Taten!" Deutsche Corpsstudenten 1848 bis heute. Festschrift zum 150-jährigen Bestehen des Kösener Senioren-Convents-Verbandes, Berlin 1998.
82 Lönnecker, „O Aula" (s. Anm. 34), S. 135; ders., Zwischen Corps (s. Anm. 34), S. 174; insbesondere zu München: Jakob, Josef: Die Studentenverbindungen und ihr Verhältnis zu Staat und Gesellschaft an der Ludwigs-Maximilians-Universität Landshut/München von 1800 bis 1833, Diss. phil. Fernuniversität Hagen 2002, S. 138-142.
83 Lönnecker, Harald: „Erfinder" des regionalen Selbstbewußtseins? Studentenverbindungen als Vorreiter, in: Niedersächsisches Jahrbuch für Landesgeschichte 83 (2011), S. 263-278, hier S. 267.
84 Lönnecker, Harald: Schall und Rauch? – Namen der Hochschulvereinigungen der Juristen und Sänger im 19. und frühen 20. Jahrhundert, in: EuJ 58 (2013), S. 95-139.
85 Lönnecker, „O Aula" (s. Anm. 34), S. 157 f.; ders., Zwischen Corps (s. Anm. 34), S. 191.

lektuellen verhaftet blieb. Zur Gründer- bzw. frühen Generation allein der bereits erwähnten Bavaria Landshut/München – es gab zahlreiche weitere Corps – gehörten etwa Klemens von Weichs (1793-1838), Major, königlich bayerischer Kämmerer und königlich griechischer Obersthofmeister, Friedrich von Wulffen (1790-1858), Präsident des bayerischen obersten Landesgerichts und 1848 konservatives Mitglied der deutschen Nationalversammlung – er stimmte gegen die Wahl des Königs von Preußen zum deutschen Kaiser –, Max von Lerchenfeld (1785-1854), königlicher Kämmerer und Geheimsekretär im Kriegsministerium, Karl Lorber († 1845), Bürgermeister von Landshut und bedeutender Förderer der heimatlichen Archäologie, der Münchner Universitäts-Professor Nathanael von Schlichtegroll (1794-1859), zugleich bayerischer Reichsarchivrat, „Gründervater" des bayerischen Archivwesens und bedeutender Diplomatiker, sowie Richter, Offiziere und Ärzte, allesamt mehr oder weniger in philhellenischen Vereinen engagiert, dabei aber niemals als Regierungsgegner auftretend[86]. Sie verbanden wenig mit nationaler Einheit und Freiheit, zumal republikanischer, und fühlten sich wie Karl August von Abel eher dem Dreiklang „Beamtenaristokratie – monarchisches Prinzip – politischer Katholizismus" verpflichtet[87].

Die Wittelsbacher-Herrschaft in Griechenland wie die zunehmend erfolgreiche Ausstrahlung des deutschen Universitäts- und Wissenschaftsmodells zog ab etwa 1830 bzw. 1832 zahlreiche wohlhabende junge Griechen zum Studium nach Deutschland. Einige wenige finden sich in den Burschenschafterlisten[88], viel mehr jedoch als Mitglieder der Corps[89], obwohl die Zahl insgesamt gering blieb[90]. Nicht nur der burschenschaftliche Nationalismus war oft ein Hinderungsgrund für die Aufnahme, bei den Corps war die gesellschaftlich-soziale Paß- und Anschlußfähigkeit auch wesentlich größer[91]. Einige Corps, vor allem die in Heidelberg, hatten regelmäßig griechische Mitglieder, hier zog ein Corpsbruder den anderen nach, was über Jahrzehnte anhielt. So heißt es etwa beim 1849 gegründeten Corps Rhenania Heidelberg über das Sommersemester 1862: „Christomannos, der in diesem Semester in Heidelberg sein Examen ablegte, ließ sich als Doktor in einer Woche noch dreimal vor seiner Abreise in die ferne Heimat bestimmen", d. h., er schlug drei Mensuren.

> „Er war ein ansehnlicher Fechter und schlug sehr rasch und kunstvoll. Zu Beginn des Semesters hatte er mit dem Zweiten der Schwaben [= Fechtwart des Corps Suevia Heidelberg, H. L.] gefochten, diesem eine Terz, eine Quart und eine Tiefquart beigebracht und ihn schließlich durch die Lippe abgestochen. Unsere griechischen Korpsbrüder haben eine verhältnismäßig

---

86 Gerlach, Corps-Listen (s. Anm. 76), S. 1036 f., Nr. 2-40; vgl. etwa: Barth, Wilhelm/Kehrig-Korn, Max: Die Philhellenenzeit. Von der Mitte des 18. Jahrhunderts bis zur Ermordung Kapodistrias' am 9. Oktober 1831. Mit einem ausführlichen Namenverzeichnis der europäischen und amerikanischen Philhellenen (Schriftenreihe des Instituts für Auslandsbeziehungen in Stuttgart, Wissenschaftlich-publizistische Reihe, 3), München 1960; Spaenle, Ludwig: Der Philhellenismus in Bayern 1821-1832 (Veröffentlichungen des Instituts für Geschichte Osteuropas und Südosteuropas der Universität München, 9), München 1990; Quack-Eustathiades, Philhellenismus (s. Anm. 30); Kirchner, Friedrich Thiersch (s. Anm. 32); Loewe, Friedrich Thiersch (s. Anm. 32).
87 Gollwitzer, Karl von Abel (s. Anm. 77).
88 BA, DB 9 (s. Anm. 1), M. Burschenschafterlisten; s. Anm. 4.
89 Gerlach, Corps-Listen (s. Anm. 76); Rügemer, Korps-Listen (s. Anm. 79); vgl. Fritsche, Hugo: Ausländische Studenten in deutschen Corps, in: EuJ 31 (1986), S. 235-240.
90 Etwa 300 lassen sich bis zum Ende des 19. Jahrhunderts ermitteln, wobei der Großteil auf den Zeitraum zwischen etwa 1880 und 1900 entfällt; s. Anm. 89.
91 Siehe Anm. 19.

große Anhänglichkeit dem Korps bewahrt. Krassas bringt später einmal aus Athen, nachdem er sich gegen eine nach Ansicht des C[orps-].C[onvent]. noch bestehende Korpsschuld verteidigt, seine innigste Freude über das ständige ‚Aufwachsen und Wohlfahren meiner vielgeliebten Rhenania' zum Ausdruck und schließt wehmütig: Ein Glas Bier in Heidelberg wäre mir viel lieber als die ganze Advokatur in dieser Lumpenstadt des Altertums. Christomannos schreibt im Jahre 1867, daß er mit solcher Liebe an dem Korps hing und mit so angenehmen Erinnerungen aus ihm schied, daß wahrlich die kurze Zeit von fünf Jahren nicht hingereicht hat, das liebe Korps zu vergessen. Er macht dann den Vorschlag regelmäßiger Berichte, nämlich: ‚jährlich Korpslisten mit den Adressen der aktiven und inaktiven Leute an alle ausgeschiedenen Mitglieder der Rhenania zu senden, um dieselben geistig dem geliebten Korps näher zu stellen.'"[92]

Christomannos wie Krassas bewahrten Rhenania ihre Anhänglichkeit bis zum Tod: Anastasios Christomannos (1841-1906), bereits 1860 Mitglied des Corps Saxonia Karlsruhe, war später Chemie-Professor an der Universität Athen und ab 1896 deren Rektor, zudem verantwortlich für den Bau des imposanten chemischen Universitätsinstituts, nicht nur des ersten in Griechenland, sondern überhaupt im östlichen Mittelmeerraum. 1900 reiste er nach Heidelberg und besuchte Rhenania. Alkibiades Krassas (1840-1912) praktizierte als Anwalt, lehrte an der Universität Athen die Rechte und ist der Schöpfer der modernen griechischen Rechtsterminologie[93].

Eine Generation später schlossen sich in Deutschland studierende Angehörige der griechischen Oberschichten oft einem Corps an, endgültig sanktioniert und legitimiert dadurch, daß der Herzog von Sparta, nachmals König Konstantin I. von Griechenland (1868-1923), während seines Studiums 1888 vom Corps Saxo-Borussia Heidelberg aufgenommen worden war[94]. Damit stand er in einer gewissen Tradition: Saxo-Borussias Gründergeneration gehörten 1821/22 auch

---

92 [Kuhnert, Berthold]: Geschichte der Rhenania zu Heidelberg, Bd. III: Von der Wiedererrichtung 1862 bis zur Feier des zwanzigjährigen Stiftungsfestes 1869, o. O. o. J. (um 1900), S. 24 f.; 100 Jahre Rhenania Heidelberg 1849-1949, o. O. (Ludwigshafen) 1949, S. 15.

93 Ebd.; Corps Rhenania zu Heidelberg. Mitglieder-Verzeichnis der Jahre 1849 bis 1879, Leipzig o. J. (1879), S. 11, Nr. 106; ebd., S. 12, Nr. 111; Gerlach, Corps-Listen (s. Anm. 76), S. 651, Nr. 111, 115; s. a. Troianos, Spyros N.: Der lange Weg zu einer neuen Rechtsordnung, in: Kolovou, Foteini (Hg.): Byzanzrezeption in Europa. Spurensuche über das Mittelalter und die Renaissance bis in die Gegenwart (Byzantinisches Archiv, 24), Berlin 2012, S. 273-295. – Auf Christomannos berief sich noch die am 2. 11. 1924 gegründete und am 17. 11. 1928 aufgelöste „Vereinigung der Chemie studierenden Griechen" an der Leipziger Universität; sie zählte 29 Mitglieder und hatte gemäß Art. 2 ihrer Satzung den Zweck der fachgebundenen „Veranstaltung von Vorträgen und freien Besprechungen", parteipolitische und politische Themen waren ausdrücklich ausgeschlossen; Universitätsarchiv Leipzig (künftig zit.: UAL), Kap. XVI, Sectio III, Litt. G, Nr. 7: Vereinigung der Chemie studierenden Griechen, 1924-1928; bei der Leipziger Studentischen Verbindung Hellas war ein Griechenland-Bezug nicht erkennbar, sie wurde am 12. 6. 1914 als abstinente Verbindung „Freiland" gegründet und benannte sich am 10. 7. – vom Universitätsrichter am 23. 7. genehmigt – in „Hellas" um, da der zuerst gewählte Name in Leipzig bereits vertreten war; UAL, Kap. XVI, Sectio III, Litt. H: Nr. 3, Studentische Verbindung Hellas, 1914; Jess, Hartmut H.: Specimen Corporationum Cognitarum 2000. Das Lexikon der Verbindungen (Compact-Disk), 3. Folge Köln 2010, Nr. 9/401933; Verbindungen mit dem Namen „Hellas" gab bzw. gibt es auch in Würzburg (1836), Wien (gegr. 23. 4. 1880), Graz (gegr. 11. 7. 1899), Mittweida (gegr. 16. 5. 1897), Chemnitz (1925) und sogar zweimal in Berlin (17. 12. 1872-1934 u. SS 1886-3. 6. 1890?); ebd., Nr. 1/12120, Nr. 4/31001, Nr. 8/19008, Nr. 9/517001, Nr. 11/55044, Nr. 17/65767.

94 Gerlach, Corps-Listen (s. Anm. 76), S. 683, Nr. 959; Saxo-Borussia sollen auch Konstantins Brüder Andreas (1882-1944) und Christoph (1888-1940) angehört haben; Andreas ist der Vater des britischen Prinzgemahls Philip Mountbatten, Herzog von Edinburgh, Prinz von Griechenland und Dänemark, dessen Geburt 1921 als „neues und schönes Zeichen" aus Anlaß der 100-Jahr-Feier des griechischen Befreiungskampfs gedeutet wurde; s. Anm. 3.

der spätere Generalerblandpostmeister von Schlesien, Heinrich Graf von Reichenbach (1801-1869), an sowie Maria Josef Anton Graf Brassier de Saint-Simon-Ballade (1798-1872), nachmals preußischer bzw. deutscher Gesandter in Stockholm, Turin, Florenz und Rom, der als junger Legationssekretär 1829 am Abschluß des die faktische Unabhängigkeit Griechenlands besiegelnden Friedens von Adrianopel beteiligt war, und der spätere preußische Finanzminister Rudolf von Rabe (1805-1883). Alle hatten zu den Berliner Philhellenen von 1826/27 gehört[95].

4. Schluß

Studenten sind auf Grund der spezifischen Voraussetzungen ihrer Existenz ein gesellschaftlich-soziales Unruhepotential. Die politische Wirkung ihrer Vereinigungen, vor allem der sich selbst als Verfechter von deutscher Einheit und Freiheit begreifenden Burschenschaften, war trotz zahlenmäßiger Marginalität im deutschsprachigen Raum beträchtlich. Den Wissen und Leistung kumulierenden künftigen Akademikern war bewußt, sie würden Führungsrollen besetzen, und sie traten entsprechend selbstbewußt auf. Innerhalb ihrer politischen Vorstellungen spielten Griechenland und griechischer Befreiungskampf seit 1821/22 keine unbedeutende Rolle, vielfach wurde er mit dem Befreiungskrieg von 1813 gleichgesetzt. Es bestand Interesse und mehr oder weniger permanente Beschäftigung in einem weiten Spektrum, das von der Zeitungslektüre über Diskussionsrunden im engeren Kreis bis hin zum Engagement in Griechenvereinen oder sogar der Teilnahme am Kampf reichte. Letzteres allerdings nur bei einer Minderheit, deren schriftlich niedergelegte Erfahrungen die Daheimgebliebenen jedoch stark beeinflußten.

Die meisten Burschenschafter machten sich auf Grund neuhumanistischer Bildung und Idealismus' ein antikisierendes Bild von Griechenland, welches die griechische Geschichte der vergangenen anderthalb Jahrtausende weitgehend ausblendete. Sie projizierten zudem eigene politische Erwartungen in die Ferne. Das wirkte zurück auf die deutsche Gegenwart, war aufrüttelnd und mobilisierend, erlaubte die Formulierung politischer Ansprüche und Bedürfnisse, positionierte als Gegner der eigenen Regierungen und kompensierte eigene, fehlende Aktionen. Aber es gab auch andere Griechenfreunde in den Corps, nicht nur sozial exklusiver, sondern auch politisch konservativer, deren Enthusiasmus vornehmlich ästhetisch-intellektueller Natur war und die in Griechenland ab 1832 hervortraten – mit Fernwirkungen, die weit ins 19. und frühe 20. Jahrhundert reichten.

---

95 Gerlach, Corps-Listen (s. Anm. 76), S. 663, Nr. 4, 12, 24; vgl. BA, DB 9 (s. Anm. 1), B. I. Urburschenschaft und frühe Burschenschaft, 1815-1850, d. Urburschenschaft, Örtliche Burschenschaften: Berlin; Haase, Universität (s. Anm. 26), S. 225 f.

Helma Brunck

Die „Flucht der Studenten ..." – Schicksale Frankfurter Wachenstürmer von 1833

„Flucht der Studenten" – unter dieser Bezeichnung existiert ein alter Kupferstich in einem Flugblatt von 1833, der einige von den am Frankfurter Wachensturm beteiligten Studenten auf der Flucht in einem von zwei Pferden gezogenen offenen Wagen – begleitet von drei ebenso flüchtigen Hunden – zeigt, angereichert mit einem sinnigen Kommentar: „Jetzt Schnitzspahn streck die Beine aus, die Fall ist offen fort die Maus!" Die Pferde legen ein Tempo vor, das unmißverständlich auf eine rasante Flucht schließen läßt, eine Flucht ins Ungewisse (Abb. 1)[1]. Doch für viele endete die Flucht mit Verhaftung, hohen Strafen und anschließender Begnadigung, andere tauchten unter oder fanden eine neue Heimat, so zum Beispiel in den USA. Besonders unglücklich traf es jene, die während der Haft psychisch oder körperlich schwer erkrankten oder gar in jungen Jahren zu Tode kamen.

Der Frankfurter Wachensturm vom 3. April 1833 war bekanntlich kein von Erfolg gekröntes Unternehmen, trotzdem verdienen der Mut und die Entschlossenheit der daran Beteiligten großen Respekt. Immerhin hatten sie einen Umsturz gewagt, weil sie mit dem damaligen politischen System und vor allem mit den Regierungsvertretern nicht zufrieden waren, und man wird gerade anläßlich der aktuellen Situation in Nordafrika und im vorderen Orient daran erinnert, wie viel Kraft und persönlichen Einsatz Aufstände und Putschaktionen erfordern. Dennoch soll in diesem Aufsatz nachvollzogen werden, welche Begleiterscheinungen zu einer anderen Sichtweise gerade im Zusammenhang mit dem Wachensturm führen könnten. Im Nachhinein ergeben sich nämlich interessante Erkenntnisse zu späteren Schicksalen einiger zum Teil führender Wachenstürmer nach Flucht, Verurteilung und Begnadigung. Gerade an bestimmten Orten trafen sich plötzlich „alte Bekannte" von 1832/33 wieder, so in manchen Teilen der Vereinigten Staaten, vor allem im dortigen Bundesstaat Illinois, namentlich in Belleville, wo mancher Karriere machte. Damit soll auch gezeigt werden, wie Netzwerke funktionieren[2].

---

1 Ein Foto existiert im Institut für Stadtgeschichte/Stadtarchiv Frankfurt a. M., ein Original befindet sich u. a. im Historischen Museum Frankfurt a. M.; der Text stammt aus einem mehrstrophigen Spottgedicht von Johann Wilhelm Sauerwein, das 1833/34 nach der Melodie des Liedes „Ich bin der Doktor Eisenbart ..." in Frankfurt an öffentlichen Plätzen, auf Straßen und in Schulen bis zum Verbot gesungen wurde; mit „Schnitzspahn" war ein aus dem Taunus stammender Polizeidiener gemeint, der hier die gesamte Frankfurter Polizei verkörpern sollte; vor allem bezog sich das Gedicht auf den Flüchtigen und von der Polizei gejagten Wachenstürmer Bernhard Lizius, auf den an späterer Stelle noch eingegangen wird: „... O Polizei, wie viel Verdruß macht dir der Studio Lizius!"

2 Zum Frankfurter Wachensturm gibt es inzwischen eine Fülle an einschlägiger Literatur: Gundermann, Karl: Aus den Geständnissen des Wachenstürmers Ludwig Silberrad. Vormärzliches Treiben und Getriebenwerden eines Freiburger Burschenschafters und armen Teufels, in: Brunck, Helma/Lönnecker, Harald/Oldenhage, Klaus (Hg.): „... ein großes Ganzes ..., wenn auch verschieden in seinen Teilen" Beiträge zur Geschichte der Burschenschaft (Darstellungen und

Jetzt Schnitzspahn streck' die Beine aus, die Fall ist offen fort die Maus! — Flucht der Studenten 1833

Abb. 1: Flucht der Studenten nach dem Frankfurter Wachensturm, 4. April 1833 (Quelle: BA, DB 9: Archiv der Deutschen Burschenschaft)

Quellen zur Geschichte der deutschen Einheitsbewegung im neunzehnten und zwanzigsten Jahrhundert [künftig zit.: DuQ], 19), Heidelberg 2012, S. 124-146; zum rechts- und verfassungsgeschichtlichen Aspekt: Schmidt, Sarah-Lena: Der Frankfurter Wachensturm von 1833 und der Deutsche Bund. Deutungen in verfassungsgeschichtlichem Kontext (Schriftenreihe Rechtsgeschichtliche Studien, 46), Hamburg 2011; Schmidts Analyse gilt dem Wachensturm vor dem Hintergrund der Frankfurter Verfassung und der Deutschen Bundesakte sowie zur sozialen und wirtschaftlichen Lage in der Stadt; zu neueren Forschungen gehören auch: Lönnecker, Harald: Der Frankfurter Wachensturm 1833 – 175 Jahre Aufstand für nationale Einheit und Freiheit, in: Burschenschaftliche Blätter (künftig zit.: BBl) 123/3 (2008), S. 111-119; ebd. die neuere Literatur; Klemke, Ulrich: Die deutsche politische Emigration nach Amerika 1815-1848. Biographisches Lexikon, Frankfurt a. M. 2007; zu den älteren Forschungen zählen Standardwerke wie: Heer, Georg: Geschichte der Deutschen Burschenschaft, Bd. 2: Die Demagogenzeit 1820-1833 (Quellen und Darstellungen zur Geschichte der Burschenschaft und der deutschen Einheitsbewegung [künftig zit.: QuD], 10), Heidelberg 1927, 2. Aufl. 1965, S. 291-306; Leininger, Franz/Haupt, Herman: Zur Geschichte des Frankfurter Attentats, in: ders. (Hg.): QuD, Bd. 5, Heidelberg 1920, S. 133-148; Gerber, Harry: Der Frankfurter Wachensturm vom 3. April 1833. Neue Beiträge zu seinem Verlauf und seiner behördlichen Untersuchung, in: Wentzcke, Paul (Hg.): QuD, Bd. 14, Berlin 1934, S. 171-212; Schlicht, Lothar: Der Frankfurter Wachensturm und die Neuhoffs, Frankfurt a. M. 1975; Görisch, Reinhard/Mayer, Thomas (Hg.): Untersuchungsberichte zur republikanischen Bewegung in Hessen 1831-1834, Frankfurt a. M. 1982; Bock, Helmut: Frankfurter Wachensturm – Revolution ohne Volksmassen?, in: ders./Heise, Wolfgang (Hg.): Unzeit des Biedermeier. Historische Miniaturen des Deutschen Vormärz 1830 bis 1848, Köln 1986, S. 95-103; Schenk, Hans: Der Frankfurter Wachensturm von 1833, in: Hessen 1848. Zur Vorgeschichte der Revolution (Kleine Schriftenreihe zur Hessischen Landeskunde, 6), Wiesbaden/Eltville 1998, S. 41-51. – Zu netzwerktheoretischen Ansätzen in der Geschichtswissenschaft: Boyer, Christoph: Netzwerke und Geschichte: Netz-

I.

Die entflohenen Wachenstürmer lassen sich nicht einheitlich einordnen. Ulrich Klemke nennt in seiner Untersuchung von insgesamt 252 Amerika-Emigranten[3] drei unterschiedliche Hauptgruppen, zum einen die Flüchtlinge der „Demagogenverfolgung" der 1820er Jahre – wozu auch der 1821 gegründete „Jünglingsbund" zählte –, wobei die Flucht als letzter Ausweg aus der drohenden Krise in Deutschland betrachtet wurde. Zum anderen die Emigration der 1830er Jahre, die den eigentlichen Schwerpunkt der Fluchtbewegung bildete, und vor allem die große Auswanderungswelle nach dem Hambacher Fest und dem gescheiterten Wachensturm sowie anderer regionaler Aufstände, schließlich die Bewegung der 1840er Jahre bis zur Revolution 1848/49, hier weniger eine Flucht politisch Verfolgter, sondern eher eine Folge von Politikverdrossenen. Inwieweit sich die Wachenstürmer einordnen lassen, ob aus Protest gegenüber dem Staat oder aus Furcht vor weiteren staatlichen Repressionen, ist im Nachhinein schwer zu definieren[4]. Tatsache ist, daß unter dieser Gruppe von Emigranten sich Oppositionelle befanden, die angeklagt und zu einer Haftstrafe verurteilt, dann von staatlicher Seite nach Amerika verbannt wurden. Das Gerichtsverfahren wurde gegen sie bei Einwilligung zur Emigration eingestellt, bei verurteilten Straftätern die Reststrafe ausgesetzt, allerdings durften diese nicht mehr in die alte Heimat zurückkehren. Bei Klemke[5] wird dieses juristische Verfahren als „Begnadigung zur Auswanderung" zitiert, es kam einer Verbannung im Sinne der Ausweisung eigener Staatsbürger gleich. Im Grunde beruhte diese Form von Exilierung auf Freiwilligkeit. Vorrangige Zielländer der Vormärzemigranten waren jedoch nicht die USA, sondern, was schon geographisch naheliegt, die Nachbarländer, vor allem Frankreich, insbesondere das Elsaß, dann die Schweiz und England. Insgesamt ein Fünftel aller politischen Flüchtlinge gelangte damals nach Amerika. Vorwiegend handelt es sich dabei um junge Leute, die in einem Alter von 20 bis 30 Jahren in der Lage waren, im „Land der Freiheit" eine neue Existenz zu gründen oder sogar an in Deutschland begonnene berufliche Karrieren erfolgreich anzuknüpfen, diese sogar noch auszubauen, zumal es sich bei etwa 70 % der Emigranten um das sogenannte „Bildungsbürgertum", dabei vorrangig um Burschenschafter, handelte. Meistens waren unter diesen Akademikern Professoren, Lehrer, Ärzte, Anwälte und Notare sowie Theologen vertreten, unter den Nichtakademikern gehörten – zum Vergleich – zwei Drittel dem Handwerkerstand an[6].

Warum zog es so viele gerade nach Amerika? Antworten auf diese Frage dürften nicht schwerfallen. Individuelle Freiheitsrechte, günstige wirtschaftliche Rahmenbedingungen sowie eine tolerante Gesellschaft mit „größerer sozialer Durchlässigkeit"[7] schufen die besten Voraussetzungen vor allem für die von Haftstrafe, Einkommensausfall, eventuellen Gerichtskosten und Schadensersatzleistungen Betroffenen. Daß die USA gegenüber Mittel- und Südamerika bevorzugt

---

    werktheorien und Geschichtswissenschaften, in: Unfried, Berthold/Mittag, Jürgen/Linden, Marcel van der/Himmelstoss, Eva (Hg.): Transnationale Netzwerke im 20. Jahrhundert. Historische Erkundungen zu Ideen und Praktiken, Individuen und Organisationen (ITH-Tagungsberichte, 42), Leipzig 2008, S. 47-58; Neurath, Wolfgang/Krempel, Lothar: Geschichtswissenschaft und Netzwerkanalyse: Potenziale und Beispiele, in: ebd., S. 59-80.
3   Klemke, Emigration (s. Anm. 2), S. 9-11.
4   Ebd., S. 11.
5   Ebd.
6   Ebd., S. 14.
7   So wörtlich: ebd., S. 12.

waren, lag an der Verfügbarkeit von ausreichendem, noch zu bebauendem Siedlungsraum sowie an der erhöhten Lebensqualität durch die – anders als in Deutschland – damals schon existierende freiheitlich-demokratische Grundordnung. Wenige Emigranten zog es nach Mexiko, Trinidad, Brasilien und Peru[8]. Interessant sind Ballungszentren ehemaliger Vormärzemigranten, die sich beizeiten orientiert und in Gruppen zusammengeschlossen hatten. So gründete Paul Follenius zusammen mit Friedrich Münch 1833 die „Giessener Auswanderungsgesellschaft". Eine Gruppe von etwa 200 Leuten siedelte sich im Raum Arkansas an.

Besonders erfolgreich waren die deutschen Niederlassungen in der Nähe des Ortes Belleville im Staat Illinois unweit von St. Louis. Klemke beschreibt diese Gegend als „einen lieblichen und fruchtbaren Landstrich geprägt von Wiesen und Wäldern"[9]. Daß vor allem ehemalige Wachenstürmer gerade dort Zuflucht fanden, ist nicht zuletzt pfälzischen Emigranten zu verdanken, darunter Familien wie Engelmann oder Hilgard. Friedrich Theodor Engelmann und sein Sohn Theodor Erasmus waren zusammen mit Mitgliedern der Familie Hilgard zu Beginn der 1830er Jahre emigriert und hatten Landbesitz im St. Clair County erworben. In der Nachbarschaft siedelten sich weitere Emigranten aus der Pfalz an, und gerade die Farmen der Familie Engelmann zogen viele am Wachensturm Beteiligte an, darunter Gustav Peter Körner[10], Gustav Bunsen[11] sowie Georg Neuhoff[12] und später dessen Bruder Wilhelm[13]. Eine Siedlung mit überwiegend deutschem Charakter hatte sich anschließend dort gebildet, deren Bewohner sich vorwiegend

---

8   Ebd., S. 12 f.
9   Klemke, Emigration (s. Anm. 2), S. 19.
10 Gustav Peter Philipp Körner (* Frankfurt a. M. 20. 11. 1809, † Belleville/Illinois, USA 9. 4. 1896), 1828 Jenaische Burschenschaft, 1830 Germania Jena u. Germania München, 1831 Alte Franconia (I) Heidelberg, entstammte als Sohn eines Buch- u. Kunsthändlers einer angesehenen Frankfurter Familie; während des Jurastudiums war er 1830 mitverantwortlich für die Münchener Studentenunruhen, es folgten vier Monate Haft, danach trat er 1831 auf dem Frankfurter Burschentag für die politische Radikalisierung der Burschenschaften ein, war Mitglied der Heidelberger Sektion des Preß- und Vaterlandsvereins u. engagierte sich 1832 auf dem Hambacher Fest für eine revolutionäre Erhebung, 1832 Dr. iur. in Heidelberg, 1833 Advokat in Frankfurt a. M.; mit Johann Ernst Friedrich Gustav Bunsen Führer des Wachensturms, Flucht über Frankreich nach Missouri, dann – gemeinsam mit der ihm verwandten Familie Engelmann (Theodor Engelmann war sein Schwager) – nach Belleville/Illinois; nach steckbrieflicher Verfolgung 1834/35 Rechtsschule in Lexington/Kentucky, schon seit 1833 Anwalt in Belleville, 1848 nach Verlust der Frankfurter Staatsbürgerschaft amnestiert, seit 1841 Abgeordneter der Demokraten im Repräsentantenhaus von Illinois, 1845-1850 dort Richter am Obersten Gerichtshof, einflußreichster Führer des Deutschtums in Illinois, 1853-1857 Vizegouverneur, 1856 Mitgründer der Republikanischen Partei, Anhänger Lincolns, später dessen Freund u. Berater sowie entschiedener Gegner der Sklaverei; Körner war hoch angesehen, auch publizistisch tätig u. im wirtschaftlichen Bereich als Präsident der Eisenbahnkommission 1870 sehr erfolgreich; Dvorak, Helge: Biographisches Lexikon der Deutschen Burschenschaft, Bd. I: Politiker, Teilbd. 1-7, Heidelberg 1996-2013, hier I/ 3, S. 135 f.
11 Johann Ernst Friedrich Gustav Bunsen (* Frankfurt a. M. 28. 8. 1804, † bei San Pacificio/Texas 27. 2. 1836), 1824 Alte Würzburger u. Heidelberger Burschenschaft, zählte zum führenden Kreis des radikalen Flügels innerhalb der Burschenschaft, 1830 in Paris, wurde freiw. Stabsarzt in der poln. Befreiungsarmee, nach Rückkehr nach Frankfurt Mitglied des engeren Kreises des Frankfurter Ortsvereins des Preßvereins, danach einer der Hauptakteure des Wachensturms, in der väterlichen Wohnung im alten Münzhof – Bunsens Vater war Münzmeister der Freien Stadt Frankfurt – befand sich das Waffenlager, dort fand auch die Versammlung der Beteiligten am Abend vor dem Angriff (gegen 20.00 Uhr) statt, nach dem Scheitern des Wachensturms wurde Bunsen steckbrieflich gesucht, Flucht in die USA; Dvorak, Lexikon (s. Anm. 10) I/1, S. 156.
12 Angaben zu Georg Neuhoff: Schlicht, Wachensturm (s. Anm. 2), insbesondere S. 9-13, 105-107.
13 Ebd.

aus dem deutschen Bildungsbürgertum rekrutierten[14]. Etwa 40 von Klemke genannte Personen haben in und um Belleville gelebt. Ihre Bildung, vor allem auch ihre Lateinkenntnisse – daher auch als „Latin Farmers" bekannt – konnten jedoch nicht immer das Defizit an praktischer Erfahrung ausgleichen, und so mancher Neu-Farmer scheiterte an den hohen Ansprüchen an die körperliche Belastbarkeit und zog in eine der nahe gelegenen Städte, so nach St. Louis, oder er trieb in Belleville ein Gewerbe, bevor dort allmählich die Industrie ihren Einzug hielt. Auch gab es dort bald zwei deutsche und zwei englische Zeitungen. Schon um die Mitte der 1860er Jahre entsprangen vier Fünftel der 12.000 Einwohner von Belleville in der ersten oder zweiten Generation der deutschen Volksgruppe[15].

II.

Auf den Verlauf des Frankfurter Wachensturms soll nur in groben Zügen eingegangen werden, denn darüber wurde bislang viel geforscht, zuletzt über den Wachenstürmer und Amerikaemigranten Ludwig Silberrad aus Freiburg[16]. Geplant war das Vorhaben schon seit 1832, Mitte März 1833 fanden Vorbesprechungen dazu statt, Burschenschafter aus allen Teilen Deutschlands wurden angeworben[17]. Vor allem aus dem süddeutschen Raum und aus Hessen trafen viele Burschenschafter ein, so aus Freiburg, Straßburg, Metz, München, Erlangen, Würzburg, Heidelberg, Gießen, aber auch aus Göttingen, Jena und Greifswald[18]. Dominierend bei diesem Ereignis war die Heidelberger Burschenschaft Franconia (I), unter den beteiligten Personen waren es: Chri-

---

14 Klemke, Emigration (s. Anm. 2), S. 19; Georg Engelmann berichtet über Belleville, daß es dort bereits um 1837 zwischen 70 und 80 Gehöfte mit 400 bis 500 Bewohnern gab, von denen 30 Farmen mit jeweils 160 Personen in den Händen von Deutschen waren; dazu Engelmann, Georg: Die deutsche Niederlassung in Illinois, fünf Meilen östlich von Belleville, in: Deutsch-Amerikanische Geschichtsblätter 16 (1916), S. 248-279, hier S. 263.

15 Klemke, Emigration (s. Anm. 2), S. 19 f.

16 Gundermann, Silberrad (s. Anm. 2), S. 124, 127 f.; Protokoll der Vernehmung: ebd., S. 133-145; ders.: Um Einheit und Freiheit. Die Freiburger Burschenschaft Germania 1832, in: Hünemörder, Christian (Hg.): DuQ, Bd. 12, Heidelberg 1986, S. 79-165. – Ludwig Silberrad (* Freiburg i. Br. 6. 5. 1809 als Sohn eines Landchirurgen, Todesdatum u. -ort unbekannt) stammte aus einer zerrütteten Familie, seine Mutter war Alkoholikerin; nach Besuch der Grundschule, des Pädagogiums u. des Freiburger Gymnasiums hörte er – ohne Hochschulreife u. nicht immatrikuliert – seit dem Sommersemester 1828 sporadisch medizinische Vorlesungen; bekannt mit Wilhelm Obermüller (s. Anm. 27), wurde daraufhin in die Burschenschaft Germania Freiburg aufgenommen u. besuchte 1832 das Hambacher Fest; mit Obermüller u. Wilhelm Zehler Teilnahme am Wachensturm, in Darmstadt auf der Flucht festgenommen, in der Haft wie Heinrich Josef Freund u. Carl Heinrich Freiherr von Reitzenstein wahnsinnig, deshalb zeitweilig im Frankfurter Irrenhaus behandelt; 19. 10. 1836 „in Anbetracht der besonders mildernden Umstände" nach Ablegung eines detaillierten Geständnisses zu „nur" 15 Jahren Zuchthaus verurteilt, 7. 3. 1837 Begnadigung zur Festungshaft u. Überführung auf die Festung Hartenberg b. Mainz, September 1838 zu lebenslänglicher Verbannung nach Nordamerika begnadigt, 24. 9. 1838 in Bremerhaven eingeschifft, seither nicht mehr nachweisbar; Dvorak, Lexikon (s. Anm. 10) I/5, S. 439; Klemke, Emigration (s. Anm. 2), S. 118, 119; Prozeßakten: Institut für Stadtgeschichte Frankfurt a. M., Acta criminalia 1833, No. 11426, fasc. spec. 21.

17 Wie raffiniert dabei vorgegangen wurde, um nichts durchsickern zu lassen, beschreibt Lönnecker in seinem Aufsatz, ebenso die Absicht der Geldbeschaffung für Reisekosten usw.: die Bücherei der Burschenschaft wurde für dieses Vorhaben versetzt, die Einladungen wurden unter einem fiktiven Vorwand (u. a. Hochzeit) verschickt, um möglichst viele „tüchtige Mitstreiter" zu bekommen; Lönnecker, Wachensturm (s. Anm. 2), S. 113.

18 Im Detail dazu: ebd., S. 113 f.

stian Heinrich Eimer[19], der am Erfolg des geplanten Putsches von Anfang an gezweifelt hatte, sowie Eduard Fries[20], Hermann Friedrich Moré[21], Carl Heinrich von Reitzenstein[22], Gustav Peter Philipp Körner. Aus weiteren Burschenschaften: die Brüder Gustav und Georg Bunsen[23], die Brüder Georg, Wilhelm und Peter Friedrich Neuhoff[24] – letzterer war wie Christian Heinrich

---

19   Christian Heinrich Eimer (* Lahr i. Bad. 21. 11. 1810 als Sohn eines Strumpffabrikanten, † Freiburg i. Br. 7. 10. 1887), 1832 Corps Allemannia Freiburg, Burschenschaft Germania Freiburg u. Alte Franconia (I) Heidelberg, Studium der Pharmazie u. Medizin in Straßburg, Freiburg u. Heidelberg, nach Teilnahme am Hambacher Fest u. am Wachensturm 1836 wegen Hochverrats zu lebenslänglicher Zuchthausstrafe verurteilt, später zu Festungshaft begnadigt, Abschluß des Medizinstudiums, seit 1840 Arzt in der Schweiz, 1845 in Lahr; Dvorak, Lexikon (s. Anm. 10) I/1, S. 245 f.; Ritter, Rudolf: Christian Heinrich Eimer – Ein Lahrer beim Frankfurter Wachensturm 1833, in: Geroldsecker Land 28 (1986), S. 94-102.

20   Eduard Fries (* Grünstadt i. d. Pfalz 14. 1. 1811, † Sissach/Schweiz 7. 3. 1879), 1830 Alte Burschenschaft Germania Erlangen, 1833 Alte Heidelberger Burschenschaft, studierte Jura, erließ als Sprecher seiner Burschenschaften und als Mitglied des „Politischen Klubs" in Heidelberg ein Rundschreiben an andere Universitäten mit Aufforderung zur Teilnahme am Wachensturm u. beteiligte sich selbst; nach dessen Scheitern u. Verurteilung zu lebenslänglichem Zuchthaus 10. 1. 1837 Flucht in die Schweiz, er studierte Medizin in Zürich u. in Frankreich, Dr. med., in den 1840er Jahren prakt. Arzt in Sissach; Fries richtete ein Gnadengesuch an den bayer. König, das 1847 wegen Unzuständigkeit abgelehnt wurde, anschließend fiel er unter die Amnestie des Senats der Stadt Frankfurt vom 5. 3. 1848; seine Heimat besuchte Fries 1877 kurz, kehrte aber nicht mehr endgültig nach Deutschland zurück; Dvorak, Lexikon (s. Anm. 10) I/ 2, S. 79; Görisch/Mayer, Untersuchungsberichte (s. Anm. 2), S. 69 f., 87 f., 101.

21   Hermann Friedrich Moré (* Grünstadt i. d. Pfalz 10. 2. 1812 als Sohn eines Notars, † Frankfurt a. M. 13. 11. 1880), 1829 Alte Germania Erlangen, 1831 Alte Franconia (I) Heidelberg, Jurastudium, im Dezember 1832 beteiligt am Ausbruch aus dem Gefängnis in Durlach u. Beihilfe zur Flucht des wegen seiner Tätigkeit als Redakteur des „Wächters am Rhein" verfolgten Heinrich Kähler; Teilnahme an den Beratungen zur Vorbereitung des Wachensturms in der Wohnung des Sprechers der Heidelberger Burschenschaft Eduard Fries, am 2. 3. u. 2. 4. 1833 in Bockenheim, nach dem Wachensturm Verhaftung, 1837 Festungsarrest auf Fort Hartenberg in Mainz, 1838 zur Verbannung in die USA begnadigt u. in Bremerhaven eingeschifft; über seinen USA-Aufenthalt ist nichts bekannt; anschließender Dienst in der franz. Fremdenlegion in Algier, zuletzt Capitaine, dann franz. Oberförster in Bitsch, aufgrund der Amnestie 1848 Bahnhofsvorsteher in Neustadt a. d. Hardt, 1878 i. R.; Dvorak, Lexikon (s. Anm. 10) I/4, S. 133.

22   Carl Heinrich Freiherr von Reitzenstein (* Celle (?) 26. 9. 1810 als Sohn eines königl.-hann. Obersten, † London 3. 6. 1855), 1831 Jenaische Burschenschaft/Germania, 1828 Jurastudium Göttingen, Mai 1831 in Jena, Herbst 1832 in Heidelberg; 1832 in Jena Wechsel von den Arminen zu den Germanen, Weihnachten 1832 auf dem Burschentag der „germanistischen" Burschenschaften in Stuttgart Vertreter des „engeren" Vereins der Heidelberger Burschenschaft, seit Januar 1833 Mitglied des nach Auflösung dieses „engeren" Vereins rekonstituierten „politischen Klubs", 1833 Wachenstürmer, Verhaftung in Darmstadt, geisteskrank, 1834 entlassen, 1838 wegen geistiger u. psychischer Erkrankung in die Heil- u. Pflegeanstalt Hildesheim eingewiesen, dort genesen; durch seine Mutter – mit Zustimmung des Frankfurter Senats – nach Irland verbracht; weitere Untersuchungen gegen R. wurden eingestellt, über sein späteres Schicksal ist nichts bekannt; Dvorak, Lexikon (s. Anm. 10) I/5, S. 49.

23   Georg Adolph Bunsen (* Frankfurt a. M. 18. 2. 1794, † Shiloh Valley/Illinois, USA 11. 10. 1872), 1818 Alte Berliner Burschenschaft, Bruder von Johann Ernst Friedrich Gustav B. (s. Anm. 11) u. Karl Ludwig Friedrich B.; 1813 Freiwilliger im Befreiungskrieg, als Student der Philologie in Berlin rege Anteilnahme am Jahn'schen Turnwesen, Lehrer, 1820 Gründer einer Erziehungsanstalt in Frankfurt a. M. nach dem Vorbild der Plamann'schen Anstalt in Berlin, wo viele verfolgte Burschenschafter Unterschlupf fanden, 1820-1823 wahrscheinliches Mitglied des „Männerbundes" in Frankfurt a. M., gewährte nach Mißlingen des Wachensturmes auch seinem Bruder Gustav B. Zuflucht, bemühte sich um Befreiung gefangener Studenten; 1833 Auswanderung in die USA; Dvorak, Lexikon (s. Anm.10) I/1, S. 155 f.

24   Peter Friedrich Neuhoff (* Bonames b. Frankfurt a. M. 12. 8. 1806 als Sohn eines Oberwachtmeisters, Schultheißen u. Majors der Bürgergarde, † in Untersuchungshaft im Gerichtsgefängnis Wiesbaden 23. 7. 1833), 1823 angeblich Mitglied der Alten Heidelberger Burschenschaft u. alter Corpsstudent, nach dem Jurastudium 1829 Dr. iur., Rechtsanwalt in Frankfurt a. M., Mitglied des „Männerbundes", des Preß- und Vaterlandsvereins, gemeinsam mit seinen beiden Brüdern, dem Ökonom Georg N. u. dem Küfer Wilhelm N., 1833 Wachenstürmer, beteiligt

Eimer äußerst skeptisch –, schließlich Jakob Glauth[25], Franz Carl Gärth[26], Wilhelm Obermüller[27] und Ludwig Silberrad aus dem Raum Freiburg/Straßburg, sowie Heinrich Josef Freund[28] und Wilhelm Zehler[29], die mit ihren Mitstreitern einen gezielten Putsch vorbereiten wollten[30].

---

am Angriff auf die Zollstätte Preungesheim; beide Brüder seit dem 17. 4. 1833 steckbrieflich verfolgt, Flucht nach Nancy, später in die USA, die Schwester Marie Wilhelmine Auguste Wimer geb. Neuhoff wurde wegen „Verbreitung revolutionärer Schriften und Fluchtbegünstigung" verhaftet, aber 1838 freigesprochen; Dvorak, Lexikon (s. Anm. 10) I/4, S. 198 f.

25 Jakob Glauth (* 1790, † ?), Schwertfeger u. Oberleutnant der Frankfurter Bürgerartillerie; versorgte die Wachenstürmer mit Waffen u. Munition, 1836 deshalb wegen Beihilfe zu 12 Jahren Zuchthaus verurteilt, 1840 zu lebenslänglicher Verbannung in die USA; vgl. Klemke, Emigration (s. Anm. 2), S. 65.

26 Franz Carl Gärth (* Aschaffenburg 14. 2. 1804, † ?), 1823 Alte Hallesche Burschenschaft, Dr. iur., Rechtsanwalt, mit Friedrich S. Jucho Präsident des Frankfurter Preß- und Vaterlandsvereins u. darin sehr engagiert, Freund von Gustav Peter Körner, stand mit den radikalen Vereinigungen in Oberhessen in Verbindung, so mit Pfarrer Friedrich Ludwig Weidig in Butzbach; Hauptanführer des Wachensturms, maßgeblich an den Vorbereitungen am 3. 3. 1833 in Großgartsch b. Heilbronn beteiligt, drängte angeblich „man müsse in Kürze losschlagen"; Flucht nach Straßburg u. Bern, dann in London, 1848 Rückkehr nach Frankfurt u. wieder Anwalt; Dvorak, Lexikon (s. Anm. 10) I/2, S. 95 f.

27 Wilhelm Obermüller (* Karlsruhe 22. 2. 1809 als Sohn eines Oberkriegskommissärs, † Wien 6. 3. 1888), 1828 Alte Heidelberger Burschenschaft/Fäßlianer, 1832 Germania Freiburg, Jurastudium, Sprecher der Freiburger Burschenschaft, stellte auf dem Stuttgarter Burschentag 1832 den Antrag, „daß sich die Burschenschaft mit dem Vaterlandsverein verbinden möge"; wegen „burschenschaftlicher Umtriebe" von der Universität Freiburg für vier Jahre relegiert, 1832 Teilnahme am Hambacher Fest, 1833 am Wachensturm; nach Verhaftung u. langjähriger Untersuchungshaft 19. 10. 1836 wegen Hochverrats zu lebenslänglicher Zuchthausstrafe verurteilt, 10. 1. 1837 Ausbruch aus der Konstablerwache in Frankfurt u. Flucht nach Frankreich, dort im „Bund der Geächteten", steckbrieflich verfolgt, 1847 von Straßburg aus Einreichung eines Begnadigungsgesuchs, das die bad. Regierung befürwortete, worauf ihm durch Beschluß des Großen Rates v. 10. 2. 1848 die lebenslängliche Zuchthausstrafe unter dauerndem Verbot des Betretens des Frankfurter Gebiets „in Gnaden" erlassen wurde; 1848 Redakteur des „Mannheimer Journals", dann der „Karlsruher Zeitung", die er im gemäßigt-liberalen Sinne des bad. Innenministers Johann Baptist Bekk (1816 Corps Rhenania Freiburg, 1818 Alte Freiburger Burschenschaft) leitete, 1849 Schriftleiter der „Frankfurter Zeitung", des Organs der Großdeutschen Fraktion im Paulskirchenparlament, 1860 Schriftleiter in Leipzig, 1870 Schriftsteller in Wien; Dvorak, Lexikon (s. Anm. 10) I/4, S. 235.

28 Heinrich Josef Freund (* Pirmasens 4. 5. 1811 als Sohn eines Oberkriegskommissärs, † in Amerika), 1831 Alte Würzburger Burschenschaft, Mitglied des engeren Vereins der Würzburger Burschenschaft, Studium der Forstwissenschaft in Aschaffenburg, der Medizin in Würzburg, Wachenstürmer, Untersuchungshaft, 15. 7. 1833 Fluchtversuch, später geisteskrank, 24. 6. 1835 Verwundung eines Mithäftlings u. Selbstmordversuch, im Frankfurter Irrenhaus, 19. 10. 1836 zu lebenslanger Zuchthausstrafe verurteilt, die aber wegen seiner Erkrankung nicht rechtskräftig wurde, auf der Hauptwache in Frankfurt inhaftiert, nach Feststellung seiner unheilbaren Krankheit durch einen Frankfurter Senatsbeschluß am 1. 12. 1838 seinen Eltern nach Würzburg überstellt, 15. 5. 1839 Aufhebung der Untersuchung, 1838 Bitte des Vaters zur Fortsetzung des Medizinstudiums an der Universität Würzburg abgelehnt, Oktober 1844 Auswanderung nach Amerika, seither nicht mehr nachweisbar; Dvorak, Lexikon (s. Anm. 10) I/2, S. 69 f.

29 Ludwig Friedrich Wilhelm Zehler (* Nürnberg 10. 2. 1811 als Sohn eines Stadtgerichtsassessors, † Athen 9. 11. 1842), 1828 Teutonia Erlangen, 1830 Amicitia/Germania Würzburg, Medizinstudium in Erlangen, Würzburg u. Straßburg, 1829 Dr. med. in München, 1831 Vertreter der Würzburger Burschenschaft auf dem Frankfurter Burschentag, 1832 wegen Verbreitung aufrührerischer Schriften drohende Verhaftung, Flucht nach Straßburg, 1833 Wachenstürmer, im „Schwarzen Buch" der Frankfurter Bundeszentralbehörde (1833-1838) erwähnt, „wegen Teilnahme an der Würzburger Burschenschaft und am Frankfurter Attentat" verhaftet u. 19. 10. 1836 in Frankfurt nach dem Rechtsgutachten der Tübinger Juristenfakultät zu lebenslänglicher Zuchthausstrafe verurteilt, 10. 1. 1837 mit anderen Burschenschaftern aus der Haft in der Konstablerwache nach Frankreich entflohen, steckbrieflich verfolgt, ging nach Griechenland u. wurde königl. griech. Militärarzt in Athen, 1848 nachträglich begnadigt; Dvorak, Lexikon (s. Anm. 10) I/6, S. 409.

30 Lönnecker, Wachensturm (s. Anm. 2), S. 113 f.

Abb. 2: Frankfurter Wachensturm, 3. April 1833, zeitgenössische franz. Darstellung (Quelle: BA, DB 9: Archiv der Deutschen Burschenschaft)

Hintergrund war die allgemeine politische Lage, im engeren Sinne die Unzufriedenheit mit den deutschen Regierungen seit 1815. So wurde von verschiedenen Kreisen in Deutschland nach der französischen Julirevolution und dem polnischen Novemberaufstand von 1830 zunehmend der Wunsch nach Demokratie und nationaler Einheit laut. Schon während des Hambacher Festes, dem Höhepunkt einer frühliberalen bürgerlichen Opposition mit volksfestähnlichem Charakter im damaligen Neustadt a. d. Haardt mit etwa 30.000 Teilnehmerinnen und Teilnehmern aus allen Bevölkerungsschichten und aus zahlreichen Nationen, darunter vielen Franzosen und Polen, forderte Johann Georg August Wirth[31] am 27. Mai 1832 eine republikanische

---

31 Johann Georg August Wirth (* Hof i. Oberfranken 20. 11. 1798 als Sohn eines Reichspoststallmeisters, † Frankfurt a. M. 26. 7. 1848), 1817 Alte Erlanger Burschenschaft (Mitstifter), 1816-1819 Jurastudium in Erlangen u. Halle, in Erlangen zunächst Renonce der Landsmannschaft der Franken, dann im Fünfzehner-Ausschuß der Erlanger Burschenschaft, zog sich jedoch aus dieser Stellung zurück u. arbeitete insgeheim auf einen Abfall der alten Landsmannschafter hin, 1818 Mitglied u. Senior der neugegründeten Landsmannschaft der Franken (des späteren Corps Franconia), seitdem scharfer Gegner der Burschenschaft, 1818 in Erlangen Consilium abeundi, 1819/20 Rechtspraktikant, 1820 Dr. iur. in Halle, 1820-1823 Privatgelehrter in Hof, 1821/22 in Breslau, wo die Habilitation scheiterte, obwohl er ein „Handbuch der Strafrechts-Wissenschaft und Straf-Gesetzgebung" (Bd. 1, 1823) verfaßt hatte, 1823-1830 Rechtsanwaltskonzipient in Bayreuth, publizierte daraufhin eine Schrift „Über die Nothwendigkeit einer durchgreifenden und gründlichen Verbesserung der Civil-Proceßordnung, Rechtspflege und Gerichts-Verfassung in Bayern" (1826), außerdem hatte er ein Jahr zuvor den „Entwurf eines Strafgesetzbuches"

Staatsordnung für Deutschland. Der „Deutsche Preß- und Vaterlandsverein"[32], die erste deutsche parteiähnliche Organisation mit dem Ziel einer freien Presse und eines freien und geeinten Deutschland, war involviert, ein bewaffneter Aufstand in naher Zukunft in Erwägung gezogen. Den Grund dafür lieferte der Deutsche Bund, der offensiv gegen die Redner des Hambacher Festes vorging und am 28. Juni 1832 Beschlüsse zur Unterdrückung oppositioneller Bewegungen faßte, was zur Radikalisierung der Hambacher Bewegung führte. Neue Personen traten an die Stelle der bislang verhafteten und geflohenen.

Seit 1815 tagte im Palais der Fürsten von Thurn und Taxis in Frankfurt a. M. die deutsche Bundesversammlung, das einzige Verfassungsorgan des Deutschen Bundes. Außerdem war der Vorsitz des Preß- und Vaterlandsvereins in Frankfurt ansässig, so daß diese Stadt als geeigneter Ausgangspunkt für eine allgemeine Revolution in Deutschland nach französischem Vorbild erschien. Dabei sollten die Bundestagsgesandten der deutschen Staaten festgenommen, die Bundeskasse beschlagnahmt und von einer provisorischen Regierung die liberalen Führer zu einem Vorparlament einberufen werden, das die Wahlen zur verfassunggebenden Nationalversammlung organisieren sollte, die dann darüber entscheiden mußte, ob Deutschland eine Republik oder eine konstitutionelle Monarchie werden sollte. Kurzum: Die Wachenstürmer wollten eine Republik und freie Wahlen, somit wurde schon früh der Grundstein für die Jahre 1848/49 gelegt[33].

Am 26. Dezember 1832 faßte der Burschentag in Stuttgart einen Beschluß zur Tolerierung und Förderung revolutionärer Gewalt zum Zweck der Überwindung der inneren Zersplitterung Deutschlands, zur Umwandlung der Burschenschaften in politische Clubs und zum Anschluß an den Vaterlandsverein; ein bewaffneter Aufstand wurde für April 1833 geplant. Schon am Tag vor dem geplanten Angriff, am 2. April 1833, wurde unter den auf Einladung Bunsens und Körners in einem Wirtshaus in Bockenheim bei Frankfurt versammelten Studenten deutlich, wie wenig Erfolgsaussicht man diesem Unternehmen – schon angesichts der geringen Anzahl der Mitverschworenen – beimaß.

Durch mehrfachen Verrat war der Putsch ohnehin von Anfang an zum Scheitern verurteilt. Angeblich waren dem Frankfurter Senat bereits seit 1832 Hinweise auf bevorstehende Attentate bzw. Aufstandsversuche zugegangen. Im Januar 1833 war von einer „großen Meuterei" die Rede; auch für den 12. Februar 1833 waren angeblich mehrere Anschläge geplant. Der Senat hielt die Nachrichten entweder für unglaubwürdig – wie im ersten Fall – oder die Sicherheitsbehör-

---

ausgearbeitet, ab 1831 Herausgeber der Zeitschrift „Der Kosmopolit", bedrängt durch die bayerische Zensur allerdings nur in sieben Ausgaben, immer wieder im Konflikt mit den Zensurbehörden, mehrere Geld- u. Haftstrafen, 1832 Initiator u. zusammen mit Friedrich Schüler (1791-1873) Mitgründer des Preß- und Vaterlandsvereins, 1832 Verbot des Preßvereins u. Hochverratsprozeß vor dem Appellationsgericht in Zweibrücken, Freispruch, im gleichen Jahr zusammen mit Philipp Jakob Siebenpfeiffer Initiator, Mitorganisator u. Hauptredner des Hambacher Fests, forderte „eine staatliche Neuordnung auf freiheitlich-demokratischer Grundlage" und ein „konföderiertes, republikanisches Europa", Verfasser der Festbeschreibung; Dvorak, Lexikon (s. Anm. 10) I/6, S. 337-340; zum Hambacher Fest mit weiteren Nachweisen: Lönnecker, Harald: „Wir pflanzen die Freiheit, das Vaterland auf!" Das Hambacher Fest 1832, in: BBl 122/1 (2007), S. 23-28, auch in: Studenten-Kurier. Zeitschrift für Studentengeschichte, Hochschule und Korporationen 1 (2007), S. 7-13; Valentin, Veit: Das Hambacher Nationalfest, Berlin 1932 (ND 1982).

32 Zum Preß- und Vaterlandsverein: Foerster, Cornelia: Der Preß- und Vaterlandsverein von 1832/33. Sozialstruktur und Organisationsformen der bürgerlichen Bewegung in der Zeit des Hambacher Festes (Trierer historische Forschungen, 3), Trier 1982; Lönnecker, Wachensturm (s. Anm. 2), S. 111.

33 Dazu ausführlich: Lönnecker, Wachensturm (s. Anm. 2), S. 112.

den „beruhigten" sich nach einigen Schreckschüssen bald wieder, so im letzteren[34]. Schon zuvor erhielten die Regierungen Meldungen von geplanten Umstürzen, glaubten jedoch zu keiner Zeit daran, daß Studenten den Deutschen Bund entmachten könnten.

Am 3. April 1833 morgens um 9 Uhr bekam jedoch der damals geschäftlich in Frankfurt tätige Freiherrlich von Frankensteinsche Rechtskonsulent Andreas Quante aus Würzburg durch einen jungen Mann ein anonymes Schreiben mit folgendem Inhalt zugestellt:

> „Vaterlandsfreunde aus verschiedenen Gegenden Deutschlands seien hier [in Frankfurt] vereint. An demselben Abende mit dem Schlage halb zehn Uhr werde die Sturmglocke angezogen werden. Man werde die Haupt- und Konstablerwache stürmen, die Gefangenen befreien, sich der Personen der BundestagsGesandten versichern und eine provisorische Regierung errichten. Unterstützung erwarte man aus der Umgegend, und rechne sicherlich auf die seine."[35]

Am Schluß stand eine „Drohung" gegen Bekanntgabe dieses Briefes. Quante war in Würzburg als Liberaler bekannt und sollte wahrscheinlich durch das Schreiben für den Aufstand gewonnen werden. Er maß jedoch zunächst dem Brief keine Bedeutung bei, dann aber unterrichtete er, als er einen Verdächtigen – Johann Arminius Ernst von Rauschenplat, Göttinger Corpsstudent, der auch an einem vorherigen Aufstand beteiligt war – an der Hauptwache entdeckte, Professor Dr. Johann Adam Seuffert aus Würzburg, der mit Quantes Einverständnis die Meldung an den bayerischen Bundestagsgesandten Maximilian Freiherr von Lerchenfeld sowie an den ersten Bürgermeister von Frankfurt, Georg Friedrich von Guaita, der erst drei Monate im Amt war, weiterleitete – nochmals daraufhin durch Quante persönlich bestätigt: „... daß mittelst der von Hanau und Bockenheim eintreffenden Hülfe sich der Stadt Frankfurt bemächtigt, und eine provisorische Regierung für Deutschland eingesetzt werden solle."[36] Daraufhin wurde die aus 41 Mann bestehende Wachmannschaft an der Hauptwache um weitere zehn Mann verstärkt und der 18-jährige Wachkommandant, ein Unterleutnant, auf den geplanten Aufstand hingewiesen. Linientruppen – reguläres Militär – wurden in ihrer Kaserne in Bereitschaft versetzt. Im Höfchen der Domkirche bezogen zwei Polizeidiener Stellung. Sonst wurden keine größeren Vorsichtsmaßnahmen getroffen. Eine Verstärkung an der Konstablerwache fand nicht statt.

Obgleich die Verschwörer von diesem Verrat erfahren hatten, erfolgte dennoch am 3. April 1833 der Angriff unter Führung von Gustav Bunsen, in dessen Haus im Münzhof sich die Mitstreiter nach dem bereits erwähnten Bockenheimer Treffen versammelt hatten[37]. Inzwischen waren neu hinzugekommene Burschenschafter aus Gießen und Freiburg sowie Frankfurter Rechtsanwälte und Georg Bunsen, der Bruder von Gustav Bunsen, dazugestoßen, der als Leiter einer pädagogischen Anstalt in Frankfurt einige patriotisch gesonnene Lehrer für das Vorhaben gewinnen konnte. Außerdem konnte Gustav Bunsen noch Männer zur Erstürmung

---

34 Görisch/Mayer, Untersuchungsberichte (s. Anm. 2), S. 91 f.; Schenk, Wachensturm (s. Anm.2), S. 45 f.; Schlicht, Wachensturm (s. Anm. 2), S. 18-24, hier insbesondere S. 24.
35 Zitiert nach: Görisch/Mayer, Untersuchungsberichte (s. Anm. 2), S. 91; vgl. Schenk, Wachensturm (s. Anm.2), S. 45; Schlicht, Wachensturm (s. Anm. 2), S. 24 f.; Gundermann, Silberrad (s. Anm. 2), S. 126.
36 Görisch/Mayer, Untersuchungsberichte (s. Anm. 2), S. 91.
37 Dazu ausführlich: Gundermann, Silberrad (s. Anm. 2), S. 143-145; Lönnecker, Wachensturm (s. Anm. 2), S. 115; Schenk, Wachensturm (s. Anm. 2), S. 46.

Abb. 3: Frankfurter Wachensturm in der Nacht vom 3. auf den 4. April 1833, historisierende Darstellung von Ludwig Burger, um 1880 (Quelle: BA, DB 9: Archiv der Deutschen Burschenschaft)

der Konstablerwache einsetzen. Alle Beteiligten erhielten schwarz-rot-goldene Armbinden, Gewehre, Bajonette und 40 scharfe Patronen, einige zusätzlich andere Waffen. Außerdem wurden Geschützpatronen für die Kanonen und Signalraketen mitgenommen. Um 21.15 Uhr verließen die insgesamt 33 bewaffneten Männer den Münzhof und zogen durch die Münzgasse zum Paradeplatz und zur Katharinenpforte, wo weitere Verschwörer warteten. Unterstützung erhofften sie sich noch von hessischen Bauern und Bürgern, die jedoch ausblieb. Das Militär gewann bald die Oberhand und nach einem Schußwechsel mit zehn Toten und 23 Verletzten, darunter 14 verwundeten Soldaten, war der Angriff auf die Hauptwache und die Konstablerwache nach einer knappen Stunde beendet[38]. Sechs Soldaten, drei Handwerker und ein Student fanden den Tod. Das Thurn- und Taxis'sche Palais wurde nicht angegriffen, da auf Initiative des Freiherrn von Handel die Torwache verstärkt sowie 50 Soldaten in Bereitschaft versetzt worden waren. Dennoch wurde in der Bundesversammlung erwogen, ihren Sitz in eine andere Stadt, bevorzugt nach Regensburg, zu verlegen, da mit dem Wachensturm auch ein Anschlag auf den Deutschen Bund schlechthin vermutet wurde[39].

---

38 Zum Verlauf: Schenk, Wachensturm (s. Anm. 2), S. 46-48.; Lönnecker, Wachensturm (s. Anm. 2), S. 114 f.
39 Schenk, Wachensturm (s. Anm. 2), S. 48; zu der Anzahl der Verletzten genaue Angaben bei Lönnecker, Wachensturm (s. Anm. 2), S. 115: „Von den Aufrührern starben zwei an den erhaltenen Wunden, einige weitere waren verwundet worden. Dazu wurden sechs Soldaten getötet, 14 verwundet, außerdem wurde ein unbeteiligter Bürger getötet, andere verwundet."

III.

Die Folgen dieses mißglückten Putsches sind allgemein bekannt, ebenso die Verfolgung und Verhaftung von 30 hektisch aus Frankfurt fliehenden Studenten. Einige wurden noch in der Stadt aufgegriffen, andere gelangten – mit Hilfe durch selbst am Aufstand unbeteiligte Freunde und durch Kommilitonen – zunächst ins Ausland. Die Mitverschwörer Bunsen, Körner und Gärth tauchten in Frankfurt unter.

Der deutsch-amerikanische Rechtsanwalt, Politiker, Diplomat und Publizist Gustav Peter Körner war als Drahtzieher, der schon gemeinsam mit Gustav Bunsen im Vaterlandsverein ein weit verzweigtes Netz unterhalten hatte, von den Teilnehmern des gescheiterten Wachensturms die wohl am meisten herausragende Person. Ihm gelang es, unter den denkbar ungünstigsten Umständen mit beträchtlichem Erfolg eine zweite Karriere zu starten. Vieles hatte er als Sohn einer liberalen Buchhändler- und Verlegerfamilie aus Frankfurt schon mit auf den Weg bekommen, „Freiheit" war – ganz dem urburschenschaftlichen Gedanken entsprechend – auch für ihn ein hoher Wert, und sein Schicksal ist von besonderer Nachhaltigkeit geprägt. Beeindruckt hatte ihn vor allem das Erlebnis des Hambacher Festes: „Niemals mehr habe ich eine größere Demonstration solcher Menschenmassen gesehen – auch auf dieser Seite des Atlantiks nicht" – so Körner in seinen Lebenserinnerungen, die er in den 1880er Jahren in den USA niedergeschrieben hatte[40]. Weiter führte er darin aus: „Die Begeisterung war grenzenlos, und das Gefühl, der Zorn von Königen und Fürsten werde viele von uns treffen, machte dieses Ereignis noch aufregender." Körner sprach immer wieder von einer „Volkserhebung", die er in einer Gruppe von Kommilitonen kurz vor seiner Promotion an der Juristischen Fakultät der Universität Heidelberg miterlebt hatte. Obwohl Körner in Hambach keine Rolle gespielt, das Fest weder mitorganisiert noch dort eine Rede gehalten hatte, war es dennoch ein Markstein für seinen weiteren Lebensweg als Jenaer Burschenschafter und als Revolutionär, als der er schon in München im Zusammenhang mit den Dezemberunruhen 1830 aufgefallen war und nach seiner Verhaftung vier Monate im Stadtgefängnis absitzen mußte – ohne daß er verurteilt worden war. Auf dem Frankfurter Burschentag im Herbst 1831 setzte Körner sich vehement für die „Herbeiführung eines frei und gerecht geordneten und in Volkseinheit bestehenden Staates" ein. Im Frühjahr 1833 war er bereits als Rechtsanwalt in Frankfurt a. M. tätig, als er den Wachensturm mit anführte[41]. Während der Vorbereitung des Putsches traf Körner in Kassel mit dem Marburger Rechtsprofessor und Politiker Sylvester Jordan (1792-1861) zusammen, der ein Amt in einer von den Verschwörern geplanten Übergangsregierung übernehmen sollte. Beim Angriff auf die Hauptwache wurde Körner am Arm verletzt und danach bei einer befreundeten Familie am Roßmarkt aufgenommen. Er floh

---

40 Körner, Gustav P.: Memoirs of Gustave Koerner 1809-1896. Life-sketches written at the suggestion of his children. Edited by Thomas J. McCormack, 2 Bde., Cedar Rapids/Iowa 1909 (Teil-ND Kapitel IV-IX als: Körner, Gustav: Remembrances of the Burschenschaft. Studentische Erinnerungen eines deutschen Revolutionärs und amerikanischen Politikers 1829-1833, Hilden 2003).

41 Stüken, Wolfgang: Gustav Körner (1809-1896), in: Biographien wichtiger Personen der deutschen Demokratiegeschichte und Demokratie, in: http://www.demokratiegeschichte.eu/index.php?id=300 (Stand: 7. 5. 2009), S. 1-3, hier S. 1 f.; vgl. ders.: Gustav Körner (1809-1896) – Bellevilles berühmter Bürger, in: Broer, Bernd/Allendorf, Otmar/Marxkors, Heinz/Stüken, Wolfgang (Hg.): Auf nach Amerika!, Bd. 3: Zur Amerika-Auswanderung aus dem Paderborner Land und zur Einwanderung aus Deutschland in die Region der Paderborner Partnerstadt Belleville/Illinois, Paderborn 2008, S. 145-180.

in Frauenkleidern aus Frankfurt und gelangte mit Hilfe seiner Schwester Pauline und seines ebenfalls am Wachensturm beteiligten Studienfreundes Theodor Engelmann[42] nach Frankreich, ins Elsaß. Beide Freunde wurden steckbrieflich gesucht (Abb. 4)[43]. In Le Havre schlossen sich Körner und Engelmann einer pfälzischen Auswanderergruppe um Engelmanns Vater Friedrich[44] an, die an Bord des Seglers „Logan" in die Vereinigten Staaten aufbrechen wollte. Ihr Ziel sollte der Bundesstaat Missouri sein, in der Stadt St. Louis wollten sie in einer Gemeinschaft von Freidenkern leben. Inspiriert wurde Körner dazu unter anderem durch das später von ihm kritisierte Amerika-Buch von Gottfried Duden (1784-1856). Noch an Bord des Schiffes verlobte sich Körner mit Sophie Engelmann (1815-1888), der Tochter von Friedrich und Schwester von Theodor Engelmann, die er am 17. Juni 1836 in Belleville heiratete; aus der Ehe gingen acht Kinder hervor. Bei seiner Ankunft in St. Louis mißfiel Körner als überzeugtem Freiheitskämpfer jedoch die in Missouri und anderen US-Bundesstaaten erlaubte Sklaverei. Daher entschied er sich, gemeinsam mit der in dieser Hinsicht gleichgesinnten Familie Engelmann, für das St. Clair County im Bundesstaat Illinois, wenige Kilometer vom Mississippi entfernt, wo er das Land fand, das Freiheit und Achtung der Menschenrechte garantierte und die Sklaverei verbot. Gemeinsam mit der Familie Engelmann erwarb Körner Farmen und begründete das sogenannte „Latin Settlement" aus hochgebildeten Siedlern. Viele weitere politische Flüchtlinge stießen aus Deutschland in den Folgejahren zu diesem Kreis.

Durch Weiterbildung in Form eines einjährigen Zusatzstudiums des US-amerikanischen Rechts an der Transylvania University in Lexington/Kentucky konnte sich Körner in Belleville als Anwalt niederlassen. Im Jahr 1838 erhielt er die US-amerikanische Staatsbürgerschaft, prangerte immer wieder die Sklaverei an und betätigte sich politisch. 1841 zog Körner als demokratischer Abge-

---

42 Theodor Erasmus Engelmann (* Winnweiler i. d. Pfalz 16. 7. 1808 als Sohn eines Forstgeometers u. -beamten, † Belleville, St. Clair County, Illinois/USA 17. 3. 1889), 1827 Alte Heidelberger Burschenschaft, wahrscheinlich auch Jenaische Burschenschaft, 1828 Markomannia München, 1829 Germania München, deutsch-amerikanischer Rechtsanwalt, Journalist, Autor u. Zeitungsverleger, seine jüngere Schwester Sophia heiratete seinen Freund Gustav Peter Körner (s. Anm. 10), während seines Jurastudiums Sprecher, Vorstandsmitglied u. Deputierter der Münchner Burschenschaft auf den Burschentagen in Dresden u. Frankfurt, auf Grund der Auswanderungsabsichten seiner Familie nach Amerika Arbeit bei einem Gerber in Kaiserslautern, 1832 Mitunterzeichner des Protests gegen die Bundesbeschlüsse, Teilname am Hambacher Fest u. am Wachensturm, Flucht über Heidelberg, Karlsruhe u. Mühlhausen zu seiner Familie nach Le Havre u. mit dieser nach Amerika, seit 1834 steckbrieflich verfolgt, in Abwesenheit zu fünf Jahren Arbeitshaus oder 10.000 Gulden Geldstrafe verurteilt, 1838 Einstellung des Verfahrens; Dvorak, Lexikon (s. Anm. 10) I/I, S. 257 f.

43 Die nach dem Wachensturm vom Deutschen Bund gebildete Zentralbehörde für politische Untersuchungen suchte Körner später in ihrem „Schwarzen Buch" als Nummer 908 der revolutionärer Umtriebe Verdächtigen; Stüken, Körner (s. Anm. 41), S. 2; über die Nachwirkungen, etwa die kurios anmutende Flucht Körners aus Frankfurt, sowie über die politischen, militärischen, verfassungs- und völkerrechtlichen Konsequenzen für die Stadt Frankfurt und den Deutschen Bund im Hinblick auf Art. 25 und 28 der Wiener Schlußakte (WSA), i. e. S. über die Fraglichkeit der verfassungsrechtlichen Zulässigkeit der Bundesintervention, ausführlich: Schmidt, Wachensturm (s. Anm. 2), S. 49-53.

44 Friedrich Theodor Engelmann (* Bacharach 1779, † Belleville/Illinois 1854), Regierungsgeometer u. Forstmeister in Winnweiler i. d. Pfalz u. Gutsbesitzer in Imsbach, war bekannt für seine republikanische Haltung u. liberale Gesinnung, daher fürchtete er eine Zwangsversetzung in das bayer. Kernland; in Amerika wollte er seinen Kindern eine bessere Zukunft bieten, daher sein Entschluß zur Auswanderung, zu dem er sich im übrigen durch die Amerikaschilderungen Gottfried Dudens bekräftigt sah; in der Nähe von Belleville widmete er sich vor allem der Landwirtschaft, insbesondere dem Wein- u. Obstbau; Klemke, Emigration (s. Anm. 2), S. 56.

Benachrichtigungen.

[696] **Steckbrief.**

Der unten signalisirte hiesige Bürger und Advokat Dr. jur. Gustav Peter Philipp Körner ist der Theilnahme an der am 3. April l. J. durch einen Haufen Bewaffneter bewerkstelligten Erstürmung der hiesigen Militär- und Polizeiwache und Befreiung der Gefangenen, wobei mehrere Menschen getödtet und viele verwundet wurden, dringend verdächtig. Da sich derselbe heimlich von hier entfernt und bis jetzt nicht sistirt hat, so werden alle Civil- und Militärbehörden hiermit dienstergebenst ersucht, auf gedachten Dr. Gustav Peter Philipp Körner ein wachsames Auge zu haben, denselben betretenden Falls arretiren und unter sicherem Gewahrsam an die unterzeichnete Stelle abliefern zu lassen.

Peinliches Verhör-Amt.

Signalement
des Dr. Gustav Peter Philipp Körner.

Alter: 23 Jahre;
Größe: 5 Schuh 2 Zoll;
Haare: blond;
Stirn: frei;
Augenbraunen: hellbraun;
Augen: blau;
Nase: } mittelmäßig;
Mund: }
Bart: —
Kinn: rund;
Gesicht: oval;
Gesichtsfarbe: gesund;
Besondere Zeichen: ist verwundet.

Abb. 4: Steckbrief Gustav Körners, 12. April 1833 (Quelle: BA, DB 9: Archiv der Deutschen Burschenschaft)

ordneter in das Repräsentantenhaus von Illinois ein, 1842 wurde er ins Parlament in Springfield, der Hauptstadt von Illinois, durch Bürger des Kreises St. Clair gewählt. Von 1845 bis 1850 war Körner als Richter am Obersten Gerichtshof von Illinois tätig. Nach Deutschland wollte er nach der gescheiterten Revolution von 1848/49 nicht mehr zurückkehren, obgleich er zuvor die Nachrichten von diesem – einen ehemaligen Wachenstürmer sehr bewegenden – Ereignis stets mit großer Anteilnahme verfolgt hatte und unter die 1848 von der Stadt Frankfurt verkündete Amnestie fiel, die 1835 erfolgte Aberkennung der Bürgerrechte der Freien Stadt Frankfurt damit gegenstandslos wurde. Seine in Frankfurt lebenden Geschwister Pauline und Carl Gottfried zweifelten am Erfolg der 1848er Revolution und rieten ihm von einer Rückkehr nach Frankfurt, die er schon in Erwägung gezogen hatte, ab. Statt dessen erlebte er die Ankunft der sogenannten „Achtundvierziger" in den USA, mit denen er zwar korrespondierte, aber wenig Konsens erzielte, da er sie als arrogant und als Konkurrenten seiner eigenen Position als einflußreichster Führer des Deutschtums in Illinois empfand. Denn Körner amtierte zwischen 1853 und 1857 als Vize-Gouverneur (Lieutenant Governor), womit er unter dem damaligen Gouverneur Joel

Aldrich Matteson das zweithöchste Staatsamt in Illinois bekleidete[45]. Als Matteson Präsident der „Eisenbahngesellschaft Chicago and Alton Railroad" wurde, sollte Körner sogar das Amt des Gouverneurs übernehmen, wobei jedoch seine „fremdländische Abstammung" als Deutscher und seine entschiedene Ablehnung der Sklaverei im Wege standen. Als Mitbegründer der Republikanischen Partei, zu der er im Jahr 1856 plötzlich wechselte, da er sich mit der generellen Einstellung gegenüber der Sklaverei bei der demokratischen Partei, der er bislang angehörte, nie abfinden konnte, hatte Körner bald großen politischen Einfluß auf die amerikanische Präsidentenwahl, insbesondere auf die erfolgreiche Nominierung von Abraham Lincoln, einem entschiedenen Sklaverei-Gegner[46], zum Präsidentschaftskandidaten für die Wahl von 1860. Nach Lincolns Wahlsieg blieb Körner vorerst ein politisches Amt versagt, wobei er seine Enttäuschung darüber gegenüber Lincoln deutlich zum Ausdruck brachte.

1861 stellte Körner das „43rd Illinois Regiment" auf und wurde im August desselben Jahres im Rang eines Colonel (Oberst) zum Quartiermeister bei General John C. Fremont ernannt[47]. Während des Bürgerkriegs war Körner von Lincoln zum Oberst und zum Generaladjutanten der Freiwilligenarmee der Nordstaaten ernannt worden, mußte aber aus gesundheitlichen Gründen 1862 seinen Abschied nehmen. Als früher Anhänger und inzwischen guter Freund Lincolns vertrat Körner dessen Regierung als Nachfolger von Carl Schurz von 1862 bis 1864 als Gesandter in Madrid. Ab 1865 distanzierte sich Körner jedoch von der innenpolitischen Entwicklung und setzte sich 1872 für die kurzlebige liberalrepublikanische Partei ein, die ihn erfolglos für das Amt des Gouverneurs von Illinois nominierte. Danach schloß er sich wieder den Demokraten an, da er von dieser Partei die in der amerikanischen Politik wichtigen Reformen erwartete. Zwei Jahre zuvor war er bereits Präsident der Eisenbahnkommission in Illinois geworden.

Seit dieser Zeit begann Körner intensiv zu publizieren, darunter die umfangreiche Darstellung des „Deutschen Elements in den Vereinigten Staaten von Nordamerika" vor Ankunft der „Achtundvierziger"[48], die zum Standardwerk zur Erforschung der deutschen Amerikaeinwanderung wurde, sowie seine Autobiographie[49]. Daneben verfaßte er Artikel über Amerika, die er über seinen älteren Bruder Carl Gottfried, der in Frankfurt als Buchhändler und Verleger tätig war, an deutsche Zeitungen schickte. In einer fünfteiligen Serie über einen „Ausflug in das Missourital" für Cottas Zeitung „Das Ausland", worin er die Sklaverei verurteilte und auf Distanz zu Gottfried Dudens eher beschönigender Darstellung dieses Bundesstaates ging, wies er auf die Vorzüge von Illinois hin – für ihn der wahre Staat der Freiheit[50]. Seit 1837 war er zudem für eine

---

45 Dazu: Dippel, Horst: Gustav Peter Körner, in: NDB, Bd. 12 (1980), S. 383 f.; insbesondere mit Carl Schurz u. Hecker bestand aus der Sicht Körners in den USA keine Übereinstimmung mehr.
46 Abraham Lincoln (1809-1865), 1861-1865 16. US-Präsident, entstammte einer bäuerlichen Quäkerfamilie, Advokat, sein Hauptziel war die Sklavenbefreiung, galt als äußerst volkstümlicher Präsident u. wurde kurz nach der Wiederwahl von einem fanatischen Südstaatler ermordet; vgl. Dippel, Körner (s. Anm. 45), S. 384.
47 Offizielle Kommandierung v. 28. 9.-10. 2. 1861; Stüken, Bürger (s. Anm. 41), S. 145-180.
48 Körner, Gustav Peter: Das Deutsche Element in den Vereinigten Staaten von Nordamerika 1818-1848, Cincinnati 1880 u. New York 1885 (ND in: Crosscurrents: writings of German political Emigres in nineteenth-century America, Section 2: America and the Americans, Bd. 3, hg. v. Patricia A. Herminghouse, Frankfurt a. M./New York/Bern 1986).
49 Körner, Memoirs (s. Anm. 40).
50 Überliefert ist in der Jubiläumsausgabe der „Belleviller Zeitung", die am 11. 1. 1899 anläßlich des 50-jährigen Bestehens erschien, daß Körner Zeuge eines Sklavenhandels in Belleville wurde u. den zum Verkauf ausgebotenen Sklaven freigekauft habe.

nordamerikanische Zeitschrift für Deutschland mit dem Titel „Das Westland" tätig, die unter Federführung von Georg Engelmann[51] stand, ein aus Frankfurt stammender und als Arzt in St. Louis wirkender Vetter von Theodor Erasmus Engelmann. Körner war in mehreren Beiträgen besonders bemüht, den deutschen Landsleuten bessere Einblicke in die amerikanischen Verhältnisse – auch die Sklaverei betreffend – zu geben[52].

Insbesondere Körners Buch „Das Deutsche Element in den Vereinigten Staaten von Nordamerika 1818-1848"[53] verdient Beachtung. In der Einleitung betonte er unter Berufung auf Goethes „Faust" das Glück, in einem freien Land zu leben, ebenso aber auch die Wichtigkeit des Festhaltens an der deutschen Tradition, was für jeden Amerikaemigranten aus Deutschland gelten sollte:

„Wer einmal hier auf freiem Boden in diesem Gewimmel ist, der schließe ab mit seinem alten Vaterlande und suche sich, unbelästigt durch Rückerinnerungen, seinen Wirkungskreis so gut er kann. Die Liebe zu seiner Sprache und Literatur soll er heilig halten, und seinen Kindern einzuflößen suchen. Was er Edles als von seinen Vätern überkommen in sich trägt, möge er nie verlieren. Er erniedrige sich nie, sein Land zu verläugnen. Dies wäre Undank und Thorheit zugleich. Wenn er so, mit Aufrechterhaltung und Verfechtung seiner deutschen Tugenden, seine politische Treue dem Lande seiner Wahl fest zuwendet, ehrt er sich selbst am besten und auch das Volk, dem er entstammt ist und dem auch hier immer noch sein Herz in unvergänglicher Liebe schlägt."[54]

Mit diesen Erkenntnissen wollte sich Körner von seinem aus Hamm stammenden Freund, dem Deutschamerikaner Friedrich Kapp abgrenzen, der ebenso ein größeres Werk zur Geschichte der deutschen Einwanderung in Amerika geschrieben, sich dann aber auf die Geschichte der Deutschen im Staat New York bis zu Beginn des 19. Jahrhunderts spezialisiert hatte[55]. Nach Ansicht Körners habe Kapp den damaligen Zustand Deutschlands als zu günstig bewertet. Deutschland sei zwar nicht mehr der „enge Käfig, wie vormals", bei weitem jedoch von einem politischen Status, wie ihn die USA damals besaßen, noch entfernt[56].

Im übrigen beschrieb Körner in diesem Buch die Niederlassungen deutscher Weggefährten, aber auch der Übersiedler vor Beginn des 19. Jahrhunderts in den einzelnen Bundesstaaten Pennsylvanien, New Yersey, New York, in den Neuengland-Staaten, in Ohio, Indiana, in seiner neuen

---

51 Klemke, Emigration (s. Anm. 2), S. 57.
52 Stüken, Körner (s. Anm. 41), S. 2; Dippel, Körner (s. Anm. 45), S. 384; Dvorak, Lexikon (s. Anm. 10) I/3, S. 136.
53 Körner, Element (s. Anm. 48).
54 Ebd., Vorwort, S. 11 f.
55 Kapp, Friedrich: Geschichte der deutschen Einwanderung im Staate New York, bis zum Anfang des 19. Jahrhunderts, 3. Aufl. New York 1867; Kapp (1824-1884) gehörte 1842 der Burschenschaft Walhalla Heidelberg, 1843 dem Corps Suevia Heidelberg an, sein Sohn Wolfgang (1858-1922), Mitglied des Corps Hannovera Göttingen, wurde 1920 durch den nach ihm benannten Putsch bekannt; Dvorak, Lexikon (s. Anm. 10) I/3, S. 63 f. – Wolfgang Stüken, Deutsch-Amerikanischer Freundeskreis Paderborn-Belleville (DAFK), überreichte dem Vorsitzenden der Historischen Gesellschaft des Kreises St. Clair, Jack LeChien, anläßlich des 200. Geburtstages Körners am 20. 11. 2009 als besonderes Geschenk für das spätere Museum einen Originalbrief Körners, den dieser 1867 aus Belleville an Friedrich Kapp, der damals in New York lebte, geschickt hatte, mit den Worten: „Dieser Brief kehrt heute nach Belleville zurück."; http://www.dafk-paderborn.de/archiv/2009/091125koerner.html (Stand: 1. 6. 2011), S. 1.
56 Körner, Element (s. Anm. 48), Vorwort, S. 5, 11.

Heimat Illinois, dann in Wisconsin, Michigan, Kalifornien, Missouri, Kentucky, Tennessee, Texas, Louisiana, Süd-Carolina, Maryland, Virginia und im District of Columbia. Die Ausführungen und detaillierten Vergleiche zeugen von Körners sorgfältigen Recherchen, aber auch von seinen hervorragenden Kenntnissen der US-amerikanischen Geschichte, der Politik, Kultur und der allgemeinen Lebensbedingungen in den USA. Den beiden Kapiteln zu Illinois[57] widmete er natürlich besonders breiten Raum. Nach einer historischen Einführung würdigte er vor allem seine Weggefährten, die sich dort mit ihren Familien angesiedelt hatten, so die bereits oben erwähnten, am Wachensturm jedoch nicht beteiligten Mitglieder der Familie Hilgard[58], die mit ihnen und inzwischen auch mit dem Autor selbst verwandte Familie Engelmann[59], Georg und Wilhelm Neuhoff[60] sowie Georg[61] und Gustav Bunsen[62] aus Frankfurt a. M., der sich dort – ebenso wie sein Schwager Georg Adolph Berchelmann[63] – als Arzt niedergelassen hatte. Sonst erwähnt Körner weitere Einwanderer – darunter auch Nichtakademiker – aus Deutschland und betonte das besonders hohe Ansehen und den Erfolg, den gerade die Migranten aus Deutschland hier erlangt hätten[64].

In seinen späteren Lebensjahren blieb Körner ein Freund und Berater Lincolns und stets ein entschiedener Gegner der Sklaverei. Er genoß hohes Ansehen als Staatsmann und als bedeutende Verkörperung des Deutsch-Amerikanertums. Nur einmal noch, 1863, kehrte Körner in seine Vaterstadt zurück, um am großen Frankfurter Schützenfest teilzunehmen[65].

Auch heute wird in Illinois, insbesondere in Belleville, immer wieder gern an Gustav Peter Körner erinnert. Anläßlich seines 200. Geburtstages am 20. November 2009 wurde in Belleville ein festliches Dinner veranstaltet, an dem mehr als 150 Gäste teilnahmen, darunter Nachfahren Körners, die aus Kalifornien, Michigan und Maine angereist waren, aber auch ein Gast aus der deutschen Partnerstadt Paderborn: Wolfgang Stüken vom Deutsch-Amerikanischen Freundeskreis Paderborn-Belleville (DAFK), der das Belleviller Körner-Projekt durch historische Forschungen zur Biographie und zu den Verdiensten Körners sowie zu dessen deutschen Wurzeln unterstützt. Ziel des DAFK ist ein bereits geplantes Museum in Körners ehemaligem Wohnhaus in Belleville, das 2014 eröffnet werden und vor allem Körners enges Verhältnis zu Lincoln, beider

---

57 Ebd., S. 244-281.
58 Ebd., S. 245 f.: Theodor u. Eduard Hilgard aus Speyer; ebd., S. 255-264: Theodor E. Hilgard, Julius Hilgard, Julius E. Hilgard, Eugen Hilgard u. Eugen Woldemar Hilgard.
59 Körner, Element (s. Anm. 48), S. 246-249.
60 Ebd., S. 252.
61 Ebd., S. 254 f.
62 Ebd., S. 252.
63 Georg Adolph Berchelmann (* Frankfurt a. M. 13. 8. 1809 als Sohn eines Advokaten, verschwägert mit Georg u. Gustav Bunsen, † Belleville 1. 1. 1873), studierte Medizin in Würzburg u. Heidelberg, war Deputierter.
64 Körner, Element (s. Anm. 48), S. 245-267; davor (1818) hatten sich schon viele Familien aus der Schweiz in Illinois niedergelassen.
65 Dvorak, Lexikon (s. Anm. 10) I/3, S. 136; Dippel, Körner (s. Anm. 45); zu den Schützen als – neben Turnern und Sängern – eine der drei Säulen der deutschen Nationalbewegung: Michaelis, Hans-Thorald: Unter schwarz-rot-goldenem Banner und dem Signum des Doppeladlers. Gescheiterte Volksbewaffnungs- und Vereinigungsbestrebungen in der Deutschen Nationalbewegung und im Deutschen Schützenbund 1859-1869 – Elemente einer deutschen Tragödie (Europäische Hochschulschriften, Reihe 3, 549), Frankfurt a. M./Berlin/Bern/New York/Paris/Wien 1993; Klenke, Dietmar: Nationalkriegerisches Gemeinschaftsideal als politische Religion. Zum Vereinsnationalismus der Sänger, Schützen und Turner am Vorabend der Einigungskriege, in: Historische Zeitschrift 260/2 (1995), S. 395-448; die Querverbindungen zwischen Schützen und Studenten sind bisher nicht untersucht.

Einsatz gegen die Sklaverei und Körners Mitwirkung bei der Gründung der Republikanischen Partei 1856 und seine Unterstützung bei Lincolns Präsidentschaftskandidatur 1860 dokumentieren soll. Der Bürgermeister von Belleville, der inzwischen 45.500 Einwohner zählenden größten Stadt im südlichen Illinois, Mark Eckert, würdigte Körner als große Persönlichkeit. Zwischen den Partnerstädten Illinois und Paderborn besteht auch darüber hinaus ein enger Schüler- und Jugendaustausch[66].

Körners Weggefährte, Mitstreiter und Schwager Theodor Engelmann[67] aus Winnweiler i. d. Pfalz war als Teilnehmer am Hambacher Fest und Mitunterzeichner eines Protestschreibens gegen die Bundesbeschlüsse vom 28. Juni 1832 hoch motiviert und ließ sich, obgleich er schon mit seinen Eltern, Geschwistern und seinem Vetter, dem Kaufmann Carl David Weber (1814-1881) auf dem Weg nach Le Havre und von dort in die USA war, angeblich von Körner zur Teilnahme am Wachensturm überreden, konnte aber nach dessen Scheitern zu seiner Familie nach Le Havre fliehen. Zur Auswanderung veranlaßt wurde er durch Briefe seiner Verwandten in Illinois. Er hatte sich auf eine praktische Tätigkeit in den USA vorbereitet und war daher nach dem Studium in Kaiserslautern bei einem Gerber tätig, schlug dann jedoch andere Wege ein. Seit 1835 war Engelmann in St. Louis ansässig und eröffnete dort ein Auskunftsbüro, eine Landagentur und eine Buchhandlung. Er gehörte dort 1835 außerdem zu den Gründern der deutschen Zeitung „Anzeiger des Westens", ging im Jahr darauf nach Belleville und gründete dort zusammen mit Gustav Körner und anderen deutschen Intellektuellen eine deutsche Bibliothek, die spätere „Belleville Public Library", in der auch deutsche Zeitungen archiviert wurden. Die Stadt stieg zum Zentrum deutscher Kultur und Wirtschaft auf. Deutsche Farmer schrieben dort eigens für deutsche Zeitungen, die erste deutsche Zeitung wurde hier 1844 gedruckt. Obgleich Körner und Engelmann neben vielen anderen Landsleuten hervorragende und stilistisch einwandfreie Artikel in der Presse und vornehmlich im „Anzeiger" veröffentlichten, gelang vielen nicht auf Anhieb der Sprung nach oben, da sie einer besonderen Zensur unterstanden und zu viel „Hochdeutsch" bemängelt wurde. Erst ab 1850 wurde man auf deutschen Einfluß aufmerksamer[68].

Ebenso wie Körner war Engelmann über die fehlerhafte Beurteilung der Deutschen in Amerika informiert, daher begann er gemeinsam mit seinem Schwager unter dem Pseudonym „Charles Neyfeld" 1837 die Herausgabe der mehrbändigen, äußerst erfolgreichen Publikation „Westland" und gründete 1840 die erste, allerdings nur für fünf Monate bestehende deutsche Zeitung in Illinois: „Der Freiheitsbote für Illinois" Danach folgte die deutsche, den Demokraten nahe stehende Zeitung „Belleville Beobachter", deren erste Nummer am 21. März und die vorerst letzte Ausgabe am 10. April 1845 erschien. Diese Zeitung verkaufte Engelmann an seinen Chefredakteur Bartholomäus Hauck, der den Firmensitz nach Quincy verlegte. Grund war Engelmanns neuer Posten als amtlich bestellter Notar (Chief Clerk of the Circuit Court) in Belleville. Nach der Rückkehr nach Belleville erschien die auf Nachrichten sowohl aus Deutschland als auch aus den USA gleichermaßen spezialisierte Zeitung wieder am 11. Januar 1849 als „Belleville Zeitung" mit Engelmann als Herausgeber.

---

66   „Auch ein Geschenk aus Paderborn. Belleville feierte 200 Geburtstag des Deutschamerikaners Gustav Körner", in: http://www.dafk-paderborn.de/archiv/2009/091125koerner.html (Stand: 1. 6. 2011), S. 1-2.
67   Dvorak, Lexikon (s. Anm. 10) I/1, S. 257 f.; Klemke, Emigration (s. Anm. 2), S. 57 f.
68   Wittke, Carl: The German-Language Press in America, University of Kentucky 1957, S. 38-40, 55; der „Anzeiger des Westens" erschien ab 1841 als halbwöchentliche Ausgabe, seit 1846 kam er täglich heraus.

1851 zog sich Engelmann ganz aus dem Zeitungsgeschäft zurück und widmete sich wieder seinem Anwaltsberuf, wurde ein Jahr später Partner in der Kanzlei von Gustav Peter Körner. Große politische Ambitionen lagen Engelmann fern, nach dem Urteil Körners war er jedoch ein musterhafter Beamter. Seit 1860 betätigte er sich, angeregt durch die Erfolge seines Vaters Friedrich Theodor, dessen „Engelmann-Farm" im Shiloh Valley bei Belleville bald zum Zentrum und Anziehungspunkt für viele deutsche Einwanderer wurde, die aus politischen Gründen die alte Heimat verlassen hatten, ebenso – und inzwischen mit mehr Erfolg – als Farmer. Theodor Engelmann besaß angeblich eine der schönsten und größten Farmen im County und spezialisierte sich auf den Weinanbau, hatte seinerzeit den größten Weinberg und das größte Weinlager, wobei seine besondere Aufmerksamkeit der Krankheit der Reben sowie dem Studium und der Zucht der Grapefruit galt. Engelmann starb am 17. März 1889 in Belleville und fand seine letzte Ruhestätte dort auf dem Walnut Hill Cemetery[69].

In Belleville ansässig wurden auch zwei der drei am Wachensturm beteiligten Brüder Neuhoff aus Frankfurt a. M., einmal Georg Ludwig, Ökonom und Geschäftsmann, geboren am 14. November 1807 in Frankfurt-Bonames. Er besuchte nach Volksschule und Gymnasium ein Wirtschaftskolleg, wo er auf Wunsch des Vaters, eines angesehenen Kaufmanns und Müllers, Buchhaltung und Bankwesen lernte, trat dann in das väterliche Unternehmen ein und erhielt im Anschluß eine Stelle bei einer Bank und in verschiedenen anderen Zweigen dieser Branche. Neuhoff nahm 1833 beim Angriff auf das kurhessische Zollhaus in Preungesheim und am Wachensturm teil, floh dann über Nancy nach Frankreich und nach Amerika und war später in Belleville als Farmer, Bankier, Gastwirt und Brauereibesitzer tätig. Er gründete die „Belleville Savings Bank" und beteiligte sich erfolgreich an öffentlichen Bauvorhaben. 1842 heiratete er in Belleville Mary Knoebel, aus der Ehe gingen acht Kinder hervor.

Ähnlich wie sein Weggefährte und Mitstreiter Gustav Peter Körner war Georg Ludwig Neuhoff politisch sehr engagiert und wurde Mitglied der Demokraten, nachdem er schon jahrelang freundschaftliche Kontakte zu Vertretern dieser Partei gepflegt hatte. Er starb am 3. April 1887 in Belleville. Der Bürgermeister von Belleville, J. M. Dill, pries in seiner Trauerrede vom 4. April 1887 das hohe Ansehen, die große Gastfreundschaft und den gradlinigen Charakter Neuhoffs. Beigesetzt wurde Georg Ludwig Neuhoff auf dem Grünen Bergfriedhof in Belleville[70].

Sein ebenfalls am Wachensturm und beim Angriff auf die Preungesheimer Zollstätte beteiligter und daraufhin nach Frankreich geflohener jüngerer Bruder Friedrich Wilhelm, geboren 1813 in Bonames und von Beruf Küfer, für den der Vater, Schultheiß Georg Walter Neuhoff, erfolglos ein Bittgesuch an die Behörden gerichtet hatte, um den inhaftierten Sohn freizubekommen, zog 1842 nach allen fehlgeschlagenen Amnestiersuchen zum Bruder nach Belleville; sein Todesda-

---

69 Dvorak, Lexikon (s. Anm. 10) I/1, S. 257 f.; Klemke, Emigration (s. Anm. 2), S. 57 f.; Hinweise auch unter: http://de.wikipedia.ord/wiki/Theodor_Engelmann (Stand: 1. 6. 2011), S. 1-3; sehr eingehend würdigte Gustav Peter Körner die Familie Engelmann, vor allem aber seinen Freund u. Schwager Theodor Engelmann in seinem Buch über das deutsche Element in den Vereinigten Staaten; mit seinen handwerklichen Bestrebungen als gelernter Gerber hatte Engelmann angeblich so wenig Erfolg wie im Landbau, ausgenommen natürlich Weinbau u. Zucht von Grapefruit; auch er der Jagd, die er – ebenso wie sein Vater u. mehrere Mitglieder der Familie – leidenschaftlich betrieb, konnte er nicht existieren; um so erfolgreicher war er als Rechtsanwalt u. Journalist, half Wilhelm Weber in der Redaktion des „Anzeigers des Westens"; Engelmanns Beiträge zeichneten sich stets durch große Klarheit u. einen sehr gewandten Stil aus; Körner, Element (s. Anm. 48), S. 246-249, hier S. 247 f.
70 Schlicht, Wachensturm (s. Anm. 2), passim, insbesondere S. 9-13, 104-108; Klemke, Emigration (s. Anm. 2), S. 105.

tum ist nicht bekannt[71]. Gustav Peter Körner erwähnte den Ökonom Georg Neuhoff nur kurz in seinem Buch über das deutsche Element. Auf Neuhoffs Verdienste im öffentlichen Bereich ging er merkwürdigerweise nicht weiter ein[72].

Der Rechtsanwalt Dr. Peter Neuhoff, der älteste der drei Brüder, hatte es beruflich zwar am weitesten gebracht, konnte jedoch seinen Brüdern nicht in die USA folgen. Nach dem mißglückten Angriff, bei dem er die Konstablerwache mitersturmen sollte, floh er zunächst nach Darmstadt, wo er wenige Tage später verhaftet wurde. Auf dem Weg zur Auslieferung nach Frankfurt entkam er dem begleitenden Darmstädter Polizisten. Nach erneuter Festnahme in Kronberg wurde Peter Neuhoff in das Kriminalgefängnis in Wiesbaden gebracht, wo er an Typhus erkrankte und am 23. Juli 1833 starb. Er war übrigens der erste, der den vorherigen Verrat und ein daraufhin folgendes Scheitern des Wachensturms annahm, zumal er die Kutsche des österreichischen Präsidialgesandten vor dem Haus des Frankfurter Älteren Bürgermeisters gesehen habe. Aber statt seiner hatte sie der Resident Freiherr von Handel benutzt, der Guaita den Hinweis auf die drohende Gefahr überbrachte[73].

Gustav Bunsen konnte sich bei seinem Bruder Georg Bunsen fünf Wochen lang verstecken, denn die Frankfurter Führer des Wachensturms konnten als Bürger ehestens in der Stadt untertauchen[74]. Wie die beiden Brüder Neuhoff siedelte sich auch Georg Bunsen in Belleville an. Er ging mit der „Gießener Auswanderungsgesellschaft" aus Furcht vor politischer Verfolgung in die USA und erwarb in der Nähe von Belleville eine Farm. Als gelernter Pädagoge gründete er 1855 eine Schule nach den Prinzipien Pestalozzis, die bald einen guten Ruf hatte[75].

Sein jüngerer Bruder, der in Frankfurt als Arzt tätige Dr. Gustav Bunsen, führendes Mitglied des Frankfurter Preß- und Vaterlandsvereins, floh über Frankreich nach Nordamerika, wo er sich ebenfalls als Farmer in Belleville ansiedelte. Für kurze Zeit war er auch Arzt in Cincinnati. 1835 wurde er Mitglied der texanischen Freiwilligenarmee. Er fiel im Februar 1836 im Kampf gegen die Mexikaner[76].

Beider Brüder gedachte Körner:

„Bald darauf kamen andere Flüchtlinge in die Nähe: Dr. med. Gustav Bunsen aus Frankfurt, welcher stark bei dem Frankfurter Attentat betheiligt war, wo er verwundet wurde, ein Mann von großer Thatkraft, scharfem Verstande, entschlossenem Muthe, aber nicht ohne große Neigung zu Extremen. Er war schon 1830 als Arzt nach Polen gegangen, dort in russische Gefangenschaft gerathen, später aber freigegeben worden. Im Jahre 1836 schloß er sich einer

---

71 Ausführlich: Schlicht, Wachensturm (s. Anm. 2), S. 9-13, 105-107; Klemke, Emigration (s. Anm. 2), S. 106.
72 Körner, Element (s. Anm. 48), S. 252.
73 Ausführlich: Dvorak, Lexikon (s. Anm. 10) I/4, S. 198 f.; s. Anm. 24; Schenk, Wachensturm (s. Anm. 2), S. 46-48; Schlicht, Wachensturm (s. Anm. 2), S. 9 f., 13, 105; Görisch/Mayer, Untersuchungsberichte (s. Anm. 2), S. 59-61, 80, 83-85 u. passim.
74 Schenk, Wachensturm (s. Anm. 2), S. 48.
75 Zu Georg Bunsen (* Frankfurt a. M. 1794, † Belleville 1872): Klemke, Emigration (s. Anm. 2), S. 46 f.
76 Zu Gustav Bunsen (* Frankfurt a. M. 1804, † San Patricio/Texas 1836): ebd., S. 47.

Freischaar an, um Texas in seinem Unabhängigkeitskampfe zu helfen. Er fiel bei einem unerwarteten Ueberfall der Mexikaner"[77].

Georg Bunsen würdigte Körner als einen hochgebildeten und sehr qualifizierten Pädagogen:

„In demselben Jahre [1834] erfolgte die Einwanderung von Georg Bunsen, der sich etwa zwei Meilen östlich von Hilgard's Farm niederließ. Die Familie Bunsen war ein Bruchstück der gescheiterten Gießener Auswanderungs-Gesellschaft. Sie zog es vor, sich in Illinois niederzulassen [...] Die erste Erziehung erhielt Georg in seiner Vaterstadt, studirte 1812 in Berlin Philosophie, hörte Wolf und Fichte, trat aber in die Reihen der Frankfurter freiwilligen Jäger, und machte den Feldzug von 1814 gegen Frankreich mit. Nach Beendigung des Krieges nach Berlin zurückgekehrt, um seine philosophischen und philologischen Studien zu vollenden, fand er eine Anstellung in der berühmten Lauterschen Schule zu Charlottenburg, welche nach den Grundsätzen des Pestalozzi'schen Systems geführt wurde. Nachdem er in einem ähnlichen Institut in Wiesbaden thätig gewesen war, errichtete er selbst im Jahre 1820 eine Lehranstalt zu Frankfurt, im Geiste Pestalozzi's, welche er zu großer Blüthe brachte, und die bis zum Jahre 1834 bestand. Seine freisinnigen republikanischen Grundsätze, sowie der Wunsch seiner zahlreichen Familie ein mehr ansprechendes Heim zu gründen, trieben ihn zur Auswanderung."[78]

Den weiteren Lebensweg Bunsens in den USA beschrieb Körner als einen sehr erfolgreichen. Durch die Teilnahme am öffentlichen Leben gelangte Georg Bunsen bald zu hoher gesellschaftlicher Anerkennung und wurde von seinen Nachbarn zum Friedensrichter ernannt, eine Stelle, die er viele Jahre lang bekleidete. 1847 wurde er von St. Clair County zum Delegaten der Staatskonvention erwählt, um eine neue Verfassung zu entwerfen, eine geachtete und verantwortliche Stellung. Seinem Lehrerberuf blieb er treu, unterrichtete zunächst seine eigenen Kinder, dann auch Kinder aus der Nachbarschaft und gründete 1855 in Belleville eine Musterschule, um seine rationellen Ansichten über Erziehung im größeren Stile umzusetzen. Seine Kollegen – Lehrer an Freischulen – erkannten seine Erziehungsrichtlinien, mehr noch als seine Kollegen in Deutschland, als sehr vorbildlich an. 1856 wurde Bunsen zum Direktor und Inspizienten der Freischulen in Belleville ernannt, bald darauf zum Superintendenten aller Freischulen im ganzen County und war Mitglied des Staatserziehungsrates sowie Mitgründer der „Staats-Normal-Schule", eines Lehrerseminars in Bloomington. Bunsens Verdienst, so Körner abschließend, war die Entwicklung neuer Strukturen im dortigen Schulwesen, statt formellen Einpaukens wurden Denkübungen und Selbstentwicklung gefördert und somit erste Ansätze eines modernen Schulwesens in Amerika realisiert. Im Jahr 1874 starb Bunsen, nach dem bald eine Schule in Belleville benannt wurde, die „Bunsen-Schule"[79].

---

77 Körner, Element (s. Anm. 48), S. 252; zu Georg Bunsen vgl. ebd., S. 254 f.; Körner erwähnte dabei auch beider Vater, den Vorsteher der städtischen Münze in Frankfurt, „ein in seinem Fach ausgezeichneter Mann", verwandt mit dem Diplomaten u. Gelehrten Josias Bunsen u. dem Chemiker Robert Wilhelm Bunsen, Erfinder des nach ihm benannten Gasbrenners („Bunsenbrenner").
78 Körner, Element (s. Anm. 48), S. 254.
79 Ebd., S. 254 f.

Georg Adolph Berchelmann, Schwager von Georg und Gustav Bunsen, war ebenso als Arzt in Belleville tätig. Während seines Medizinstudiums in Würzburg und Heidelberg wurde er 1829 Mitglied der Burschenschaft Amicitia/Germania Würzburg und 1831 der Alten Franconia (I) Heidelberg, gehörte dem Vorstand des Frankfurter Preß- und Vaterlandsvereins an und war 1831 Deputierter Würzburgs auf dem Frankfurter Burschentag. Nach seiner Promotion zum Dr. med. unterrichtete er zunächst als Lehrer an der Erziehungsanstalt von Georg Bunsen in Frankfurt a. M., nahm 1833 führend am Wachensturm teil und floh dann – seit dem 9. April 1833 steckbrieflich verfolgt – über Straßburg nach Nordamerika. Da alle Ermittlungen erfolglos blieben, wurde er nicht verurteilt. In Nordamerika praktizierte er zunächst auf dem Lande, ließ sich dann als Arzt in Belleville nieder, wo er bald hohes Ansehen genoß, und praktizierte dort bis zu seinem Tode 1873. Berchelmann war seit 1836 außerdem Mitbegründer der deutschen Bibliotheksgesellschaft von Belleville. Körner würdigte ihn mit den Worten:

„Dr. med. Adolph Berchelmann, ebenfalls ein Theilnehmer des Frankfurter Attentats, praktizierte zuerst auf dem Lande in der Nähe der Farmen der Gebrüder Hilgard, zog dann nach Belleville, wo er bis zu seinem Tode [...] als Arzt sich die Liebe und Achtung aller seiner Mitbürger erwarb. Liebenswürdige Menschenfreundlichkeit, aufopfernde Uneigennützigkeit und Treue in seinem Beruf waren die Hauptzüge seines Charakters."[80]

Ludwig Silberrad war unter den Wachenstürmern, die es in die USA zog, eher ein glückloses bzw. ungewisses Schicksal beschert. Aus völlig zerrütteten Familienverhältnissen stammend – seine Mutter war Alkoholikerin – und schon während der Schul- und Studienzeit weitgehend orientierungslos und später ohne Hochschulreife bzw. Studienabschluß, wurde er Kneipfreund der radikalen Freiburger Burschenschaft Germania[81]. Mit Wilhelm Obermüller[82], einem leidenschaftlichen Republikaner und streitbaren Demokraten, sowie mit Wilhelm Zehler[83] bekannt, war Silberrad beim Hambacher Fest und am Wachensturm beteiligt, wobei er wie Obermüller und dessen Bruder Theodor sowie Zehler erst sehr spät in den Gesamtplan eingeweiht wurde. Nach dessen Scheitern wurden Silberrad und Obermüller am 4. April 1833 zusammen mit Carl Heinrich von Reitzenstein[84] und Peter Friedrich Neuhoff[85] in Darmstadt festgenommen. Silberrad wurde – wie Reitzenstein und Heinrich Josef Freund[86] – während der Untersuchungshaft wahnsinnig, mußte daher zeitweilig im Frankfurter Irrenhaus behandelt werden. Silberrad litt an einer schizoiden Psychose und war schon am 27. Juli 1833 nicht mehr fähig, weiter dem Verhör

---

80   Ebd., S. 252; vgl. Anm. 63; Klemke, Emigration (s. Anm. 2), S. 39.
81   Zur Burschenschaft Germania Freiburg 1832: Gundermann, Germania (s. Anm. 16).
82   Zu Obermüller s. Anm. 27.
83   Zu Wilhelm Zehler s. Anm. 29; Institut für Stadtgeschichte Frankfurt a. M., Acta criminalia (s. Anm. 16), Anlagen zu den Untersuchungsakten Ludwig Silberrad, fasc. spec. 21, Bd. 2, Bl. 317, 317v.: Auszug aus dem Urteil in der Untersuchungssache gegen Wilhelm Zehler v. Nürnberg, 18. Juni bis 25. September 1836: Untersuchungsarrest, 15-jährige Zuchthausstrafe, Untersuchungskosten.
84   Siehe Anm. 22.
85   Siehe Anm. 24.
86   Siehe Anm. 28.

zu folgen. Den behandelnden Arzt, Dr. Theodor Friedrich Arnold Kestner[87], hielt er zeitweilig für seinen Vater, sich selbst für den Sohn Gottes[88]. Seine Erklärungen zur göttlichen Offenbarung sind im Protokoll festgehalten worden[89]. Am 7. März 1837 wurde wegen seines detaillierten Geständnisses seine Strafe – laut Urteil vom 19. Oktober 1836 „in Anbetracht der besonders mildernden Umstände" von „nur 15 Jahren Zuchthaus" – in Begnadigung zur Haft auf der Festung Hartenberg bei Mainz umgewandelt. Im September 1838 wurde Silberrad zu lebenslänglicher Verbannung nach Nordamerika begnadigt und schiffte sich am 24. in Bremerhaven ein. Danach verliert sich seine Spur, es ist nicht einmal bekannt, ob und wo er in Amerika angekommen ist[90].

Ungeklärt blieben bis heute auch die Schicksale von Heinrich Josef Freund[91] und Jacob Glauth, der beim Putsch die Munition beschafft hatte[92]. Freund, Student der Forstwissenschaft in Aschaffenburg und der Medizin in Würzburg, dort 1831 Mitglied der Alten Würzburger Burschenschaft und ihres engeren Vereins, wurde 1835 in ein Frankfurter Heim für Geisteskranke eingeliefert, im darauffolgenden Jahr zu lebenslänglicher Zuchthausstrafe verurteilt, die er in einem eigens dafür hergerichteten Gefängnis auf der Hauptwache verbüßen mußte. Nach seiner Freilassung 1838 und Aufhebung der Untersuchung gegen ihn 1839 wanderte er – vermutlich aus politischen Gründen – 1844 nach Amerika aus. Danach verliert sich, ebenso wie bei Silberrad, seine Spur.

Jacob Glauth war als Schwertfeger zwar nicht Mitglied einer Burschenschaft, als Oberleutnant der Frankfurter Bürgerartillerie jedoch sehr effektiv im Beschaffen und Veräußern von Gewehren und Munition für den Aufstand vom 3. April 1833. Er gestand unter anderem, schon vierzehn Tage vor dem festgesetzten Termin angeblich an einen bei Dr. Bunsen wohnenden Unbekannten – ohne Zweifel wohl an Bunsen selbst – 120 Gewehre mit Bajonetten, das Stück für sieben Gulden verkauft, den Kaufpreis von 840 Gulden dann in drei Raten von diesem Unbekannten und von Bunsen erhalten zu haben. 60 dieser Gewehre wies Glauth damals auf den Büchsenschifter Kirchner in Kronberg zum Weitertransport nach Bonames und zur Bewaffnung der dortigen Aufrührer an, weitere 60 Gewehre sollten erst am 3. April 1833 bei Glauth abgeholt werden. 1836 wurde er wegen Beihilfe zu zwölf Jahren Festungshaft verurteilt, im Juni 1840 wurde die Strafe vom Frankfurter Senat in lebenslängliche Verbannung nach Nordamerika umgewandelt. Ende 1840 erreichte Glauth über Bremerhaven New York, fand dort jedoch keine gesicherte Beschäftigung, so daß er 1846 nach Deutschland in das damals kurhessische Bockenheim zu seiner Familie zurückkehrte, angeblich, um seine Vermögensverhältnisse zu regeln und seine

---

87 Zu Kestner (1779-1847), Sohn von Charlotte Kestner geb. Buff (Goethes „Lotte" in „Werther"), später Professor u. Mitbegründer des Physikalischen u. des Ärztlichen Vereins in Frankfurt a. M., Administrator des Städel: Klötzer, Wolfgang (Hg.)/Hock, Sabine u. Frost, Reinhard (Bearb.): Frankfurter Biographie. Personengeschichtliches Lexikon, Bd. 1: A-L, Frankfurt a. M. 1994, S. 392.
88 Dazu: Gundermann, Silberrad (s. Anm. 2), S. 130.
89 Acta criminalia 1833, No. 11426 (s. Anm. 16), Anlagen zu den Untersuchungsakten Ludwig Silberrad, fasc. spec. 21, Bd. 2, Bl. 161-163: Erklärung der Offenbarung Gottes.
90 Dvorak, Lexikon (s. Anm. 10) I/5, S. 439; Gundermann, Silberrad (s. Anm. 2), S. 130, 132 f., 146; Görisch/Mayer, Untersuchungsberichte (s. Anm. 2), S. 74; zur Beteiligung Silberrads am Wachensturm: ebd., S. 86, 89 f., 94-99; bei Klemke, Emigration (s. Anm. 2), finden sich keine weiteren Angaben zu Silberrads späterem Schicksal.
91 Siehe Anm. 28; Klemke, Emigration (s. Anm. 2), S. 63; Gundermann, Silberrad (s. Anm. 2), S. 130 f.
92 Siehe Anm. 25; Klemke, Emigration (s. Anm. 2), S. 65; Gundermann, Silberrad (s. Anm. 2), S. 137, 143 f.; Görisch/Mayer, Untersuchungsberichte (s. Anm. 2), S. 82-85; Institut für Stadtgeschichte Frankfurt a. M., Acta criminalia, 11361-11363.

Familie nach Nordamerika mitzunehmen. Seitdem ist Glauth nicht mehr belegt und ungeklärt, ob er wieder nach Amerika zurückkehrte oder bis zu seinem Tod in Deutschland blieb.

IV.

Wesentlich besser unterrichtet sind wir über die Burschenschafter, die bereits vor den Wachenstürmern in den USA eine neue Heimat gesucht und meistens auch gefunden hatten. Einer der bekanntesten war Karl Theodor Christian Follen aus Gießen, geboren am 4. September 1796 in Romrod i. Oberhessen als Sohn des Hofgerichtsadvokaten, Gießener Justizbeamten und Landrichters in Friedberg, Christian Follenius, gestorben 1840 auf Long Island Sound bei New York. Als Jurastudent war Follen Anhänger der Turnbewegung und galt als unbestrittener Führer der radikalen Gießener Burschenschaft Germania, der „Gießener Schwarzen", und unterstützte nachhaltig Reformbestrebungen innerhalb der Studentenschaft. Nach seiner Promotion zum Dr. iur. verließ Follen 1818 die Universität und wurde Privatdozent in Gießen und Jena. Wegen seiner Kontakte zum Kotzebue-Mörder Karl Ludwig Sand verlor er die venia legendi. Anfang 1820 verließ Follen Deutschland und ging über Straßburg und Paris nach Chur in der Schweiz, wo er als Lehrer für Geschichte und Latein tätig war. Von 1821 bis 1824 lehrte er an der Universität Basel Rechtswissenschaften. Hier war er auch Mitgründer des revolutionären „Jünglingsbundes" und sympathisierte mit Ideen der Französischen Revolution, vor allem mit Robbespierre. Nach Aufdeckung des Jünglingsbundes im November 1823 verlangten Preußen und Österreich vom Schweizer Bundesrat die Auslieferung. Follen entschied sich angesichts drohender Verhaftung für die Auswanderung in die USA und reiste am 1. November 1824 über Le Havre nach New York, ließ sich in Cambridge/Massachusetts nieder und erhielt an der dortigen Harvard-University einen Lehrauftrag für deutsche Sprache. Er wurde zum Wegbereiter der Germanistik in den USA. Mit der 1826 erfolgten Gründung einer Turnschule in Boston konnte sich Follen als einer der Hauptinitiatoren des Turnwesens in Amerika ausweisen, förderte zudem deutsche Pädagogik und Philosophie. 1830 wurde ihm eine Professur für deutsche Literatur an der Harvard-University übertragen, die man aber nach fünf Jahren wegen seines Eintretens für die „Befreiung der Negersklaven" – damals noch ein Tabu – nicht mehr verlängerte. Nach Aufgabe seiner Professur schlug sich Follen als Schriftsteller und Prediger durch. Er wurde Unitarier, predigte zunächst in einer Gemeinde New Yorks, später in East Lexington/Massachusetts. Seine Bemühungen, Deutschland von Amerika aus zu reformieren, schienen immer erfolgreicher. 1840 starb Follen unter tragischen Umständen bei einem Schiffsbrand, als er gerade eine neue Stelle antreten wollte. Seine Witwe Eliza Follen geb. Cabot, eine bekannte Jugendschriftstellerin, gab Follens Werke heraus[93].

---

93 Klemke, Emigration (s. Anm. 2), S. 61; Dvorak, Lexikon (s. Anm. 10) I/2, S. 54 f.; Brunck, Helma: Karl Follen – Burschenschafter, Schriftsteller und Revolutionär, in: Heidenreich, Bernd/Hess. Landeszentrale für politische Bildung (Hg.): Dichter, Denker und Reformer: Kritische Hessen des 19. Jahrhunderts (Kleine Schriftenreihe zur hessischen Landeskunde, 2), Wiesbaden//Eltville 1993, S. 23-31; grundlegend: Haupt, Herman: Karl Follen und die Gießener Schwarzen. Beiträge zur Geschichte der politischen Geheimbünde und der Verfassungsentwicklung der alten Burschenschaft in den Jahren 1815-1819 (Mitteilungen des Oberhessischen Geschichtsvereins, 15), Gießen 1907; ders.: Karl Follen [1796-1840], in: ders./Wentzcke, Paul (Hg.): Hundert Jahre deutscher Burschenschaft.

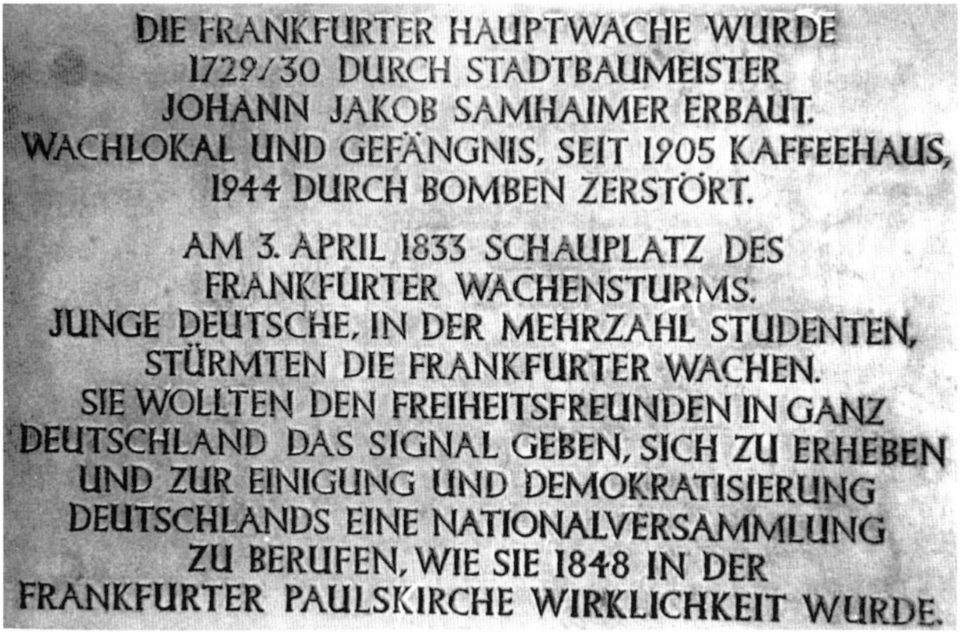

> DIE FRANKFURTER HAUPTWACHE WURDE
> 1729/30 DURCH STADTBAUMEISTER
> JOHANN JAKOB SAMHAIMER ERBAUT.
> WACHLOKAL UND GEFÄNGNIS, SEIT 1905 KAFFEEHAUS,
> 1944 DURCH BOMBEN ZERSTÖRT.
>
> AM 3. APRIL 1833 SCHAUPLATZ DES
> FRANKFURTER WACHENSTURMS.
> JUNGE DEUTSCHE, IN DER MEHRZAHL STUDENTEN,
> STÜRMTEN DIE FRANKFURTER WACHEN.
> SIE WOLLTEN DEN FREIHEITSFREUNDEN IN GANZ
> DEUTSCHLAND DAS SIGNAL GEBEN, SICH ZU ERHEBEN
> UND ZUR EINIGUNG UND DEMOKRATISIERUNG
> DEUTSCHLANDS EINE NATIONALVERSAMMLUNG
> ZU BERUFEN, WIE SIE 1848 IN DER
> FRANKFURTER PAULSKIRCHE WIRKLICHKEIT WURDE.

Abb. 5: Erinnerungstafel an der Frankfurter Hauptwache (Quelle: BA, DB 9: Archiv der Deutschen Burschenschaft)

Paul Follenius, der Bruder Karl Follens, gehörte ebenfalls zu den führenden Köpfen der Gießener Schwarzen. Nach Beendigung seines Jurastudiums in Gießen wurde er dort 1823 Hofgerichtsadvokat. Enttäuscht über die politische Entwicklung in Deutschland rief er 1833 zusammen mit Friedrich Münch und anderen in einer „Aufforderung und Erklärung in Betreff einer Auswanderung im Großen aus Teutschland in die nordamerikanischen Freistaaten" zur Errichtung einer deutschen Musterrepublik in der Neuen Welt auf. Follen wanderte 1834 mit einer Gruppe der „Gießener Auswanderungsgesellschaft" über Bremen und New Orleans nach Missouri aus. Aufgrund von Auseinandersetzungen unter den Siedlern scheiterte das Projekt. Follen lebte dann als Farmer in Dutzow im Warren County/Missouri und gründete 1844 „Die Waage", eine unabhängige, aber nur für kurze Zeit erscheinende Zeitung. Noch im gleichen Jahr starb er an einem Tropenfieber[94].

Burschenschaftliche Lebensläufe (QuD, 7), Heidelberg 1921, S. 25-38; Pregizer, Richard: Die politischen Ideen des Karl Follen. Ein Beitrag zur Geschichte des Radikalismus in Deutschland (Beitrag zur Parteigeschichte, 4), Tübingen 1912; Wüst, Julia: Karl Follen. Seine Ideenwelt und Wirklichkeit. Festgabe der Deutschen und Gießener Burschenschaft zur Studentenhistoriker-Tagung 1935 (Mitteilungen des Oberhessischen Geschichtsvereins, 33), Gießen 1935.

94 Klemke, Emigration (s. Anm. 2), S. 62.

V.

Nicht nur in die USA, sondern auch in die Nachbarländer Deutschlands waren viele ehemalige Wachenstürmer geflohen. Beliebt waren vor allem die Schweiz, Österreich, Frankreich, aber auch Irland und England.

Zu den nach Frankreich und in die Schweiz Geflohenen gehörte Christian Heinrich Eimer. Er befand sich nach dem Wachensturm in langjähriger Untersuchungshaft in Frankfurt, aus der er mehrfach auszubrechen versuchte. Dabei half ihm die Schwester des liberalen Dichters Friedrich Stoltze, Anette Stoltze. Am 19. Oktober 1836 wurde Eimer wegen Hochverrats zu lebenslänglicher Zuchthausstrafe verurteilt, später begnadigt und an Baden ausgeliefert. In Freiburg i. Br. bestand er noch während der Festungshaft sein medizinisches Examen. Nachdem ihm von der Frankfurter Justiz unter der Auflage, nach Amerika auszuwandern, die Strafe erlassen worden war und den badischen Behörden der Nachweis genügte, daß er ein Schiff nach Amerika betreten habe, konnte er seine medizinische Fortbildung in Paris fortsetzen, um sich 1840 als Arzt in der Schweiz niederzulassen. Bereits fünf Jahre später kehrte er nach Deutschland zurück, war von 1845 bis 1851 in seiner Vaterstadt Lahr, dann in Langenbrücken, schließlich ab 1862 in Donaueschingen tätig und zog nach seiner Pensionierung 1869 nach Freiburg, wo er 1887 verstarb[95].

Hermann Friedrich Moré, einer der führenden Wachenstürmer, 1836 verurteilt zu lebenslänglicher Zuchthausstrafe wegen „Teilnahme an einem hochverräterischen Aufstand" und wegen versuchten Mordes, 1838 auf eigenen Wunsch vom Frankfurter Senat nach Amerika verbannt, gelangte 1839 zwar nach New York, kehrte aber noch in diesem Jahr nach Europa zurück und trat nach einem Aufenthalt bei seinem Schwager in Lyon in die französische Fremdenlegion in Algier ein, wurde dann Oberförster im lothringischen Bitsch, bevor er wieder nach Deutschland zurückkehrte[96].

Nach Frankreich flüchtete auch Obermüller, der sich dort nur kurz aufhielt, dann nach Mannheim ging und sich zum Schluß in Wien niederließ, somit als einziger entflohener Wachenstürmer in Österreich seßhaft und als Publizist dort bekannt wurde[97].

Wilhelm Zehler ließ sich nach seiner Flucht über Frankreich in Griechenland, in Athen, als königlich griechischer Militärarzt nieder[98].

August Ludwig von Rochau, Mitglied Teutonia Göttingens und der Jenaischen Burschenschaft bzw. Germania Jenas, später Politiker und Professor für Geschichte, floh mitsamt seinem Gefängniswärter nach Frankreich[99].

---

95 Dvorak, Lexikon (s. Anm. 10) I/1, S. 245 f.; Gundermann, Silberrad (s. Anm. 2), S. 124; zu Eimers skeptischer Haltung u. zu seinen Bedenken hinsichtlich der Durchführung des Wachensturms: Görisch/Mayer, Untersuchungsberichte (s. Anm. 2), S. 88.
96 Siehe Anm. 21; vgl. Klemke, Emigration (s. Anm. 2), S. 101; Görisch/Mayer, Untersuchungsberichte (s. Anm. 2), S. 88; Moré galt als einer der aufrichtigsten Angeschuldigten beim Verhör nach dem Putsch; er soll gestanden haben, daß im Fall des Gelingens dieses Unternehmens ein Komitee als provisorische Regierung hätte gewählt werden sollen, dessen Mitglieder ihm aber nicht bekannt seien; ebd.
97 Zu Obermüller s. Anm. 27: Obermüller gehörte zu den Anstiftern, die für den Putsch auch auswärtige Teilnehmer anwerben wollten; er beauftragte Silberrad damit, „Verstärkung" aus Steinheim b. Hanau zu holen; Gundermann, Silberrad (s. Anm. 2), S. 141 f.; Görisch/Mayer, Untersuchungsberichte (s. Anm. 2), S. 88-95.
98 Siehe Anm. 29.
99 Schenk, Wachensturm (s. Anm. 2), S. 50; Dvorak, Lexikon (s. Anm. 10) I/5, S. 85-87.

Schließlich gelangten einige Wachenstürmer nach Irland und England. So Carl Heinrich von Reitzenstein, der wie Freund und Silberrad während der Haft geisteskrank wurde und nach Verhaftung und Verfolgung mit Hilfe seiner Mutter nach Irland entfloh. Er starb 1855 in London, leider sind keine näheren Details über sein Schicksal bekannt, auch nicht darüber, unter welchen Umständen er nach London gekommen war[100].

In London starb etwa um 1870 unter ungeklärten Umständen auch Bernhard Lizius, der während seines Jurastudiums als Mitglied der Alten Germania Würzburg seit 1832 schon früh wegen „politischer Aktivitäten" aufgefallen und mit Karzerhaft und „verschärften Verweisen" bestraft worden war. Nach dem Wachensturm brach er auf sehr verwegene Weise und unter Mithilfe von Anette Stoltze aus der Haft aus, wofür er viel Spott erntete. Danach flüchtete er nach Straßburg und in die Schweiz, setzte in Zürich sein Studium fort, gelangte nach Bern, wo er wegen politischer Umtriebe ausgewiesen wurde, dann in den Kanton Aargau, wurde österreichischer Geheimagent und kam 1848 wieder nach Frankfurt zurück. Später ging er nach England, wo sich seine Spur verliert[101]. Viele andere Wachenstürmer gelangten über Frankreich, meistens über Straßburg, ins Ausland und konnten oft in der Schweiz eine weitere berufliche Karriere beginnen.

Den kürzesten Weg aller Flüchtigen nahm schließlich Karl/Carl Gustav Appollonius Julius Rubner, geboren am 29. Januar 1812 in Kulmbach i. Oberfranken als Sohn eines Schloßpredigers, Stadtpfarrers und Dekans. Er war seit 1830 Mitglied Germania Jenas, 1831 der Alten Germania Erlangen und 1832 der Alten Germania Würzburg. Während des Jura- und Medizinstudiums war er stark engagiert bei der Jenaischen und der Erlanger Burschenschaft, galt nach Friedrich Reuter als Vertreter des „Sturm und Drangs" bei der germanistischen Partei in der alten Burschenschaft. Rubner nahm am Wachensturm teil, bemühte sich dabei um Befreiung von den in der Konstablerwache gefangengehaltenen J. C. Freyeisen, J. W. Sauerwein und J. F. Funck, wurde im Gefecht verwundet, verhaftet und in der Konstablerwache inhaftiert. Beim gemeinschaftlichen Ausbruchversuch – wieder unter Mithilfe Anette Stoltzes, die einem Frauenkomitee zur Unterstützung polnischer Freiheitskämpfer angehörte und sicher in den Plan des Wachensturms eingeweiht war – kam Rubner am 2. Mai 1834 durch einen Sturz auf das Pflaster oder durch einen Bajonettstich in den Kopf in Frankfurt zu Tode[102].

Die ehemaligen Wachenstürmer lassen sich in drei Kategorien einteilen: in „Gewinner", „Rückkehrer" und „Verlierer". Körner, Engelmann, Gustav und Georg Adolph Bunsen sowie Georg Ludwig Neuhoff gehörten zur ersten Gruppe, die in den USA dank günstiger Vorausplanungen und Konstellationen Karriere machte. Auch Zehler, Eimer und Fries konnten in Griechenland bzw. in der Schweiz eine Existenz aufbauen, wobei Eimer später nach Deutschland zurückkehrte. Moré, Gärth und Obermüller flohen gleichfalls – über die USA nach Algier, nach Frankreich, in die Schweiz und nach England –, um letztendlich wieder in Deutschland Fuß zu fassen. Neben diesen Rückkehrern gab es Verlierer, die zu Opfern unmenschlicher Haftbedingungen wurden oder denen kein nennenswerter persönlicher oder politischer Erfolg mehr gelang. Dazu zählten Peter und Friedrich Wilhelm Neuhoff, Silberrad, Reitzenstein und Freund.

---

100 Siehe Anm. 22.
101 Dvorak, Lexikon (s. Anm. 10) I/3, S. 296 f.
102 Ebd., I/5, S. 126; vgl. Dietz, [Eduard]: Die Frankfurter Attentatsgefangenen, Friedrich Stoltze und Frankfurt a. M., in: BBl 20/9 (1906), S. 197-199, BBl 20/10 (1906), S. 221-223.

Mut zu mehr Demokratie konnte ein Sprungbrett werden, sofern die sich bietenden Chancen genutzt wurden. Für weniger stabile Charaktere jedoch konnte er in Trauma und beruflichem Aus enden.

Sarah-Lena Schmidt weist nach, daß der Wachensturm für die Historiographie keine zentrale Bedeutung besaß und während der Zeit des Deutschen Bundes keine spezialgeschichtliche Untersuchung erschien. Erst im Kaiserreich hat die Gruppe der burschenschaftlichen Historiker den Wachensturm bis in Einzelheiten aufgearbeitet[103]. Im 19. und frühen 20. Jahrhundert neigte die wissenschaftliche, vor allem nationalkonservative Rezeption zu pejorativer Bewertung und negativer Konnotation, während nach der Gründung der Bundesrepublik Deutschland der Wachensturm in den Medien stärker fokussiert wurde, vor allem im Jahr 1983 aus Anlaß seines 150. Jahrestags große Beachtung fand[104]. Einmal mehr zeigt sich hier die Zeitgebundenheit historischer Betrachtung, aber auch die Nutzung von Geschichte zwecks historischer Legitimation[105].

---

103 Zur Aus- und Bewertung des Wachensturms, insbesondere in der burschenschaftlichen Geschichtsschreibung: Schmidt, Wachensturm (s. Anm. 2), S. 88-89, 266.
104 Vgl. BBl 98/2 (1983), S. 48; in der populären Erinnerungskultur der DDR hatte der Wachensturm keine Bedeutung; Schmidt, Wachensturm (s. Anm. 2), S. 265-267.
105 Vgl. Lönnecker, Harald: „Das Thema war und blieb ohne Parallel-Erscheinung in der deutschen Geschichtsforschung". Die Burschenschaftliche Historische Kommission (BHK) und die Gesellschaft für burschenschaftliche Geschichtsforschung e. V. (GfbG) (1898/1909-2009). Eine Personen-, Institutions- und Wissenschaftsgeschichte (DuQ, 18), Heidelberg 2009, S. 252-255.

Mario Todte

Der Akademische Richard-Wagner-Verein Leipzig (1872-1937)

1. Vorgeschichte

Die zusammenfassende Darstellung über die Akademischen Richard-Wagner-Vereine beginnt:

> „Die Musik und der Gesang, dieser ‚Kernbereich der ästhetischen Kultur der bürgerlichen Welt' des 19. Jahrhunderts, in dem vor allem die Deutschen sich selbst zu finden meinten, mit dem sie ‚im Bereich der Künste international Geltung, ja bis zur Jahrhundertwende die Führung' hatten, war nicht Selbstzweck, der Gesang sollte veredeln: ‚Veredeln wir den Geschmack einer Nation, so werden wir ihre Sitten heben.' Die Musik aus zwei Jahrhunderten als Ausfluß des Idealen wurde in der Nähe der göttlichen Offenbarung angesiedelt, wurde kunstreligiös, sollte aus ‚den Niederungen des menschlichen Alltags emporheben' und ‚versittlichende Wirkungen' zu Gunsten ‚höherer Wahrheiten' haben. Diese Idee der ästhetischen Erziehung – weniger die Erziehung zur Musik als die Erziehung durch Musik – formulierten zuerst Friedrich von Schiller und der Züricher Musikpädagoge Hans Georg Nägeli. Nach der Reichsgründung wurde sie endgültig Allgemeingut der bürgerlichen Gesellschaft und besonders der ehemalige Corpsstudent Richard Wagner rückte als ‚Offenbarungsträger höherer Wahrheiten' in ‚kunstästhetischer Verklärung' und ‚Vergeistigung' in den Rang eines heiligmäßigen Mannes auf. Gerichtet waren Gesang und Musik gegen den ‚Verrat am Vaterland' und ‚das zersetzende Parteiwesen'. Sie sollten ‚mutige und vaterländische Gefühle' wecken."[1]

Von Wagners künftiger Stellung und Größe war noch nichts zu verspüren, als er sich am 23. Februar 1831 an der Universität Leipzig mit der Studienrichtung Musik immatrikulierte[2]. Sein Onkel, der Schriftsteller, Übersetzer und Literaturhistoriker Adolph Wagner (1774-1835), riet dem jungen Studenten zum geduldigen Besuch der Vorlesungen, in Philosophie beim Rektor Wilhelm Traugott Krug (1770-1842) und in Ästhetik bei Christian Hermann Weiße (1801-1866). Aber vergeblich, keine dieser Veranstaltungen besuchte Wagner länger. Lieber nahm er

---

1 Lönnecker, Harald: Wagnerianer auf der Universität. Der Verband der Akademischen Richard-Wagner-Vereine (VARWV), in: Einst und Jetzt. Jahrbuch des Vereins für corpsstudentische Geschichtsforschung (künftig zit.: EuJ) 45 (2000), S. 91-120, hier S. 91; zusammenfassend: ders.: Verband der Akademischen Richard-Wagner-Vereine (VARWV), in: GDS-Archiv für Hochschul- und Studentengeschichte 5 (2001), S. 222-223.
2 Blecher, Jens/Wiemers, Gerald (Hg.): Die Matrikel der Universität Leipzig, Teilbd. I: Die Jahre 1809-1832, Weimar 2006, Rektor M 18: WS 1830/31-0322, S. 401.

beim Thomaskantor Christian Theodor Weinlig (1780-1842) Musikunterricht, als das er an der Universität Vorlesungen hörte. Deren ohnehin sehr unregelmäßiger Besuch währte kaum mehr als ein Semester! Immerhin überzeugte Wagner derart, daß er einem Tagebucheintrag des Verlegers Heinrich Brockhaus (1804-1874) vom 18. März 1831 zufolge Pauline Brockhaus geb. Campe (1808-1886) ab März 1831 Musikunterricht erteilte[3]. Das Talent blieb Brockhaus also nicht verborgen. Dennoch glaubte er 1832 beim Hören einer Wagner-Ouvertüre bemerken zu müssen, daß dessen jugendliches Feuer noch der künstlerischen Mäßigung bedürfe[4]. Es war Weinligs wesentliches Verdienst, dafür Sorge getragen zu haben.

Zeitgleich mit der Immatrikulation wurde Wagner in das Leipziger Corps Saxonia aufgenommen. Die ersten Begegnungen mit Korporierten hatte er schon 1830 im Hause Brockhaus in einer nicht nur für Sachsen sehr unruhigen Zeit. Seine ersten Erfahrungen hinsichtlich des Verbindungswesens dürften Wagner bereits 1829 in einer Schülerverbindung an der Leipziger Thomasschule vermittelt worden sein[5]. Sein Biograph Martin Gregor-Dellin schreibt:

„Ernst wurde die Lage [1830, M. T.] in Leipzig, als sich die Arbeiterschaft gegen mißliebige Fabrikherren erhob und zu Maschinenstürmerei ansetzte. Dieselben jungen Leute, die sich noch zwei Tage zuvor mit der Polizei geschlagen hatten, wurden nun von den Stadträten und Polizeidirektoren zum Schutz des Eigentums aufgerufen. Sie versammelten sich im Universitätshof und zogen, nach Landsmannschaften geordnet, aus, um die Ruhe wiederherzustellen. Unter den von Zerstörung bedrohten Maschinen waren auch die Schnellpressen von Schwager Brockhaus, und da sich die studentischen Wachmannschaften auch auf dem Grundstück des liberalen Buchdruckers und Verlegers niederließen, geriet Richard durch seine Beziehungen zu dem Hausherrn, die ihm ein gewisses Ansehen erwarben, in die Gesellschaft der renommiertesten Haupthähne der Studentenschaft. Er fühlte sich geliebt und geehrt und legte in den Zechereien dieser Notgemeinschaft einen Grund zu seinen späteren studentischen Ausschweifungen."[6]

Aus dem Corps Saxonia trat Wagner nach kurzer Zeit wieder aus, über den Renoncen-Status kam er nie hinaus. Jedoch hatte er angeblich binnen kürzester Zeit sechs Duellforderungen erhalten, davon vier von Mitgliedern des Corps Lusatia[7]. In seiner Autobiographie gibt Wagner an, daß

---

3   Titel, Volker (Hg.): Heinrich Brockhaus. Tagebücher Deutschland 1834 bis 1872, Erlangen 2004, S. 105.
4   Tagebucheintrag v. 23. 1. 1832; ebd., S. 111 f.
5   Lönnecker, Wagnerianer (s. Anm. 1), S. 91 mit Anm. 2.
6   Gregor-Dellin, Martin: Richard Wagner. Sein Leben – Sein Werk – Sein Jahrhundert, 2. Aufl. München 1995, S. 76; zum politischen Hintergrund: Zwahr, Hartmut: Staatsreform und Revolution. Die Universität Leipzig 1830, in: Blecher, Jens/Döring, Detlef/Rudersdorf, Manfred (Hg.): Naturwissenschaft – Geschichtswissenschaft – Archivwissenschaft. Festgabe für Gerald Wiemers zum 65. Geburtstag, Leipzig 2007, S. 98-126; ders.: Revolutionen in Sachsen. Beiträge zur Kultur und Sozialgeschichte (Geschichte und Politik in Sachsen, 1), Weimar/Köln/Wien 1996; Hammer, Michael: Volksbewegung und Obrigkeiten. Revolutionen in Sachsen 1830/31, Weimar/Köln/Wien 1997.
7   Hierzu und im folgenden: Bauer, [Erich]: Geschichte des Corps Lusatia zu Leipzig 1807-1932, Zeulenroda 1932, S. 173-180; s. a. Huss, Frank: Richard Wagner als Corpsstudent, in: Studenten-Kurier. Zeitschrift für Studentengeschichte, Hochschule und Korporationen (künftig zit.: SK) 4 (2006), S. 16 f.; dazu Klarstellungen und Korrekturen: Weiß, Egbert: Richard Wagners mißglückte Contrahagen, in: SK 1 (2007), S. 3 f.; ebd. der Verweis auf Wagners Autobiographie, die Matrikel des Corps Lusatia und die Leipziger SC-Protokolle im Archiv der Lusatia.

einer seiner Kontrahenten wegen einer anderen „Schlägerei" – einer Mensur auf Schläger – ausfiel. Ein weiterer verletzte sich bei einer Mensur, zwei flohen Schulden halber mit den durchziehenden polnischen Freiheitskämpfern in Richtung Frankreich, ein weiterer wurde bei einem Duell getötet. Zum sechsten macht Wagner keine Angaben. Nachweisbar sind allerdings nur die Duellforderungen der vier Lausitzer, wobei wohl die Initiative von ihm selbst ausging. Diese Duelle fanden nicht statt, weil der erste Paukant, Gustav Wohlfahrt[8], nach einer anderen Mensur durch den Paukarzt für kampfunfähig erklärt wurde und deshalb nicht antreten durfte.

Wagners nächster Gegenpaukant Karl Friedrich Degelow fiel aus, weil er in einem anderen Duell vom Jenaischen Burschenschafter Bernhard Ernst Rudolph erstochen wurde[9]. Doch da war Wagner schon nicht mehr aktiv. Ein weiterer schloß sich den Polen an, die nach der Niederlage gegen die russische Übermacht in Richtung Frankreich zogen. Er hieß Moritz Stöltzer – bei Wagner „Stelzer" –, ging zur Fremdenlegion und kam 1832 in Nordafrika im Kampf gegen Beduinen um[10]. Der letzte Kontrahent Wagners, Hermann Tischer, wurde schließlich bei einer handgreiflichen Auseinandersetzung schwer verprügelt[11]. Tatsächlich war es wohl so, daß das Corps Lusatia die Austragung der Duelle so lange wie möglich verzögerte. Wagners Gegenspieler waren froh darüber, als „alte Hasen" nicht mit einer Renonce fechten zu müssen. Nur für das letzte Duell mit Tischer wurde tatsächlich ein konkreter Termin festgesetzt. Immerhin sind die von Wagner genannten Lausitzer wegen Duellen in den Paukakten des Corps Saxonia häufig vermerkt[12].

Während dieser Zeit befiel Wagner eine regelrechte Spielsucht, die vielleicht auch mit seinem Austritt in Zusammenhang steht. Da er erhebliche Schulden machte, sah er sich nach Möglichkeiten um, an Geld zu kommen. So verspielte er die Pension seiner Mutter in nur einer Nacht. Er setzte seinen letzten Taler und gewann schließlich alles wieder zurück und dazu so viel, daß er seine Schulden begleichen konnte. Diese Veruntreuung gestand er seiner Autobiographie zufolge der Mutter auch ein. Jedenfalls war es seine letzte Spielnacht[13]. Von diesen Umständen hatte

---

8   Wohlfahrt war seit 1825 Mitglied des Corps Lusatia, später Advokat und Rentamtssekretär in Meißen, seit 1861 in Nordamerika verschollen; Gerlach, Otto (Bearb.): Kösener Corps-Listen 1930. Eine Zusammenstellung der Mitglieder der bestehenden und der nach dem Jahre 1867 suspendierten Corps mit Angabe von Jahrgang, Chargen und Personalien, Frankfurt a. M. 1930, S. 903, Nr. 226; Bauer, Lusatia (s. Anm. 7), S. 176 mit Anm. 15.

9   Gerlach, Corps-Listen (s. Anm. 8), S. 904, Nr. 275; zu Unstimmigkeiten in Wagners Darstellung: Bauer, Lusatia (s. Anm. 7), S. 179 mit Anm. 17; Vertrauens-Kommission der alten Herren des Corps für die Mitglieder (Hg.): Geschichte des Corps Lusatia zu Leipzig 1807-1898, Leipzig 1898, S. 111, 166; das Duell fand in Jena statt, wo zu dieser Zeit noch Stoßmensur gefochten wurde; Neuenhoff, Gerhard: Jenenser Fechtsitten aus den Jahren 1827-1837 und die Kämpfe um die Abschaffung des Stoßcomments 1837-1841, in: EuJ 10 (1965), S. 37-50; zu Rudolph (* 1812), später Arzt in Frankreich und dort verschollen: Lönnecker, Harald: Die Mitglieder der Jenaischen Burschenschaft ca. 1820-1848. Eine Prosopographie [in Vorbereitung].

10 Gerlach, Corps-Listen (s. Anm. 8), S. 904, Nr. 230; Vertrauens-Kommission, Lusatia (s. Anm. 9), S. 74 f.; Bauer, Lusatia (s. Anm. 7), S. 179 mit Anm. 16.

11 Tischer, seit 1830 Lausitzer, starb 1870 als Brigade-Auditeur (Militärstaatsanwalt) in Dresden; Gerlach, Corps-Listen (s. Anm. 8), S. 904, Nr. 276; Vertrauens-Kommission, Lusatia (s. Anm. 9), S. 166 (dort falsch „Fischer"); Bauer, Lusatia (s. Anm. 7), S. 180 mit Anm. 18.

12 Glasenapp, Karl Friedrich von: Das Leben Richard Wagners, Bd. 1, 4. Aufl. Leipzig 1905, S. 135-140; zu Saxonia: Beneke, Friedrich: Geschichte des Corps Saxonia zu Leipzig in den ersten 168 Semestern seines Bestehens. Ein Beitrag zur Geschichte des deutschen Studententums im 19. Jhdt., Hamm 1896; ders./Heine, Georg: Geschichte des Corps Saxonia zu Leipzig 1812 bis 1912, Leipzig 1912.

13 Middell, Eike (Hg.): Richard Wagner. Mein Leben. Vollständige Ausgabe, Bd. I, Bremen 1986, S. 53-63.

auch Wagners Kompositionslehrer Weinlig erfahren, der überaus empört auf das Treiben seines Schülers reagierte[14].

Als ein Motiv für seinen Austritt gab Wagner auch einen politischen Grund an. Die Polenbegeisterung und die Sympathie für die polnischen Aufständischen wurden von den landsmannschaftlichen Verbindungen kaum geteilt. Wagner erntete Spott und Gelächter, als er seine Trauer über die Niederlage der Polen gegen die russischen Truppen in der Schlacht bei Ostrolenka zum Ausdruck brachte. Jedenfalls wünschte man in den Corps keine dezidiert politischen Diskussionen. Darin unterschieden sie sich wesentlich von den Burschenschaften[15].

Sehr viel mehr läßt sich über Wagner als Student nicht sagen. Allerdings ist zu bemerken, daß in diese Zeit seine ersten Kompositionen fielen:

„Überblickt man die Liste der kompositorischen Arbeiten der Jahre 1828/31, ergibt sich neben dem – allerdings arg vernachlässigten – Schulbesuch eine stattliche Zahl: Nach der Ausarbeitung des Trauerspiels ‚Leubald und Adelaide' entstanden drei Sonaten, das Fragment einer Schäferoper, vier Ouvertüren und sieben Kompositionen zu Goethes ‚Faust'. Unter Anleitung Weinligs schrieb er Winter 1831/32 zunächst eine Reihe kontrapunktischer Studien, überarbeitete die vierte der vorher geschriebenen Ouvertüren sowie die ‚Faust'-Stücke und komponierte zwei Sonaten sowie eine Phantasie für Klavier, zwei weitere Ouvertüren und nach Abschluß des Unterrichts – innerhalb von sechs Wochen – im Frühsommer 1832 die Sinfonie C-Dur."[16]

Wagners Kompositionen belegen: ein Faulpelz war er nicht. Trotzdem ist er nicht der einzige bedeutende Komponist gewesen, der sich in Leipzig nicht gerade durch besonderen Studieneifer hervortat. Von Robert Schumann, Leipziger Burschenschafter und Heidelberger Corpsstudent, der drei Jahre vor Wagner, am 29. März 1828, in der Leipziger Juristenfakultät immatrikuliert wurde, wußte dessen Freund Emil Flechsig[17] zu berichten: „[...] ich kaufte eine Mappe für ihn, und er schrieb sich bei [Wilhelm Traugott] Krug und [Karl Eduard] Otto auf die Hörerliste, das ist seine ganze Teilnahme an der Akademie geworden. Einen Hörsaal hat er sonst nie

---

14 Gregor-Dellin, Richard Wagner (s. Anm. 6), S. 82.
15 Siehe Anm. 13; zur burschenschaftlichen Polenbegeisterung zuletzt und zusammenfassend: Lönnecker, Harald: Profil und Bedeutung der Burschenschaften in Baden in der ersten Hälfte des 19. Jahrhunderts, in: Aurnhammer, Achim/Kühlmann, Wilhelm/Schmidt-Bergmann, Hansgeorg (Hg.): Von der Spätaufklärung zur Badischen Revolution – Literarisches Leben in Baden zwischen 1800 und 1850 (Literarisches Leben im deutschen Südwesten von der Aufklärung bis zur Moderne. Ein Grundriss, II), Freiburg i. Br./Berlin/Wien 2010, S. 127-157, hier S. 135.
16 Wolf, Werner: Richard Wagner, in: Hennig, Horst (Hg.): Berühmte Leipziger Studenten, 2. Aufl. Leipzig/Jena/Berlin 1990, 106-113, hier S. 110.
17 Flechsig (1808-1878) war der Vater des berühmten Neuroanatomen an der Leipziger Universität Paul Flechsig (1847-1929). Er war als Theologiestudent wohl weitaus strebsamer als Schumann, da er sein Studium abschloß und es in seiner Heimatstadt Zwickau bis zum Protodiakon brachte; Köhler, Hans Joachim: Robert Schumann. Sein Leben und Wirken in den Leipziger Jahren, Leipzig 1986, S. 75; Boetticher, Wolfgang (Hg.): Briefe und Gedichte aus dem Album von Robert und Clara Schumann, Leipzig 1979, S. 249 f.; Universitätsarchiv Leipzig (künftig zit.: UAL), Med. Fak. Personalakte 4140, Paul Flechsig, Bl. 2; zu Paul Flechsig und seinen Vorfahren: ders.: Meine Myelogenetische Hirnlehre. Mit biographischer Einleitung. Berlin 1927; ebd., S. 4 f., biographische Einzelheiten zu Schumann.

betreten."[18] Schumann wurde schließlich in Jena promoviert[19]. Aber eine vergleichbare Verehrung durch die Studenten wie Wagner wurde ihm nicht zuteil. Einen „Akademischen Robert-Schumann-Verein" oder gar einen „Verband Akademischer-Robert-Schumann-Vereine" hat es nie gegeben. Warum das so ist, ließe sich hinterfragen.

Nachdem vom Mannheimer Musikalienhändler Emil Heckel (1831-1908) der Gedanke der Begründung von „Wagnervereinen" in Umlauf gebracht worden war – Wagners Verhältnis zu diesen Vereinsgründungen entwickelte sich höchst zwiespältig –, gehörte Leipzig neben München und Mannheim zu den ersten Städten, in denen diese Idee verwirklicht wurde. Der Leipziger Verleger Ernst Wilhelm Fritzsch (1840-1902) und weitere Unterzeichner, darunter die Professoren Oswald Marbach (1810-1890) und Carl Riedel (1827-1888), gaben im August 1871 in einer „Privatmittheilung" bekannt, daß sich der Leipziger Wagner-Verein konstituiert habe, um Wagners Bayreuther Festspielunternehmen zu fördern. Zu den Mitgliedern gehörten in den ersten Jahren neben Franz Liszt (1811-1886) und anderen namhaften Persönlichkeiten auch Edvard Grieg (1843-1907) und Johan Severin Svendsen (1840-1911), die beide am Leipziger Konservatorium studiert hatten und bei den akademischen Sängervereinen verkehrten[20]. Später schlossen sich die Wagner-Ortsvereine und -verbände zum „Allgemeinen Richard-Wagner-Verein" zusammen, dessen Hauptsitz zum 100. Geburtstag Wagners 1913 nach Leipzig verlegt wurde[21]. Hier gab es den „Allgemeinen Richard-Wagner-Verein"[22], den 1909 gegründeten „Richard-Wagner-Verband deutscher Frauen"[23] sowie den „Akademischen Richard-Wagner-Verein" (ARWV).

---

18 Köhler, Hans Joachim: Robert und Clara Schumann. Ein Lebensbogen, Altenburg 2006, S. 34 f.
19 Bauer, Joachim/Blecher, Jens (Hg.): Der „akademische" Schumann und die Jenaer Promotion von 1840 (Veröffentlichungen des Universitätsarchivs Leipzig, 14), Leipzig 2010; zu Schumann außer Köhler, Robert und Clara Schumann (s. Anm. 18), vor allem: Burger, Ernst: Robert Schumann. Eine Lebenschronik in Bildern und Dokumenten, Mainz/London/Madrid/New York/Paris/Tokyo/Toronto 1999; zu Schumann als Student s. a.: Semmel, Hans: Robert Schumann als Student zugleich zum Gedenken an seinen 150. Geburtstag am 8. 6. 1960, in: EuJ 6 (1961), S. 52-58; Sommerlad, Bernhard: Der Corpsstudent Robert Schumann, in: EuJ 22 (1977), S. 75-86; Weber, Paul-Günther: Robert Schumann. Leipziger Burschenschafter und Heidelberger Corpsstudent, in: EuJ 35 (1990), S. 93-123.
20 Grieg war Ehrenmitglied der Leipziger Sängerschaft Arion; Fuhrmann, Ludwig/Meyer, Dr. [Walther]: Die Geschichte des Arion in seinem 6. Jahrzehnt. Mai 1899 bis Mai 1909, vom fünfzig- bis zum sechzigjährigen Stiftungsfeste. Dem Arion gewidmet, Leipzig 1912, S. 350; zu Liszts korporativem Hintergrund zuletzt: Lönnecker, Harald: Kleist, Liszt und andere …, in: Burschenschaftliche Blätter 126/4 (2011), S. 169-170; auch in: SK 4 (2011), S. 17-19, u. Deutsche Sängerschaft 117/1 (2012), S. 4-7.
21 Zu Heckels Gründungen von Wagner-Vereinen: Veltzke, Veit: Vom Patron zum Paladin. Wagnervereinigungen im Kaiserreich von der Reichsgründung bis zur Jahrhundertwende (Bochumer Historische Studien, Neuere Geschichte, 5), Bochum 1987, S. 15-40; Richard-Wagner-Verband Leipzig e. V. (Hg.): 25 Jahre Richard-Wagner-Verband Leipzig 1983-2008. 100 Jahre Richard-Wagner-Verband, Leipzig 2009, S. 35.
22 Stadtarchiv Leipzig, Kap. 35, Nr. 153: Richard-Wagner-Verein; die Laufzeit reicht von 1886 bis 1921, es handelt sich um die Akte der Zentralleitung des Allgemeinen Richard-Wagner-Vereins; Richard-Wagner-Verband, 25 Jahre (s. Anm. 21), S. 35.
23 Wilberg, Günther W. (Bearb.): Die Protokollbücher des Richard-Wagner-Verbandes deutscher Frauen e. V. 1909-1949, Freiburg i. Br. 1993, S. 11, Entwurf, und ebd., S. 14 f., das „Protokoll der Konstituierenden Versammlung des Richard-Wagner-Verbandes deutscher Frauen am 13. Februar 1909".

2. Forschungs- und Quellenlage

Beim Akademischen Richard-Wagner-Verein Leipzig handelt es sich um einen der ältesten Wagner-Vereine überhaupt, welcher im Verband Akademischer Richard-Wagner-Vereine (VARWV) bestand. Bis auf die Monographie von Veit Veltzke und einen Aufsatz von Harald Lönnecker ist dieses Thema in der universitätsgeschichtlichen Forschung bisher so gut wie unbearbeitet geblieben[24]. Die Aktenüberlieferung wurde von beiden allerdings nicht vollständig berücksichtigt, was angesichts der jeweiligen Themenstellungen und der Masse des zu erschließenden Materials auch kaum möglich erscheint. Veltzke schließt zudem mit dem Jahr 1900 und läßt die nachfolgende Zeit unberücksichtigt. Für ihn waren die Akademischen Richard-Wagner-Vereine eine Randerscheinung einer allgemeinen Vereinsentwicklung, das ihnen geltende Kapitel wertet bereits in der Überschrift entsprechend[25].

Zwar gibt es eine 2008 erschienene Überblicksdarstellung über die „Zwischen Völkerschlacht und Erstem Weltkrieg" an der Leipziger Universität bestehenden Verbindungen und Vereine[26], doch sind die meisten Desiderate der Forschung[27]. In neuerer Zeit untersucht wurde nur der dem ARWV nicht unähnliche, ebenfalls interessenspezifisch ausgerichtete „Verein für historische Hilfswissenschaften ‚Roter Löwe'", nachmals Burschenschaft im Allgemeinen Deutschen Burschenbund (ADB). Über diese studentische Verbindung, in der zahlreiche Professoren der Universität Ehrenmitglied waren, liegen außer den älteren vereinseigenen Festschriften zwei neuere Aufsätze vor[28].

Bedauerlich ist, daß das Korporationswesen an der Leipziger Hochschule selbst vor dem Hintergrund der 2009 begangenen 600-Jahr-Feier der Universität und der durch sie hervorgerufenen Mobilisierung der universitätshistorischen Forschung keine nennenswerte Aufmerksamkeit erfuhr. Das wiederum erscheint merkwürdig, schließlich stellen Korporationen auch eine Form akademischer Netzwerke dar, deren Untersuchung in letzter Zeit einen bemerkenswerten Aufschwung erlebte[29]. Die Nichtbeachtung mag damit zusammenhängen, daß

---

24 Veltzke, Patron (s. Anm. 21); Lönnecker, Wagnerianer (s. Anm. 1).
25 Veltzke, Patron (s. Anm. 21), S. 55-78.
26 Lönnecker, Harald: Zwischen Völkerschlacht und Erstem Weltkrieg – Verbindungen und Vereine an der Universität Leipzig im 19. Jahrhundert (Jahresgabe der Gesellschaft für burschenschaftliche Geschichtsforschung e. V. (GfbG) 2007), Koblenz 2008; s. a. ders.: „In Leipzig angekommen, als Füchslein aufgenommen" – Verbindungen und Vereine an der Universität Leipzig im langen 19. Jahrhundert, in: Blecher, Jens/Wiemers, Gerald (Hg.): Die Matrikel der Universität Leipzig, Teilbd. II: Die Jahre 1833 bis 1863, Weimar 2007, S. 13-48.
27 So ausdrücklich: Hehl, Ulrich von: Zum Stand der Leipziger Universitäts- und Wissenschaftsgeschichte zur ersten Hälfte des 20. Jahrhunderts, in: ders. (Hg.): Sachsens Landesuniversität in Monarchie, Republik und Diktatur. Beiträge zur Geschichte der Universität Leipzig vom Kaiserreich bis zur Auflösung des Landes Sachsen 1952 (Beiträge zur Leipziger Universitäts- und Wissenschaftsgeschichte, A3), Leipzig 2005, S. 19-50, hier S. 49; ebenso: Lönnecker, Zwischen Völkerschlacht (s. Anm. 26), S. 92; ders., „In Leipzig angekommen" (s. Anm. 26), S. 47;
28 Lönnecker, Harald: Der Rote Löwe zu Leipzig, in: Der Herold. Vierteljahrsschrift für Heraldik, Genealogie und verwandte Wissenschaften 14/36/3 (1993), S. 80-94; Hoyer, Siegfried: Der Verein für Geschichte und historische Hilfswissenschaften „Roter Löwe" an der Universität Leipzig 1880-1918, in: Neues Archiv für sächsische Geschichte 78 (2007), S. 267-282.
29 Überblicksartig zur historischen Netzwerkforschung zuletzt: Stegbauer, Christian (Hg.): Netzwerkanalyse und Netzwerktheorie. Ein neues Paradigma in den Sozialwissenschaften (Netzwerkforschung, 2), 2. Aufl. Wiesbaden 2010; Unfried, Berthold (Hg.): Transnationale Netzwerke im 20. Jahrhundert. Historische Erkundungen zu Ideen und Praktiken, Individuen und Organisationen (ITH-Tagungsberichte, 42), Leipzig 2008; s. a. http://historicalnetworkresearch.org/ (Stand: 1. 2. 2013).

das Korporationswesen vielen unter gesellschaftlich-sozialen Gesichtspunkten heute marginal erscheint, was auf die Vergangenheit zurückprojiziert wird, oder, vor allem gespeist durch Halb- und Nichtwissen über eine überaus wichtige Organisationsform deutscher Akademiker, die heute nur noch einen Bruchteil von ihnen erfaßt, aus politischen Gründen suspekt ist. Zudem handelt es sich um eine Metakultur, zu der der Zugang nicht einfach und für den Nichtzugehörigen mit erheblichem Arbeitsaufwand verbunden ist, der so in anderen Forschungsfeldern nicht anfällt. Dabei stellen die akademischen Vereinigungen, zumal wenn sie ein Pendant im bürgerlichen Vereinswesen haben wie Turner, Sänger oder Wagnerianer, oft das Rekrutierungsreservoir für Amtsträger und Funktionäre der letzteren dar[30]: Mitglieder des Akademischen waren etwa auch Vorstandsmitglieder des Allgemeinen Richard-Wagner-Vereins Leipzig[31]. Hinzu tritt schließlich in diesem besonderen Fall neben die studenten- die musikhistorische Komponente, da die vereinsmäßige Rezeption des Werkes Richard Wagners bisher kaum eine angemessene Würdigung fand.

Die Geschichte des Akademischen Richard-Wagner-Vereins Leipzig besonders in der Zeit des Kaiserreichs und in den ersten Jahren des Nationalsozialismus ist aufschlußreich, aus der Zeit der Weimarer Republik wissen wir weniger. Dies auch bedingt durch die wesentliche Quelle, die Akte des Vereins im Leipziger Universitätsarchiv[32]. Sie ermöglicht, wenn auch mit großen Lücken, die Rekonstruktion der Hauptlinien der Entwicklung. Zwischen 1872 und 1906 mehr oder weniger kontinuierlich geführt, spart sie das späte Kaiserreich und die Weimarer Republik aus und setzt erst 1934 wieder ein. Hier schlägt sich – wie zu erwarten – eine Zeit intensiverer Spannungen und Auseinandersetzungen zwischen traditionell-korporativem Selbstverständnis und Tendenzen der Selbstbehauptung und Anpassung an die neuen politischen Gegebenheiten nieder. Die vorhergehende Zeit muß durch andere Quellen ausgefüllt werden, in erster Linie durch die „Bayreuther Blätter", das Organ des Allgemeinen Richard-Wagner-Vereins, in dem zwei Leipziger Mitglieder, die Professoren Rudolf Schlösser (1867-1920) und Arthur Prüfer (1860-1944) – der eine später Direktor des Goethe-Schiller-Archivs in Weimar, der andere Musikwissenschaftler in Leipzig – zahlreiche Beiträge veröffentlichten[33]. Erst seit 1931 verpflichtete der ARWV Leipzig seine Mitglieder, auch dem Allgemeinen Richard-Wagner-Verein beizutreten[34].

---

30 Hierzu zuletzt: Lönnecker, Harald: „… nur den Eingeweihten bekannt und für Außenseiter oft nicht recht verständlich". Studentische Verbindungen und Vereine in Göttingen, Braunschweig und Hannover im 19. und frühen 20. Jahrhundert, in: Niedersächsisches Jahrbuch für Landesgeschichte 82 (2010), S. 133-162, hier S. 134.

31 Handelsgerichtsrat Paul Zenker, Richard Linnemann und Arthur Prüfer; Bayreuther Blätter (künftig zit.: BayBl) 54 (1931), Beilage.

32 UAL (s. Anm. 17), Rep. II/Kap. XVI, Sectio III, Litt. W: Nr. 1, Akademischer Richard-Wagner-Verein (künftig zit.: ARWV), 1872.

33 Als Bibliographie zu den „Bayreuther Blättern" gut geeignet: Hein, Annette: „Es ist viel ‚Hitler' in Wagner". Rassismus und antisemitische Deutschtumsideologie in den „Bayreuther Blättern" (1878-1938) (Conditio Iudaica, 13), Tübingen 1996; gegen die Deutung Wagners als Hitler-Vorläufer zuletzt: Weikl, Bernd/Bendixen, Peter: Freispruch für Richard Wagner? Eine historische Rekonstruktion, Leipzig 2012.

34 BayBl 54 (1931), Beilage.

3. In Kaiserreich und Weimarer Republik

Der Akademische Richard-Wagner-Verein Leipzig wurde 1872 kurz nach seiner Gründung wegen mangelhafter Beteiligung bereits wieder aufgelöst[35], trat 1880 erneut ins Leben, um 1881 abermals aufgelöst zu werden. Ein weiterer Versuch dauerte nur von 1883 bis 1884[36]. Dies ist erstaunlich vor dem Hintergrund, daß die Mitgliederliste vom 5. Juli 1883 immerhin rund 30 Namen ausweist[37]. Das meinte die ordentlichen – studentischen – Mitglieder, über die außerordentlichen – bürgerlichen, nicht-studentischen – Mitglieder wissen wir nichts. 1880 gab es sogar 36 ordentliche und 75 außerordentliche Mitglieder[38].

Gründe für die ersten beiden Fehlschläge sind aus der Akte nicht zu ersehen. Beachtenswert erscheint jedoch, daß auch in Berlin die Gründung eines Akademischen Richard-Wagner-Vereins dreier Anläufe bedurfte, die in dieselben Jahre fielen wie die Gründung des dritten Vereins in Leipzig[39]. Für den dritten Leipziger Versuch war die Anregung von Berlin ausgegangen[40].

Gemäß seiner Statuten vom 7. Juni 1872 bzw. 3. Mai 1880 stand der Leipziger Verein jedem Studenten wie auch sonstigen, an Richard Wagner interessierten Personen offen. Insofern war er eine Vereinigung, die nicht automatisch einer studentischen Korporation gleichzusetzen ist. Wesentlicher Bestandteil seiner Tätigkeit sollten dem Komponisten und seinem Werk geltende Vorträge sein. Die erste Veranstaltung war ein Konzert, das am 30. Mai 1880 stattfand, beginnend mit Wagners „Huldigungsmarsch" und endend mit dem Klaviervorspiel der „Meistersinger"[41].

Den Statuten nach konnte, wie bereits erwähnt, jeder Student ordentliches und jeder Nichtstudent außerordentliches Mitglied werden. Ab 1887 glich der Verein aber vollends einer Studentenverbindung, es fand folglich ein Prozeß der Korporatisierung statt. Das wird etwa an den Begriffen deutlich, die in den Satzungen erscheinen. So wird in den Statuten der „Vereinsvorsitzende" zum „Erstchargierten".

Der eigentliche Gründungsakt erfolgte am 22. November 1887. Das Statut wurde von den Studenten Rudolf Schlosser, Armin Seidl und Arthur Weißbach unterzeichnet[42]. In der Sekundärliteratur erscheinen als Gründer auch andere, ohne daß die Ursache sich erschließen ließe[43].

---

35 UAL, ARWV (s. Anm. 32), Bl. 1: Anzeige der Auflösung an das Universitätsgericht, unterzeichnet vom Vereinsvorsitzenden stud. phil. Rothe; beachtlich hinsichtlich des späteren Charakters des Vereins die Bezeichnung „Vereinsvorsitzender"; in den „Bayreuther Blättern" kommen noch Bezeichnungen wie „Kassierer", „Schriftführer" und „Vorsitzender" vor, während in den Statuten bereits das Korporationsvokabular – „Erst-", „Zweitchargierter" usw. – überwiegt.
36 UAL, ARWV (s. Anm. 32), Bl. 16: Auflösungsanzeige v. 16. 6. 1884, unterzeichnet von Walter Lotz, stud. jur. et. cam.; Veltzke, Patron (s. Anm. 21), S. 337; Lönnecker, Wagnerianer (s. Anm. 1), S. 98 mit Anm. 25.
37 UAL, ARWV (s. Anm. 32), Bl. 12 f.
38 Lönnecker, Wagnerianer (s. Anm. 1), S. 98 mit Anm. 25.
39 Ebd., S. 95.
40 Ebd., S. 97.
41 Ebd., S. 98 mit Anm. 25 und weiteren Nachweisen.
42 UAL, ARWV (s. Anm. 32), Bl. 17.
43 Lange, Walter: Richard Wagner und seine Vaterstadt, Leipzig 1921, S. 262; ebd. als Gründungsmitglieder: „Rudolf Schlösser (später Professor in Jena und Direktor des Goethe- und Schiller Archivs in Weimar) [diese Angabe ist die einzige, die, abgesehen von der geringfügigen orthographischen Abweichung, mit der Akte übereinstimmt; M. T.], Arthur Prüfer (später Universitätsprofessor in Leipzig) und Hugo Dinger (später Professor in Jena)"; übernommen in: Richard-Wagner-Verband, 25 Jahre (s. Anm. 21), S. 35; leider belegt Lange nichts, so daß die Ursache für die differierenden Angaben nicht ermittelt werden kann; die die Gründung anzeigenden „Bayreuther Blätter" hat er nicht benutzt.

Außer Schlosser werden Hugo Dinger (1865-1941) – später Literatur- und Theaterwissenschaftler in Jena – und Arthur Prüfer genannt. Tatsächlich traten sie durch zahlreiche Vorträge hervor. Es ist weder unmöglich noch unwahrscheinlich, daß auch die Initiative zur Wiederbegründung des ARWV von ihnen ausgegangen ist. Beweisen läßt sich das nicht. Dennoch erscheint die Nennung in der Sekundärliteratur um so weniger verständlich, als in den „Bayreuther Blättern" zu lesen ist:

> „Am 12. November ist hier [in Leipzig, M. T.] ein Akademischer R. Wagner-Verein mit 18 Mitgliedern aus der Studentenschaft begründet worden. In den Vorstand wurden gewählt: stud. phil. Rudolf Schlösser, Vorsitzender, stud. phil. Armin Seidl, Schriftführer, stud. jur. Arthur Weissbach, Kassier."[44]

Die Beschäftigung mit Wagner und seinen Werken im Rahmen von Vorträgen blieb weiterhin Kernprogramm des Vereins, es lassen sich jedoch neben dem benutzten Vokabular weitere Anzeichen bewußter Abgrenzung von anderen Verbindungen bzw. akademischen Vereinen erkennen, die ein sich änderndes Selbstverständnis markieren: weg vom studentischen Verein, hin zur Korporation. Ab 1888 zeigte der ARWV Festcouleur in schwarz-blau-goldenen Farben[45] und gab unbedingte Satisfaktion. Zum 3. Dezember 1906 trat der Verein aus dem „Verband wissenschaftlicher Korporationen an der Universität Leipzig" aus[46], offensichtlich identifizierte er sich nicht mehr mit ihm. Über den Grund ist nichts bekannt, auch über sonstige Aktivitäten – Kommerse und Mensuren? – und kulturelle Veranstaltungen fehlen archivalische Nachrichten. Sie lassen sich aus den „Bayreuther Blättern" gewinnen, zumindest die Vortragsthemen des jeweiligen Berichtsjahres sind ersichtlich. Im Semester lag die Anzahl der gehaltenen Vorträge in der Regel zwischen acht und zwölf, nicht selten auch darüber. Über den Inhalt der Vorträge selbst lassen sich jedoch keine Aussagen machen.

Der Verein änderte mehrfach seine Satzung, die nicht zuletzt auch die Aufnahmebedingungen für neue Mitglieder regelte[47]. Solche Änderungen werden zumeist in den „Bayreuther Blättern"

Abb. 1: Wappen des Akademischen Richard-Wagner-Vereins Leipzig, nachgebildet dem Wappen des „Schwanenritters Lohengrin" (Quelle: BA, DB 9, Deutsche Burschenschaft)

---

44 Die Eröffnungsfeier des ARWV fand am 13. 12. 1887 statt; BayBl 10 (1887), S. 419.
45 UAL, ARWV (s. Anm. 32), Bl. 20: Bitte um Genehmigung der Couleur und des Rechts, sie sowohl zu festlichen Anlässen als auch in der Öffentlichkeit zu tragen.
46 UAL, ARWV (s. Anm. 32), Bl. 25.
47 In: UAL, ARWV (s. Anm. 32), finden sich vornehmlich gedruckte Satzungen.

angezeigt: 1897 wurde anläßlich des zehnjährigen Bestehens nicht nur die Vereinstätigkeit gewürdigt, sondern auch beschlossen, einen „Verband Alter Herren des Akademischen Richard-Wagner-Vereines zu Leipzig" zu gründen[48]. Im folgenden Jahr wurde die Mitgliedschaft im Falle eines Hochschulwechsels geregelt: „Wenn ein Mitglied des Akademischen Richard-Wagner-Vereins eine andere Hochschule bezieht, auf der ein Verbandsverein[49] besteht, so muss es ihm, falls nicht triftige Gründe zur Inaktivität zwingen, als aktives Mitglied beitreten."[50] Derartige Änderungen verhinderten aber nicht insgesamt rückläufige Mitgliederzahlen bis etwa 1900[51].

Es mag die lückenhafte Überlieferung damit zusammenhängen, daß es keine besonderen Vorkommnisse gab, die hätten aktenkundig gemacht werden müssen. Bis 1913, so scheint es, ist eine hohe Veranstaltungsdichte mit einem beträchtlichen Anteil von Vortragsabenden zu verzeichnen[52]. Dabei bleibt es auch im Jahr des Kriegsbeginns, wenn auch konkrete Titel der Vorträge nicht angegeben werden:

„Vom Leipziger Akademischen Wagnerverein hören wir erfreulicherweise, daß er trotz des Krieges nicht nur durchgehalten hat, sondern sogar in das kommende Wintersemester mit einem größeren Stamm von Aktiven eintreten wird, als es je der Fall gewesen. Die Vereinstätigkeit war immer ziemlich rege, der Gepflogenheit, Vorträge durch die Mitglieder halten zu lassen, konnte der Verein meist treu bleiben."[53]

1915 wird die Mitgliederstärke für das zurückliegende Jahr noch angegeben, danach – kriegsbedingt? – nicht mehr. Sieben ordentliche, drei außerordentliche Mitglieder und sieben Alte Herren waren eingerückt, zwei weitere Alte Herren leisteten sonstigen Kriegsdienst in der Heimat. Gefallene hatte der ARWV noch nicht zu beklagen, sechs Mitglieder waren hingegen mit dem Eisernen Kreuz ausgezeichnet worden[54].

Dennoch war unvermeidlich, daß es mit der Fortdauer des Krieges zu Einschränkungen im Vortragswesen kommen mußte. Die Nachrichten für das Jahr 1915 fallen entsprechend spärlich aus, am 17. Dezember fand etwa eine Weihnachtsfeier statt, verbunden mit der Einweihung eines neuen Vereinszimmers[55]. Außer von Professor Prüfer wurde 1916 kein Vortrag gehalten. Er hielt ihn zu Ehren von Wagners Sohn Siegfried am 7. Juni 1916: „Ring als Erkennungszeichen in Sage und Dichtung mit bes. Beziehung auf S. Wagners Bärenhäuter und Klaviervortrag aus dem Werke"[56]. Ab diesem Zeitpunkt haben die Veranstaltungen den Charakter von Gedächtnis- oder Trauerfeiern für gefallene Mitglieder. Am 25. November 1916 richtete der Verein einen Abend zu Ehren seiner – hier namentlich genannten – Gefallenen aus, darunter sowohl Studenten als auch Alte Herren[57].

---

48 BayBl 20 (1897), S. 307 f.
49 Der ARWV Leipzig bildete zusammen mit den Vereinen in Berlin und Heidelberg zu dieser Zeit einen Verband.
50 BayBl 21 (1898), Statistische Beilage 1897/98, S. 8 f.; auch schon: BayBl 18 (1895), Statistische Beilage 1894/1895, S. 10 f.
51 Veltzke, Patron (s. Anm. 21), S. 337.
52 BayBl 36 (1913), S. 69 f.
53 BayBl 38 (1915), S. 295.
54 BayBl 38 (1915), S. 294 f.
55 BayBl 39 (1916), S. 70.
56 BayBl 39 (1916), S. 220.
57 BayBl 40 (1917), S. 71.

1918 fanden keine Veranstaltungen statt. Dem Zusammenbruch des Kaiserreichs folgten Unruhen, die nicht nur zur zeitweiligen Schließung der Universität, sondern auch zur Aufstellung eines Zeitfreiwilligen-Regiments führten, zu dessen Mitgliedern auch viele Studenten zählten[58]. Es kann nicht beantwortet werden, ob sich auch ARWV-Mitglieder beteiligten, auch wenn dies wahrscheinlich ist[59]. Die allgemeine, bis zum Bürgerkrieg eskalierende Lage ließ wahrscheinlich kaum an ein geregeltes Verbindungsleben, geschweige denn an eine an die Vorkriegszeit anknüpfende Vortragstätigkeit denken[60].

Die nächsten Vorträge hielt Prüfer an der Universität am 10. Juni 1919, im Verein am 28. Juni über „Stassens Rheingoldbilder" (mit Lichtbildern) und am 19. Februar 1920 zu „Schopenhauer und Raabe"[61]. Am 17. Dezember 1921 sprach er über „Richard Wagner und das Volkslied" und am 12. März 1922 beim Deutschen Turnerbund über „Die sagengeschichtlichen Grundlagen des ‚Tannhäuser'"[62]. In den Jahren 1923 bis 1925 lassen sich keine Vorträge nachweisen, 1926 findet sich aber in den „Bayreuther Blättern" ein Aufruf zum Zusammenschluß der Akademischen Richard-Wagner-Vereine. Gezeichnet war er für den Berliner und Leipziger Verein von Franz Benedikt Biermann und Hans Kabisch, die öffentliche Angriffe gegen den „Gedanken von Bayreuth" behaupteten[63].

Ab dem Winter 1926/27 belebte sich die Vortragstätigkeit. Sie wurde nicht mehr nur in erster Linie von Prüfer bestritten, sondern verstärkt auch von anderen Mitgliedern, sowohl Alten Herren als auch Aktiven. Genannt werden jetzt auch erstmals wieder Kommerse[64]. Zwar reichten Zahl und Umfang der Vorträge nicht an die Vorkriegszeit heran, doch deutet alles auf eine gewisse Konsolidierung des Vereins hin, die gegen Ende des Jahrzehnts bereits wieder erschüttert worden sein muß: In den Jahrgängen 1928 bis 1930 der „Bayreuther Blätter" findet sich nichts zum Leipziger ARWV. Das mag mit der wirtschaftlichen Gesamtsituation zusammenhängen, jedoch nicht zwangsläufig, da die Grazer und Wiener Vereine in diesem Zeitraum mit Vorträgen usw. Erwähnung finden[65]. Zwischen Sommersemester 1930 und Wintersemester 1932/33 sind die letzten Aktivitäten des Leipziger Vereins zu registrieren, es gab wissenschaftliche Abende, aber auch Kommerse und sonstige eher korporationsstudentische Veranstaltungen: am 12. Juli 1930 wurde eine neue Fahne geweiht, im Januar 1931 ein Reichsgründungskommers ausgerichtet und ein neues Verbindungsheim in „Steinmanns Weinkeller" in der Grimmaischen Straße Nr. 32 bezogen[66].

---

58 So u. a. Maercker, Ludwig: Vom Reichsheer zur Reichswehr, Leipzig 1921, S. 257 f.; zu einer bedeutenden Verstärkung des Zeitfreiwilligen-Regiments aus der Studentenschaft kam es, als sich auf Initiative des Studentenausschusses der Leipziger Universität der Kommandeur des Sächsischen Landesjägerkorps, General Ludwig Maercker, am 24. 5. 1919 mit einer Rede an die Studenten wandte und ihr Engagement in den Zeitfreiwilligen-Einheiten lobte; s. a. Rakette, Curt/Härtel, Hugo (Hg.): Zeitfreiwilligenregiment Leipzig. Ein Gedenkbuch, von Mitkämpfern geschrieben, Leipzig 1935, S. 22; Friedeberg, O.: Erinnerungen an das Leipziger Zeitfreiwilligenregiment (1919/1920), in: EuJ 11 (1966), S. 63-66; Schubert, Anja: Die Universität Leipzig und die deutsche Revolution 1918/19, in: Hehl, Landesuniversität (s. Anm. 27), S. 171-191, hier S. 185 f.
59 Eine Nennung in: BA, DB 9 (Deutsche Burschenschaft), I. Örtliche und einzelne Burschenschaften: Leipzig, 1919/20.
60 Vgl. Schubert, Universität (s. Anm. 58).
61 BayBl 42 (1919), S. 228; BayBl 43 (1920), S. 131.
62 BayBl 45 (1922), S. 31.
63 BayBl 49 (1926), S. 152.
64 BayBl 50 (1927), S. 231.
65 Spezialuntersuchungen zu diesen Vereinen fehlen; vgl. jedoch: Lönnecker, Harald: Wagnerianer in Graz, in: EuJ 46 (2001), S. 346-347, 349.
66 BayBl 56 (1933), Beilage; ebd. die Vorträge von SS 1930 bis WS 1932/33.

Ein wesentliches Ereignis für den Verein war wohl, daß er am 9. Mai 1932 in das „Dornburg-Kartell geisteswissenschaftlicher Verbindungen an deutschen Hochschulen" im Deutschen Wissenschafter-Verband (DWV) aufgenommen wurde, dem er bis zum 9. Juni 1933 angehörte. Dem DWV hatte sich der Verein bereits am 24. Mai 1929 angeschlossen, nach dem Austritt aus dem Dornburg-Kartell blieb er dort auch weiterhin unmittelbares Mitglied[67]. Die DWV-Mitgliedschaft war auch deshalb von Bedeutung, weil der ARWV 1933/34 mit weiteren Leipziger DWV-Verbindungen ein Gemeinschaftshaus bezog.

Zur Gründungszeit des DWV, 1910, waren die meisten Vereine sog. schwarze, trugen folglich keine Farben. Nach dem Krieg gewannen zunehmend Äußerlichkeiten wie Couleur, Sport und insbesondere Fechten und unbedingte Satisfaktion ein stärkeres Gewicht, während das „wissenschaftliche Prinzip" mehr in den Hintergrund trat, was wiederum zahlreiche Austritte aus dem DWV nach sich zog und diesen potentiell schwächte. Dazu gab es im DWV mehrere Kartelle, die keineswegs immer als innere Klammern dienten: Das Dornburg-Kartell wurde 1926 gegründet. Es ging aus dem Zusammenschluß des Leuchtenburg-Bundes Historischer Vereine (gegr. 1887), des Naumburger Kartell-Verbands Klassisch-Philologischer Vereine (gegr. 1884) und des Weimarer Kartell-Verband Philologischer Verbindungen (gegr. 1879) hervor. Daneben bestand im DWV etwa der Arnstädter Verband mathematisch-naturwissenschaftlicher Verbindungen (gegr. 1868). Erst unter NS-Druck gaben die Kartelle auf dem 9. DWV-Verbandstag Pfingsten 1933 ihre Eigenständigkeit zu Gunsten eines Einheits-DWV auf.

Weder der Erste Weltkrieg noch die nachfolgenden politischen und sozialen Umwälzungen ließen den ARWV unberührt. Charakteristisch waren – wie bei anderen Verbindungen auch – die Einschränkung und Reduzierung der Zusammenkünfte und der Vortragtätigkeit, was sich erst gegen Mitte der 1920er Jahre wieder zu normalisieren schien, gefolgt von einem weiteren Einbruch angesichts der Weltwirtschaftskrise. Darauf weist zumindest ein Brief von 1934 hin, auf den noch einzugehen ist. Eines ist jedoch relativ sicher: Der ARWV produzierte sich im Gegensatz zu den drei Leipziger Sängerverbindungen – Arion (gegr. 1849) und St. Pauli (gegr. 1822) in der Deutschen Sängerschaft, Wettina (gegr. 1885) im Sondershäuser Verband – nicht in der Öffentlichkeit, wozu er qualitativ wahrscheinlich auch gar nicht in der Lage war. Einzig 1912 war das anders. Auch Künstler verpflichtete der Verein nicht oder nur selten für Auftritte[68].

---

67 Ebd.; Lönnecker, Wagnerianer (s. Anm. 1), S. 98 mit Anm. 32; Gladen, Paulgerhard: Geschichte der studentischen Korporationsverbände, 2 Bde., Würzburg 1981 u. 1985, hier 2, S. 111 f., 127, 130; Jess, Hartmut H.: Specimen Corporationum Cognitarum 2000. Das Lexikon der Verbindungen (Compact-Disk), Köln 2000, 2. Folge 2005, 3. Folge 2010, Nr. 9-049: Akad. Richard-Wagner-Verein Leipzig; zum DWV: Heilmann, Werner: Der Deutsche Wissenschafter-Verband (D.W.V.), in: Grabein, Paul (Hg.): Vivat Academia. 600 Jahre deutsches Hochschulleben, Berlin o. J. (1931), S. 158-160; ders.: Deutscher Wissenschafter-Verband (D.W.V.), in: Doeberl, Michael u. a. (Hg.): Das akademische Deutschland, Bd. 2: Die deutschen Hochschulen und ihre akademischen Bürger, Berlin 1931, S. 527-530; ders.: Der Deutsche Wissenschafter-Verband (DWV) von der Gründung bis zur Auflösung, Berlin 1935; Zickgraf, G.: Der Deutsche Wissenschafter-Verband (DWV) von 1910 bis 1960 (Schriften des Deutschen Wissenschafter-Verbands, 5), o. O. 1960; Vogel, H. H.: Deutscher-Wissenschafter-Verband. 75 Jahre (Schriften des Deutschen Wissenschafter-Verbands, 7), Goslar 1985; zum Dornburg-Kartell: Kupsch, Willy: Dornburg-Kartell geisteswissenschaftlicher Verbindungen an deutschen Hochschulen (D.K.), in: Doeberl, Das akademische Deutschland (s. Anm. 67), S. 534-536.

68 Veltzke, Patron (s. Anm. 21), S. 337 f.; Hahn, Vincenz von: Fünfundzwanzig Vereinsjahre, in: Der Akademische Richard-Wagner-Verein zu Leipzig 1887-1912, Leipzig 1912, S. 69-77, hier S. 75.

Weiterhin lassen sich zunehmende Distinktions- und Segregationsbestrebungen des ARWV von anderen Korporationen feststellen. Dazu gehörte auch eine Bestimmung, daß Mitglieder nur Studenten sein konnten, die „germanischer Abstammung" waren und sich zur „deutsch-christlichen Weltanschauung" bekannten. Völkisches Gedankengut fand also Eingang, festgemacht an der vom ARWV-„Convent" am 16. Juni 1927 beschlossenen und vom Universitätsgericht am 23. Juli genehmigten Satzung[69]. Die letzte von Universitätsrichter Georg Sperling – wahrscheinlich selbst ARWV-Mitglied[70] – genehmigte Satzung datiert vom 22. Juli 1932[71].

4. Die letzten Jahre

Aus den letzten Jahren des Leipziger Akademischen Richard-Wagner-Vereins sind zwei Auseinandersetzungen bekannt. Am 10. September 1934 wurde der Erstchargierte oder dessen Vertreter ins vornehmlich der Gleichschaltung der Studentenschaft dienende Amt für Kameradschaftserziehung vorgeladen[72]. Eine weitere Vorladung des Rektors, des Agrarwissenschaftlers Arthur Golf[73], erging wenige Tage später an Handelsgerichtsrat L. Paul Zenker, den Vorsitzenden des Altherrenverbands:

„Das Ministerium für Volksbildung in Dresden hat mir Ihre an den Führer gerichtete Eingabe vom 12. Juli d. J. zur Vortragserstattung übersandt. Ich möchte über die Angelegenheit im Beisein des Vertreters des Führers des Waffenringes mit Ihnen Rücksprache nehmen und bitte Sie höflichst, sich zu diesem Zwecke mit dem Ferienvertreter des Akademischen Richard-Wagner-Vereins und unter Mitbringung Ihrer, die Errichtung eines Kameradschaftshauses betreffenden Unterlagen am Freitag, den 21. Septbr. 1934 vormittags 10 Uhr in meinem Amtzimmer (Universitäts-Hauptgebäude, rechter Aufgang, I. Stock) einfinden zu wollen.
Heil Hitler!
G[olf]
Rektor"[74]

---

69 In: UAL, ARWV (s. Anm. 32).
70 BayBl 28 (1905), S. 87, nennt als Vorstand „stud. jur. Georg Sperling"; zu Sperling (* Markranstädt 19. 6. 1883): UAL (s. Anm. 17), Rentamt 2156, Sperling, Georg Franz Karl, Regierungsrat, ab 1932 Oberregierungsrat; die Akte besteht im wesentlichen aus dem Fragebogen hinsichtlich der Zugehörigkeit zu NS-Organisationen.
71 In: UAL, ARWV (s. Anm. 32).
72 UAL, ARWV (s. Anm. 32), Bl. 60.
73 Golf (1877-1941) war der erste nationalsozialistische Rektor der Universität Leipzig, seine Wahl verdankte er vor allem der Studentenschaft; dennoch 1935 Abwahl bzw. 1936 Wiederwahl, nachdem zwischenzeitlich der Psychologe und Philosoph Felix Krueger (1874-1948) – Alter Herr der Sängerschaften Germania Berlin und Arion Leipzig – die Geschäfte übernommen hatte, aber wegen unvorsichtiger Äußerungen und Zweifeln an seiner „arischen Abstammung" aus dem Amt gedrängt wurde; zur Person: Augustin: Christian: Arthur Golf. Zum 75. Jahrestag seines Rektorats am 30. Dezember 2008, in: Rektor der Universität Leipzig (Hg.), Höhn, Tobias D./Rutsatz, Manuela/Lauppe, Silvia (Red.): Jubiläen 2008. Personen – Ereignisse, Leipzig 2008, S. 93-97; s. a. Lambrecht, Ronald: Felix Krueger 1874-1948, in: ders.: Politische Entlassungen in der NS-Zeit. Vierundvierzig biographische Skizzen von Hochschullehrern der Universität Leipzig (Beiträge zur Leipziger Universitäts- und Wissenschaftsgeschichte, Reihe B, 11), Leipzig 2006, S. 121-123.
74 UAL, ARWV (s. Anm. 32), Bl. 64; Unterstreichung im Original.

Diese Vorladung fand auch Niederschlag im Protokoll der Verhandlung mit dem ARWV vom 21. September 1934. Zenker zog sein Gesuch zurück. Die anwesenden Studenten Pöppe und Manewald nahmen das zur Kenntnis[75].

Welcher Umstand machte es notwendig, daß der Rektor den Vorsitzenden eines Altherrenverbands zu sich bat, was sonst kaum einmal vorkam? Ein Schreiben Golfs an das Dresdner Volksbildungsministerium gibt Erläuterung, wirft sowohl Licht auf die Persönlichkeit Zenkers als auch auf die Situation im Leipziger Korporationswesen, läßt eine gewisse Naivität Zenkers hinsichtlich der neuen politischen Verhältnisse erkennen und seiner Einschätzung der Beziehungen Hitlers zum Werk Richard Wagners. Außerdem scheint Zenker mit einigen verbindungsstudentischen Gepflogenheiten in Konflikt geraten zu sein. Golf schreibt:

„Dem Ministerium reiche ich den Vorgang L. Paul Zenker, betreffend den Akademischen Richard Wagner-Verein an der Universität Leipzig, hiermit zurück und berichte dazu folgendes.

Ich habe die Sache zunächst dem stellv. Führer der Studentenschaft zur Äusserung übergeben; es gelang diesem aber nicht, den studentischen Ferienvertreter des Richard Wagner-Vereins zur Stelle zu bekommen. Daraufhin liess ich mir die Schriftstücke zurückgeben und führte am 21. 9. im Rektorat eine Besprechung herbei, an welcher von seiten der Alte Herrenschaft des R.-W. Vereins Handelsgerichtsrat Zenker, Studienrat Gruner und Rechtsanwalt Cunio teilnahmen, dazu als Vertreter der Aktivitas stud. Schwarz. Anderseits waren ausser dem Rektor die Studenten Manewald und Pöppe von der Führung der Studentenschaft zugegen. Das Ergebnis der Aussprache ist folgendes:

Der Akademische Richard Wagner-Verein ist z. Zt. dabei, zusammen mit den studentischen Verbindungen Masuria, Neo-Marchia und Askania in dem dem Leipziger Messamte gehörigen Hause Königsstrasse 1 ein Gemeinschaftshaus einzurichten[76]. Die dadurch für den Richard Wagner-Verein bzw. seine Alte Herrenschaft entstehende Belastung ist gross, sie wird umso drückender empfunden, als in der letzten Zeit gerade mehrere von den wenigen noch zahlungskräftigen Alten Herren des Vereins verstorben sind, eine Reihe anderer aber infolge Verarmung nicht mehr zu Beiträgen herangezogen werden kann. In dieser Not hat nun der Senior A.H.h.c.[77] Handelsgerichtsrat Paul Zenker geglaubt, sich an den Führer wenden zu dürfen, weil es sich um einen akademischen Verein handelt, der sich die Pflege des Kulturwerkes Richard Wagners und den Kampf dafür bereits seit dem Jahre 1887[78] zum Ziele gesetzt hat, und weil Handelsgerichtsrat Zenker sich und seinem Verein hierdurch Adolf Hitler innerlich besonders nahe verbunden fühlt. Handelsgerichtsrat Zenker hat sicherlich aus idealem Fühlen heraus gehandelt, und es ist ihm, der auch nicht unserer Universität als Student angehört hat, sondern Kaufmann ist und eine geachtete Stellung in der Leipziger Kaufmannschaft einnimmt, wegen seines unmittelbar an den Führer gerichtetes Schreibens

---

75 UAL, ARWV (s. Anm. 32), Bl. 65; ebd. die Zusage Zenkers an Golf v. 19. 9. 1934 und die Bestellung Pöppes und Manewalds.
76 BayBl 58 (1935), Beilage; darin die Anzeige des Wohngemeinschaftshauses mit der genannten Anschrift, Nennung des Eigentümers und mehrere Sätze zur Innenraumgestaltung; das Haus trug den Namen „Wohnkameradschaft DWV".
77 Alter Herr honoris causa.
78 Die gescheiterten Gründungen 1872 ff. scheinen unbekannt.

kein Vorwurf zu machen. Von den Alten Herren und von den Aktiven ist niemand über den Schritt, den Herr Zenker getan hat, zuvor unterrichtet worden.

Ich habe aber bei der Einleitung der Besprechung im Einvernehmen mit der Führung der Studentenschaft klar zum Ausdruck gebracht, dass sowohl der Rektor wie auch der Führer der Studentenschaft einen solchen Schritt nicht billigen können, weil es sich um eine studentische Verbindung der Universität handelt. Hier hätte, wenn ein Aktiver oder auch ein alter Akademiker ein solches Schreiben hätte absenden wollen, unbedingt zuvor Meldung an den Führer der Studentenschaft und an den Rektor erstattet und dessen Meinung eingeholt werden müssen.

Nachdem die Herren Zenker, Studienrat Gruner und Rechtsanwalt Cunio sich in längerer Aussprache geäussert hatten, und die beiden Letzteren angeboten hatten, das die Alte Herrenschaft das Opfer, welches die Einrichtung des Gemeinschaftshauses dem Verein auferlege, auch noch auf sich nehmen werde, wurde folgendes vereinbart:

Die Alte Herrenschaft des Richard Wagner-Vereins übernimmt die Aufbringung der Kosten selbst;

Handelsgerichtsrat Zenker zieht sein an den Führer gerichtetes Gesuch zurück.
Golf
Rektor."[79]

Eine Zweitschrift sandte Golf an Zenker, legte indes Wert darauf, daß den Inhalt außer diesem auch Cunio und Gruner zur Kenntnis nahmen. Außerdem schrieb er:

„Ich glaube annehmen zu dürfen, dass Sie, sehr verehrter Herr Handelsgerichtsrat, sich mit dem Wortlaut meines Schreibens einverstanden erklären werden, und ich versichere Ihnen nochmals, dass die idealen Momente, welche allein Sie zu dem Schreiben veranlasst haben, von mir voll gewürdigt werden."[80]

Zenker stimmte Golf nicht zu, denn er teilte ihm am 11. Oktober 1934 mit:

„Ew. Magnificenz

Danke ich verbindlich für die mit gütigem Schreiben vom 5. ds. Mts erfolgte Uebersendung eines Durchschlages Ihres Berichtes an das Ministerium für Volksbildung, Dresden, vom 4. ds. Mts., mit dessen Inhalt ich mich insofern nicht einverstanden zu erklären vermag, als sein Wortlaut das Endergebnis der erwähnten Aussprache vom 21. Septbr. mit Bezug auf meine Eingabe an den Führer vom 12. Juli keineswegs dem tatsächlichen Vorgange entsprechend darstellt. Von einer Schlussvereinbarung, meine Person betreffend, ist mir nichts bekannt. – Ich habe vielmehr Ew. Magnificenz – auf den mir und damit dem Akadem. Rich. Wagner Verein eingangs gemachten schweren Vorwurf disciplinwidrigen Verhaltens, – wenn berechtigt – mein sofortiges Ausscheiden aus dem Ak.R.W.V. zur Folge gehabt haben würde, – in Gegenwart der 5 anderen Herren wörtlich gesagt: ‚ich könnte ja nun mein an den Herrn Reichskanzler direkt gerichtetes Bittgesuch einfach zurückziehen, ich tue dies aber nicht, aus-

---

79 Schreiben Golf v. 6. 10. 1934; UAL, ARWV (s. Anm. 32), Bl. 67 f.
80 UAL, ARWV (s. Anm. 32), Bl. 69.

drücklich in dem unerschütterlichen Glauben daran und in felsenfester Ueberzeugung davon, dass es gewisslich Adolf Hitlers Wunsch und Wille sei, den seit 47 Jahren die Weltanschauung des Bayreuther Meisters hegenden und pflegenden Akadem. Rich. Wagner-Verein an der Universität Leipzig zu erhalten und zu fördern.'

In Form und Begründung, wie folgt, durfte ich mich getrost unmittelbar an den Führer wenden, der ja selbst einmal ausgesprochen hat, dass er stets ein offenes Ohr habe für jeden seiner deutschen Volksgenossen.

Der Instanzenweg kam für mich – als Privatperson – gar nicht in Frage; weshalb Ew. Magnificenz ja auch im späteren Verlauf der bewussten Besprechung den erhobenen Vorwurf der Disciplinwidrigkeit – als unberechtigt – zurückzunehmen sich veranlasst gefühlt hat. –

Der Verantwortung gegenüber dem nationalsozialistisches Gedankengut umschliessenden Kulturwerke Rich. Wagners wohl bewusst, ohne Vorwissen der Verbandsorgane und im vollen Vertrauen geraden Wegs hatte ich mich an den Herrn Reichskanzler gewendet, weil – nach meiner persönlichen Ueberzeugung – der ARWV. bei allem bewiesenen besten Willen zur Selbsthilfe, seiner schützenden Hand eben bedürftig ist. –

Bei dem Führer allein also ruht – wie in allen Fällen – die Entscheidung. –
Heil Hitler
Mit dem Ausdrucke vorzüglicher Hochachtung Ew. Magnificenz sehr ergebener
Paul Zenker
Kaufmann & Handelsgerichtsrat,
A.H.h.c. des Akadem. Rich. Wagner-Verein, Leipzig,
Inhaber der Silbernen Bürgermedaille der Stadt Bayreuth"[81]

Die Bayreuther Bürgermedaille erwähnte Zenker gewiß nicht ohne Hintergedanken, wies sie ihn doch als einen überzeugten und engagierten Wagnerianer aus.

Das Volksbildungsministerium wandte sich an Golf und bat um seine Stellungnahme und gegebenenfalls Korrektur seines Berichts von Anfang Oktober. Zenker sei darauf hinzuweisen, daß seine Eingabe von der Privatkanzlei des Führers an das Ministerium für Volksbildung zur Entschließung abgegeben worden sei und daß dieses deshalb von weiteren Schritten beim Führer und Reichskanzler absehen müsse[82]. Golf antwortete am 19. Oktober, er halte seinen Bericht aufrecht und daß die ARWV-Altherrenschaft für die Kosten des Gemeinschaftshauses aufkomme[83]. Zugleich benachrichtigte er Zenker, der mittlerweile erklärt haben sollte, daß er sein Gesuch zurückziehe. Es gab drei Tage zuvor eine entsprechende Zusammenkunft beim Rektor im Beisein von Cunio und Reichsgerichtsrat Halamik sowie der bereits genannten Studentenschafts-Vertreter[84]. Damit war die Angelegenheit erledigt.

Der Verlauf der kleinen Affäre illustriert schlaglichtartig, mit welchen Problemen die Korporationen im Herbst 1934 konfrontiert waren, welche Erwartungen und Vorstellungen sie vom Reich Adolf Hitlers hatten und welchen Illusionen sie sich hingaben. Hintergrund ist der sog. Feickert-Plan vom 20. September 1934, bei dem es auf den ersten Blick um die Einrichtung von

---

81   Einen Durchschlag sandte Zenker an das Volksbildungsministerium; UAL, ARWV (s. Anm. 32), Bl. 72 f.
82   UAL, ARWV (s. Anm. 32), Bl. 75.
83   UAL, ARWV (s. Anm. 32), Bl. 77 f.
84   UAL, ARWV (s. Anm. 32), Bl. 76.

Wohnkameradschaften auf den Korporationshäusern ging, tatsächlich aber um die Macht in der Studentenschaft und den Verbindungen und zugleich um einen Kompetenzkampf zwischen NS-Studentenbund und Deutscher Studentenschaft (DSt)[85]. Jeder Studienanfänger sollte gezwungen sein, zwei Semester in einer staatlich bzw. parteiamtlich anerkannten Wohnkameradschaft, also zumeist auf einem Korporationshaus, zu verbringen. Die nicht anerkannten Wohnkameradschaften und damit Korporationen würden auf lange Sicht verschwinden. Der wesentliche Köder für die Verbindungen war die Bestimmung, jeder Student müsse sich einer Wohnkameradschaft anschließen. Dies schien eine „praktische Nachwuchsbeschaffung" zu sein, das Keilen unnötig zu machen, sämtliche Personalprobleme für immer zu beseitigen und die Zukunft zu sichern. Während die Korporationen davon ausgingen, jede könne sich den Nachwuchs aussuchen, war die Gegenseite der Ansicht, die den Verbindungen zugewiesenen Studenten müßten auf jeden Fall nicht nur in die Wohnkameradschaft, sondern auch in die Korporation aufgenommen werden, wollte jedoch für die „Eingewiesenen [...] keine Verpflichtung, aktiv zu werden", anerkennen. Hier waren Auseinandersetzungen vorprogrammiert, wenn zugewiesene Studenten auf dem Haus wohnten, die keinerlei Beziehung zur oder Interesse an der Verbindung hätten. Faktisch handelte es sich um den Plan, die den Machthabern bisher entzogenen Verbindungen von innen heraus zu zerstören oder, wenn sie sich den Vorgaben nicht beugten, auszutrocknen. Nach einigem Hin und Her entschied aber am 11. November 1934 unerwartet Hitler gegen den Feickert-Plan. Außer einer tiefgehenden Beunruhigung und Verunsicherung der Korporationen gegenüber der NS-Polykratie hinterließ er keine Spuren.

Anderthalb Jahre später, 1936, ereignete sich der zweite Fall. Er ist weitaus kürzer und etwas kurios. Im April sandte Fr. Gruner – der bereits mehrfach genannte Studienrat und ARWV-Alte Herr – dem ehemaligen Aktiven und Theologiestudenten Hubert Cichos eine Postkarte, mit der er diesen aufforderte, Mütze und Band zurückzugeben[86]. Cichos antwortete mit einer Postkarte: „Dank für den netten Aprilscherz, der leider einige Tage verspätet ankam."[87] Er scheint die Couleur als sein Eigentum begriffen zu haben. Tatsächlich äußerte er sich später in diesem Sinne und meinte, Gruner hätte ihn foppen wollen. Da Cichos nichts weiter unternahm, erreichte ihn nach ein paar Tagen die Aufforderung des Universitätsrichters, bei diesem am 30. April vorzusprechen[88]. Ob Cichos erschien, geht aus der Akte nicht hervor, er wurde jedoch am 5. Mai vorstellig und gab die Erklärung ab,

„dass er die Mütze des Akademischen Richard Wagner-Vereins nur gezwungenermaßen – sei es auf Anordnung des Rektors, sei es auf Grund eines rechtskräftigen Zivilurteils – herausgeben werde, dass er sie aber – solange er sie im Besitze habe – in Ehren halten werde. Das Band habe er nicht mehr im Besitze. Er habe es seinerzeit einem Mitgliede des Vereins (Seifert) leihweise überlassen. Bei seinem Eintritt in den Verein sei ihm nicht bekannt geworden, dass er Mütze

---

85 Zusammenfassend hierzu und im folgenden: Grüttner, Michael: Studenten im Dritten Reich, Paderborn/München/Wien/Zürich 1995, S. 259-261, 266, 268, 270, 299; der Plan war benannt nach dem Führer der Deutschen Studentenschaft (DSt), Andreas Feickert (1910-1977); zur Person: ebd., S. 507; ders.: Biographisches Lexikon zur nationalsozialistischen Wissenschaftspolitik (Studien zur Wissenschafts- und Universitätsgeschichte, 6), Heidelberg 2004, S. 46.
86 UAL, ARWV (s. Anm. 32), Bl. 79 f.
87 UAL, ARWV (s. Anm. 32), Bl. 81.
88 Schreiben v. 27. 4. 1936; UAL, ARWV (s. Anm. 32), Bl. 84.

und Band im Falle seines Austritts aus dem Verein zurückgeben müsse. Gegen die Rückgabe spreche auch, dass er dieselbe selbst gekauft, dafür aber kein Eintrittsgeld gezahlt habe.

Nachrichtlich: Sperling"[89]

Zweifellos war Cichos Eigentümer der Mütze und er scheint sie auch als Erinnerung an seine Mitgliedschaft geschätzt zu haben, schließlich wollte er sie „in Ehren halten". Das widersprach freilich der ARWV-Satzung, nach der Band und Mütze stets Vereinseigentum blieben. Der Universitätsrichter versuchte anscheinend zu vermitteln, für den 8. Juni 1936 wurde Cichos abermals zitiert[90]. Er erklärte:

„Ich war bereits im September 1935 aus dem ak. Rich. Wagner Verein ausgetreten. Den Austritt hatte ich schriftlich Herrn Mader übersandt. Bis Dezember 1935 habe ich mit diesem noch freundschaftlich verkehrt. Niemals aber hat er mich hingewiesen, daß ich noch Verpflichtungen gegen den Verein hätte. Ich war daher überrascht, als ich die Karte von H[errn]. Studienrat Gruner erhielt, die erst Anfang April d. J. einging. Ernst nehmen konnte ich die Karte nicht, weil ich die Angelegenheit für erledigt hielt. Daher antwortete ich humoristisch. Eine Beleidigungsabsicht lag mir völlig fern. Ich war allerdings durch die Karte erbost.

Vor[gelesen]., gen[ehmigt]. und unterschrieb[en].
Hubert Cichos
Sperling
Univ. Richter"[91]

Gruner bedankte sich für die Vermittlung Sperlings, durch die der „unerquickliche Zwist" beseitigt werde, und erklärte sich mit dessen Vorgehen einverstanden[92]. Weitere Einzelheiten gehen aus der Akte nicht hervor. Jedoch beleuchtet die kurze Episode den überragenden ideellen Wert, den die Farben für den Verein und selbst für ein ehemaliges Mitglied hatten.

Der Akademische Richard-Wagner-Verein Leipzig bestand noch, als sich der Deutsche Wissenschafter-Verband am 12. Oktober 1935 auflöste[93]. Auch im Sommersemester 1936 gab es wohl noch eine Aktivitas[94], die bald danach verschwand. Am 17. Dezember 1937 wurde dem Universitätsrichter die Auflösung des Altherrenverbands mitgeteilt:

„Euer Magnifizenz
Beehre ich mich anzuzeigen, daß der Altherren-Verband des Akademischen Richard-Wagner-Vereins seit dem 1. d. M. aufgelöst ist. Der Verein besteht also nicht mehr.
Heil Hitler!
Dr. Halamik
Reichsgerichtsrat a. D."[95]

---

89 UAL, ARWV (s. Anm. 32), Bl. 86.
90 Mit Schreiben v. 5. 6. 1936; UAL, ARWV (s. Anm. 32), Bl. 85.
91 UAL, ARWV (s. Anm. 32), Bl. 88.
92 UAL, ARWV (s. Anm. 32), Bl. 89.
93 Jess, Specimen (s. Anm. 67), Nr. 9-049: Akad. Richard-Wagner-Verein Leipzig.
94 Vgl. BA, DB 9 (Deutsche Burschenschaft), I. Örtliche und einzelne Burschenschaften: Leipzig, 1936.
95 UAL, ARWV (s. Anm. 32), Bl. 90.

Das bedeutete zumindest das äußerliche Ende des Vereins. Ob noch inoffizielle Kontakte fortgeführt oder Veranstaltungen abgehalten wurden, läßt sich nicht feststellen.

5. Zusammenfassung

Veit Veltzkes Urteil, die Akademischen Richard-Wagner-Vereine seien in der akademischen Welt nur Randerscheinungen gewesen, trifft für den Leipziger Verein nicht oder – je nachdem, welche Zeit betrachtet wird – nur bedingt zu. Gegenüber anderen Wagner-Vereinen kennen wir seine Überlieferung besser und wissen wir etwas mehr über seine Entwicklung. Der Verein stellt aber keine Besonderheit dar, sondern im Grunde nur den Regelfall im Speziellen. Es bedurfte wie in anderen Fällen mehrerer Anläufe, bis sich genug an Richard Wagner und seinen Werken interessierte Studenten fanden, die den Verein in Leipzig etablierten, auf Dauer aufrecht erhielten und mit einem umfangreichen Vortragswesen vor dem Ersten Weltkrieg sogar zu einer gewissen Blüte führten. Unter Krieg und Nachkrieg hatte der ARWV ebenso zu leiden wie andere Korporationen, das bemerkte schon sein Altherrenverbandsvorsitzender L. Paul Zenker. Es waren Gefallene zu beklagen, die Vereinstätigkeit war eingeschränkt und erholte sich nur langsam, erst Mitte der 1920er Jahre wurde die alte Höhe erreicht. Zu verdanken hatte der Verein dies wohl vorrangig dem Leipziger Musikwissenschaftler Arthur Prüfer, der immer wieder Vorträge und andere Veranstaltungen im und für ihn bestritt. Da er zugleich dem Vorstand des Allgemeinen Richard-Wagner-Vereins angehörte, ist er auch ein gutes Beispiel für die Verzahnung eines akademischen mit einem bürgerlichen Verein. Dennoch vermochte Prüfers Engagement dem Leben des ARWV keine Kontinuität zu verleihen.

Seit seiner Gründung wurde der Verein immer mehr zur Verbindung, eine Entwicklung, die wir auch aus anderen Zusammenhängen kennen[96]. Innere Debatten sind zwar nicht überliefert, aber die sukzessive Annahme der unbedingten Satisfaktion, der schwarz-blau-goldenen Farben in Band und Mütze bis hin zum Anschluß an einen Verband sprechen eine deutliche Sprache. Der Verein korporatisierte sich, adaptierte die älteren Formen, historisierte, archaisierte und romantisierte sich dadurch und gewann so festen Boden unter den Füßen. Die älteren Korporationsformen wie Corps und Burschenschaften setzten ihm die Maßstäbe studentischen Lebens. So oder so ließen sich die als traditionell, alt und ehrwürdig empfundenen Rituale und Gebräuche des Studententums instrumentalisieren und mit ganz unterschiedlichen Inhalten füllen, so etwa mit Richard Wagner, was zugleich ein bezeichnendes Licht auf ihre strukturelle Flexibilität wirft. Rituale und Gebräuche boten dem Verein aber zugleich eine Basis, die ihm Halt und Dauer, Würde und Autorität gab, die er in soziales Kapital umsetzen konnte, das seine Mitglieder als besonders wertvolle und herausgehobene Mitglieder der bürgerlichen Gesellschaft erscheinen ließ.

Wie andere Verbindungen auch verinnerlichte der ARWV ein korporatives, durch Exklusivität und Elitarismus geprägtes Selbstverständnis, welches ihn sich als integralen Teil der Hochschule begreifen ließ. Das bewahrte ihn nach 1933 nicht vor dem Verlust seiner Autonomie und politischen Konflikten, es half auch nichts, daß sich der Verein einem Komponisten verpflichtet fühlte, welchen die Nationalsozialisten selbst instrumentalisierten und als einen Vorläufer und

---

96 Hierzu und im folgenden vgl. Lönnecker, „... nur den Eingeweihten bekannt" (s. Anm. 30), S. 162.

Vorkämpfer betrachteten[97]. Die an den Verein seitens der Machthaber gestellten Ansprüche hinsichtlich des Aufbaus einer Wohnkameradschaft schienen das ökonomische Ende zu bedeuten, weshalb sich der Vorsitzende des Altherrenverbands L. Paul Zenker um Hilfe an den Wagner-Freund Hitler wandte. Dieser Versuch blieb erfolglos, ja mußte es bleiben, ging es doch nicht um die Integration älterer Strukturen in eine vermeintlich neue Hochschule oder einen zeitgenössisch ganz besonders geschätzten Komponisten, sondern um die Macht in der Studentenschaft – die politischen Entscheidungsträger hatten keinerlei Interesse am Fortbestand der autonomen, ihrem Zugriff noch immer entzogenen Korporationen. Und dazu gehörte auch der Akademische Richard-Wagner-Verein. Zenker hat das nicht gesehen.

Trotzdem kann ihm der Mut nicht abgesprochen werden, auch mit sonst ungebräuchlichen Mitteln die Rettung des Vereins versucht zu haben. Die darüber entbrannte Auseinandersetzung war ungewöhnlich, zumal Zenker einen Weg wählte, der weder den (alten) akademischen Gepflogenheiten entsprach, noch den (neuen) nationalsozialistischen, nach denen seine Bittschrift unter Übergehung der Vorgesetzten an der Universität eine Disziplinwidrigkeit, damit ein Verstoß gegen Einhaltung des Dienstwegs und letztlich des „Führerprinzips" zu sein schien. Außerdem lag der Inhalt seines Gesuchs außerhalb des Interesses des Empfängers, der es an das Dresdner Volksbildungsministerium verwies und nicht weiter behelligt zu werden wünschte. Letztendlich verlief die ganze Angelegenheit im Sande.

Die Mitglieder des Akademischen Richard-Wagner-Vereins bewiesen ihrem Zusammenschluß stets eine gewisse Anhänglichkeit, selbst auf ehemalige traf das zu, wie die Episode um die Mütze Hubert Cichos beweist. Dennoch löste sich der Altherrenverband des Vereins Ende 1937 auf, die Aktivitas muß bereits vorher untergegangen sein. Die Auflösung fand etwas über zwei Jahre nach dem Ende der Korporationsverbände statt, etliche Altherrenverbände der ihnen ehemals angehörenden Verbindungen existierten dennoch weiter und waren nach 1945 vielfach der Grundstock für den Wiederaufbau. Warum die Mitglieder des Akademischen Richard-Wagner-Vereins Leipzig nicht zusammenhielten, ist nicht nachvollziehbar.

---

97 Eine kurze Einführung in diese Thematik bietet etwa: Sorgner, Stefan Lorenz/Ranisch, Robert: Einleitung, in: Sorgner, Stefan Lorenz/Birx, H. James/Knoepffler, Nikolaus (Hg.): Wagner und Nietzsche. Kultur – Werk – Wirkung. Ein Handbuch, Hamburg 2008, S. 23-48; s. a. Münkler, Herfried: Richard Wagner, in: François, Etienne/Schulze, Hagen (Hg.): Deutsche Erinnerungsorte, Bd. 3, München 2001, S. 549-566.

Ronald Lambrecht

Die sächsische Studentenschaft in den Jahren der Weimarer Republik und des Nationalsozialismus

Der folgende Beitrag möchte einige ausgewählte Aspekte der Entwicklung der sächsischen Studentenschaft vom Ende des Ersten Weltkriegs und der Gründung der Weimarer Republik bis zum Zusammenbruch des Dritten Reichs und dem Ende des Zweiten Weltkriegs darstellen[1]. Betrachtungsgegenstand sind die organisierten Studentenschaften der sächsischen Landesuniversität Leipzig, der Technischen Hochschule Dresden, der Handelshochschule Leipzig, der Bergakademie Freiberg sowie der Forstlichen Hochschule Tharandt[2]. Hauptaugenmerk wird auf die Frequenz der Studentenschaft, auf die wirtschaftliche und soziale Lage der Studenten sowie auf ihr politisches Verhalten in den beiden politischen Systemen gelegt werden.

1. Frequenz

Das dicht besiedelte und hochindustrialisierte Sachsen wies zu Beginn der Weimarer Republik eine äußerst heterogene Hochschullandschaft auf. Neben der traditionsreichen Landesuniversität Leipzig, 1409 gegründet und zu Beginn der 1920er Jahre die drittgrößte Universität des Deutschen Reiches, und der Technischen Hochschule Dresden verfügte es mit der Bergakademie Freiberg, der Forstlichen Hochschule Tharandt und der Handelshochschule Leipzig noch über drei „Spezialhochschulen".

An der Universität Leipzig spiegelte die Studentenfrequenz für den Zeitraum von 1919 bis 1939 in ihren großen Entwicklungen in etwa den Reichstrend wider. Der Rückstrom der Studenten nach dem Ende des Krieges in die Hörsäle zeigte sich auch hier, allerdings in etwas geringerem

---

1 Der Beitrag basiert auf den Ergebnissen der Dissertation des Verfassers sowie ergänzenden Überlegungen; Lambrecht, Ronald: Studenten in Sachsen 1918-1945. Studien zur studentischen Selbstverwaltung, sozialen und wirtschaftlichen Lage sowie zum politischen Verhalten der sächsischen Studentenschaft in Republik und Diktatur (Geschichte und Politik in Sachsen, 28), Leipzig 2011.
2 1923 wurde die bis dahin eigenständige Tierärztliche Hochschule Dresden als Veterinärmedizinische Fakultät an die Universität Leipzig angegliedert, sie bleibt daher unberücksichtigt. Die Studentenschaft der Forstlichen Hochschule Tharandt wird als eigenständige Studentenschaft behandelt, da sie diesen Charakter auch nach der Angliederung als forstwissenschaftliche Abteilung an die Technische Hochschule Dresden im Jahr 1929 behalten hat. – Die Quellenlage zur sächsischen Studentenschaft ist für die Weimarer Republik deutlich besser als für die Jahre des Nationalsozialismus. Ebenso sind die Überlieferungen für die Universität Leipzig und die Technische Hochschule Dresden umfangreicher als für die anderen sächsischen Hochschulen. Darin liegt die im Beitrag vorkommende Ungleichgewichtung bei Analysen, Beispielen usw. begründet.

Abb. 1: Denkmal der Universität Leipzig für ihre im Ersten Weltkrieg gefallenen Angehörigen in der Wandelhalle des Augusteums, 1932
(Quelle: Privatbesitz)

Maße als an anderen deutschen Hochschulen. So studierten im Wintersemester 1919/20 mit 5925 Studenten nur ungefähr 600 Studenten mehr an der Universität Leipzig als im letzten Friedenssemester des Sommers 1914[3].

Bis zu den Inflationsjahren 1922/23 blieben die Studentenzahlen auf gleich bleibendem Niveau, auch dies eine Entwicklung, die etwas gegen den Reichstrend gerichtet war. Der Mitte der 1920er Jahre landesweit zu beobachtende, massive Rückgang der Studentenzahlen konnte dann aber auch an der Universität Leipzig in vollem Umfang beobachtet werden. Als im Wintersemester 1925/26 nur noch 4443 Studenten eingeschrieben waren, wurden im sächsischen Landtag sogar Stimmen laut, die einen Bedeutungsverlust der Universität Leipzig befürchteten[4].

Solche Befürchtungen verflogen aber nicht nur angesichts der Entwicklung der Studentenzahlen Ende der 1920er/Anfang der 1930er Jahre, sondern schlugen sogleich in eine Debatte um, die vor einer Vermassung der Universität warnte[5]. Im Wintersemester 1932/33 wurde mit 7283 Studenten an der Universität Leipzig ein historischer Höchststand verzeichnet.

In den Jahren 1933 bis 1939 kam es wie an sämtlichen deutschen Hochschulen auch in Leipzig zu einem massiven Einbruch der Studentenzahlen, der hier allerdings besonders deutlich ausfiel. Studierten im Wintersemester 1933/34 noch 5617 Studenten an der sächsischen Lan-

---

3 Im Vergleich dazu studierten an der Universität Berlin im gleichen Zeitraum 6000 (!) Studenten mehr als im letzten Friedenssemester; Titze, Hartmut: Wachstum und Differenzierung der deutschen Universitäten 1830-1945 (Datenhandbuch zur deutschen Bildungsgeschichte, 1/2), Göttingen 1995, S. 82, 456; alle Angaben zu Studentenzahlen basieren auf der Auswertung der Personalverzeichnisse der sächsischen Hochschulen. Ergänzend wurden die Deutsche Hochschulstatistik sowie die Statistischen Jahrbücher des Deutschen Reichs bzw. Sachsens herangezogen. In den Angaben sind stets die ausländischen Studenten mit einbezogen. Für eine detaillierte statistische Analyse der sächsischen Studentenschaft mit zahlreichen Schaubildern siehe die Dissertation des Verfassers.

4 Zitiert nach: Kuchta, Beatrix: Probleme sächsischer Wissenschaftspolitik in der frühen Weimarer Republik. Eine Untersuchung zu Hochschulpolitik und Hochschulreform am Beispiel der Universität Leipzig 1918-1924, unveröffentlichte Magisterarbeit, Leipzig 2004, S. 36.

5 Truöl, Christoph: Deutsche Hochschulnot, in: Die Leipziger Studentenschaft. Nachrichtenblatt der Studentenschaft der Universität und der Handels-Hochschule (künftig zit.: DLS) 1 (11. 11. 1931), S. 1; vgl. dazu auch die Rede des Rektors Theodor Litt v. 31. 10. 1932, in: Rektorwechsel an der Universität Leipzig (künftig zit.: Rektorwechsel), Jgg. 1932, S. 10 f.; auch in: Häuser, Franz (Hg.): Die Leipziger Rektoratsreden 1871-1933, Bd. II: Die Jahre 1906-1933, Berlin/New York 2009, S. 1681-1699, hier S. 1681 f.

desuniversität, so waren es im Wintersemester 1936/36 nur noch 3251 und im Wintersemester 1938/39 gar nur 2001 Studenten. Dieser starke Rückgang ging einher mit einem allgemeinen Bedeutungsverlust der Universität Leipzig, der sich auch in einem signifikanten Lehrkörperabbau in den 1930er Jahren äußerte[6].

Erst während des Zweiten Weltkrieges kam es wieder zu einem Anstieg der Studentenzahlen, nicht zuletzt bedingt durch das zunehmende Frauenstudium. Die Universität Leipzig gehörte zu den wenigen deutschen Hochschulen, die nicht mit Kriegsbeginn am 1. September 1939 in Erwartung eines Exodus der männlichen Studenten ihre Tore geschlossen hatten. So konnte im Wintersemester 1939/40 eine schlagartige Erhöhung der Studentenzahlen von 1858 auf 4264 verzeichnet werden, da viele Studenten, die sich ursprünglich an inzwischen geschlossenen Hochschulen immatrikuliert hatten, nach Leipzig strömten, um ihre Studien hier fortzusetzen. Im Laufe des Jahres 1940 hatte sich die Situation, trotz allgemein steigender Studentenzahlen im Reich, aber wieder normalisiert[7]. Während des Zweiten Weltkrieges dominierten dann vorwiegend die Medizinstudenten die Universität, da im Reich und in der Wehrmacht ein akuter Ärztemangel herrschte.

Die Technische Hochschule Dresden konnte mit Ausnahme der beiden letzten Jahre während des gesamten Zeitraums der Weimarer Republik mit stetig steigenden Studentenzahlen aufwarten. In der Zeit vom Wintersemester 1919/20 bis zum Wintersemester 1930/31 stieg die Frequenz von 2163 auf 3880 Studenten. Bereits im ersten Nachkriegssemester im Sommer 1919 studierten in Dresden doppelt so viele Studenten wie im letzten Friedenssemester 1914. Diese Entwicklung ist wohl auch damit zu erklären, daß unter bestimmten Auflagen Armeeangehörigen ohne Abitur der Zugang zu den technischen Fächern ermöglicht wurde[8].

Ein genauer Blick auf die Zahlen läßt aber erkennen, daß die Technische Hochschule Dresden den Aufschwung ab Mitte der 1920er Jahre nicht so sehr einem Zustrom der Studenten in die technischen bzw. ingenieurwissenschaftlichen Kernfächer – Maschinenbau, Elektrotechnik, Bauingenieurwesen usw. – verdankte, sondern vielmehr dem rapiden Anstieg der Studierenden in den Fächern, welche die Allgemeine bzw. die Kulturwissenschaftliche Abteilung anbot. Die Allgemeine Abteilung war im Jahr 1871 gegründet worden, um neben der technischen Ausbildung den zukünftigen Ingenieuren auch eine entsprechende Allgemeinbildung mit auf den Weg zu geben[9]. 1924 fand die Umbenennung der Allgemeinen in „Kulturwissenschaftliche Abteilung" statt.

Ebenfalls im Jahr 1924 wurde das zunächst eigenständige Pädagogische Institut Dresden, in dem vornehmlich Volksschullehrer, aber auch Berufsschullehrer ihre Ausbildung erhielten, als planmäßiges Institut der Kulturwissenschaftlichen Abteilung der Technischen Hochschule Dres-

---

6 Parak, Michael: Hochschule und Wissenschaft in zwei deutschen Diktaturen. Elitenaustausch an sächsischen Hochschulen 1933-1952 (Geschichte und Politik in Sachsen, 23), Köln 2004, S. 118; das Lehrpersonal schrumpfte an der Universität Leipzig bis 1941 um 29 Prozent; nur die Universitäten Frankfurt und Breslau hatten ähnlich hohe Personalverluste zu verzeichnen; Titze, Wachstum (s. Anm. 3), S. 404.

7 Franke, Richard W.: Das Studententum der Universität Leipzig im gegenwärtigen Kriege, in: Merseburger, Georg (Hg.): Leipziger Jahrbuch 1942, Leipzig 1942, S. 40-44, hier S. 40.

8 Burkhardt, Felix: Die sächsischen Hochschulen und das Hochschulstudium der sächsischen Bevölkerung im Spiegel der Statistik, in: Zeitschrift des Statistischen Landesamtes Sachsen 76 (1930), S. 153-238, hier S. 154.

9 Hänseroth, Thomas: Die „Luxushunde" der Hochschule. Zur Etablierung der Allgemeinen Abteilung im Kaiserreich als symbolisches Handeln, in: ders. (Hg.): Wissenschaft und Technik. Studien zur Geschichte der TU Dresden (175 Jahre TU Dresden, 2), Köln 2003, S. 109-133, hier insbesondere S. 111 f.

den angegliedert[10]. Damit hatte die Kulturwissenschaftliche Abteilung zwar nicht offiziell, aber faktisch den Status einer Philosophischen Abteilung bzw. Fakultät angenommen[11]. Ein stetiger Studentenzustrom war die Folge. Im Wintersemester 1930/31 erreichte die Studentenfrequenz in Dresden mit 3880 Studenten ihren Höhepunkt. Allein 1127 dieser Studenten waren für ein Studium zum Volks- oder Berufsschullehrer an der Kulturwissenschaftlichen Abteilung eingeschrieben[12].

Der kontinuierliche Anstieg der Studentenzahlen an der Technischen Hochschule Dresden in den Jahren der Weimarer Republik stellt eine Besonderheit dar. Denn nach dem Ansturm auf die technischen Fächer nach dem Ende des Krieges sanken die Studentenzahlen an allen Technischen Hochschulen des Reiches ab und erreichten diese Werte selbst in der Hochphase der „Überfüllungskrise" nicht mehr[13]. Ab 1931 gingen aber auch in Dresden die Studentenzahlen wieder zurück, in der Zeit des Nationalsozialismus sogar besonders deutlich, da die Volksschullehrerausbildung auf Anordnung des sächsischen Ministeriums für Volksbildung 1935 wieder von der Technischen Hochschule abgetrennt und in die dafür geschaffene Hochschule für Lehrerbildung Dresden überführt wurde. Im Wintersemester 1938/39 studierten schließlich nur noch 1123 Studenten an der Technischen Hochschule der sächsischen Landeshauptstadt.

Während des Zweiten Weltkrieges kam es dann zu einem erneuten Anstieg der Studentenzahlen, zumal viele der angebotenen Fächer – Luftfahrttechnik, Antriebstechnik, Fahrzeugbau, Funkmeßtechnik usw. – von großer Bedeutung für die Rüstungsindustrie waren[14].

Auch die Handelshochschule Leipzig konnte in den ersten Jahren der Weimarer Republik einen kontinuierlichen Anstieg ihrer Studentenzahlen verzeichnen. Das war die Fortsetzung eines Trends, der sich seit der Gründung der Hochschule 1898 abgezeichnet hatte[15]. In Leipzig nahmen die Zahlen nach dem Krieg besonders rapide zu. Viele Männer und Frauen mit geringerer Vorbildung dürften sich in diesen schwierigen Jahren durch ein Studium verbesserte Berufsperspektiven versprochen haben. Im Sommersemester 1924 waren schließlich 1379 Studenten an der Leipziger Handelshochschule eingeschrieben[16]. An den um die Jahrhundertwende gegründeten deutschen Handelshochschulen konnten Kandidaten auch ohne größere Vorbildung – eine abgeschlossene Lehre oder die bestandene zweite Lehramtsprüfung genügte – eine hochschuläquivalente Ausbildung erlangen. Die etablierten deutschen Hochschulen und ihre

---

10 Frotscher, Jutta: Volksschullehrerausbildung in Dresden 1923-1931 (Beiträge zur Historischen Bildungsforschung, 22), Köln 1997, S. 94 f.

11 Entgegen dem preußischen Vorbild war es der Technischen Hochschule Dresden bis 1941 nicht gestattet, ihre Abteilungen als „Fakultäten" zu bezeichnen; Pommerin, Reiner: 175 Jahre TU Dresden, Bd. 1: Geschichte der TU Dresden 1828-2003, Köln 2003, S. 133.

12 Hochschulstatistik, Wintersemester 1930/31, S. 134.

13 Im SS 1922 waren an den Technischen Hochschulen des Reichs rund 24000 Studenten eingeschrieben, während es im SS 1931, dem eigentlichen Rekordsemester im Reichsdurchschnitt, nur rund 22000 Studenten gewesen sind. An der Technischen Hochschule Hannover etwa halbierten sich die Studentenzahlen im Zeitraum von 1921 bis 1931 nahezu; vgl. Schröder, Anette: Vom Nationalismus zum Nationalsozialismus. Die Studenten der Technischen Hochschule Hannover von 1925 bis 1938 (Veröffentlichungen der Historischen Kommission für Niedersachsen und Bremen, 213), Hannover 2003, S. 284.

14 Pommerin, 175 Jahre (s. Anm. 11), S. 204 ff.

15 Fiedler, Wolfram: Zur Geschichte der Handelshochschule Leipzig, in: Assmus, Gert/Göschel, Hans/Meffert, Heribert: Festschrift anlässlich des 100-jährigen Gründungsjubiläums der Handelshochschule am 25. April 1998, Leipzig 1998, S. 53-84, hier S. 63 f.

16 Burkhardt, Hochschulen (s. Anm. 8), S. 154.

Abb. 2: Grenzlandfahrt Leipziger und Dresdner Studenten, 1925 (Quelle: Privatbesitz)

Vertreter konnten sich mit dieser Entwicklung nur schwer anfreunden, und nicht wenige sahen in den Handelshochschulen nicht mehr als Mittelschulen[17].

Daß zwischen 1898 und 1922 nur etwa ein Drittel der immatrikulierten Studenten der Handelshochschule Leipzig eine Abschlußprüfung erfolgreich bestanden hat, läßt in der Tat den Rückschluß zu, daß viele der Immatrikulierten für ein Studium (auch) an einer Handelshochschule nicht das nötige Rüstzeug mitbrachten[18].

Diese Erkenntnis setzte sich auch in den Kultusverwaltungen durch. 1925 wurde in Sachsen das Diplomprüfungswesen an den Handelshochschulen reformiert[19]. Im Gegenzug hatte durch die nun gewährte rechtliche Anerkennung des Titels „Diplom-Kaufmann" und „Diplom-Handelslehrer" das Studium an einer Handelshochschule endgültig den Charakter eines Hochschulstudiums angenommen, eine Entwicklung, die an der Handelshochschule Leipzig mit der Erlangung des Promotionsrechts im Jahr 1930 ihren Abschluß fand[20].

---

17 Als Beispiel sei das Diktum Max Webers angeführt, Professoren der Handelshochschulen seien „nicht salonfähig"; Hayashima, Akira: Das Leipziger Experiment. Die erste Generation der Diplomkaufleute, Diplom-Handelslehrer und Bücherrevisoren an der Handelshochschule Leipzig 1898-1921, in: Kwansei Gakuin University Social Sciences Review 6 (2001), S. 19-36, hier S. 21.
18 Hayashima, Akira: Die Absolventen der deutschen Handelshochschulen im ersten Vierteljahrhundert ihres Bestehens 1898-1923, in: Blecher, Jens/Wiemers, Gerald (Hg.): Universitäten und Jubiläen. Vom Nutzen historischer Archive (Veröffentlichung des Universitätsarchivs Leipzig, 4), Leipzig 2004, S. 34-45, hier S. 37.
19 Ebd., S. 34.
20 Kuchta, Wissenschaftspolitik (s. Anm. 4), S. 40 f.

Ob die durch die Reform des Diplomprüfungswesens verschärften Bedingungen für das Absinken der Studentenzahlen an der Handelshochschule Leipzig verantwortlich gemacht werden können, ist schwer zu beurteilen. Zwar kann ein Rückgang seit 1925 beobachtet werden, allerdings blieben die Studentenziffern auf recht hohem Niveau. Bei der Betrachtung der Studentenzahlen aller Handelshochschulen des Deutschen Reiches ist aber festzustellen, daß seit den entscheidenden Jahren 1924 bzw. 1925 – neben Preußen und Sachsen führten auch Bayern und Baden eine Reform des Diplomprüfungswesens durch – ein signifikanter Rückgang der Studentenzahlen beobachtet werden kann, von 5233 Studenten im Sommersemester 1924 auf 3481 Studenten im Sommersemester 1932[21]. Eine Wirkung kann man den Reformbemühungen daher wohl nicht absprechen.

In den Jahren des Nationalsozialismus setzte sich der Rückgang der Studentenzahlen zunächst weiter fort. Im Gegensatz zu den Universitäten und Technischen Hochschulen konnte an den Handelshochschulen des Deutschen Reichs aber schon ab 1936 wieder ein zumindest leichtes Ansteigen der Studentenzahlen festgestellt werden, so auch in Leipzig. Aufgrund der günstigen Wirtschaftslage gab es für Diplomkaufleute und Betriebswirtschaftler gute Berufsperspektiven. Während des Zweiten Weltkrieges, als vorwiegend Techniker und Mediziner benötigt wurden, sanken hingen die Studentenzahlen wieder ab. Die Handelshochschule Leipzig konnte allerdings bezüglich der Studentenfrequenz ihre Position als drittgrößte Handelshochschule hinter der Handelshochschule Berlin und der Hochschule für Welthandel in Wien verteidigen, nicht zuletzt wohl mit ihrer Spezialisierung auf das Buchhandelsgewerbe[22].

Als eine der traditionsreichsten montanwissenschaftlichen Hochschulen Deutschlands konnte auch die Bergakademie Freiberg in den frühen Weimarer Jahren einen Zustrom an Studenten verzeichnen. Dieser setzte in größerem Umfange aber erst ab dem Sommersemester 1921 ein, als sich wieder verstärkt ausländische Studenten an der Bergakademie einschrieben, die schon immer für Freiberg von großer Bedeutung gewesen waren[23].

Mitte der 1920er Jahre begann allerdings ein dramatischer Rückgang der Studentenzahlen an der Bergakademie, ein Phänomen, mit dem sich jedoch alle deutschen montanwissenschaftlichen Hochschulen auseinandersetzen mußten[24]. Für Freiberg kam erschwerend hinzu, daß der sächsische Steinkohlebergbau, ohnehin schwach ausgeprägt, in den Jahren der Weimarer Republik weiter an Bedeutung verlor[25]. Für die zukünftigen sächsischen Bergbauingenieure ergaben sich daher ungünstige Berufsperspektiven.

Bis zu Beginn des Zweiten Weltkrieges blieben die Immatrikulationsziffern auf konstantem, aber niedrigem Niveau. Immer wieder aufkeimende Diskussionen um eine eventuelle Eingliederung der Bergakademie in die Technische Hochschule Dresden konnte der Freiberger Aka-

---

21 Titze, Hartmut: Das Hochschulstudium in Preußen und Deutschland 1820-1944 (Datenhandbuch zur deutschen Bildungsgeschichte, 1/1), Göttingen 1987, S. 30.
22 Statistisches Jahrbuch für das Deutsche Reich, Jgg. 1941/42, S. 642.
23 Wächtler, Eberhard/Zillmann, Fritz: Die Freiberger Studentenschaft 1765 bis 1945, in: Rektor und Senat der Bergakademie Freiberg (Hg.): Bergakademie Freiberg. Festschrift zu ihrer Zweihundertjahrfeier am 13. November 1965, Bd. 1: Geschichte der Bergakademie Freiberg, Leipzig 1965, S. 274-288, hier S. 283.
24 Titze, Hochschulstudium (s. Anm. 21), S. 30.
25 Burkhardt, Hochschulen (s. Anm. 8), S. 156; größere Bedeutung hingegen gewann der Braunkohleabbau über Tage, vor allem in den Gebieten um Borna; vgl. Rüdiger, Bernd: Freistaat in der Weimarer Republik (1918-1933), in: Czok, Karl (Hg.): Geschichte Sachsens, Weimar 1989, S. 429-479, hier S. 448.

demische Senat erfolgreich mit Verweisen auf die internationale Reputation der Bergakademie sowie die gleichartige Situation anderer selbständiger montanwissenschaftlicher Hochschulen in Deutschland entgegenwirken[26].

Zudem reagierte die Hochschulführung auf die Zeichen der Zeit. In der Forschung wurde ein Schwerpunkt auf die Braunkohleforschung gelegt, und zu Beginn des Zweiten Weltkrieges wurden neue Studiengänge etwa im Bereich der Geologie und der Metallurgie eingeführt[27]. Während des Krieges konnte schließlich ein Anstieg der Studentenzahlen verzeichnet werden[28].

Ähnlich wie die Bergakademie Freiberg verfügte auch die Forstliche Hochschule Tharandt über einen glänzenden Ruf und konnte zu Beginn der Weimarer Republik auf eine über hundertjährige Tradition in der forstwissenschaftlichen Ausbildung zurückblicken. Zu Beginn des Ersten Weltkrieges meldeten sich die gesamte Studentenschaft und ein Großteil der Dozentenschaft freiwillig zu den Waffen, so daß die Hochschule geschlossen wurde und erst 1918 ihre Pforten wieder öffnete[29].

Nach dem Ende des Krieges und der Wiedereröffnung der Hochschule stiegen die Studentenzahlen in Tharandt deutlich an. Im Sommersemester 1920 waren 139 Studenten an der Forstlichen Hochschule eingeschrieben, eine Steigerung von mehr als 30 Prozent gegenüber den letzten Semestern vor Ausbruch des Krieges[30]. Unter den neuen Studenten befanden sich überdurchschnittlich viele Offiziere, denen beträchtliche Studienvergünstigungen zugesprochen wurden[31].

Zwar sanken die Studentenzahlen ab 1924 kontinuierlich – eine Entwicklung, die an anderen forstwissenschaftlichen Hochschulen im selben Zeitraum ebenfalls beobachtet werden kann –, doch gelang es Tharandt, seine Bedeutung als Ausbildungsstätte für die sächsischen Beamten im höheren Forstdienst beizubehalten. Daran änderte auch die Eingliederung der Forsthochschule in die Technische Hochschule Dresden 1929 als allerdings eigenständige Abteilung mit unabhängiger Studentenschaft nicht viel[32].

In der Zeit des Nationalsozialismus sanken die Studentenzahlen dann weiter ab. Aufgrund der nationalsozialistischen Aufrüstungspolitik suchten viele männliche Abiturienten eine Karriere in der Wehrmacht, wo es sehr gute Aufstiegschancen gab – eine Entwicklung, deren Folgen die forstwissenschaftlichen Studiengänge besonders stark zu spüren bekamen[33]. Zudem sank der Bedarf Sachsens an höheren Forstbeamten, da sich die Altersstruktur in der Zeit der Weimarer

---

26 Denkschrift über die Bergakademie Freiberg v. 19. Februar 1934, in: Bundesarchiv (künftig zit.: BA), NS 38, I*50 g 215, unpag.
27 Wagenbreth, Otfried: Die Technische Universität Freiberg und ihre Geschichte. Dargestellt in Tabellen und Bildern, Leipzig 1994, S. 29.
28 Wächtler/Zillmann, Studentenschaft (s. Anm. 23), S. 283.
29 Schuster, Erhard: Chronik der Tharandter forstlichen Lehr- und Forschungsstätte 1811-2000 (Forstwissenschaftliche Beiträge Tharandt, Beiheft Nr. 2), Dresden 2001, S. 83.
30 Burkhardt, Hochschulen (s. Anm. 8), S. 154.
31 Bericht des Senats der Forstlichen Hochschule Tharandt v. 10. 5. 1920, in: Universitätsarchiv Dresden, Altbestand Tharandt, B 44, Bl. 134-135.
32 Rubner, Konrad: Bericht über die Entwicklung der Forstlichen Hochschule Tharandt seit 1926, in: Tharandter Forstliches Jahrbuch 92 (1941), S. 153-182, hier S. 156 f., 170 f.
33 Rubner, Heinrich: Deutsche Forstgeschichte 1933-1945. Forstwirtschaft, Jagd und Umwelt im NS-Staat, 2. Aufl. St. Katharinen 1997, S. 81; vgl. dazu auch: Grüttner, Michael: Studenten im Dritten Reich, Paderborn/München/Wien/Zürich 1995, S. 105.

Republik stark verjüngt hatte und die Abgänge durch Pensionierungen geringer wurden[34]. Demzufolge wurden in den 1930er Jahren auch weniger Anwärter für den sächsischen Staatsforstdienst angenommen. Erst nach der Annexion des Sudetenlandes stiegen die Immatrikulationsziffern beträchtlich. Im Sommersemester 1939 war von den 50 eingeschriebenen Studenten exakt die Hälfte sudetendeutscher Herkunft[35].

Zusammenfassend läßt sich feststellen, daß von den sächsischen Hochschulen nur die Universität Leipzig in der Entwicklung ihrer Studentenfrequenz den vom Reich vorgegebenen Trend zumindest in den großen Linien mitgemacht hat. Während ab 1924 an der Mehrzahl der deutschen Hochschulen die Studentenzahlen sanken, konnten die Technische Hochschule Dresden, die Handelshochschule Leipzig und mit Abstrichen auch die Bergakademie Freiberg beträchtliche Zuwächse vorweisen. Das lag im Falle Dresdens vor allem im Ausbau der Kulturwissenschaftlichen Abteilung und hier vornehmlich in der Angliederung des Pädagogischen Instituts begründet, während die Handelshochschule Leipzig nicht zuletzt davon profitierte, daß bis zur Reform des Diplomprüfungswesens in Sachsen 1925 der Zugang auch für Bevölkerungskreise mit geringerer Vorbildung in größerem Umfange gewährleistet war.

Der starke Rückgang der Studentenzahlen während der NS-Zeit ist bei allen fünf sächsischen Hochschulen zu beobachten gewesen, wobei dieser bei der Universität Leipzig besonders drastisch ausfiel. Die drei sächsischen Spezialhochschulen konnten aber schon vor dem Beginn des Zweiten Weltkrieges eine Steigerung ihrer Immatrikulationsziffern verzeichnen. Die Gründe dafür erstreckten sich über bessere Berufsperspektiven (Handelshochschule Leipzig), Ausweitung der Studiengänge bzw. Etablierung neuer Forschungsschwerpunkte (Bergakademie Freiberg) bis hin zum Zustrom neuer Studenten aus den annektierten Gebieten (Forstliche Hochschule Tharandt). Zu einer signifikanten Steigerung der Studentenzahlen an der Universität Leipzig sowie an der Technischen Hochschule Dresden kam es hingegen erst während des Zweites Weltkrieges, als Mediziner und Ingenieure dringend benötigt wurden.

2. Soziale und wirtschaftliche Lage

Als vornehmlich von Studenten aus dem Mittelstand besuchte Hochschulen waren die Universität und Handelshochschule Leipzig sowie die Technische Hochschule Dresden von den sozialen und wirtschaftlichen Verwerfungen, welchen sich die Studenten vor allem zu Beginn und zum Ende der Weimarer Republik ausgesetzt sahen, besonders betroffen. Die Studentenschaften der Bergakademie Freiberg sowie der Forsthochschule Tharandt, beide sozialstrukturell vor allem durch das Besitzbürgertum geprägt, wurden von diesen Entwicklungen nicht in dem Maße berührt, wobei aber auch hier deutliche Unterschiede zu den „glücklichen" Jahren des Kaiserreichs zu beobachten sind.

Vor allem zu Beginn der Weimarer Republik, als die Folgen der entbehrungsreichen Kriegsjahre nicht nur am Schicksal der heimkehrenden Kriegsstudentengeneration augenscheinlich wurden, sahen sich die sächsischen Studenten mit einer sozialen und wirtschaftlichen Krise kon-

---

34 Meerwarth, Rudolf: Bedarf und Nachwuchs an akademisch gebildeten Forstbeamten (Untersuchungen zur Lage der akademischen Berufe, Heft 6), Berlin 1933, S. 44.
35 Rubner, Bericht (s. Anm. 32), S. 174 f.

frontiert, die bis dahin ohne Beispiel war[36]. Durch den erhöhten Studentenandrang „verkam" das Studium zum Massenstudium. In den ersten beiden Semestern nach dem Ende des Krieges gab es einen erheblichen Wohnraummangel, so daß Teile der Studentenschaft in Notunterkünften Zuflucht nehmen mußten oder gar in Wartezimmern oder Missionsunterkünften übernachteten. Unterernährung, Mangelerkrankungen und ein allgemein angegriffener bzw. schlechter Gesundheitszustand plagten die Studentenschaft für einen längeren Zeitraum[37]. In der ersten Hälfte der 1920er Jahre gehörten Studenten neben Arbeitern zur höchsten Risikogruppe im Bereich der Tbc-Infizierungen[38]. Noch Mitte der 1920er Jahre stellte der Vertrauensarzt der Leipziger Studentenschaft fest, daß 30 Prozent der untersuchten Studenten an starkem Untergewicht (20-25 kg unter Normalgewicht) litten: „Die körperliche Verfassung, das Gewicht und die Entwicklung der Muskulatur ließen bei fast allen Patienten zu wünschen übrig. 385 der untersuchten Studenten waren untergewichtig, 77 stark untergewichtig." An der Technischen Hochschule Dresden zeigte sich ein ähnliches Bild[39].

Obwohl die Studienzeit auch in den Jahrzehnten zuvor nie eine Phase finanziell „großer Sprünge" gewesen war, gestalteten sich die wirtschaftlichen Verhältnisse in den Weimarer Jahren als besonders schwierig. Da die Eltern vieler Studenten unter den wirtschaftlichen Bedingungen zu leiden hatten – vor allem die Entwertung der Vermögen machte den Mittelstandsschichten, aus denen sich die meisten Studenten rekrutierten, zu schaffen –, reichten die finanziellen Zuwendungen der Eltern kaum für ein ordnungsgemäßes Studium, geschweige denn für ein „frohes" Studentenleben aus[40]. 1921 lebten ganze 84 Prozent der Studenten der Universität Leip-

---

36 Kater, Michael H.: Studentenschaft und Rechtsradikalismus in Deutschland 1918-1933. Eine sozialgeschichtliche Studie zur Bildungskrise in der Weimarer Republik (Historische Perspektiven, 1), Hamburg 1975, S. 98 f.; dazu auch: Loeffler, Lothar: Über den Gesundheitszustand der Deutschen Studentenschaft und die Fürsorgemaßnahmen der „Wirtschaftshilfe der Deutschen Studentenschaft" bis zum Frühjahr 1924 (Schriftenreihe der Deutschen Akademischen Rundschau, Heft 5), Göttingen 1924, S. 7 f.

37 Goldmann, Franz: Sozialhygienisches aus der Studentenschaft, in: Klinische Wochenschrift (27. 5. 1922), S. 1111-1112, hier S. 1111; dazu auch: Schulze, Friedrich/Ssymank, Paul: Das deutsche Studententum von den ältesten Zeiten bis zur Gegenwart 1931, 4. Aufl. München 1932, S. 465.

38 Schreiben Deutsches Fürsorgebureau v. 25. 6. 1921, in: BA (s. Anm. 26), R 129/1228, unpag.; vgl. dazu auch: Goldmann, Sozialhygienisches (s. Anm. 37), S. 1112; zu diesem Aspekt auch: Georgi, Walter: Die Krankheitsverhältnisse in der allgemeinen studentischen Krankenkasse der Universität Leipzig vom Wintersemester 1918/19-Sommersemester 1930, Diss. med. Leipzig 1932, S. 17.

39 Bericht des Vertrauensarztes des Vereins Wirtschaftsselbsthilfe der Leipziger Studenten für den Zeitraum vom 1. November 1926 bis 15. August 1927, in: Sächsisches Hauptstaatsarchiv, Dresden (künftig zit.: SHStA), MfV, 10087/16, Bl. 25 ff.; Über die Notwendigkeit der Gesundheitsüberwachung der Deutschen Studentenschaft, in: Medizinische Klinik 21 (27. 5. 1923), S. 712; vgl. dazu auch: Lambrecht, Ronald: Der Verein Wirtschaftsselbsthilfe e. V. 1921-1933, in: Stadtgeschichte. Mitteilungen des Leipziger Geschichtsvereins e. V. (2006), S. 157-175, hier S. 168.

40 Schöne, Walter: Die wirtschaftliche Lage der Studierenden an der Universität Leipzig. Bearbeitet nach einer Erhebung des Allgemeinen Studentenausschusses im Zwischensemester 1920, Leipzig 1920; Krüger, Heinz: Die wirtschaftliche Lage der Studentenschaft der Technischen Hochschule Dresden. Ergebnisse einer statistischen Aufnahme für den Monat Mai 1921, Dresden 1921; die dort gezogenen Schlußfolgerungen werden durch Erhebungen der Studentenschaften der Universitäten Halle und Heidelberg gestützt; vgl. Wo studiere ich im nächsten Semester?, in: Die Deutsche Hochschule, Jgg. 1920, Beilage zu Heft 11 und 12, o. S.; vgl. auch: Schwarz, Jürgen: Studenten in der Weimarer Republik. Die deutsche Studentenschaft in der Zeit von 1918-1923 und ihre Stellung zur Politik (Ordo politicus, 12), Berlin 1971, S. 63; beispielhaft: Tobias, Hellmut: Student in Leipzig vor siebzig Jahren, in: Burschenschaftliche Blätter 111/3 (1996), S. 154-156.

zig am finanziellen Existenzminimum[41]. Eine statistische Erhebung an der Technischen Hochschule Dresden im Mai 1923 ergab, daß der durchschnittliche Dresdner Student von einem Monatseinkommen leben mußte, welches dem Gegenwert von zwei US-Dollar entsprach[42]. Die Mehrzahl der Studenten war darauf angewiesen, während ihres Studiums zu arbeiten. Das „Werkstudententum" blühte in den frühen zwanziger Jahren auf, und zu Spitzenzeiten gingen zwei Drittel der Studenten an den sächsischen Hochschulen neben ihrem Studium einer Beschäftigung in Handel, Gewerbe oder Industrie nach[43].

Die studierenden Frauen waren von den wirtschaftlichen Beschränkungen teilweise noch stärker betroffen als ihre männlichen Kommilitonen[44]. Bei einer statistischen Erhebung des Deutschen Akademikerinnenbundes im Wintersemester 1927/28 gaben von 2384 weiblichen Studenten 13,3 Prozent an, einen Wechsel von bis zu 80 RM zu beziehen, 13,1 Prozent einen Wechsel von bis zu 100 RM und 8,6 Prozent einen Wechsel von bis zu 120 RM. 6,2 Prozent lebten nach ihren eigenen Angaben nur von Stipendien, Stiftungen oder unregelmäßigen Zuwendungen[45]. Ende der 1920er Jahre galt an der Mehrzahl der deutschen Hochschulen ein monatlicher Wechsel von 120 bis 150 RM als Minimum, um die „unumgänglichsten Ausgaben in bescheidenstem Maße" – also Unterkunft, Verpflegung, Kleidung, Studienkosten – für die Absolvierung eines Studiums bestreiten zu können[46]. Generell hat es wohl die Tendenz gegeben, daß den studierenden Frauen geringere Monatswechsel überwiesen wurden. Hier scheint nicht nur noch das Denkmuster verankert gewesen zu sein, daß Frauen sparsamer leben würden, auch rechnete wohl ein größerer Teil der Eltern damit, daß ihre Töchter nach einer Heirat sich schließlich doch ins Häusliche zurückziehen würden und das Studium letztendlich nur ein „Neigungsstudium" bleiben würde[47]. Auch stellten die mei-

---

41 Rede des abtretenden Rektors Richard Heinze v. 31. 10. 1922, in: Rektorwechsel (s. Anm. 5), Jgg. 1922, S. 11; auch in: Häuser, Rektoratsreden (s. Anm. 5), S. 1329-1344, hier S. 1339; allerdings gab Heinze (1867-1929) keine Quelle für seine Zahlen an.

42 Gehrig, Hans: Wirtschaftsnot und Selbsthilfe der deutschen Studentenschaft, Berlin 1924, S. 20; Gehrig (1882-1968) lehrte Volkswirtschaft in Dresden.

43 Kater, Michael H.: The Work Student. A Socio-Economic Phenomenon of Early Weimar Germany, in: Journal of Contemporary History 10 (1975), S. 71-94, hier S. 73; dazu auch: Lambrecht, Studenten (s. Anm. 1), S. 259.

44 Huerkamp, Claudia: Bildungsbürgerinnen. Frauen im Studium und in akademischen Berufen (Bürgertum, 40), Göttingen 1996, S. 129; exakte Aussagen sind nicht zu treffen, weil die größeren statistischen Erhebungen in der Regel keine geschlechterspezifischen Unterschiede machten.

45 Schönborn, A[nna]./Büttel, M[aria].: Zur wirtschaftlichen Lage der deutschen Studentinnen, in: Studentenwerk 3 (1929), S. 77-83, hier S. 78; die 2384 teilnehmenden Frauen bildeten im WS 1927/28 ungefähr ein Drittel der gesamten weiblichen Studentenschaft des Deutschen Reichs; 25,1 Prozent der Befragten gaben an, einen Wechsel von über 120 RM zu beziehen, ohne Nennung der genauen Summe; es ist aber zu berücksichtigen, daß die studierenden Frauen sich tendenziell eher aus den gehobenen Bevölkerungsschichten rekrutierten, so daß zumindest ein Teil der Eltern ihren Töchtern ein angemessenes Studienleben gewährleistet haben dürften; s. a. Schönborn, Anna: Die Frau als Akademikerin, in: Grabein, Paul (Hg.): Vivat Academia. 600 Jahre deutsches Hochschulleben, Berlin o. J. (1931), S. 94-97; vgl. Mens, Fenja Britt: Zur „Not der geistigen Arbeiter". Die soziale und wirtschaftliche Lage von Studierenden in der Weimarer Republik am Beispiel Hamburgs (GDS-Archiv für Hochschul- und Studentengeschichte, Beiheft 12), Köln 2001, S. 99.

46 Kater, Studentenschaft (s. Anm. 36), S. 49; Mens, Not (s. Anm. 45), S. 97 f.

47 Dazu beispielhaft: Clephas-Möcker, Petra/Krallmann, Kristina: Studentinnenalltag in der Weimarer Republik und im Nationalsozialismus im Spiegel biographischer Interviews, in: Schlüter, Anne (Hg.): Pionierinnen, Feministinnen, Karrierefrauen? Zur Geschichte des Frauenstudiums in Deutschland (Frauen in Geschichte und Gesellschaft, 22), Pfaffenweiler 1992, S. 169-189, hier S. 176 ff.; aus zeitgenössischer Perspektive vgl. Knoblauch, Elisabeth: Zur Psychologie der studierenden Frau. Eine Untersuchung über die Einstellung zum Studium und zur

Abb. 3: Tanzstunde auf dem Haus der Burschenschaft Normannia Leipzig, 1927 (Quelle: Privatbesitz)

sten der weiblichen Studenten höhere Ansprüche an ihre Unterkunft. Dadurch war es für sie nicht nur schwieriger, eine Unterkunft zu bekommen – männliche Studenten waren bei den Vermietern aufgrund ihrer Anspruchslosigkeit deutlich beliebter –, sie mußten im Schnitt auch mehr für ihre Wohnung oder ihr Zimmer bezahlen, da es sie eher in die „besseren" Wohngegenden zog[48].

Der allgemeinen Notlage der Studentenschaft wurde mit einem verstärkten Auf- und Ausbau sozialer und wirtschaftlicher Fürsorgeeinrichtungen begegnet, wobei Einrichtungen sowohl aus staatlicher, privater und rein studentischer Initiative entstanden. In die Zeit der Weimarer Republik fallen die Geburt des noch heute existierenden Deutschen Studentenwerkes sowie die Entstehung der studentischen Massenspeisung[49].

---

   späteren Berufstätigkeit bei Studentinnen, in: Zeitschrift für angewandte Psychologie 36 (1930), S. 438-524, hier S. 484 ff.; Schönborn, Akademikerin (s. Anm. 45).
48 Zahn-Harnack, Agnes v.: Studentinnenheime, in: Studentenwerk 3 (1929), S. 365-373, hier S. 366; Huerkamp, Bildungsbürgerinnen (s. Anm. 44), S. 130 f.
49 Kater, Studentenschaft (s. Anm. 36), S. 74; dazu auch: Schlink, Wilhelm/Schairer, Reinhold: Die Studentische Wirtschaftshilfe, in: Doeberl, Michael u. a. (Hg.): Das Akademische Deutschland, Bd. 3: Die deutschen Hochschulen in ihren Beziehungen zur Gegenwartskultur, Berlin 1930, S. 451-483, hier S. 452; zur Entwicklung der Mensa in Leipzig bzw. an den sächsischen Hochschulstandorten generell: Lambrecht, Studenten (s. Anm. 1), S. 239 ff.

Abb. 4: Paukanten der Leipziger Burschenschaften, um 1928 (Quelle: Archiv der Burschenschaft Normannia Leipzig)

Die sozialen und wirtschaftlichen Fürsorgeeinrichtungen konnten aber nicht flächendeckend die Not der Studenten mildern. Von Einrichtungen wie der Einzelförderung, der Darlehenskasse der deutschen Studentenschaft oder gar der 1925 gegründeten Studienstiftung des deutschen Volkes profitierte aufgrund der begrenzten finanziellen Ausstattung nur ein geringer Teil der Studenten, selten mehr als fünf bis zehn Prozent der Studentenschaft. Am ehesten war noch die Mensa, die studentische Speiseanstalt, ein Mittel der Massenförderung, welches an den beiden größten sächsischen Hochschulstandorten täglich von 30 bis 40 Prozent der Studenten in Anspruch genommen wurde[50].

Leipzig und Dresden waren Zentren solcher sozialpolitischen Bemühungen. An der Technischen Hochschule Dresden entstand der erste studentische Wirtschaftskörper an einer deutschen Hochschule überhaupt, und an der Universität Leipzig war der von der Studentenschaft, und hier insbesondere von der Freistudentenschaft und Kreisen der Jugendbewegung getragene Wirtschaftskörper der Leipziger Studentenschaft institutionell so mit den Organen der studentischen Selbstverwaltung und Interessenvertretung verzahnt, daß er eigene hochschulpolitische Akzente setzen konnte[51].

Insgesamt ist der Einschätzung Konrad H. Jarauschs zuzustimmen, daß in der Weimarer Republik das besser gestellte Drittel der deutschen Studentenschaft weiterhin relativ sorgenfrei studieren konnte, ein weiteres Drittel sich durch strengste Sparsamkeit durchschlug, während das letzte Drittel kaum über die Runden kam und sich von „Staat und Gesellschaft" verlassen fühlte[52]. Ein besonderes Problem stellte die ab Ende 1920er Jahre/Anfang der 1930er Jahre dramatische Situation auf dem akademischen Arbeitsmarkt dar. So kamen etwa auf eine Studienratsstelle ungefähr drei Bewerber. In Sachsen wurde 1932 für den Zeitraum der nächsten 15 Jahre ein Bedarf von 1300 Philologen errechnet, gleichzeitig standen aber schon über 2500 Anwärter mit abgeschlossenem Studium bereit[53]. Alle diese Umstände begünstigten zumindest den stetig wachsenden Zuspruch, den der Nationalsozialismus in der Studentenschaft erhielt.

In der Zeit des Dritten Reichs spielte die soziale und wirtschaftliche Problematik der Studenten eine nicht mehr so herausragende Rolle wie in den Weimarer Jahren. Der Lebensstandard stieg ab Mitte der 1930er Jahre deutlich an, was sich auch auf die Studentenschaft auswirkte[54]. Medizinische Untersuchungen an sächsischen Studenten sprechen in dieser Hinsicht eine klare Sprache. Der Verfasser einer Studie zum Verhältnis von Blutdruck und Puls bei 2200 Leipziger Studenten attestierte im Jahr 1934 allen an der Untersuchung teilnehmenden Probanden eine gute Gesundheit[55]. Zwei weitere Dissertationen hatten die konstitutionellen Veränderungen bei

---

50 Ebd., S. 246.
51 Zur besonderen organisatorischen und verfassungsmäßigen Konstruktion der Leipziger Studentenschaft, des Leipziger Allgemeinen Studentenausschusses und der dort tragenden Rolle des studentischen Wirtschaftskörpers: Lambrecht, Studenten (s. Anm. 1), S. 112 ff.; ders.: Studentische Selbstverwaltung und Studentenpolitik an der Universität Leipzig in der Weimarer Republik, in: Hehl, Ulrich v. (Hg.): Sachsens Landesuniversität in Monarchie, Republik und Diktatur. Beiträge zur Geschichte der Universität Leipzig vom Kaiserreich bis zur Auflösung des Landes Sachsen 1952 (Beiträge zur Leipziger Universitäts- und Wissenschaftsgeschichte, Reihe A, 3), Leipzig 2005 S. 449-473.
52 Jarausch, Konrad H.: Deutsche Studenten 1800-1970, Frankfurt a. M. 1984, S. 145.
53 Schairer, Reinhold: Die akademische Berufsnot, Jena 1932, S. 32.
54 Wagner, Andreas: Die Entwicklung des Lebensstandards in Deutschland zwischen 1920 und 1960 (Jahrbuch für Wirtschaftsgeschichte, Beiheft 12), Berlin 2008, S. 64 f.
55 Wunderlich, Hein: Blutdruck und Puls bei körperlich gut entwickelten deutschen Studenten und ihre Beziehungen zu verschiedenen Körpermaßen, Diss. med. Leipzig 1934, S. 7, 15.

Abb. 5:   Studentischer Weihnachtsball in Leipzig, 1928 (Quelle: Privatbesitz)

Leipziger Studenten im Zeitraum von 1925/26 bis 1934/35 zum Thema. Die Ergebnisse beider Abhandlungen spiegeln einen deutlich besseren allgemeinen Gesundheits- und Ernährungszustand der Hochschüler im Vergleich zu den Jahren der Weimarer Republik wider. Insgesamt kam man zum Schluß, daß „die unheilvollen Verhältnisse des Krieges und der Inflation endgültig überwunden" seien[56]. Obwohl für Dresden, Freiberg und Tharandt solche Studien nicht vorliegen, ist davon auszugehen, daß sich dort ein ähnliches Bild bot.

Die Studienkosten blieben im Vergleich zur Weimarer Republik annähernd gleich hoch. Im Jahr 1938 hatte ein Student der Universität Leipzig mit Studienkosten von 135 bis 260 RM pro Semester zu rechnen, wobei ein geisteswissenschaftliches oder theologisches Studium dem unteren Kostenspektrum zuzurechnen war, während die naturwissenschaftlichen Studienrichtungen sowie die human-, veterinär- und zahnmedizinischen Studiengänge aufgrund kostenintensiver Studienmaterialien und klinischer Praktika entsprechend teurer waren. Das kaufmännische Studium an der Handelshochschule Leipzig war mit Studienkosten von 165 RM veranschlagt, das Handelslehrerstudium mit 180 bis 200 RM. Die ingenieurwissenschaftlichen bzw. montan- und

---

56   Dietzsch, Heinz: Konstitutionsuntersuchungen an Leipziger Studenten. Vergleichende Messungen in den Jahren 1925 und 1934, Würzburg-Aumühle 1939, S. 14, 37; Ruß, Erich: Die konstitutionellen Veränderungen bei Leipziger Studenten in der Zeit von 1925/26 bis 1934/35 als Folge vermehrter planmäßiger körperlicher Erziehung, Würzburg-Aumühle 1939, S. 37.

forstwirtschaftlichen Studiengänge in Dresden, Freiberg und Tharandt rangierten im Kostenspektrum von 180 bis 250 RM pro Semester[57].

Die wirtschaftliche Lage der Studenten verbesserte sich zwar durchaus, aber nicht in einem besonders gesteigerten Maße. Was im Vergleich zur Weimarer Republik den sozialen Druck aus dem Verhältnis Staat-Studentenschaft nahm, war vor allem die deutlich besseren Berufsperspektiven für Akademiker im Nationalsozialismus. Im Gegensatz zu den Endjahren von Weimar, wo die akademische Arbeitslosigkeit ein grassierendes Problem war, produzierte das Dritte Reich kaum arbeitslose Akademiker. Das hatte weniger mit arbeitsmarkt- und wirtschaftspolitischen Maßnahmen des Regimes zu tun, sondern lag vorwiegend in der demographischen Entwicklung begründet.

Der in den 1930er Jahren einsetzende Rückgang der Studentenzahlen im Deutschen Reich ist in der Literatur immer wieder auf das ideologisch motivierte Vorgehen der Nationalsozialisten gegen jüdische, politisch unliebsame und weibliche Studenten zurückgeführt worden[58], aber seinen Höhepunkt hatte der Studentenansturm aus den bereits genannten demographischen Gründen schon vor der „Machtergreifung" der Nationalsozialisten erreicht und überschritten. Bereits im Wintersemester 1932/33 war die Zahl der Studierenden um rund 15000 im Vergleich zum Sommersemester 1931 mit seiner Rekordzahl von mehr als 138000 Studenten gesunken. Eine Analyse des Deutschen Philologenverbandes aus dem Jahr 1933 prognostizierte eine zyklische Normalisierung der Studentenzahlen in den kommenden Jahren[59]. Ein anderes Gutachten aus dem Frühjahr 1933 kam zu dem Ergebnis, daß sich im Jahr 1937 die Studentenzahlen zwischen 66000 und 82000 bewegen würden[60].

Die nachfolgende Entwicklung der Studentenzahlen bestätigten diese Prognosen. Die Zahl der Immatrikulationen sank stetig ab. Im Wintersemester 1938/39 waren schließlich weniger als 55000 Studenten an den Hochschulen des Deutschen Reiches eingeschrieben. Berufsvereinigungen wie etwa der Verein Deutscher Ingenieure (VDI) warnten nun eindringlich vor einem Mangel an qualifizierten Fachkräften[61].

Der Rückgang der Studentenzahlen ist aber nicht nur durch die demographische Ausgangssituation zu erklären. In den 1930er Jahren nahm die Attraktivität eines Studiums merklich ab. Bedingt durch den wirtschaftlichen Aufschwung ergaben sich Aufstiegs- und Karriereperspektiven in Handel und Wirtschaft. Viele männliche Abiturienten entschieden sich zudem für eine Karriere bei Heer, Marine oder Luftwaffe, wo es auf Grund der nationalsozialistischen Rüstungs- und Militärpolitik gute Perspektiven gab[62]. Der Studentenmangel war letztlich so groß, daß auf

---

57 Academicus. Amtliche Auskunft in Zulassungs-, Studien- und Prüfungsfragen für die Studierenden an den Leipziger Hochschulen, Jgg. 1938, S. 25 f.; in den veranschlagten Studienkosten sind sowohl die jeweiligen Gebühren (Immatrikulation-, Studien-, Instituts-, Verwaltungsgebühr usw.) als auch die Kolleggelder sowie die Studentenschaftsbeiträge enthalten.
58 Rüegg, Walter (Hg.): Geschichte der Universität in Europa, Bd. 3: Vom 19. Jahrhundert bis zum Zweiten Weltkrieg (1800-1945), München 2004, S. 204.
59 Ried, Georg: Schrumpfung oder Verfall der höheren Schule?, Leipzig 1933, S. 125.
60 Gutachten über die vermutliche Entwicklung des Hochschulstudiums in den kommenden Jahren v. 3. 3. 1933, in: Geheimes Staatsarchiv Preußischer Kulturbesitz, Berlin, I Rep. 76 Va Sekt. 1, Tit. 1 Nr. 7, Bd. 2, Bl. 349-350; dazu auch Luetkens, Charlotte: Enrolments at German Universities since 1933, in: Sociological Review 31 (1939), S. 194-209, hier S. 196.
61 Ebd., S. 201.
62 Grüttner, Studenten (s. Anm. 33), S. 105.

Abb. 6: Exbummel an der Pleiße in Leipzig, um 1930 (Quelle: Privatbesitz)

zentrale hochschulpolitische Forderungen des Nationalsozialismus, wie etwa die Senkung der Frauenquote im Hochschulstudium, verzichtet wurde bzw. werden mußte. Ab 1937 begann man seitens staatlicher Stellen bei den Frauen regelrecht für ein Hochschulstudium zu werben[63]. Mit der Bürde, den Akademikern keine Perspektive zu bieten, mußte der Nationalsozialismus – freilich ohne viel eigenes Zutun – nicht leben.

3. *Politisches Verhalten*

Mit diesem Generalverdacht, die „geistige Elite der Nation" ihrem Schicksal überlassen zu haben, ihr keine Perspektive zu bieten, war die Weimarer Republik von Beginn an belastet. Zudem herrschte eine generelle atmosphärische Verstimmung vor, stieß doch der Weimarer Parlaments- und Parteienstaat bei größeren Teilen der Studentenschaft auf gehörige Skepsis.

Hinzu kam, daß die sozialen, wirtschaftlichen und politischen Probleme, mit denen sich der neue Staat auseinanderzusetzen hatte, die Vorurteile gegenüber der Weimarer Republik, gerade im Vergleich zu der im Rückblick als prosperierend und „glücklich" erscheinenden Zeit des Kaiserreichs, noch verstärkten. Nicht wenige Studenten erlebten, wie ihre Väter und älteren Brüder sich nur schwer in das Leben nach dem Krieg integrieren konnten, wobei Arbeitslosigkeit und sozialer Abstieg keine Seltenheit waren. Etliche Söhne fühlten sich von ihren Vätern entfremdet: „Mein Vater kehrte zurück [...] krank und geistig schwach, unfähig mich nachhaltig zu

---

63 Kleinberger, Aharon F.: Gab es eine nationalsozialistische Hochschulpolitik?, in: Heinemann, Manfred (Hg.): Erziehung und Schulung im Dritten Reich, Teil 2: Hochschule, Erwachsenenbildung, Stuttgart 1980, S. 9-30, hier S. 19; vgl. dazu auch: Grüttner, Studenten (s. Anm. 33), S. 120.

beeinflussen."[64] Aus dieser Gemütslage heraus, verstärkt durch das Gefühl, die ältere Generation hätte angesichts der größten nationalen Herausforderungen mit der Niederlage des Ersten Weltkriegs „versagt", suchten etliche Angehörige der Kriegsjugend sowie der nachgeborenen Generation Halt, Gemeinschaft und Führung und fanden sie in den Freikorps, den völkischen Jugendorganisationen und später in der nationalsozialistischen Bewegung[65].

Die Haltung der Mehrheit der deutschen Studenten gegenüber der Weimarer Republik – sowohl der Kriegsteilnehmer als auch der nachfolgenden Generation – reichte schließlich von kritischer Distanz bis hin zur völligen Ablehnung, wobei auch vor Gewalttaten gegenüber Repräsentanten des demokratisch-parlamentarischen Systems nicht zurückgeschreckt wurde[66]. Zwar kamen aus den Reihen der Kriegsteilnehmergeneration auch die Gründer der Deutschen Studentenschaft (DSt), die, durchaus gemäßigt, in den ersten beiden Jahren nach dem Krieg zur Zusammenarbeit mit der jungen Demokratie bereit, z. T. überzeugte Demokraten waren, doch blieb dies nur eine kurzlebige Episode. Der aufstrebenden völkischen Studentenbewegung, die sich in der ersten Hälfte der 1920er Jahre in dem an den Hochschulen omnipräsenten Hochschulring deutscher Art (HDA) manifestierte, gelang es in ganz erheblichem Maße, die enttäuschten Kriegsteilnehmer und die zu diesem Zeitpunkt schon recht radikalisierte Schülergeneration des Ersten Weltkriegs an sich zu binden[67].

Dennoch sind Auffassungen, die Studenten hätten von vornherein zu den erbittertsten und radikalsten Gegnern der Republik gehört, mit Vorsicht zu betrachten. Unbestritten herrschte vor allem beim hochschulpolitisch aktiven Teil der Studentenschaft, das war allerdings nur ein kleines Segment der Gesamtstudentenschaft, ein republikkritischer Tenor vor. Betrachtet man aber das politische Verhalten im Zuge der Studentenschaftswahlen über den gesamten Zeitraum der Weimarer Republik hinweg, präsentiert sich ein durchaus – insbesondere in regionaler Perspektive – vielschichtiges Bild.

Zu Beginn der Weimarer Republik, als die Niederlage im Krieg noch nachwirkte und vor allem die Annahme des Versailler Friedensvertrages für eine enorme Empörung in der Studentenschaft sorgte, wurde schnell der politisch rechts stehende, völkische Ideen vertretende, aber auch die Einheit aller Studenten propagierende HDA die bestimmende hochschulpolitische Vereinigung an den deutschen Hochschulen. Bei den Studentenschaftswahlen in Leipzig im Wintersemester 1921 konnte er etwa 21 von insgesamt 29 Mandaten im AStA gewinnen[68]. Die Integrationsfä-

---

64 Zitiert nach: Merkl, Peter H.: Political Violence under the Swastika. 581 Early Nazis, Princeton 1975, S. 298.
65 Vgl. Kater, Michael H.: Generationskonflikt als Entwicklungsfaktor in der NS-Bewegung vor 1933, in: Geschichte und Gesellschaft 11 (1985), S. 217-243, hier S. 220; exzellent beschrieben ist diese Gefühlslage in Ernst von Salomons „Die Geächteten"; dazu: Walkowiak, Maciej: Ernst von Salomons autobiographische Romane als literarische Selbstgestaltungsstrategien im Kontext der historisch-politischen Semantik (Posener Beiträge zur Germanistik, 15), Frankfurt a. M. 2007, hier insbesondere S. 148 ff.
66 Wehler, Hans-Ulrich: Deutsche Gesellschaftsgeschichte, Bd. 4: Vom Beginn des Ersten Weltkriegs bis zur Gründung der beiden deutschen Staaten 1914-1949, München 2003, S. 466.
67 Vgl. Herbert, Ulrich: „Generation der Sachlichkeit." Die völkische Studentenbewegung der frühen zwanziger Jahre in Deutschland, in: Bajohr, Frank/Johe, Werner/Lohalm, Uwe (Hg.): Zivilisation und Barbarei. Die widersprüchlichen Potentiale der Moderne. Detlev Peukert zum Gedenken (Hamburger Beiträge zur Sozial- und Zeitgeschichte, 27), Hamburg 1991, S. 115-144, hier S. 119 f.
68 Ergebnisse der AStA-Wahlen im Wintersemester 1920/21 und Sommersemester 1921, in: Kalischer, Wolfgang: Die Universität und ihre Studentenschaft. Universitas magistrorum et scholarium. Versuch einer Dokumentation aus Gesetzen, Erlassen, Beschlüssen, Reden, Schriften und Briefen (Jahrbuch des Stifterverbandes für die deutsche Wissenschaft, Jahrgang 1966/67), Essen 1967, Dok. Nr. 88, S. 140.

higkeit des Hochschulrings zu dieser Zeit läßt sich an der Tatsache ablesen, daß er neben den schlagenden Korporationen auch die nichtschlagenden Korporationen der Universität Leipzig wie den Wingolf oder die katholische Studentenverbindung Burgundia umfaßte, die mit Maximilian Burlage im Sommersemester 1922 sogar den Vorsitzenden der Leipziger Studentenschaft stellte[69].

Achtung der bestehenden Ordnung blieb bei den meisten Studenten dennoch stets erhalten. Als die Führung des Hochschulrings 1923 offen den Hitler-Putsch unterstützte, wandten sich große Teile der Studentenschaft von ihm ab, und spätestens ab 1925 führte er nur noch ein Schattendasein[70]. Ab Mitte der 1920er Jahre bis zum Beginn der 1930er Jahre dominierten zumindest an den sächsischen Hochschulen moderate hochschulpolitische Kräfte die Studentenschaftswahlen – wohl nicht zufällig war dies auch die Phase der Weimarer Republik, die allgemein als die stabilste angesehen wird. Noch Ende des Jahrzehnts traten Listenvereinigungen aus Korporations- und Freistudenten sowie aus Mitgliedern politischer Studentenvereinigungen bzw. studentischen Vereinigungen der Jugendbewegung und des Wandervogels in Leipzig an, die ihre „unpolitische" Programmatik im Wahlkampf betonten und bei den Studentenschaftswahlen teilweise Zweidrittelmehrheiten erzielten[71]. An der Technischen Hochschule Dresden, wo sich die studentische Interessenvertretung nach einem Fachschaftswahlsystem zusammensetzte, welches die Kandidatur politischer Hochschulgruppierungen überhaupt nicht zuließ, dominierte ebenfalls die Sacharbeit[72].

Generell ist festzustellen, daß es an den sächsischen Hochschulen über lange Jahre hinweg – erst der Aufstieg des NS-Studentenbundes sollte daran etwas ändern – eine relativ reibungslose Zusammenarbeit von Korporationen, Freistudentenschaft und politischen Studentenvereinigungen unterschiedlichster Couleur gegeben hat, insbesondere an den Hochschulstandorten Leipzig und Dresden. Das kann als Eingeständnis der strukturell geringen Stärke der Korporationen in Sachsen gewertet werden, die auf eine Zusammenarbeit mit freistudentischen Kräften angewiesen waren. Während an der Bergakademie Freiberg und der Forstlichen Hochschule Tharandt, beides allerdings sehr kleine Hochschulen, die Korporationen eine entscheidende Rolle spielten und auch zahlenmäßig die Studentenschaft dominierten, stellten sich die Universität Leipzig, die Technische Hochschule Dresden sowie die Handelshochschule Leipzig als ein sehr „schwierigeres Pflaster für die Korporationen" heraus[73].

Für die Universität Leipzig und die Technische Hochschule Dresden kann von einem Korporatisierungsgrad von 25 bis 30 Prozent der männlichen Studenten in den Weimarer Jahren ausgegangen werden, die Zahlen für die Handelshochschule dürften noch deutlich darunter liegen[74]. Neben allgemein gültigen Gründen für die geringe Stärke der Korporationen, etwa die

---

69 Robert Stein/Heinrich Gümpel: Geschichte der Leipziger Studentenverbindung Burgundia im Cartellverband der Katholischen Deutschen Studentenverbindungen (CV), Leipzig 1930, S. 64 f. – Burlage (* 1896, † nach 1933), 1926 Dr. jur. in Leipzig, zuletzt Oberregierungsrat in Köln, gehörte März-Oktober 1933 dem preuß. Landtag für das Zentrum an; Kienast, Ernst (Hg.): Handbuch für den Preußischen Landtag. Ausgabe für die 5. Wahlperiode, Berlin 1933, S. 314.
70 In Leipzig verließen 1923/24 aufgrund der zunehmenden Radikalisierung nicht nur die konfessionellen Korporationen den Hochschulring, sondern auch einige Corps wie etwa Lusatia; Bauer, Erich: Geschichte des Corps Lusatia zu Leipzig 1807-1932, Zeulenroda 1932, S. 409; zu dieser Entwicklung im allgemeinen: Lambrecht, Studenten (s. Anm. 1), S. 158 ff.
71 Lambrecht, Selbstverwaltung (s. Anm. 51), S. 462 ff.
72 Lambrecht, Studenten (s. Anm. 1), S. 127 ff.
73 Kirsten, Hans: Geschichte der Turnerschaft Hansea zu Leipzig, Cöthen 1927, S. 182.
74 Ausführlich: Lambrecht, Studenten (s. Anm. 1), S. 156 ff.

Urbanität der beiden größten sächsischen Hochschulstandorte Leipzig und Dresden, sind wohl noch spezifisch sächsische Umstände zu berücksichtigen, so etwa die durchweg sehr niedrige Anzahl katholischer Studenten, wodurch sich das nahezu komplette Fehlen eines ausgeprägten katholischen Studentenverbindungswesens in Sachsen erklärt, welches sonst in den Weimarer Jahren bekanntlich überaus prosperierte[75].

Der 1926 gegründete NS-Studentenbund, der sich anschickte für den Nationalsozialismus die deutschen Hochschulen zu erobern, traf somit in Sachsen auf ein schwierig zu beackerndes Feld. An den sächsischen Hochschulen war der Studentenbund in den Jahren der Weimarer Republik mit Ortsgruppen an der Universität Leipzig, der Technischen Hochschule Dresden sowie der Handelshochschule Leipzig vertreten. An der Bergakademie Freiberg und der Forstlichen Hochschule Tharandt kam es hingegen erst nach der nationalsozialistischen „Machtergreifung" zur Gründung von NS-Hochschulgruppen[76].

Die ersten vier Jahre des Studentenbundes waren in Sachsen keine Erfolgsgeschichte. In Leipzig, wo sich eine NS-Hochschulgruppe 1926 konstituierte, arbeitete man in der Anfangszeit sogar mit der Hochschulgruppe der SPD zusammen und kandidierte auf den Einheitswahllisten der Leipziger Studentenschaft[77]. Die Studentenbundsführung war so unzufrieden mit der Entwicklung in Leipzig, daß sie extra den bewährten Greifswalder Hochschulgruppenführer Gerhard Krüger an die sächsische Landesuniversität beorderte, um die Dinge voran zu bringen. Krüger begann nach seiner Ankunft im Sommersemester 1929 energisch mit der Reorganisation des Studentenbunds[78]. Innerhalb kürzester Zeit konnte er die Mitgliederzahl der Hochschul-

---

[75] Stitz, Peter: Der CV 1919-1938. Der hochschulpolitische Weg des Cartellverbandes der katholischen deutschen Studentenverbindungen (CV) vom Ende des Ersten Weltkrieges bis zur Vernichtung durch den Nationalsozialismus (Der weiße Turm. Zeit- und Lebensbilder aus dem katholischen Studententum, 4), o. O. (München) 1970, S. 64; Stickler, Matthias: Zwischen Reich und Republik. Zur Geschichte der studentischen Verbindungen in der Weimarer Republik, in: Brandt, Harm-Hinrich/Stickler, Matthias (Hg.): „Der Burschen Herrlichkeit". Geschichte und Gegenwart des studentischen Korporationswesens (Historia academica. Schriftenreihe der Studentengeschichtlichen Vereinigung des Coburger Convents, 36 = Veröffentlichungen des Stadtarchivs Würzburg, 8), Würzburg 1998, S. 85-107, hier S. 101; mit Burgundia (CV) und Teutonia (KV) existierten nur zwei katholische Verbindungen an der Universität Leipzig, hinzu kamen der katholisch-wissenschaftliche Verein Unitas und die katholische Studentinnen-Verbindung Hildegardis; an der Technischen Hochschule Dresden waren 1920 bzw. 1921 die katholische Studentenverbindung Saxo-Thuringia (CV) sowie der katholische Studentenverein Saxo-Lusatia (KV) gegründet worden; katholische Bergstudenten aus Freiberg waren zunächst in der Dresdner Saxo-Thuringia aktiv gewesen, bevor sie 1921 an der Bergakademie die Verbindung Bergland Freiberg (CV) gründeten, die aber bereits 1925 nach Aachen wechselte; Einzelheiten: Schieweck-Mauk, Siegfried: Lexikon der CV- und ÖCV-Verbindungen. Die Korporationen und Vereinigungen des Cartellverbandes der Katholischen Deutschen Studentenverbindungen (CV) und des Cartellverbandes der katholischen österreichischen Studentenverbindungen (ÖCV) in geschichtlichen Kurzdarstellungen, Vierow b. Greifswald/Köln 1997.

[76] Vgl. Mitgliederstand NS-Studentenbund nach Kreisen v. 1. September 1932, in: BA (s. Anm. 26), NS 38, II 17, Bl. 204).

[77] Semesterbericht der Leipziger Studentenschaft, Wintersemester 1925/26, in: BA (s. Anm. 26), R 129/137, unpag.; DLS 5 (18.2.1927), S. 1; vgl. hierzu auch: Kater, Michael H.: Der NS-Studentenbund von 1926 bis 1928: Randgruppe zwischen Hitler und Strasser, in: Vierteljahrshefte für Zeitgeschichte 22 (1974), S. 148-190, hier S. 153.

[78] Rundschreiben an die Leipziger Hochschulgruppe v. Juni 1929, in: BA (s. Anm. 26), NS 38, II 8, unpag.; zu Krüger (1908-1994), auch Mitglied der Burschenschaften Arminia Greifswald und Hansea Hamburg: Faust, Anselm: Der Nationalsozialistische Deutsche Studentenbund. Studenten und Nationalsozialismus in der Weimarer Republik, Bd. 2, Düsseldorf 1973, S. 159 f.; Grüttner, Michael: Biographisches Lexikon zur nationalsozialistischen Wissenschaftspolitik (Studien zur Wissenschafts- und Universitätsgeschichte, 6), Heidelberg 2004, S. 100 f.; Dvorak, Helge: Biographisches Lexikon der Deutschen Burschenschaft, Bd. I: Politiker, Teilbd. 1-7, Heidelberg 1996-2013, hier I/3, S. 185 f.

gruppe verdreifachen. Insbesondere suchte man den Schulterschluß mit den Korporationen. Dafür wurde extra ein Netzwerk von Vertrauensleuten in den einzelnen Verbindungen aufgebaut und eine gemeinsame Wahlkampfplattform gegründet, die Arbeitsgemeinschaft (AG) „Nationale Korporationen und Verbände"[79].

An der Technischen Hochschule Dresden zeigte sich ein ähnliches Bild. Auch hier hatte man bereits früh seitens des Studentenbunds versucht, korporierte Studenten in die örtliche Hochschulgruppe zu integrieren und somit Einfluß auf die Korporationen zu gewinnen. Im Wintersemester 1928/29 waren allein 20 der 44 Mitglieder des NS-Studentenbundes korporiert[80]. Die maßgeblich vom Studentenbund initiierte und gegründete „Deutsche Studenten-Gemeinschaft (D.St.G.)" nahm an der Technischen Hochschule schnell eine ähnliche Stellung ein wie an der Universität Leipzig die Arbeitsgemeinschaft: sie fungierte vor allem als Wahlkampfplattform im Sinne der nationalsozialistischen Idee – und dies mit großem Erfolg[81].

1931 war das Jahr des Durchbruchs für den Studentenbund in Sachsen. In Leipzig stimmten bei den Studentenschaftswahlen am 18. Februar 1931 – bei einer Rekordwahlbeteiligung von 73,9 Prozent – 2425 Studenten für die nationalsozialistischen Studenten, deren Gruppe damit in der Kammer des AStA über eine Mehrheit verfügte[82]. Auch in Dresden hatte der Studentenbund zusammen mit Korporationsmitgliedern und deutschnationalen Vertretern eine deutliche Mehrheit, und zu Beginn des Wintersemesters 1931/32 setzte sich schließlich erstmals der gesamte Vorstand der Dresdner Studentenschaft aus Mitgliedern des Studentenbunds zusammen[83]. An der Handelshochschule Leipzig stellte sich bei den AStA-Wahlen im Februar 1931 eine „Einheitsliste" zur Wahl, von deren sieben Kandidaten allein fünf Angehörige des örtlichen Studentenbunds waren, darunter auch der Vorsitzende der Studentenschaft der Handelshochschule, Harald von Poncet[84].

Die sich ab 1930/31 immer mehr zuspitzende wirtschaftliche und soziale Krise, die zunehmende berufliche Perspektivlosigkeit und die stetig zunehmende Popularität des Nationalsozialismus, dessen Rhetorik und Programmatik die Überwindung des immer mehr als Belastung empfundenen Status quo geradezu herbeischrieen, haben zum Aufstieg des Studentenbunds

---

79 Vgl. Schreiben Franz Meltzer v. 7. 5. 1932, in: BA (s. Anm. 26), NS 38, II 128, unpag.; die AG umfaßte schließlich nahezu alle Leipziger Korporationen; kein Mitglied waren die beiden an der Universität Leipzig existierenden katholischen Verbindungen Burgundia und Teutonia, das jüdische Corps Saxo-Bavaria sowie einige wenige freie Verbindungen.

80 Semesterbericht der NS-Hochschulgruppe Dresden, Wintersemester 1928/29, in: BA (s. Anm. 26), NS 38, II 20, unpag.

81 Satzung der Deutschen Studenten-Gemeinschaft an der Technischen Hochschule Dresden, in: BA (s. Anm. 26), R 129/105, unpag.

82 Ergebnis der Kammerwahlen v. 18. Februar 1931, in: Universitätsarchiv Leipzig (künftig zit.: UAL), Rektor, Rep. II/ IV 72, Bd. 7, Bl. 19; der AStA der Universität Leipzig bestand allerdings aus drei Kammern, zusätzlich zur Kammer des AStA gab es noch den Wirtschafts- und den Fachschaftsausschuß; insbesondere im Wirtschaftsausschuß dominierten freistudentische und NS-kritische Kräfte, so daß trotz des enormen Wahlerfolges vom 18. 2. 1931 der Studentenbund über keine Mehrheit im gesamten Leipziger AStA verfügte; dazu ausführlich: Lambrecht, Studenten (s. Anm. 1), S. 118 ff.

83 Schreiben Hans Weidauer v. 11. 11. 1931, in: BA (s. Anm. 26), NS 38, II 20, unpag.

84 Schreiben Wahlleiter Friedrich Krah v. 9. 2. 1931, in: UAL (s. Anm. 82), HHS, 305, Bl. 486; Mitgliederliste des NS-Studentenbundes an der Handelshochschule Leipzig, Sommersemester 1931, in: ebd., HHS, 409, Bl. 206. – Poncet (* 1909), war seit 1928 Zögling der Ritterakademie in Brandenburg a. d. Havel gewesen; BA (s. Anm. 26), DB 9 (Deutsche Burschenschaft), I. Örtliche und einzelne Burschenschaften, Leipzig.

– dessen Erfolg mit dem der Mutterpartei korrelierte – an den deutschen Hochschulen sicherlich mit beigetragen[85].

Es zeigte sich jedoch recht bald, daß der Studentenbund und seine Funktionäre zumeist deutlich stärker radikalisiert waren als das Gros der Studentenschaft. Das machttrunkene und selbstherrliche Auftreten des Studentenbunds, der auch nicht vor massiven Angriffen gegen Rektoren, Professoren und dem akademischen Senat zurückschreckte – so geschehen an der Universität Leipzig während des Rektorats des bekannten Pädagogen und Philosophen Theodor Litt im Jahr 1931/32 –, hatte bereits etliche Studenten verschreckt[86]. Insbesondere bei den Korporationen regte sich Widerstand. Nicht nur empfand man sich im Bündnis mit dem Studentenbund durch dessen Alleinvertretungsanspruch als an die Wand gedrückt, das aggressive, pöbelnde Auftreten der Studentenbündler widersprach zudem in fundamentaler Weise ihrem bürgerlichen Selbstverständnis. Bei aller Bejahung völkischen und nationalen Gedankenguts durch die Aktivitas' und Teile der Altherrenschaft, bei allen Schnittmengen mit dem Nationalsozialismus – eine gewisse korporationsstudentische Tradition hatte man sich bewahrt, auf deren Grundlage man gewillt war, alten akademischen Überlieferungen angemessene Umgangsformen beizubehalten. Den Staat der Weimarer Republik und seine Grundlagen lehnte man zu großen Teilen ab, aber jeden Preis zu seiner Abschaffung war man auch nicht gewillt zu zahlen. Bei zu großer, auch praktisch ausgeübter Radikalität regte sich innerhalb vieler Korporationen bzw. Korporationsverbände Widerstand[87].

Spätestens ab dem Wintersemester 1932/33 befand sich der Studentenbund durch diese Entwicklung an vielen deutschen Hochschulstandorten in der Defensive. Besonders prekär war die Situation an der Universität Leipzig, wo man im Februar 1933 bei den Studentenschaftswahlen eine herbe Niederlage einstecken mußte und nur noch mehr ein Drittel aller AStA-Mitglieder stellte[88]. Besser sah es an der Technischen Hochschule Dresden aus, wo der Studentenbund im Frühjahr 1933 nach der Umstellung vom Fachschaftswahlsystem auf ein direktes Wahlsystem seine Mehrheit verteidigen konnte[89].

Bevor sich die Verhältnisse an den deutschen Hochschulen für den Studentenbund noch ungünstiger gestalten konnten, entfachte die „Machtergreifung" neue Dynamik in der Studentenschaft und an den Hochschulen, welche der neue Staat und die Funktionäre der nationalsozialistischen Studenten- und Hochschulbewegung sofort ausnutzten[90].

Gemäß den nationalsozialistischen Staats- und Politikvorstellungen wurden zunächst die Studentenausschüsse und das parlamentarisch-demokratische System der studentischen Selbstverwaltung abgeschafft und durch das „Führerprinzip" ersetzt, in Sachsen geschehen durch die Verabschiedung des Sächsischen Studentenrechts vom 24. April 1933[91]. Politische Studentenver-

---

85 Schreiben des sächsischen Innenministeriums v. 19. 9. 1930, in: SHStA (s. Anm. 39), MfV, 10087/13, Bl. 260.
86 Lambrecht, Studenten (s. Anm. 1), S. 330 f.
87 Faust, Studentenbund (s. Anm. 78), Bd. 2, S. 32 f.
88 Lambrecht, Studenten (s. Anm. 1), S. 341 f.
89 Schreiben NS-Hochschulgruppe Dresden v. 24. 2. 1933, in: BA (s. Anm. 26), NS 38, II 20, unpag.
90 DLS 1 (23. 5. 1933), S. 16 f.
91 Verordnung über die Bildung und die Aufgaben der Studentenschaften an den wissenschaftlichen Hochschulen (Studentenrechtsverordnung) v. 24. April 1933, in: Sächsisches Gesetzblatt, Jgg. 1933, S. 57 ff.; dazu auch: Grüttner, Studenten (s. Anm. 33), S. 63.

Abb. 7: Arbeitslager der Sächsischen Studentenschaft bei Dresden, 1933 (Quelle: Privatbesitz)

einigungen – die zu diesem Zeitpunkt an den sächsischen Hochschulen nur noch ein Schattendasein fristeten – wurden aufgelöst oder lösten sich bis zum Sommer 1933 selbst auf[92].

Doch der Studentenbund wollte mehr, seine Amtsträger wollten mitgestalten, mitbestimmen, und zwar in allen Bereichen des Hochschulwesens. Dieses Ansinnen wurde durch die Tatsache begünstigt, daß es in den ersten Monaten nach der „Machtergreifung" in konzeptioneller Hinsicht eine nationalsozialistische Studenten- und Hochschulpolitik im Wortsinne nicht gab. Da sich das neue Regime erst festigen mußte und an den Hochschulen kurzzeitig ein Machtvakuum herrschte, ergaben sich für die organisierte Studentenschaft und den Studentenbund nie dagewesene Gestaltungsmöglichkeiten. Dementsprechend ausgeprägt war der Anspruch der Studenten. Ein Auszug aus einem programmatischen Artikel des Leipziger Hochschulgruppenführers Eduard Klemt im Juni 1933 mag das verdeutlichen: „Wir fordern die politische Hochschule, die den politischen Studenten heranbildet. Der politische Student verachtet die Wissenschaft nicht, sondern begehrt sie als Werkzeug im Kampf um die Erhaltung seines Volkes. […] Wie wir anders geworden sind, so muss auch der Hochschullehrer ein anderer werden. Wir sehen uns mit genau derselben Frechheit, wie einst als SA-Leute auf der Straße, heute im Hörsaal um und entscheiden, ob ein Professor bleiben kann oder nicht."[93]

---

92 Lambrecht, Studenten (s. Anm. 1), S. 369 ff.
93 Klemt, Eduard: Wir wollen die politische Hochschule, in: DLS 2 (21. 6. 1933), S. 1 f.

In der Tat gingen die ersten Maßnahmen gegen politisch oder rassisch unliebsame Hochschullehrer von den Studenten aus. So wurden in Leipzig der liberale Nationalökonom Gerhard Kessler oder in Dresden der jüdische Physiker Harry Dember auf Druck der Studentenschaft von ihren Pflichten entbunden, obwohl noch gar keine rechtlichen Bestimmungen für ein solches Vorgehen vorlagen[94].

Den überzogenen Machtansprüchen der nationalsozialistischen Studentenschaftsführung wurden aber alsbald vom Regime selbst Grenzen gesetzt. Nachdem in den Ministerialverwaltungen nach einer Übergangszeit Ruhe und Struktur eingekehrt waren, wurde der Forderung der Studenten, bei allen entscheidenden hochschulpolitischen Fragen mitreden zu wollen, schnell eine Absage erteilt. Mit dem Aufbau des Rektors als „Führer der Hochschule" hielt das Führerprinzip an der gesamten Hochschule Einzug, dem sich letztendlich auch die Studentenschaft unterzuordnen hatte[95].

Die nationalsozialistischen Studentenorganisationen hatten sich von nun an vorwiegend um die Studierenden zu kümmern. Das Ziel war die „totale Erfassung" des deutschen Studenten. Dem Studenten alten Stils, dem „reinen Akademiker", wurde der Kampf angesagt. Dieses Ziel leitete sich vornehmlich von der fest im Weltbild der nationalsozialistischen Studentenschaftsfunktionäre verankerten Überzeugung ab, daß es sich bei den Hochschulen und großen Teilen der Professorenschaft immer noch um Relikte einer bürgerlich-liberalen Weltanschauung handeln würde, vor deren Einfluß die deutschen Studenten bewahrt werden müßten[96].

Erreicht werden sollte diese „totale Erfassung" durch ein ganzes Bündel von Maßnahmen. In den ersten Semestern nach der „Machtergreifung" hatten die Studenten neben ihrem Studium noch zahlreiche weitere pflichtmäßige Veranstaltungen zu absolvieren, von politischen Schulungen über Arbeitseinsätze bis hin zu Leibesübungen bzw. Wehrsport. Als Ende 1933 auch noch die SA an die Hochschulen kam, deren Ausbilder, wie etwa an der Universität Leipzig geschehen, den Studenten erklärten, daß das „Studium von nun an Nebensache" sei, drohte die Situation zu eskalieren[97]. Eine Anfrage des Reichserziehungsministeriums im Juni 1934, welche Auswirkungen der SA-Hochschuldienst denn auf die Studienleistungen hätte, hatte eine Flut von teilweise geharnischten Briefen seitens der sächsischen Hochschulen zur Folge. Selbst Leipziger Dozenten, die langjährige SA-Mitglieder waren, machten ihrem Unmut über die Belastung der Studenten laut Luft[98].

---

94 Lambrecht, Studenten (s. Anm. 1), S. 415 f.; zu Gerhard Kessler und den Vorgängen an der Universität Leipzig ausführlich: Lambrecht, Ronald/Morgenstern, Ulf: Der Lebensweg des Leipziger Nationalökonomen Gerhard Kessler (1883-1963). Praktische Sozialpolitik und politisches Engagement in Deutschland und türkischem Exil, in: Neues Archiv für sächsische Geschichte 81 (2010), S. 147-179.

95 Vgl. Grüttner, Studenten (s. Anm. 33), S. 90; Seier, Hellmut: Der Rektor als Führer. Zur Hochschulpolitik des Reichserziehungsministeriums 1934-1945, in: Vierteljahrshefte für Zeitgeschichte 12 (1964), S. 105-146, hier S. 105.

96 Vgl. Düning, Hans-Joachim: Der SA-Student im Kampf um die Hochschule 1925-1935 (Pädagogische Studien und Kritiken, 13), Weimar 1936, S. 101 f.

97 Schreiben Werner Studentkowski v. 2. 8. 1934, in: SHStA (s. Anm. 39), MfV 10087/27, Bl. 280).

98 Schreiben Ernst Kordes v. 1. 7. 1934, in: UAL (s. Anm. 82), Phil. Fak., B 3/30:01, Bd. 1, Bl. 167-168; zu den Leipziger Vorgängen s. a.: Hehl, Ulrich von: In den Umbrüchen der ersten Hälfte des 20. Jahrhunderts. Die Universität Leipzig vom Vorabend des Ersten bis zum Ende des Zweiten Weltkrieges, in: ders. u. a. (Hg.): Geschichte der Universität Leipzig 1409-2009, Bd. 3: Das zwanzigste Jahrhundert, Leipzig 2010, S. 17-329, hier S. 270 f.

Die Stimmung unter den Studenten verschlechterte sich zusehends, zumal weitere Maßnahmen der nationalsozialistischen Studentenführung, wie etwa die „Kasernierung" von Erstsemestern in sogenannten Kameradschaftshäusern mit quasi-militärischem Reglement, ebenfalls unpopulär waren. In internen Dokumenten attestierte die besorgte Studentenführung, daß unter den Studenten aufsässige Reden und lautstarke Beschwerden keine Seltenheit mehr waren[99]. Zwar wurden die SA-Hochschulämter 1934 wieder aufgelöst und die Anforderungen an die Studenten hinsichtlich politischer Schulungen und Wehrsport zurückgeschraubt, doch die Begeisterung der ersten Monate war eindeutig verflogen[100].

Die Studentenschaftsführung sah sich mit einem alten und dabei grundlegenden Problem konfrontiert. Genau wie in den Jahren der Weimarer Republik sich nur ein verschwindend geringer Teil der Studentenschaft hochschulpolitisch engagiert hatte, trug auch im Dritten Reich nur ein kleiner Teil der Studentenschaft die zudem vollkommen überzogenen Anforderungen des Regimes an den einzelnen Studenten mit. Die Masse der Studenten wollte studieren und ein wenig das Studentenleben genießen. Mußten sie stundenlange politische Schulungen, paramilitärische Ausbildungen und ideologisch motivierte Eingriffe in ihren Alltag über sich ergehen lassen, verflog die zu Beginn ohne Zweifel vorhandene Begeisterung für den Nationalsozialismus recht schnell[101].

Auch auf Eingriffe in studentische Traditionen bzw. auf Zwangsmaßnahmen gegen Institutionen, die diese Traditionen verkörperten, reagierten die Hochschüler wenig begeistert. So erwies sich die in den Jahren 1936/37 auf Druck der Nationalsozialisten erfolgte Auflösung der studentischen Korporationen, die sich an den sächsischen Hochschulen mit ihrem insgesamt recht geringen Korporatisierungsgrad allerdings deutlich geräuschloser als andernorts vollzog, als nachhaltig unpopulär[102].

Auf der anderen Seite haben die Nationalsozialisten die „Grundloyalität" der überwiegenden Mehrheit der Studenten nie verloren. Zwar ist in einzelnen internen Berichten über die Studentenschaft immer wieder von aufsässigem Verhalten oder geäußertem Mißmut über einzelne Maßnahmen des Regimes die Rede, aber signifikanten studentischen Widerstand gegen die nationalsozialistische Herrschaft hat es kaum gegeben. An den sächsischen Hochschulen existierten bis zum Ende der NS-Herrschaft keine studentischen Gruppierungen, denen man Widerstandspotential zusprechen könnte. Dissens mit dem NS-Regime überschritt selten die Verweigerung des Hitlergrußes durch einige Theologiestudenten der Universität Leipzig, oder private Treffen, wo man seinem Unmut über die Partei Luft machte[103].

Während des Zweiten Weltkrieges zeigte sich recht deutlich, auf welch tönernen Füßen die nationalsozialistische Studenten- und Hochschulpolitik zu Teilen stand. Zu Kriegsbeginn wur-

---

99 Denkschrift „Die Regelung des Dienstes an den deutschen Hochschulen", in: BA (s. Anm. 26), NS 38, I*03 p 353, unpag.
100 Lambrecht, Studenten (s. Anm. 1), S. 430 ff.
101 Dieser Sachverhalt ist selbst von überzeugten Nationalsozialisten anerkannt worden; Unsere Hochschule, in: Schwert und Spaten. Aus dem Kameradschaftshaus „Schlageter" Leipzig 1 (Mai 1934), o. S.
102 Es ist an dieser Stelle nicht der Raum auf die umfassende Entwicklung, die zur Auflösung der Korporationen im NS-Staat führte, einzugehen. Die sächsischen Vorgänge werden eingehend analysiert in: Lambrecht, Studenten (s. Anm. 1), S. 373 ff.
103 Bericht über die „Bekenntnisstudentengruppen" v. 29. 12. 1935, in: BA (s. Anm. 26), R 4901/872, Bl. 162; siehe dazu generell für die sächsischen Hochschulen: Lambrecht, Studenten (s. Anm. 1), S. 454 f.; Hoyer, Siegfried: Kleine Geschichte der Leipziger Studentenschaft 1409-1989, Leipzig 2010, S. 246.

den über 90 Prozent der Studentenschaftsfunktionäre zur Wehrmacht eingezogen, was erhebliche Auswirkungen auf die Durch- und Umsetzung hochschul- und studentenpolitischer Maßnahmen auf lokaler Ebene hatte. Etliche hochrangige Funktionäre – Joachim Bake, Christoph Truöl, Hanns Schnorrbusch – sind im Rußlandfeldzug gefallen. Zentrale ideologische Vorgaben des Regimes, wie etwa die politische Schulung, wurden teilweise überhaupt nicht mehr durchgeführt[104].

Im Verlauf des Krieges kam erschwerend hinzu, daß ein immer größerer Teil der Studentenschaft nicht mehr der Disziplinargewalt der 1936 gegründeten, staatliche Deutsche Studentenschaft und parteiamtlichen NS-Studentenbund zusammenfassenden Reichsstudentenführung (RSF) unterlag. Entweder waren die Hochschüler von der Front zum Studium beurlaubt oder sie studierten im Rahmen der sogenannten „Studentenkompanien". In beiden Fällen unterstanden die Studenten disziplinarisch der Wehrmacht, so daß die RSF keinen Zugriff mehr auf sie hatte. Da die Wehrmacht ihre Angehörigen besoldete, bestand für die Studenten zudem kein zwingender Grund in eine der nationalsozialistischen Studentenorganisation einzutreten oder sich anderweitig „nationalsozialistisch" zu engagieren wie in den Jahren zuvor, in denen Studienvergünstigungen, Stipendien usw. an solche Vorleistungen gebunden gewesen waren. Die Mitgliederzahlen im Studentenbund nahmen über die Kriegsjahre deutlich ab[105].

Mit dem im September 1944 ausgerufenen „Totalen Kriegseinsatz der Studentenschaft" endete in Sachsen der normale Hochschulbetrieb und auch jegliche hochschulpolitische Erfassung bzw. Betätigung der Studentenschaft. Nur Studenten kriegswichtiger Fächer wie etwa in Leipzig der Medizin, in Dresden der Ballistik oder der Hochfrequenztechnik, in Freiberg der Werkstofftechnik u. ä. durften weiterstudieren. Gleiches galt für die Examenskandidaten, Neuimmatrikulationen wurden für ein Jahr ausgesetzt. Der größte Teil der sächsischen Studentenschaft kam zur Wehrmacht, zum Volkssturm oder, dies betraf vor allem die Versehrten sowie die Frauen, in den Rüstungseinsatz[106]. Die Aktivitäten des Studentenbunds waren schon im Spätsommer 1944 zum Erliegen gekommen. Die Institution, die lange vor der „Machtergreifung" die Hochschulen für den Nationalsozialismus „eroberte", war vielerorts bereits vor dem Ende des Dritten Reiches von den Hochschulen faktisch wieder verschwunden[107].

---

104 Lambrecht, Studenten (s. Anm. 1), S. 458; die Quellenlage zur sächsischen Studentenschaft in den Jahren des Zweiten Weltkriegs ist äußerst lückenhaft.
105 Ebd., S. 465 f.
106 Schreiben Gaustudentenführung Sachsen v. 6. 9. 1944, in: UAL (s. Anm. 82), Rep. II/IV 230, Bl. 6 ff.; vgl. dazu auch: Wolff-Rietzsch, Liselotte: Erinnerungen an den Krieg und danach, in: Sächsische Landesärztekammer (Hg.): Erlebnisse sächsischer Ärzte in der Zeit von 1939 bis 1945, Dresden 2003, S. 114-134, hier S. 118.
107 Vgl. Giles, Geoffrey J.: Students and National Socialism in Germany, Princeton 1985, S. 311.

Alexander Graf

Die Wilden 20er Jahre in Marburg –
Studenten in nationalsozialistischen Organisationen

„Jedes Kind in Marburg kennt alle Verbindungen nach Farben und Art. Und der Marburger Spießbürger, wenn er abends an der Ladentür sein Pfeifchen raucht, schaut stolz lächelnd auf ‚seine' Studenten, die zur Kneipe ziehen."[1]

So idyllisch beschrieb ein Alter Herr der katholischen Verbindung Rhenania das örtliche Studentenleben im Spätsommer 1930. Aus diesen zwei Sätzen schlägt dem Leser der Mythos dieser Universitätsstadt entgegen, die Präsenz und das Ansehen der Verbindungsstudenten. Doch wie verhielt es sich mit der Burschenherrlichkeit in Marburg vor dem Hintergrund des Erstarkens der Nationalsozialistischen Deutschen Arbeiterpartei (NSDAP) während der Weimarer Republik?

Dieser Frage wird im Folgenden nachzugehen sein. Dabei rückt vor allem das nationalsozialistische Milieu der hessischen Mittelstadt ins Zentrum der Untersuchung. Zu diesem Zweck wird nicht nur die Stadt als solche, die örtliche Ortsgruppe der Partei und deren hochschulpolitischer Arm, der Nationalsozialistische Deutsche Studentenbund (NSDStB), behandelt, sondern speziell auch deren Verhältnis zu den Nachwuchsakademikern. Dabei soll der Siegeszug des Nationalsozialismus auf der lokalen Ebene zwischen 1926 und 1931/33 aufgezeigt werden.

Die Literatur zu Nationalsozialismus und Studentenverbindungen ist mittlerweile recht umfangreich. Dabei handelt es sich in vielen Fällen um Lokalstudien zu einzelnen Universitätsstädten oder allgemeine Studien über die Korporationsverbände[2]. Daher sind Entwicklungen der Verbände in der vorliegenden Betrachtung ausgeklammert, ebenso wie der Verfassungsstreit der preußischen Studentenschaften[3]. Zudem scheiden sich an den Korporationen die Geister: einerseits wird in delegitimierender Absicht geschrieben, werden auf schmaler Quellengrundlage ohne Verwendung von Archivalien Kontinuitäten konstruiert[4], andererseits in legitimie-

---

1 Peusquens, Karl (Rhenania Marburg): Die Diaspora ruft!, in: Academia. Zeitschrift des Cartellverbandes der katholischen deutschen Studentenverbindungen (künftig zit.: Academia) 43/5 (15.9.1930), S. 162.
2 Beispielhaft zuletzt etwa: Brunck, Helma: Die Deutsche Burschenschaft in der Weimarer Republik und im Nationalsozialismus, München 1999; Lankenau, Arne: „Dunkel die Zukunft – Hell der Mut!" Die Heidelberger Studentenverbindungen in der Weimarer Republik 1918-1929 (Heidelberger Abhandlungen zur mittleren und neueren Geschichte, 18), Heidelberg 2008.
3 Zinn, Holger: Zwischen Republik und Diktatur. Die Studentenschaft der Philipps-Universität Marburg in den Jahren 1925-1945 (Abhandlungen zum Studenten- und Hochschulwesen [künftig zit.: ASH], 11), Köln 2002, S. 157-168.
4 Beispielhaft die politikwissenschaftliche Dissertation von Heither, Dietrich: Verbündete Männer. Die Deutsche Burschenschaft – Weltanschauung, Politik und Brauchtum, Köln 2000.

render, streifen die Darstellungen aus korporierten Federn oft die Grenze zur Apologie oder überschreiten sie[5].

Für eine sachliche Auseinandersetzung mit der Rolle der unterschiedlichen Verbindungen während der Weimarer Republik und des Erstarkens des Nationalsozialismus ist eine differenzierte Sicht der unterschiedlichen Korporationen bzw. Korporationsformen erforderlich. Andernfalls besteht die Gefahr zu schneller Verallgemeinerung und einseitiger Schuldzuschreibung, die häufig der Rückschau und dem Wissen um die Entwicklung bis 1945 geschuldet sind. Aus diesem Grund soll nicht darauf verzichtet werden, das Umfeld, in welchem sich die vergangenen Phänomene vollzogen, zu untersuchen. Bevor daher die Rolle und die Bedeutung der Studenten für NSDStB und NSDAP untersucht werden sollen, rücken Marburg an der Lahn, die Philipps-Universität und ihre Professorenschaft ins Zentrum des Interesses.

1. Marburg – politisch betrachtet

Die politische Grundhaltung der mittelhessischen Stadt ist eindeutig: „Das Marburg der Weimarer Zeit stand rechts"[6]. Die Wahlergebnisse jener Jahre lassen an der rechten Hegemonie keinen Zweifel aufkommen, sie verdeutlichen ein deutsch-nationales Grundpotential, das sich bis 1930 weitgehend in nationalsozialistische Wähler wandelte. Die Zahlen zeigen, daß die nationalistische, antisemitische Deutschnationale Volkspartei (DNVP) bei jeder Wahl der Jahre 1919 bis 1933 in Marburg deutlich über ihrem Reichsergebnis lag. Ihre Hochphase hatte sie 1920 bis 1924, als bis zu 33,1 % der Marburger Wähler ihr ihre Stimme gaben. Auch nach ihrer Ablösung als stärkste rechte Partei durch die aufstrebende NSDAP 1930 blieben die DNVP-Wahlergebnisse in der alten Universitätsstadt im zweistelligen Bereich[7]. Publizistisch unterstützt wurde die Partei dabei durch die „Oberhessische Zeitung", deren Chefredakteur und nachmaliger Verleger, Dr. Carl Hitzeroth, ebenfalls zur DNVP gehörte und eine entsprechende politische Position vertrat[8]. Dabei handelte es sich bei dieser Zeitung um die größte Tageszeitung vor Ort[9].

Bemerkenswert ist zudem, daß neben DNVP und NSDAP in Marburg mindestens ein Drittel der Stimmen auf rechte Parteien entfielen. Besonders fällt dabei ins Auge, daß bei der Wahl am 4. Mai 1924 der „Völkisch-Soziale Block" (VSB), eine Ansammlung aus radikalen Splitterparteien, unter anderem aus Nationalsozialisten und „renegade conservatives"[10], aus dem Stand

---

5   Beispielhaft: Graf, Martin (Hg.): 150 Jahre Burschenschaften in Österreich. Gestern – heute – morgen, Graz 2009; zum ganzen Komplex zuletzt: Stickler, Matthias: „Wir sind doch nicht die SA der Professoren!" – Das studentische Verbindungswesen und die Achtundsechzigerbewegung, in: Dworok, Gerrit/Weißmann, Christoph (Hg.): 1968 und die 68er. Ereignisse, Wirkungen und Kontroversen in der Bundesrepublik, Wien/Köln/Weimar 2013, S. 69-99, hier S. 69 f.
6   Seier, Hellmut: Marburg in der Weimarer Republik 1918-1933, in: Dettmering, Erhart/Grenz, Rudolf (Hg.): Marburger Geschichte. Rückblick auf die Stadtgeschichte in Einzelbeiträgen, Marburg a. d. Lahn 1982, S. 559-591, hier S. 560.
7   Ebd., S. 561.
8   Koshar, Rudy John: Two „Nazisms". The social context of Nazi mobilization in Marburg and Tübingen, in: Social History 7 (1982), S. 27-42, hier S. 39.
9   Koshar, Rudy John: Social Life, Local Politics, and Nazism. Marburg 1880-1935, Chapel Hill/North Carolina, USA 1986, S. 163.
10 Koshar, „Nazisms" (s. Anm. 8), S. 38.

Abb. 1: Studentenkompanie Marburg, aufgestellt zur Bekämpfung kommunistischer Unruhen in Thüringen, 1919 (Quelle: Privatbesitz)

17,7 % der Stimmen errang[11] – und das nur ein halbes Jahr, nachdem der Putschversuch Hitlers in München kläglich gescheitert war, dieser sich noch in Haft befand und die NSDAP verboten war. Dabei dürfte den Marburger Wählern nicht entgangen sein, daß sich die örtlichen Nationalsozialisten lediglich in eine Tarnorganisation verschiedener anderer Gruppierungen eingefügt hatten, welche die unterschiedlichen antisemitischen Splittergruppen miteinander verband[12]. Die Neigung zu solchen Parteien und der Antisemitismus lassen sich in eine Linie stellen mit vergangenen Erfolgen judenfeindlicher Politik in Hessen. So gelang es Otto Böckel während des Kaiserreichs als Vertreter der politischen Judenfeindschaft, die Antisemitische Volkspartei in der Region als starke politische Kraft zu etablieren[13]. Da auch die nationalliberale Deutsche Volkspartei (DVP) in Marburg bis in die 1930er Jahre Ergebnisse im deutlich zweistelligen Bereich erzielte[14], bietet sich dem Betrachter das Bild einer Stadt, welche mehrheitlich den Facetten des politischen rechten Spektrums zuneigte. Vor diesem Hintergrund verwundert es nicht, daß Paul von Hindenburg 1925 72 % der Stimmen zur Reichspräsidentenwahl erhielt[15].

---

11 Mann, Rosemarie: Entstehen und Entwicklung der NSDAP Marburg bis 1933, in: Hessisches Jahrbuch für Landesgeschichte 22 (1972), S. 254-342, hier S. 291.
12 Koshar, Social Life (s. Anm. 9), S. 182.
13 Pötzsch, Hansjörg: Antisemitismus in der Region. Antisemitische Erscheinungsformen in Sachsen, Hessen, Hessen-Nassau und Braunschweig 1870–1914 (Schriften der Kommission für die Geschichte der Juden in Hessen, 17), Wiesbaden 2000.
14 1920 29,9 %, 1924 18,1 %, 1928 24,0 %; Seier, Marburg (s. Anm. 6), S. 561.
15 Mann, Entstehen (s. Anm. 11), S. 262.

Mangels eines ausgeprägten Arbeitermilieus und der erdrückenden protestantischen Mehrheit in der Stadt ist es nicht überraschend, daß weder die Sozialdemokratische Partei Deutschlands (SPD), die Unabhängige Sozialdemokratische Partei Deutschlands (USPD) oder die Zentrumspartei nennenswerte Erfolge für sich verbuchen konnten. So konnte die SPD nach 1919 nie mehr als 20 % erreichen, und die katholische Zentrumspartei blieb mit ihrem schwankenden Anteil zwischen 6,6 % und 4,3 % ein unbedeutender Faktor knapp über dem Status einer Splitterpartei[16]. Der Marburger Wähler zur Zeit der Weimarer Republik zeigte sich „überwiegend republikskeptisch, demokratiefremd, nach rechts treibend". Dabei sollte jedoch nicht unterschlagen werden, daß es auch in der Spätphase der Republik keine Fixierung auf Hitler gab, sondern in der DNVP eine politische Alternative erblickt wurde[17].

Drängt sich die von der Linken für Marburg gern verwandte Schmähung als „Hort der Reaktion" unweigerlich auf, so gab es doch auch republikanische Strömungen. Der Lehrer Ludwig Mütze gründete im Februar 1924 eine Gruppe des Reichsbanners Schwarz-Rot-Gold. Diese deutschlandweit verbreitete, SPD-nahe Organisation hatte sich den Schutz der jungen Demokratie zum Ziel gesetzt. Es gelang ihr jedoch nicht, den Studenten die Bedeutung der neuen Staatsfarben Schwarz-Rot-Gold nahezubringen[18]. Dies mutet in gewissem Maße widersinnig an, bedenkt man, daß das die Farben der Jenaer Urburschenschaft waren[19]. Zumindest die Burschenschafter hätten sich mit den neuen Reichsfarben befreunden können, doch weit gefehlt[20]. Immerhin gelang es dem Reichsbanner in Marburg bis 1927, 300 Mitglieder zu gewinnen, was viermal so viel war, wie der örtliche Stahlhelmbund umfaßte[21]. Die Marburger Bürgermeister der Weimarer Jahre – Paul Troje, Georg Voigt und Johannes Müller – zeigten sich jeglichem Extremismus innerhalb der Mauern ihrer Stadt abhold[22]. Mit dem „Hessischen Tageblatt" gab es vor Ort zudem eine liberale republikanische Zeitung, die durch ihre Berichterstattung bemüht war, Wähler von der NSDAP fernzuhalten[23]. Schon vor dem Erstarken der Nationalsozialisten hatte das „Tageblatt" vor einseitigem Nationalismus gewarnt, so etwa vor der Vereinnahmung des Gedenkens für die Gefallenen des Ersten Weltkrieges durch nationale Gruppen[24].

War die Bürgerschaft in großen Teilen der Republik nicht zugetan, so gab es doch auch Anhänger des neuen Staates und linke bis linksextreme Wählerkreise. Die 1933 noch 25,4 % Stimmenanteil für die Kommunistische Partei Deutschlands (KPD), SPD und die linksliberale Deutsche Demokratische Partei (DDP) unter den Tisch fallen zu lassen, würde das differenzierte

---

16 Seier, Marburg (s. Anm. 6), S. 561.
17 Ebd., S. 563.
18 Ebd., S. 567.
19 Grünebaum, Falk: Deutsche Farben. Die Entwicklung von Schwarz-Rot-Gold unter besonderer Berücksichtigung der Burschenschaft, in: GDS-Archiv für Hochschul- und Studentengeschichte (künftig zit.: GDS-A) 7 (2004), S. 7-36.
20 Zu den Gründen: Brunck, Helma: Die Burschenschaft in der Weimarer Republik und in der NS-Diktatur (1919-1945) – Eine historiographische Bilanz, in: Oldenhage, Klaus (Hg.): 200 Jahre burschenschaftliche Geschichtsforschung – 100 Jahre GfbG – Bilanz und Würdigung. Feier des 100-jährigen Bestehens der Gesellschaft für burschenschaftliche Geschichtsforschung e. V. (GfbG) am 3. und 4. Oktober 2009 in Heidelberg. Vorträge des Kolloquiums (Jahresgabe der Gesellschaft für burschenschaftliche Geschichtsforschung e. V. (GfbG) 2009), Koblenz 2009, S. 71-90, hier S. 79 f.
21 Seier, Marburg (s. Anm. 6), S. 567.
22 Ebd., S. 569 f.
23 Mann, Entstehen (s. Anm. 11), S. 276 f.
24 Koshar, Social Life (s. Anm. 9), S. 162.

Bild des Marburger politischen Spektrums verzerren. Marburgs Ruf als konservative Hochburg ausschließlich auf die Wahlergebnisse zu stützen ist unzureichend und nicht zutreffend. Die Ursachen für diese sich hartnäckig haltende Ansicht dürften folglich im kulturell und wirtschaftlich bedeutendsten Faktor der Stadt zu finden sein: der Universität.

2. Die Marburger Dozenten

Den Ruf einer Hochschule prägen nicht nur ihre Schüler, sondern in höherem Maße ihre Lehrer. Hinzu kam während der ersten Hälfte des 20. Jahrhunderts noch die selbstbeanspruchte Rolle der Dozenten als politische Erzieher. Allerdings geschah dies unter recht einheitlichen Vorzeichen. Viele Hochschullehrer trauerten dem untergegangenen Kaiserreich nach und neigten parteipolitisch zur DNVP oder DVP oder gaben sich betont unpolitisch[25]. Die Nähe und Sympathien für nationale bis nationalistische Anschauungen ermöglichte die Kooperation mit der radikalen Rechten. So nahm der Marburger Universitätsrektor Felix Genzmer im August 1929 an einer Kundgebung von Stahlhelm und NSDAP teil und trat als Redner in Erscheinung. Dies tat er trotz eines offiziellen Verbots von höherer Stelle. Die Folge waren kritische Berichte in der überregionalen Presse, Parlamentsanfragen sozialdemokratischer Abgeordneter und schließlich eine Maßregelung durch den preußischen Kultusminister[26].

Abseits solcher angreifbar machenden Auftritte boten sich andere Wege, seine politischen Ansichten zu äußern. In der „Marburger Hochschulzeitung" wetterte Professor Arthur Wegner gegen Liberale, Demokraten und „Kulturbolschewismus."[27] Damit lagen die Marburger Hochschullehrer im Reichstrend.

Abb. 2: 400-Jahr-Feier der Philipps-Universität Marburg, die Fakultäten im Festzug, 1927 (Quelle: Historische Bilddokumente, http://www.lagis-hessen.de/de/subjects/idrec/sn/bd/id/75-262, Stand: 5.10.2011)

Abb. 3: 400-Jahr-Feier der Philipps-Universität Marburg, Professoren im Festzug, 1927 (Quelle: Historische Bilddokumente, http://www.lagis-hessen.de/de/subjects/idrec/sn/bd/id/75-262, Stand: 5.10.2011)

---

25 Grüttner, Michael: Studenten im Dritten Reich, Paderborn/München/Wien/Zürich 1995, S. 43.
26 Vgl. Hessisches Staatsarchiv, Marburg (künftig zit.: HStAM), 305a Acc. 1950/9 Nr. 585, Bl. 30, 58: Faschisten-Universität Marburg, in: Volksstimme v. 10.8.1929; Marburgs Rektor gemaßregelt, in: Casseler Tageblatt v. 8.12.1929.
27 Marburger Hochschulzeitung 2/4 (1. 2. 1931), S. 56.

Man war bestenfalls „Vernunftrepublikaner" und nahm den neuen Staat ohne Begeisterung hin[28]. Skepsis und Abneigung gegen die Republik sind allerdings nicht mit Sympathie für die Ideologie der NSDAP gleichzusetzen. So kritisierten die Nationalsozialisten im Rückblick, daß die Dozentenschaft noch 1929 Politik aus der Universität heraushalten wollte und 1932 die Hochschullehrer wenig Interesse an Vorträgen des NSDStB hatten[29].

Letztlich waren die Marburger Dozenten nicht anders als ihre Kollegen. So sind keine herausragenden Beispiele republikanischen Engagements überliefert. Der Ruf Marburgs rührt folglich auch daher, daß der Lehrkörper der Philipps-Universität mehrheitlich konservativ und national gesinnt war und in seiner Funktion auch meinungsbildend auf die Studenten wirken konnte.

3. Die Studentenschaft

Das beschauliche Marburg mit seinen 23000 Einwohnern war in der Zwischenkriegszeit stark geprägt von seinen etwa 3000 Studenten[30]. Diese wiesen einen Korporiertenanteil von 66 % auf und befanden sich damit am oberen Ende des Reichsdurchschnitts[31]. Folglich wurde die Wahrnehmung der Hochschüler in der Universitätsstadt primär durch die Couleurstudenten geprägt. Entgegen dem exklusiven Selbstverständnis der Studenten ist es bemerkenswert, daß der akademische Nachwuchs in Marburg überwiegend mittelständisch geprägt war. Der Großteil der jungen Akademiker rekrutierte sich zu 33,7 % aus dieser Gruppe, gefolgt von 27,2 % der Studenten, deren Eltern Rentner, mittlere Beamte, Angestellte oder Volksschullehrer waren und zu 19,4 % Kinder von Unterbeamten, Kleinhändlern sowie gewerbetreibenden Handwerkern. Die verbleibenden 14,7 % entstammten Elternhäusern aus dem Bereich der Wirtschaft oder der Gruppe der Großgrundbesitzer[32].

1925 waren rund 70 % der Sitze im Studentenparlament von Korporierten besetzt, Marburg zählte unter den Studentenschaften zu den völkisch-nationalistischen. Der Hochschulring Deutscher Art (HDA), eine Art hochschulpolitischer Dachverband dieses Lagers, stellte die einflußreichste Gruppe innerhalb des Allgemeinen Studierenden-Ausschusses (AStA). Zudem herrschte ein national-konservativer Konsens zwischen Ausschuß und Hochschulleitung, welche die Politik der Studierenden duldete[33]. Nach 1925 nahmen die HDA-Mitgliederzahlen ab, der seine Vormachtstellung vornehmlich durch Selbstüberschätzung seiner Leitung verlor[34]. Die Studenten orientierten sich dann mehr und mehr an den hochschulpolitischen Gruppen der Parteien[35]. Dennoch blieb die Hochschulringbewegung die stärkste politische Kraft. Immatrikulierte, die

---

28 Gay, Peter: Die Republik der Außenseiter. Geist und Kultur in der Weimarer Zeit, Frankfurt a. M. 1970, S. 44.
29 Weibezahn, Fritz: Unser Kampf um die Marburger Universität, in: N. N.: 1923 – 1925 – 1935 NSDAP Marburg, Marburg 1935, S. 46-51, hier S. 46, 49.
30 Krist, Dietmar: 150 Jahre Landsmannschaft Hasso-Borussia. Eine Chronik der Landsmannschaft Hasso-Borussia zu Marburg im Coburger Convent, Marburg 2006, S. 11.
31 Zinn, Studentenschaft (s. Anm. 3), S. 77.
32 Ebd., S. 75.
33 Ebd., S. 94-97.
34 Bergmann, N. N.: Student, Volk und Staat, in: Landsmannschafter-Zeitung (künftig zit.: LZ) 41/9 (Sept. 1927), S. 204.
35 Zinn, Studentenschaft (s. Anm. 3), S. 134.

dem „Ortskartell republikanischer Studenten" angehörten oder sich in linken Gruppen organisierten, waren zahlenmäßig marginal[36].

Somit rücken die Studierenden mit Band, Mütze und Bierzipfel und ihre politische Orientierung wieder in den Fokus der Betrachtung. Zwar wollte die Mehrheit der Verbindungen ihrem Selbstverständnis nach unpolitisch sein und bleiben, doch ließ sich dieser Anspruch in der neuen Wirklichkeit der Weimarer Republik nicht aufrechterhalten. So schreibt Georg Heer[37] die Politisierung der Studenten der Herabsetzung des Wahlalters auf 20 Jahre zu[38]. Diese Neuerung wurde zwar von Teilen der Studenten begrüßt[39], aber gerade von den älteren Angehörigen der Verbindungen oftmals abgelehnt. Ein Alter Herr der Marburger Landsmannschaft Hasso-Borussia äußerte 1924: „In diesem Alter ist der Student längst noch nicht reif für eine politische Betätigung und ich halte es für ein Verbrechen an ihm selbst, ihn in diesem Alter schon für eine bestimmte politische Richtung festzulegen."[40] Dabei gab es unter der Masse der Verbindungsangehörigen bis 1918 einen Konsens: man war kaisertreu[41].

Mit der neuen Staatsform konnte man sich trotz vereinzelter Versuche der Partizipation nicht identifizieren. Die schweren territorialen und sonstigen Verluste Deutschlands nach 1918 wurden der Republik und ihren Repräsentanten angelastet. Das korporationsstudentische, elitäre und exklusive Selbstverständnis blieb trotz anderer, realer Erfahrungen bestehen und wurde weiterhin gepflegt und kultiviert. Die Hintergründe der Kriegsniederlage, die den „Geburtsfehler" der Republik darstellten, konnten um so leichter ausgeklammert werden, als die „Dolchstoßlegende" die Sündenböcke in Form von Juden und Marxisten lieferte. Bestärkt durch die Alten Herren, welche oftmals dem Kaiserreich nachtrauerten, wandten sich die Aktiven zunehmend von der Republik ab und mehr und mehr einer neuen, völkischen Ideologie zu[42].

---

36 Zinn, Holger: Hochschulpolitik am Ende der Weimarer Republik am Beispiel Marburgs. Der NSDStB Marburg, sein Aufstieg und seine Bedeutung im hochschulpolitischen Spektrum bis 1933, in: Einst und Jetzt. Jahrbuch des Vereins für corpsstudentische Geschichtsforschung 54 (2009), S. 325-384, hier S. 332; ders., Studentenschaft (s. Anm. 3), S. 138; HStAM (s. Anm. 26), 305a acc. 1954/16 Nr. 12, Sozialistische Studenten-Gruppe Marburg.

37 Zu Heer, Mitglied der Marburger Burschenschaft Arminia: Lönnecker, Harald: „Das Thema war und blieb ohne Parallel-Erscheinung in der deutschen Geschichtsforschung". Die Burschenschaftliche Historische Kommission (BHK) und die Gesellschaft für burschenschaftliche Geschichtsforschung e. V. (GfbG) (1898/1909-2009). Eine Personen-, Institutions- und Wissenschaftsgeschichte (Darstellungen und Quellen zur Geschichte der deutschen Einheitsbewegung im neunzehnten und zwanzigsten Jahrhundert [künftig zit.: DuQ], 18), Heidelberg 2009, S. 18-21.

38 Heer, Georg: Marburger Studentenleben 1527-1927. Eine Festgabe zur 400jährigen Jubelfeier der Universität Marburg, Marburg 1927, S. 178.

39 Bleuel, Hans Peter/Klinnert, Ernst: Deutsche Studenten auf dem Weg ins Dritte Reich. Ideologien, Programme, Aktionen 1918-1935, Gütersloh 1967, S. 61 f.

40 Rischmüller, N. N., in: Hessen-Preussen Zeitung 27 (25. 9. 1924), S. 32.

41 Vgl. Kater, Michael H.: Studentenschaft und Rechtsradikalismus in Deutschland 1918–1933. Eine sozialgeschichtliche Studie zur Bildungskrise in der Weimarer Republik (Historische Perspektiven, 1), Hamburg 1975, S. 25.

42 Jarausch, Konrad H.: Deutsche Studenten 1800-1970, 2. Aufl. Frankfurt a. M. 1989, S. 117-122; Brunck, Burschenschaft (s. Anm. 2), S. 34; Lankenau, Studentenverbindungen (s. Anm. 2), S. 112, 163; Zinn, Studentenschaft (s. Anm. 3), S. 85; Lönnecker, BHK/GfbG (s. Anm. 37), S. 190 f.

Die Positionierung der verbindungsstudentischen Verbände⁴³, der Antisemitismus der Aktivitas' der Korporationen und der Geist der Hochschullehrer zeichnen das Bild eines rückwärts gewandten Marburger Bildungsbollwerks, das dem Weimarer Staat skeptisch bis offen ablehnend begegnete⁴⁴. Die Verfassungsfeiern der Weimarer Republik legten anschaulich dar, wie schwer es war, von den Korporierten zumindest eine Respektsbekundung für den Staat zu erhalten. Da die örtlichen Verbindungen im Vorfeld der Verfassungsfeier des Jahres 1930 ihr Fernbleiben

Abb. 4: Langemarck-Feier in Marburg, nach 1920 (Quelle: Privatbesitz)

angekündigt hatten, schrieb der damalige Rektor Karl Helm „in schmerzlicher Sorge um das Wohl unserer Universität und unserer Studenten als alter Korporationsstudent" an die Korporationen. Er ermahnte sie, ihre Abwesenheit würde von der Öffentlichkeit als Ablehnung des Staates gedeutet werden und sie würden dadurch auch ihren Gegnern in die Hände spielen. Letztendlich konnten durch das Eingreifen des Rektors 18 Verbindungen zur Teilnahme bewegt werden, von 14 erhielt er Absagen. Daß die Teilnehmenden aus republikanischer Überzeugung handelten, ist wohl auszuschließen. Die Schwarzburgbundverbindung Frankonia betonte ihre Distanz zu den Parteien und sagte die Teilnahme nur aus „Verantwortungsgefühl" zu, die katholische Burschenschaft Askania erklärte offen, aus „taktischen Gründen" zu erscheinen. Ungeachtet der Absagen sah die Hochschulleitung von Konsequenzen für die jeweiligen Verbindungen ab⁴⁵.

4. Studenten in der Marburger NSDAP

Vor dem Hintergrund der geschilderten Einstellungen verwundert es nicht, daß die Hochschüler sich eine politische Vertretung suchten. Eine solche bot sich in der durch ihre Radikalität herausragenden NSDAP. Entsprechend war die lokale Partei durch einen besonders hohen Anteil von Studenten geprägt. Waren die Mitglieder sonst eher mittelständischer oder bürgerlicher Herkunft⁴⁶, machten 1930 in Marburg Studenten 20 % der Parteigenossen aus⁴⁷. Dazu war ab 1928 der Jurastudent Hans Krawielitzki Leiter der Ortsgruppe. Ebenso stand der Marburger Sturm Nr. 4 der Sturmabteilung (SA) mit seinen 27 Mitgliedern zeitweise unter der Führung des

---

43 Die politischen Ausrichtungen und Entwicklungen der unterschiedlichen Korporationsverbände sind hier ausgespart; für einen groben Überblick: Leisen, Adolf: Die Ausbreitung des völkischen Gedankens in der Studentenschaft der Weimarer Republik, Diss. phil. Heidelberg 1964.
44 Das Beispiel Erlangen zeigt jedoch, daß es sich dabei nicht um eine speziell Marburger Situation handelte; vgl. Franze, Manfred: Die Erlanger Studentenschaft 1918-1945 (Veröffentlichungen der Gesellschaft für fränkische Geschichte, Reihe IX: Forschungen zur fränkischen Geschichte, 30), Würzburg 1972, S. 114.
45 Senatszeitung v. 1. 8. 1930 u. Schreiben des Rektors und die Antworten der Korporationen, in: HStAM (s. Anm. 26), 305a acc. 1975/79 Nr. 477, Rektor Verfassungsfeier, 1930.
46 Seier, Marburg (s. Anm. 6), S. 573.
47 Mann, Entstehen (s. Anm. 11), S. 297; N. N., NSDAP Marburg (s. Anm. 29), S. 33.

Studenten Wilhelm Kilian⁴⁸. Auch auf dem Gebiet der Propaganda waren die Hochschüler ein wichtiger Faktor, gerade in personell schwierigen Phasen wie nach dem Weggang des bisherigen Ortsgruppenführers. In dieser Zeit, im Sommer des Jahres 1927⁴⁹, konnten die Sprechabende der Partei nur aufrechterhalten werden, weil Studenten als Redner fungierten⁵⁰. Mit Wolfgang Bergemann tat sich dabei ein Student besonders hervor, ebenso als Autor der Zeitung „Der Sturm"⁵¹. Laut einer Parteipublikation soll der Politikstudent 1928 auf 93 von insgesamt 159 NS-Veranstaltungen gesprochen haben⁵². Das würde bedeuten, allein in diesem Jahr hätte alle zwei bis drei Tage eine Parteiveranstaltung stattgefunden. Obwohl diese Zahl auf den ersten Blick kaum glaublich erscheint, müssen die Marburger Parteigenossen enorme Aktivität an den Tag gelegt haben. So gibt Bergemann an, im Rahmen des Wahlkampfes 1928 seien in zwei Monaten 60 Versammlungen von der Ortsgruppe abgehalten worden, wobei die Propagandatermine in Marburg und den umliegenden Kreisen Kirchhain, Frankenberg und Biedenkopf bald zum Überdruß der Zuhörer geführt hätten⁵³.

Abb. 5: NSDAP-Ortsgruppe Marburg a. d. Lahn, um 1930 (Quelle: Privatbesitz)

1929 wurden angeblich 180 Veranstaltungen abgehalten, und auch 1930 setzte man hier den Schwerpunkt der Aktivitäten⁵⁴. Die örtliche Parteileitung bemühte sich, berufsspezifische Mittelstandskundgebungen, Beamten- und Studentenabende abzuhalten sowie prominente Redner in die Provinz einzuladen. So bewarb man etwa im Januar 1931 einen SA-Vortragsabend mit dem für das Rheinland, Westfalen, Hessen-Nassau, Hessen-Darmstadt und das Saargebiet zuständigen SA-Führer Werner von Fichte⁵⁵. Diese Abende wurden mit Darbietungen, Aufmärschen oder Filmen eingerahmt⁵⁶, wodurch die Zuhörer unterhalten und zugleich für die NS-Politik geworben werden sollten⁵⁷. Dabei kam kaum einmal die Marburger Kommunalpolitik zur Sprache. Vielmehr bemühten sich die Redner, ihre Zuhörer durch allgemein gehaltene Themen zu gewinnen⁵⁸.

---

48 Mann, Entstehen (s. Anm. 11), S. 296.
49 N. N., NSDAP Marburg (s. Anm. 29), S. 20.
50 Ebd., S. 25.
51 So war er etwa der Autor des Artikels „Kommunisten schlagen in Göttingen deutsche Arbeiter und Studenten nieder!", in: Der Sturm. Nationalsozialistisches Kampfblatt für Kurhessen und Waldeck v. 10. 5. 1930.
52 N. N., NSDAP Marburg (s. Anm. 29), S. 29; nach dem Weggang Bergemanns aus Marburg nahm die Zahl der Parteiversammlungen deutlich ab; Koshar, Social Life (s. Anm. 9), S. 189.
53 Bergemann, Wolfgang: Streiflichter aus der Kampfzeit, in: N. N., NSDAP Marburg (s. Anm. 29), S. 21-25, hier S. 23.
54 N. N., NSDAP Marburg (s. Anm. 29), S. 31.
55 Anzeige „Werbeabend des Sturm 4 H", in: Oberhessische Zeitung v. 17. 1. 1931, S. 10.
56 So warb man für eine Vorführung des Parteitagfilms; Der Sturm v. 17. 5. 1930.
57 Mann, Entstehen (s. Anm. 11), S. 329.
58 Ebd., S. 330.

Wie sich noch zeigen wird, kennzeichnete dies auch die Propaganda des hochschulpolitischen Ablegers der NSDAP.

Angesichts der Veranstaltungszahlen, die den hohen zeitlichen und persönlichen Einsatz der Parteiangehörigen erahnen lassen, stellt sich die Frage, wie dies für den einzelnen möglich war. Denn es waren nicht alle Studenten, die nach nächtlichem Politeinsatz ausschlafen konnten. Für die Arbeitenden unter den Mitgliedern war die außerberufliche Tätigkeit mit hohen Belastungen verbunden. Laut offizieller eigener Geschichtsschreibung war ihnen das Bewußtsein, für „den Führer und Deutschland" arbeiten zu dürfen „noch der schönste Lohn"[59]. Danach muß von einer Gruppe äußerst engagierter politischer Anhänger ausgegangen werden, die für ihre Überzeugungen hohen Einsatz zeigten. Dieser Aktivismus und Aktionismus war eine existenzielle Frage, die das politische Überleben sicherte. Anders wäre es nicht gelungen, mit einer unterfinanzierten Organisation am Rande der Bedeutungslosigkeit doch zum Erfolg zu kommen[60]. Der Eifer der Parteigenossen sollte nicht vergeblich sein. Die Reichstagswahl am 14. September 1930, die der NSDAP reichsweit einen überragenden Erfolg bescherte, brachte sie auch in Hessen weit über den Status einer Splitterpartei hinaus, den sie 1929 noch besessen hatte[61]. In Marburg erreichte sie 22,2 % und im Landkreis sogar 33,2 % der Stimmen[62]. Die Ortsgruppe war bis zu diesem Jahr eine kleine Einheit, die gerade etwas mehr als 50 Personen umfaßte. Doch im Zuge der Weltwirtschaftskrise und zunehmender politischer Agitation vergrößerte sich der Bestand sehr schnell. Bis Ende 1930 vervierfachte sich die Zahl der organisierten NS-Anhänger in Marburg auf 243, steigerte sich bis 1931 auf 476 und auf über 1300 bis 1933[63]. Gemessen an der Einwohnerzahl war die Parteimitgliedschaft in Marburg bis zur „Machtergreifung" eher die Ausnahme als die Regel. Begünstigt wurde die Ortsgruppe durch die erfolgreich vermittelte Wahrnehmung, wonach die NSDAP nicht als Partei, sondern als eine unpolitische Volksbewegung anzusehen sei[64].

Die Besetzung von Führungspositionen durch Studenten innerhalb der örtlichen NSDAP barg jedoch trotz des Erfolges auch Konfliktstoff im Umgang mit den nichtakademischen Mitstreitern. Allgemein, nicht nur in Marburg, fühlten sich die NS-Studenten trotz aller Volksgemeinschaftsschwärmerei als geistige Elite und damit den oftmals nicht sehr gebildeten Parteifunktionären überlegen. Das führte wiederum zu Reaktionen der sogenannten „Parteibonzen", die ihre Vorurteile gegenüber den Hochschülern bestätigt sahen[65]. Gerade im Umgang mit der wenig intellektuellen SA geriet der akademische Nachwuchs an die Grenzen der Gemeinsamkeiten. In Marburg kritisierten NS-Studenten nach dem Weggang des bisherigen SA-Führers und NSDStB-Leiters Kuno von Eltz-Rübenach, er hätte bisher statt der Partei der SA oberste Priorität eingeräumt[66]. In solchen Konflikten prallten akademisches Überlegenheitsgefühl und

---

59 Bergemann, Streiflichter (s. Anm. 53), S. 25.
60 Koshar, Social Life (s. Anm. 9), S. 201.
61 Ebd., S. 179.
62 Mann, Entstehen (s. Anm. 11), S. 337.
63 Graf, Alexander: Mütze, Band und Braunhemd – Korporationen und Nationalsozialismus während der Weimarer Republik an der Philipps-Universität Marburg, Magisterarbeit Marburg 2010, S. 104.
64 Koshar, Social Life (s. Anm. 9), S. 187.
65 Kater, Studentenschaft (s. Anm. 41), S. 181-183.
66 Matheis, Lothar: Der NS-Studentenbund in Marburg bis zum Frühjahr 1933, Diplomarbeit Marburg 1985, S. 64 f.

„Parteimenschentum" aufeinander[67]. Daran konnte auch die eifrig gepflegte Romantisierung der SA, in der Arbeiter und Student zueinanderfinden sollten, nichts ändern. Dabei bemühte man sich, durch Flugblätter an der Philipps-Universität um den Schulterschluß mit der Arbeiterschaft zu werben: „Student und Sozialismus. Der deutsche Student reiht sich ein in die Front des deutschen Arbeiters"[68]. Da trotz dieser und ähnlicher Verlautbarungen das Ideal der Kampfgemeinschaft zwischen Hochschule und Fabrik sich nicht einstellen wollte, wurde diese so sehr gewünschte Verbindung konstrutiert:

„Der Student dagegen ging hinein in die SA, er ging hinein in den Arbeitsdienst, er kämpfte und er arbeitete, er war der Meinung, daß geistige Arbeit in abgeschlossenen Zentren mit eigenen Geheimsprachen, wie die Hochschulen sie ja hatten, in sich schon den Stempel des unorganischen [sic] trügen."[69]

Gunter d'Alquen, SA-Mann des Marburger SA-Sturms 4, lobte entsprechend, der „Sturm 4 war auch der richtige Sturm, halb Arbeiter, halb Studenten, ein paar Bauern, so gerade die richtige Mischung, die wir brauchten"[70]. Doch waren Studenten der Sturmabteilung meist nur noch formal immatrikuliert und in erster Linie SA-Männer, welche die Hochschule als Agitationsplattform nutzten[71]. Auch wenn nicht alle NS-Studenten die propagierte Sicht der Dinge teilten, der Mythos der gemeinsam und siegreich kämpfenden Akademiker und Arbeiter fand weite Verbreitung. Allerdings hätte das Volksgemeinschaftsideal nicht als bloße Einbildung funktionieren können, wenn nicht zumindest teilweise tatsächlich Studenten, Arbeiter, Mittelständler und Oberschicht als Parteigenossen aufeinander getroffen wären[72]. Die Wahlerfolge überdeckten offensichtlich bestehende Differenzen. Aus den für Marburg vorliegenden Quellen geht für den Untersuchungszeitraum jedenfalls kein Aufbegehren der Studenten gegen die Parteiobrigkeit hervor.

Angespornt durch den Wählerzuspruch traten die Marburger Nationalsozialisten in der Folgezeit immer selbstbewußter und aggressiver auf. Während einer Versammlung am 26. Oktober 1930 in Frankenberg präsentierten sich 30 Studenten in Uniform und Armbinde als Saalschutz und zettelten anschließend eine Schlägerei an, wenn auch die Parteizeitung von vorausgegangenen Provokationen des Reichsbanners berichtet[73]. Vier Monate später, am 23. Februar 1931, kam es im Marburger Vorort Ockershausen zu einer weiteren Saalschlacht zwischen SA und politischen Gegnern[74]. Die „Oberhessische Zeitung", die wohlwollend über NS-Aktivitäten

---

67 Kater, Studentenschaft (s. Anm. 41), S. 186.
68 Student unterm Hakenkreuz, in: HStAM (s. Anm. 26), 305 a I. acc. 1954/16 Nr. 1, NSDStB Sektion Marburg.
69 Feickert, Andreas: Studenten greifen an! Nationalsozialistische Hochschulrevolution, Hamburg 1934, S. 20.
70 d'Alquen, Gunter: Die Saalschlacht in Ockershausen. Aus der Geschichte der alten Marburger SA, in: N. N., NSDAP Marburg (s. Anm. 29), S. 39-41, hier S. 39. – Zu d'Alquen: Augustinovic, Werner/Moll, Martin: Gunter d'Alquen – Propagandist des SS-Staates, in: Smelser, Ronald/Syring, Enrico (Hg.): Die SS. Elite unter dem Totenkopf, Paderborn 2000, S. 100-118; Seidel, Ingo: Die SS-Standarte Kurt Eggers. Psychologische Kriegsführung 1943-1945, Norderstedt 2012, S. 12-23.
71 Roegele, Otto B.: Student im Dritten Reich, in: Die deutsche Universität im Dritten Reich. Eine Vortragsreihe der Universität München, München 1966, S. 135-174, hier S. 139.
72 Koshar, Social Life (s. Anm. 9), S. 244.
73 Saalschlacht in Frankenberg, in: Der Sturm v. 1. 11. 1930.
74 Mann, Entstehen (s. Anm. 11), S. 313, 316.

berichtete, bemühte sich um eine Darstellung, der zufolge die Auseinandersetzungen von Kommunisten ausgegangen seien. Laut Bericht vom 24. Februar versorgten die Nationalsozialisten sogar Verletzte beider Parteien[75].

Der Erfolg der NSDAP in der kleinen Universitätsstadt war durch die aktive Mithilfe der Studenten in den Parteiorganisationen mehr als nur begünstigt[76]. So stellten sie Redner, SA-Führer, den Saalschutz und ihren Einsatz der „nationalsozialistischen Idee" zur Verfügung und trugen so maßgeblich zur Dominanz der Nationalsozialisten vor Ort bei. Außerhalb der Studentenschaft fehlten anscheinend geeignete Personen, welche diese Funktionen hätten ausfüllen können. Die Marburger Ortsgruppe wäre ohne Bergemann, den „Trommler von Oberhessen"[77], propagandistisch weit weniger häufig in Erscheinung getreten. Generell waren es die Studenten, die neben engagierten überregionalen Parteigrößen Vorträge bestritten. Dies lag auch daran, daß die Jungakademiker durch ihren Bildungshintergrund und ihre Sozialisation besonders geeignete Agitatoren waren: „Nazi actitvists in Marburg could not do without the political advantages of university study"[78]. Es steht kaum in Zweifel, daß ohne die Studentenschaft die Partei Hitlers Erfolge im Mittelhessischen nicht hätte erzielen können. Einen geeigneten Ortsgruppenleiter außerhalb des akademischen Milieus schien es seit 1927 nicht gegeben zu haben.

5. Die NSDStB-Hochschulgruppe

Das politische Engagement der NS-Studenten erstreckte sich auch auf die Philipps-Universität. In Marburg gründete sich nach Münchner Vorbild im Sommersemester 1926, am 2. Juni, unter Leitung von Hans Glauning die Hochschulgruppe des NSDStB. Unter den neun Gründungsmitgliedern waren die Jura-Studenten mit vier Vertretern am stärksten vertreten[79]. Die Gruppe legte ihren politischen Schwerpunkt allerdings weniger auf die Hochschulpolitik, sondern konzentrierte sich von Beginn an auf allgemeine Themen und Tagespolitik[80]. Das wird bereits bei einem Blick in die Satzung der Gruppe deutlich, § 2 legt als wesentliche Aufgabe fest, den Nationalsozialismus zu verbreiten. Es sei das Parteiprogramm, „mit dem der Bund sich grundsätzlich in Allem identifiziert"[81].

Der politische Hintergrund der Marburger Studenten kam dem neugegründeten NSDStB entgegen. Zudem hatten die Korporierten sich ab 1925 vom völkischen HDA mehr und mehr zurückgezogen und sich politischen Parteien zugewandt. Außerdem war von Links kein Widerstand zu erwarten, waren die „Sozialistische Studentengruppe" und die „Gemeinschaft freiso-

---

75 Unliebsame Vorgänge bei einer politischen Versammlung, in: Oberhessische Zeitung v. 24. 2. 1931, S. 4; s. a. Die Saalschlacht bei Marburg, in: Hessische Volkswacht v. 25. u. 26. 2. 1931.
76 Mann, Entstehen (s. Anm. 11), S. 335.
77 N. N., NSDAP Marburg (s. Anm. 29), S. 60.
78 Koshar, Social Life (s. Anm. 9), S. 190.
79 Mann, Entstehen (s. Anm. 11), S. 280; allgemein waren Jura-Studenten im NSDStB überproportional vertreten; Koshar, Social Life (s. Anm. 9), S. 243.
80 Matheis, NS-Studentenbund (s. Anm. 66) S. 18 f.
81 Satzung in: HStAM (s. Anm. 26), 305 a I. acc. 1954/16 Nr. 1, NSDStB Sektion Marburg, Bl. 3.

zialistischer Studenten" doch kaum von Bedeutung[82]. So stellten sich früh Erfolge der jungen Nationalsozialisten ein. Bereits anläßlich der Kammerwahlen vom 19. Juli 1926 gelang der Einzug mit vier Sitzen in die Marburger Studentenvertretung. Zwar war dies nur in Zusammenarbeit mit der „Vereinigung auslandsdeutscher Studierender" möglich, doch immerhin war ein erfolgreicher Start in die politische Aktivität geglückt[83].

Es bleibt festzuhalten, daß die anfängliche sozialrevolutionäre Propaganda und antikorporative Stoßrichtung des NSDStB-Reichsleiters Wilhelm Tempel[84] in Marburg keine besondere Wirkung entfaltete. Dadurch unterschied sich die Philipps-Universität von anderen Hochschulen, an denen zunächst die Freistudenten für die NS-Hochschulgruppen gewonnen werden konnten[85]. Denn in Marburg war der Gründer der Ortsgruppe, Hans Glauning, selbst Burschenschafter[86]. Dadurch war eine Grundlage zur Kooperation gelegt, verfügte er als Korporierter in seinem Milieu doch über den „Stallgeruch", der den nichtkorporierten Studentenbündlern fehlte. Allerdings war der AStA, in dem viele Verbindungsstudenten vertreten waren, 1926 in Teilen deutlich gegen die neue politische Bewegung eingestellt. Glauning bekam angeblich zu dieser Zeit eine so große Anzahl Kontrahagen, „daß er Jahre gebraucht hätte, um sie alle auszutragen"[87]. Der Konjunktiv läßt den Schluß zu, daß diese Mensuren nicht geschlagen wurden, der Grund ist nicht ersichtlich.

Es zeigte sich allerdings bereits nach kurzer Zeit, daß es keine grundsätzlichen oder unüberwindbaren Berührungsängste zwischen einzelnen Verbindungsstudenten und den an der Hochschule engagierten Nationalsozialisten gab. Die Gruppe an der Philipps-Universität wuchs und zählte im Wintersemester 1929/30 bereits 36 Mitglieder. Dies bedeutete, innerhalb von dreieinhalb Jahren hatte sich die Mitgliederzahl vervierfacht. Dabei ist bemerkenswert, daß gut die Hälfte, nämlich 16 Personen, in der der Universitätsleitung eingereichten Mitgliederliste als Verbindungsstudenten mit Namen der Korporation angegeben sind. Die Landsmannschaft Chattia war allein mit vier Nennungen vertreten, und auch ein Wingolfit, zugehörig dem christlichen Wingolfsbund, hatte den Weg in den NSDStB gefunden[88]. Es wird zwar geschätzt, der Anteil der Nichtkorporierten im Marburger Studentenbund hätte 70 % betragen, aber dieser Prozentsatz beinhaltet auch Angehörige der NSDAP und stützt sich auf nicht vorhandene Belege über Korporations- oder Vereinszugehörigkeiten[89].

Mit einem relativ hohen Korporiertenanteil stand der Marburger Studentenbund jedoch nicht allein. In Erlangen waren ein Jahr später 123 der 202 nationalsozialistischen Studenten in einer Verbindung aktiv[90]. Glauning, den Michael Kater als einen Pragmatiker innerhalb des

---

82 Zinn, Hochschulpolitik (s. Anm. 36), S. 331 f.
83 Matheis, NS-Studentenbund (s. Anm. 66) S. 21 f.
84 Grüttner, Michael: Biographisches Lexikon zur nationalsozialistischen Wissenschaftspolitik (Studien zur Wissenschafts- und Universitätsgeschichte, 6), Heidelberg 2004, S. 173.
85 5 Jahre NS-Studentenbund – 5 Jahre Kampf und Sieg, in: Völkischer Beobachter v. 31. 7. 1931.
86 Mitglied der Burschenschaft Germania Marburg; Dvorak, Helge: Biographisches Lexikon der Deutschen Burschenschaft, Bd. I: Politiker, Teilbd. 1-7, Heidelberg 1996-2013, hier I/2, S. 139-141.
87 N. N., NSDAP Marburg (s. Anm. 29), S. 20.
88 HStAM (s. Anm. 26), 305 a I. acc. 1954/16 Nr. 1, NSDStB Sektion Marburg, Bl. 31.
89 Koshar, Social Life (s. Anm. 9), S. 221, 349 f.
90 Franze, Studentenschaft (s. Anm. 44), S. 126.

Studentenbundes betrachtet[91], hatte in diesem Sinne bereits um den Jahreswechsel 1926/27 für den Schulterschluß zwischen den ihm zu Folge nur scheinbar gegensätzlichen Lagern geworben. In diesem Zusammenhang betonte er den revolutionären Charakter der Burschenschaft und regte Nationalsozialisten an, Verbindungen beizutreten: „Denn der Geist einer Korporation wird immer durch ihre Mitglieder bestimmt."[92] Andererseits barg ein hoher Korporiertenanteil auch Probleme. Die Mitglieder mit Band und Mütze blieben innerhalb der Hochschulgruppe oft unter sich und zogen Verbindungsveranstaltungen denen des Studentenbunds vor, was Reichsleiter Tempel 1928 überaus verärgerte, offenbare sich darin doch der akademische „Kastengeist"[93].

6. Neues Führungspersonal

In Marburg war es Tempels Nachfolger Baldur von Schirach[94], der durch die Ernennung Kuno von Eltz-Rübenachs zum Leiter der örtlichen Hochschulgruppe im Wintersemester 1928/29 eine Wende einleitete. Die Gruppe litt bisher unter häufigen Führungswechseln und geringen Propagandaerfolgen[95], es fehlte an einer größeren Zahl von Anhängern, die auch aktiv wurden[96]. Wie auf Reichsebene brachte der Führungswechsel neuen Schwung, zumal Schirach zugleich die Angriffe auf die Studentenverbindungen aussetzte.

Abb. 6: SA vor der Alten Universität in Marburg, SS 1933 (Quelle: Historische Bilddokumente, http://www.lagis-hessen.de/de/subjects/idrec/sn/bd/id/75-262, Stand: 5. 10. 2011)

Die Neuorientierung und angestrebte Zusammenarbeit mit dem Couleurstudententum trug reichsweit Früchte. 1929 war der Studentenbund schon in 170 Verbindungen vertreten: zumeist in Burschenschaften, dann folgten die Turnerschaften und Landsmannschaften und darauf die Corps. Die nun auftretenden Wahlerfolge bei Hochschulwahlen kamen deshalb zustande, weil die Gedankenwelt großer Teile der Studierenden – Antimarxismus, Antiparlamentarismus, Antirationalismus und Antisemitismus – Überschneidungen mit den Ansichten des Nationalsozialismus aufwies, wobei totalitäre, egalitäre und antibürgerliche Zielset-

---

91 Kater, Michael H.: Der NS-Studentenbund von 1926 bis 1928: Randgruppe zwischen Hitler und Strasser, in: Vierteljahreshefte für Zeitgeschichte 22 (1974), S. 148-190, hier S. 160.
92 Glauning, Hans: Verbindungsstudent und Nationalsozialismus, in: Nationalsozialistische Hochschulbriefe, Folge 2, Januar/Februar 1927.
93 Kater, NS-Studentenbund (s. Anm. 91), S. 161.
94 Grüttner, Lexikon (s. Anm. 84), S. 148.
95 Matheis, NS-Studentenbund (s. Anm. 66) S. 31.
96 N. N., NSDAP Marburg (s. Anm. 29), S. 29.

zungen die größten Unterschiede bildeten⁹⁷. Dabei blieb der Studentenbund, ähnlich wie die NSDAP Marburg, in der mittelhessischen Provinz stets mitgliederschwach, konnte aber bei Wahlen ein hohes Potential abrufen. Das war zum Teil der sozial-elitären Ablehnung der Korporierten dem NSDStB gegenüber geschuldet. Nationalsozialistische Orientierung war durchaus mit Ablehnung des Studentenbunds vereinbar, Befürwortung der Weltanschauung mit Ablehnung von Parteifunktionären sowie deren Auftreten und Maßnahmen⁹⁸.

Abb. 7: Führung der Marburger NSDAP vor dem Hülsen-Haus in der Biegenstraße, wohl 1933 (Quelle: Historische Bilddokumente, http://www.lagis-hessen.de/de/subjects/idrec/sn/bd/id/75-262, Stand: 5. 10. 2011)

7. Taktik und Tätigkeit des NSDStB

Es stellt sich die Frage, was die Nationalsozialisten an den Hochschulen ihren Gegnern, die auch oftmals Ableger von Parteien waren, voraushatten? Waren es nur ideologische Überschneidungen und Ressentiments? Diese Faktoren spielten unbestritten eine große Rolle, doch darf auch die politische und vor allem propagandistische Eigenleistung des Stundentenbunds nicht vernachlässigt werden. Er veranstaltete bei anstehenden Hochschulwahlen einen beachtlichen, professionell gestalteten Wahlkampf. Massenveranstaltungen, Redeauftritte von Parteigrößen, in deren Verlauf es zu heftigsten Angriffen auf den politischen Gegner ohne Rücksicht auf Anstand und Wahrheit kam, kennzeichneten die Kampagnen vor dem Urnengang⁹⁹. Zudem waren die Studienleistungen der NS-Studenten nicht schlechter als die ihrer Kommilitonen¹⁰⁰.

In Marburg trat man unter neuer Leitung erstmals im Januar 1929 mit einem Vortrag an die Öffentlichkeit. Der stellvertretende Gauleiter von Thüringen, Hans Ziegler (Burschenschaft Arminia Greifswald/ADB), sprach über die „Bolschewisierung der deutschen Kultur"¹⁰¹.

---

97 Brunck, Burschenschaft (s. Anm. 2), S. 6, 201, 242 f.; Zinn, Studentenschaft (s. Anm. 3), S. 220, 280; Grüttner, Studenten (s. Anm. 25), S. 37; Jarausch, Studenten (s. Anm. 42), S. 157, 162; im Hinblick auf die unter dem NSDStB-Führer Schirach versuchte Durchdringung der Korporationen zeigt die Aufzählung der Verbände wieder die Affinität der Waffenstudenten zum Nationalsozialismus; innerhalb der Deutschen Burschenschaft entstand eine geheime Organisation der NS-Studenten, die eigene Rundschreiben und Berichte herausgab; Bundesarchiv, DB 9: Deutsche Burschenschaft, (1726)1815-ca. 1960 (künftig zit.: BA, DB 9), B. IV. Deutsche Burschenschaft (DB), 1919-1935/37, 1. Vorsitzende Burschenschaft/Bundesführung, 1918-1935, NSDStB-Zellen; vgl. Grüttner, Michael: Die Korporationen und der Nationalsozialismus, in: Brandt, Harm-Hinrich/Stickler, Matthias (Hg.): „Der Burschen Herrlichkeit". Geschichte und Gegenwart des studentischen Korporationswesens (Historia Academica, 36 = Veröffentlichungen des Stadtarchivs Würzburg, 8), Würzburg 1998, S. 125-143, hier S. 126 f.
98 Weibezahn, Unser Kampf (s. Anm. 29), S. 46; Heer, Georg: Die Marburger Burschenschaft Arminia (Sonderausgabe der Gesellschaft für burschenschaftliche Geschichtsforschung e. V.), Marburg 1951, S. 144.
99 Steinberg, Michael Stephen: Sabers and Brown Shirts. The German Students' Path to National-Socialism 1918-1935, 2. Aufl. Chicago/London 1977, S. 91.
100 Faust, Anselm: Der Nationalsozialistische Deutsche Studentenbund. Studenten und Nationalsozialismus in der Weimarer Republik, 2 Bde., Düsseldorf 1973, hier 1, S. 118.
101 N. N., NSDAP Marburg (s. Anm. 29), S. 60; Oberhessische Zeitung v. 12. 1. 1929, S. 5.

Unter den immerhin 200 Zuhörern waren jedoch nur wenige Korporierte, was vor allem darauf zurückzuführen ist, daß es sich um einen Montag handelte. Montags tagten für gewöhnlich die Convente der Verbindungen, die für ihre Mitglieder verpflichtend waren. Dennoch war das Fazit der Veranstalter positiv[102]. Als es nach diesem Abend zu Beschwerden von republikanisch-studentischer Seite kam, stellte sich die Universitätsleitung auf die Seite der Nationalsozialisten[103]. Diese sahen sich durch den Auftakterfolg und die universitäre Schützenhilfe bestätigt und veranstalteten bis zum Wintersemester 1929/30 weitere Vortragsabende[104], auf denen Parteigrößen wie Baldur von Schirach oder Alfred Rosenberg sprachen. Kann ersterer noch problemlos als Sprecher zu hochschulpolitischen Fragen vermutet werden, zeigt doch der Umstand, daß mit Rosenberg der führende Ideologe der Partei sprach, die enge Verknüpfung des Studentenbunds mit der allgemeinen Parteipolitik, welche universitätsspezifischen Fragen wenig Bedeutung beimaß[105].

Die Marburger Hochschulgruppe verzeichnete unter Führung Eltz-Rübenachs einen stetigen Aufstieg, sei es hinsichtlich der Durchführung von Großveranstaltungen, sei es im Hinblick auf Mitgliederzuwachs[106] oder der vertieften Bindung zwischen Ortsgruppe und Studentenbund. Doch es regte sich trotz der Erfolge auch Unmut über Eltz-Rübenach, manchem war die Verknüpfung mit der Ortsgruppe zu eng. Eltz-Rübenach war das in seiner Doppelfunktion als Studentenbunds- und SA-Führer jedoch selbstverständlich. Sein Nachfolger an der Spitze der Hochschulgruppe ab dem Wintersemester 1929/30, Heinrich Link, gehörte zuvor zu den Kritikern. Er begann damit, die Gruppe neu zu organisieren und setzte fortan auf straffe Organisation der Vortragsabende, an denen die Mitglieder abstinent bleiben mußten. Auch bemühte er sich stärker als sein Vorgänger um den Kontakt zu den Verbindungen. Dieses Vorhaben scheiterte jedoch weiterhin an der schlechten Terminkoordination, denn am Montagabend standen Convente und samstags Pauktage mit anschließenden Mensurkneipen auf deren Programm[107]. In der Parteichronik heißt es, nach dem Weggang Eltz-Rübenachs sei „eine gründliche Durchorganisation der SA im gesamten Bezirk"[108] vorgenommen worden. Das gibt einen Hinweis darauf, daß der bisherige Führer mit seiner Doppelrolle zwar einen qualitativen Sprung hatte machen können, insgesamt jedoch überfordert war.

In der Folgezeit gingen die NS-Studenten dazu über, gezielt Veranstaltungen ihrer Gegner zu besuchen und setzten, laut eigenen Angaben, auf die verbale Auseinandersetzung[109]. Kaum vorstellbar, daß es im Rahmen dieses Vorgehens nicht zu Tumulten und Handgreiflichkeiten kam. Die Mitglieder des Marburger NSDStB verstanden sich auf gewalttätige Ausschreitungen, wie sie in den bereits erwähnten Saalschlachten im Marburger Umland bewiesen.

Ohne körperliche Gewalt, jedoch auf höchst unakademische Art und Weise traten die NS-Studenten anläßlich des Besuchs des preußischen Ministers für Wissenschaft, Kunst und Volks-

---

102 Zinn, Studentenschaft (s. Anm. 3), S. 214.
103 Matheis, NS-Studentenbund (s. Anm. 66) S. 40 f.
104 Etwa den zweiten Vortragsabend am 1. 6. 1929 mit 700 Zuhörern; Zinn, Hochschulpolitik (s. Anm. 36), S. 345.
105 Ebd., S. 216. – Rosenberg gehörte der Korporation Rubonia Riga an; Helb, Woldemar (Bearb.): Album Rubonorum 1875-1972, 4. Aufl. Erlangen 1972, S. 148.
106 Doch blieb der NSDStB Marburg auch im Sommer 1929 mit 29 Mitgliedern zahlenmäßig deutlich hinter der örtlichen Stahlhelmstudentengruppe mit ihren 40 Mitgliedern zurück; Koshar, Social Life (s. Anm. 9), S. 197 f.
107 Zinn, Studentenschaft (s. Anm. 3), S. 217 f.
108 N. N., NSDAP Marburg (s. Anm. 29), S. 29.
109 Weibezahn, Unser Kampf (s. Anm. 29), S. 46.

bildung, Carl Heinrich Becker (Rupertia Heidelberg/MR), auf. Dieser war aufgrund der Übergabe einer neuen Universitätssatzung in Marburg am 14. Januar 1930 zugegen. Seit den 1927 begonnenen Auseinandersetzungen im preußischen „Verfassungskampf" war Becker zum Feindbild nicht nur der NS-Anhänger an den Hochschulen geworden. An diesem Tag wurde er von einem Teil der anwesenden Studenten mit Pfiffen und Buhrufen empfangen, was einen Eklat darstellte. Zwar distanzierten sich die offiziellen studentischen Stellen – Allgemeine Marburger Studentenschaft und Marburger Korporationsausschuß – von diesen Unmutsbekundungen, doch sind dahinter nur formelle und keine inhaltlichen Gründe zu vermuten[110]. Von Linken waren Ausfälle der „faschistischen" Universität erwartet worden[111].

Der NSDStB sah in den Distanzierungserklärungen keinen „Verrat" der beiden Organisationen, wußte man doch um die gemeinsame Abneigung gegen den Kultusminister[112]. Vier Mitglieder der Marburger Hochschulgruppe wurden vom Senat der Universität vernommen und mit Androhung der Entfernung von der Hochschule bestraft. Im Rückblick brüstete man sich damit, von Beckers Nachfolger Adolf Grimme als „randalierende Studenten mit pietätsloser, intoleranter und inhumaner Gesinnung" bezeichnet worden zu sein[113].

Angesichts des dreisten und unakademischen Auftretens sah sich die Universitätsleitung zum Gegensteuern gezwungen. Schon vor dem Verbot von Hakenkreuzen auf Plakaten und der Aufforderung zum Verzicht auf Beleidigungen im Wintersemester 1930/31[114] wurde versucht, eine gewisse Ordnung einzuhalten. Wolfgang Bergemann beschäftigte aufgrund seiner propagandistischen Tätigkeit als Redner des NSDStB und der NSDAP mehrfach den Universitätsrichter. Bergemann griff den Staat und die Juden scharf an, rief sogar zum Mord auf. Doch blieben die Strafen für diese Angriffe überraschend mäßig[115]. Der Beschuldigte selbst verspottete die Universität und den Universitätsrichter später für Nachsicht und Strafwiderruf, den er nach der „Machtergreifung" erhielt[116]. Auch polizeiliche Festnahmen hielten ihn nicht von weiterer Agitation ab[117].

Jenseits solch Aufsehen erregender Aktionen blieb der Einfluß der Hochschulgruppe bis 1931 verschwindend gering. Begründet lag dies darin, daß bis zu diesem Jahr keine Wahlen zur Studentenschafts-Kammer stattfanden. Die Sitze wurden stattdessen über Listen vergeben, wonach pro 100 Unterstützer ein Sitz an die jeweilige Gruppe vergeben wurde. Mit Hilfe ihrer Sympathisanten gelang es einigen Nationalsozialisten, über Listenplätze konservativer Zusammenschlüsse in die Kammer zu gelangen[118].

---

110 Zinn, Studentenschaft (s. Anm. 3), S. 220 f.
111 Koshar, Social Life (s. Anm. 9), S. 196.
112 Zinn, Studentenschaft (s. Anm. 3), S. 222.
113 Weibezahn, Unser Kampf (s. Anm. 29), S. 47.
114 Ebd., S. 49; Zinn, Studentenschaft (s. Anm. 3), S. 231.
115 Matheis, NS-Studentenbund (s. Anm. 66) S. 33-35.
116 Bergemann, Streiflichter (s. Anm. 53), S. 21.
117 2 Tage auf dem Polizeipräsidium, in: Der Sturm v. 28. 6. 1930.
118 Zinn, Studentenschaft (s. Anm. 3), S. 187 f.

8. Der NSDStB am Ziel

Durch geschicktes Taktieren gelang es dem Studentenbund im Wintersemester 1930/31, die Kontrolle über die Hochschulpolitik zu gewinnen. Die Korporierten stellten in diesem Semester den ersten Kammer-Vorsitzenden, die Freistudenten den zweiten. NSDStB-Hochschulgruppenführer Fritz Weibezahn schlug während der konstituierenden Kammersitzung den Nationalsozialisten Spieß als zweiten Vorsitzenden vor und drohte für den Fall einer Ablehnung mit der Kündigung der Mitarbeit in der Studentenschaft. In einer Kampfabstimmung setzte sich Spieß dank der Stimmen der Korporierten durch, weil er weltanschaulich auf ihrer Linie lag. Nun drohten die Freistudenten ihrerseits ihre Mitarbeit aufzukündigen, doch der Studentenbund beruhigte sie durch das Angebot, Spieß werde im Sommer zurücktreten und es werde freie Wahlen geben. Diese Wahlen[119] hatten zur Folge, daß der ab Mitte 1931 dem NSDStB angehörende Corpsstudent Curt Huebner (Teutonia Marburg/KSCV) erster Vorsitzender wurde. Die Nationalsozialisten besetzten in der folgenden Zeit das Presseamt, was sich in der politischen Prägung der Hochschulzeitung auswirkte[120], und Weibezahn wurde außerordentliches Vorstandsmitglied. In den kommenden Wochen erhielten Mitglieder der Marburger NSDStB-Gruppe aufgrund Personalmangels der übrigen Gruppen weitere Ämter und bauten ihren Einfluß aus[121]. Sie konnten ohne Wahlen durch Kooperation mit den wohlwollenden Verbindungen und durch Zugeständnisse der Freistudenten Schlüsselpositionen in der Marburger Studentenvertretung erringen.

An der Philipps-Universität hatte wenige Tage vor dem Grazer Studententag, auf den noch einzugehen sein wird, der NSDStB die Kontrolle über die Studentenvertretung gewonnen. Die zugesicherten freien Kammerwahlen zur Allgemeinen Marburger Studentenschaft im Sommersemester 1931 brachten dem Studentenbund den demokratisch legitimierten Erfolg. Durch das „Erfurter Abkommen", nach dem sich Nationalsozialisten und andere studentische Interessengruppen nicht mehr bekämpfen wollten[122], waren die Korporierten nicht mehr an Korporationslisten gebunden und unterlagen hochschulpolitisch nicht mehr ihren Conventen, weshalb der Spitzenkandidat des örtlichen Hochschulbundes, Huebner, ausdrücklich um Verbindungsstudenten warb[123]. Außerdem war es durch eine neue Satzung der Marburger Studentenschaft kleinen Gruppen möglich, eigene Wahllisten zu stellen, sobald sie 50 Unterstützungsunterschriften vorlegen konnten. Damit war die bisherige Vormachtstellung der Einheitslisten gebrochen und der Weg frei für Gruppen wie den Studentenbund[124].

Enthusiastisch und geschult durch jahrelange Erfahrung auf dem Feld der Propaganda führten seine Mitglieder in Marburg seit Ende April 1931 einen Wahlkampf, der mit einer Großveranstaltung am 7. Juli, dem Tag vor der Wahl, enden sollte[125]. Doch aus Furcht vor möglichen Ausschreitungen verbot Oberbürgermeister Johannes Müller Kundgebungen aller politischen Gruppen in den Tagen vor dem Urnengang[126]. Die Reaktion der Nationalsozialisten war eine

---

119 Zum Wahlergebnis: Graf, Korporationen (s. Anm. 63), S. 93.
120 Weibezahn, Unser Kampf (s. Anm. 29), S. 48.
121 Zinn, Studentenschaft (s. Anm. 3), S. 226-228.
122 Faust, Studentenbund (s. Anm. 100) 2, S. 155.
123 Korporationsstudent – Nationalsozialist, in: Hessische Volkswacht v. 4./5. 7. 1931.
124 Zinn, Studentenschaft (s. Anm. 3), S. 243.
125 Ebd., S. 244.
126 Die Vorgänge am 4. Juli, in: Oberhessische Zeitung v. 8. 7. 1931, S. 4.

Protestkundgebung am 4. Juli, für die unter anderem Baldur von Schirach als Redner angekündigt wurde[127]. Diese genehmigte Versammlung wurde jedoch wegen republikfeindlicher Parolen der Teilnehmer von der Polizei aufgelöst, worauf es zu Tumulten und Spontankundgebungen, unter anderem vor der Wohnung des Oberbürgermeisters, kam[128]. Da die Ordnungshüter den Protest gewaltsam auflösten, titelte die „Hessische Volkswacht" in ihrer nächsten Ausgabe: „Terror gegen Marburger Studenten!"[129]

Trotz oder möglicherweise gerade wegen dieses aggressiven, hohe mediale Aufmerksamkeit erzeugenden Auftretens triumphierten die NS-Studenten. Bei einer Wahlbeteiligung von 72 % konnten sie 21 der 42 Kammersitze erringen. Die übrigen Plätze verteilten sich auf 11 für den „Nationalen Block" aus Korporierten und Freistudenten, sechs für den „Deutsch-Akademischen Ring", drei für die „Arbeitsgemeinschaft katholischer Frei- und Korporationsstudenten" und ein Sitz ging an den „Ring deutscher Studentinnen"[130]. Mit dieser Mehrheit war die Macht des Studentenbunds gesichert. Dies dürfte um so leichter gefallen sein, als von der zweitstärksten Gruppe, dem Nationalen Block, keine inhaltliche Gegnerschaft zu erwarten war.

Als Folge der Mehrheitsverhältnisse stellte der Studentenbund den ersten Vorsitzenden, den ersten Schriftwart, übernahm das Soziale, Presse-, Vortrags- und Wohnungsamt und stellte zudem noch ein außerordentliches Vorstandsmitglied. Die in der Propaganda so oft bemühte Überparteilichkeit wurde fallengelassen zugunsten einer offen betriebenen Parteipolitik im Sinne der NSDAP. So verschwanden rasch die Unterschiede zwischen NSDStB und Allgemeiner Marburger Studentenschaft (AMSt), die von nun an kaum mehr vom Studentenbund unterschieden werden konnte[131]. Allerdings kann auch nicht von einer Gegnerschaft der anderen Gruppen gegenüber der nationalsozialistischen Mehrheit gesprochen werden, echte Opposition in der Kammer gab es nicht. Zudem nahmen die Hitler-Anhänger sich mit der Organisation und Durchführung des Wehrsports eines Themas an, das schon lange von den Verbindungen vorangetrieben worden war. Eine der ersten Amtshandlungen der neuen Führung war die Schaffung eines Referats für Wehrfragen unter NS-Leitung[132].

Durch den Erdrutschsieg und der daraus resultierenden Vormachtstellung war das Verhältnis zwischen Hochschulleitung und AMSt ruhig. Der Rektor zeigte sich erfreut über das Ausbleiben politischer Ausschreitungen[133].

---

127 Heraus zur Protestveranstaltung, in: Oberhessische Zeitung v. 4. 7. 1931, S. 10.
128 Aufgelöste Versammlung, in: Oberhessische Zeitung v. 6. 7. 1931, S. 4; Matheis, NS-Studentenbund (s. Anm. 66) S. 82-84.
129 Terror gegen Marburger Studenten!, in: Hessische Volkswacht v. 6. 7. 1931.
130 LZ 45/8 (Aug. 1931), S. 199.
131 Matheis, NS-Studentenbund (s. Anm. 66), S. 87 f.
132 Ebd., S. 96 f.; die Verbindungen des Kyffhäuserverbands der Vereine Deutscher Studenten hatten während der Weimarer Republik auch ohne Vorgabe durch den Verband bereits ausgiebig Wehrsportübungen betrieben; Zirlewagen, Marc: Der Kyffhäuser-Verband der Vereine Deutscher Studenten in der Weimarer Republik (GDS-A, Beiheft 8), Köln 1999, S. 129 f.; zur Entwicklung des Wehrsports insbesondere unter den Studenten: Sanker, Jens-Markus: „Stahlhelm unser Zeichen, schwarz-weiß-rot das Band ..." Der Stahlhelm-Studentenring Langemarck. Hochschulpolitik in feldgrau 1926-1935 (Historia Academica, 43), Würzburg 2004, S. 58-70; Reichherzer, Frank: „Alles ist Front!" Wehrwissenschaften in Deutschland und die Bellifizierung der Gesellschaft vom Ersten Weltkrieg bis in den Kalten Krieg (Krieg in der Geschichte, 68), Paderborn/München/Wien/Zürich 2012, S. 123-126.
133 Zinn, Studentenschaft (s. Anm. 3), S. 275.

Die Ergebnisse der Kammerwahl 1932 legen nahe, die Marburger Studenten waren mit der Arbeit der Kammer zufrieden, die sich oftmals in eher hochschulfernen Projekten – Wehrsport oder Kampagnen gegen andersdenkende Dozenten – erschöpfte[134]. Zwar war die Beteiligung mit 63 % geringer als im Vorjahr, aber der NSDStB konnte seine Mehrheit auf 62,9 % ausbauen. Ihm folgten mit 23,3% der Nationale Block und mit 4,7 % der Ring Deutscher Studentinnen. Eine überparteiliche Arbeitsgemeinschaft erreichte 8,4 % der Stimmen[135]. Die NSDStB-Hochschulgruppe, mittlerweile auf 69 Mitglieder angewachsen[136], konnte optimistisch in die Zukunft blicken und mußte politisch auf niemand mehr Rücksicht nehmen, auch nicht auf die Korporationen.

9. Korporative Kooperation

In Marburg kam es sehr früh zu einer Kooperation zwischen Burschenschaftern und NSDStB, was zu einem Gutteil in der erwähnten persönlichen Konstellation Glaunings begründet lag[137]. Er ist auch ein Beispiel dafür, wie es gemäß der Weisung Schirachs gelang, Einfluß zu gewinnen. Glauning ist auch der hohe Anteil an Korporierten in der Hochschulgruppe zuzuschreiben. Im Zusammenhang mit ihm kommt es sogar zur Behauptung, der NSDStB sei überhaupt erst auf seine Anregung gegründet worden[138]. Belege dafür fehlen jedoch. Überzeugend scheint hingegen Rosco Webers Darlegung, warum der Nationalsozialismus gerade bei den Burschenschaften Erfolg haben konnte. Anknüpfungspunkt bildete neben dem ins Völkische übersteigerten Nationalismus die revolutionäre Tradition der Burschenschaften[139]. Im Gegensatz zu anderen Verbindungen sahen sie sich als radikale Reformbewegung. Im burschenschaftlichen Selbstverständnis bedeutete dies:

„Der lebensreformerische Einschlag und der nationalpolitische Erziehungsgrundsatz unterscheiden uns von den übrigen alten großen Waffenverbänden, die waffenstudentische Ueberlieferung und die straffere Bundeszucht vom Verein Deutscher Studenten; sie begründen diesen gegenüber unsere besondere Stellung als Deutsche Burschenschaft."[140]

Da man die Parteipolitik als Spaltung des Volksganzen begriff, mußte die NSDAP mit ihrer Volksgemeinschafts-Ideologie und -Rhetorik, keine Partei, sondern eine Bewegung zu sein, um so attraktiver erscheinen. Ein Kieler Burschenschafter formulierte:

---

134 Ebd., S. 259 f.
135 Ebd., S. 279.
136 HStAM (s. Anm. 26), 305 a I. acc. 1954/16 Nr. 1, NSDStB Sektion Marburg, Bl. 40 f.
137 Siehe dazu seinen, mit Nennung seiner Korporation versehenen Beitrag in: Blätter der Philipps-Universität 2 (Febr. 1927), S. 3-4.
138 Weber, Rosco G. S.: Die deutschen Corps im Dritten Reich (ASH, 8), Köln 1998, S. 83.
139 Ebd., S. 82 f.
140 Schulze-Westen, Karl (Alemannia Bonn u. Münster): Der burschenschaftliche Erziehungsgedanke, in: Burschenschaftliche Blätter (künftig zit.: BBl) 43/2 (WS 1928/29), S. 21. – Zu Schulze-Westen: Lönnecker, BHK/GfbG (s. Anm. 37), S. 92, 317.

„Hier stand man plötzlich einer Bewegung, nicht einer Partei gegenüber, die dazu von demselben völkischen Gedanken wie die deutsche Burschenschaft ausging und einen großen Teil der Ideen verfocht, zu denen sich die D.B. im Laufe der Jahre bekannt hatte."[141]

Vorbehalte gab es nur dort, wo man um die Eigenständigkeit im herbeigesehnten „Dritten Reich" fürchtete. Anlaß zur Sorge gab der Absolutheitsanspruch des NSDStB gegenüber anderen Organisationen an den Hochschulen. Aus diesem Grund warnte ein Angehöriger der Marburger Burschenschaft Arminia in seiner Bundeszeitung vor jeglicher parteipolitischen Festlegung der Korporation. Anderenfalls würde sie aufhören zu bestehen[142].

In den „Burschenschaftlichen Blättern" war es wiederum Glauning, der deutliche Worte fand. In einem Aufsatz vom Sommer 1931 stellt er die politische Daseinsberechtigung der Deutschen Burschenschaft nicht nur in Frage, er wirft ihr auch vor, nur einem leeren Vaterlandsbegriff hinterherzulaufen. Dagegen sei durch den Nationalsozialismus eine neue Idee erschienen, die mit ihrem Führer, den er als einfachen Arbeiter aus dem Volk verklärt, unmittelbarer im praktischen Leben stehe, als es bei den Burschenschaften der Fall wäre. Ferner hätten sie ihre politische Bedeutung verloren und seien für das Volk insgesamt überflüssig geworden, die Deutsche Burschenschaft habe sich von ihren Ursprüngen entfernt. Glauning greift auch die Alten Herren an, denen er weltfremdes Dasein fernab der Realitäten des Volkes vorwirft[143]. Damit erscheint er als ein Vertreter jenes „Heroischen Realismus", der charakteristisch für große Teile der akademischen Nachkriegsjugend war und das Gefühl vermittelte, „sich von der liberalen und demokratischen Umwelt durch ‚Weltanschauung', von den älteren ‚national' oder konservativ Denkenden" aber durch Radikalität und Härte zu unterscheiden[144].

Das Bekenntnis zur Weltanschauung des kommenden „Dritten Reiches" verursachte in einer anderen Burschenschaft allerdings Unruhe. Im Zuge der politischen Radikalisierung kam es bei Alemannia Marburg zu internen Auseinandersetzungen. Ein vertrauliches Schreiben von sechs Anhängern der Hitler-Bewegung, in dem diese sich gegen weniger radikale Bundesbrüder wandten, zeigt die Zerrissenheit innerhalb der Verbindung. Der Umstand, daß es ohne Kenntnis des Convents – innerhalb einer studentischen Korporation das höchste Gremium – verfaßt wurde, läßt auf hinter den Kulissen ausgetragene Konflikte schließen. Offensichtlich handelte es sich um ein Schreiben, das der burschenschaftsinternen Öffentlichkeit zugänglich war[145].

---

141 Ziegler, Helmut (Teutonia Kiel): Nationalsozialismus und Waffenstudentum, in: BBl 45/7 (April 1931), S. 166-167.
142 Busch, N. N. (Arminia Marburg): Studentenschaft, Burschenschaft und Politik, in: Marburger Arminen Zeitung 19/5-6 (Dez. 1929), S. 43; es gab in dieser Burschenschaft auch Befürworter der extremen Rechten; Stübing, N. N. (Arminia Marburg): Burschenschaft und Politik, in: ebd. 20/1 (Febr. 1930), S. 5-7.
143 Glauning, Hans (Germania Marburg): Burschenschaft und Nationalsozialismus, in: BBl 45/12 (Aug./Sept. 1931), S. 282.
144 Herbert, Ulrich: „Generation der Sachlichkeit." Die völkische Studentenbewegung der frühen zwanziger Jahre in Deutschland, in: Bajohr, Frank/Johe, Werner/Lohalm, Uwe (Hg.): Zivilisation und Barbarei. Die widersprüchlichen Potentiale der Moderne. Detlev Peukert zum Gedenken (Hamburger Beiträge zur Sozial- und Zeitgeschichte, 27), Hamburg 1991, 115-144, hier S. 131; vgl. ders.: Best. Biographische Studien über Radikalismus, Weltanschauung und Vernunft 1903-1989, 3. Aufl. Bonn 1996, S. 42-45, 73, 522 f., 526.
145 Lohse, W.: Unsere Burschenschaft nach der Jahrhundertwende, in: Sieber, Helmut (Bearb.): Festschrift zum 100. Stiftungsfest der Marburger Burschenschaft Alemannia, Arnsberg 1974, S. 106.

In Marburg war die Burschenschaft Germania durch ihren exponierten Vertreter Glauning die Burschenschaft, der eine besondere Nähe zum Nationalsozialismus zugeschrieben wurde. Der Umstand, daß die Burschenschaft Rheinfranken in der Phase der völkischen Radikalisierung des Verbands diesem beitrat, zeigt deren Übereinstimmung mit den Idealen und Überzeugungen, die damals in der Deutschen Burschenschaft vertreten wurden – obwohl ein gesichertes Paukverhältnis mindestens ebenso so wichtig war[146]. Diese beiden Burschenschaften folgten bzw. forderten und praktizierten in Teilen die Annäherung an die nationalsozialistische Bewegung[147]. Arminia, die größte Marburger Burschenschaft[148], verhielt sich politisch unauffällig, zumindest fand die aufkommende Ideologie innerhalb der Verbindungszeitung erst ab Ende 1929 Erwähnung und man berief sich auf den Konsens einer vaterländisch-patriotischen Haltung in Abgrenzung zur Parteipolitik. Stattdessen beschäftigte man sich mit den eigenen Prinzipien[149]. Wie die Entwicklung insbesondere nach 1933 zeigen sollte, waren sowohl Unterstützung als auch Neutralität gegenüber der NS-Weltanschauung keine Wege, um der Gleichschaltung und der darauf folgenden Auflösung zu entgehen.

10. Die Studententage 1931 und 1932

Bereits knapp eineinhalb Jahre vor dem 30. Januar 1933 erlangten Hitlers Anhänger an den Universitäten die Kontrolle über die Deutsche Studentenschaft (DSt), den Zusammenschluß der Allgemeinen Studentenausschüsse der einzelnen Hochschulen und faktische Vertretung der deutschen Hochschüler. Dies gelang ihnen im Rahmen des 14. Deutschen Studententags im Sommer 1931 in Graz. Dort forderten die NSDStB-Mitglieder gegen den Widerstand der Korporationsverbände, auf zwei der drei Plätze des Vorstands ihre Kandidaten zu wählen. Die Verhandlungen gestalteten sich sehr schwierig, da die Korporationen ihrer Stellung und Kopfstärke gemäß im Vorstand berücksichtigt werden wollten. Laut corpsstudentischer Geschichtsschreibung wehrte sich dieser Verbindungstyp besonders energisch gegen die nationalsozialistische Politisierung[150]. „Kurz vor den Wahlen in der Vollsitzung gelang es schließlich, einen Einigungsvorschlag herauszubringen, der so sehr als Erlösung empfunden wurde, daß die ganzen Wahlen in kürzester Zeit einstimmig durchgeführt werden konnten"[151]. Das Resultat war, daß der Nationalsozialist Walter Lienau, zugleich Mitglied des Corps Isaria München, Vorsitzender

---

146 BA, DB 9 (s. Anm. 97), I. Örtliche und einzelne Burschenschaften, Marburg: Rheinfranken.
147 Etlichen Germanen waren Glaunings Bemühungen allerdings gleichgültig, s. etwa die Erinnerungen von Dr. Engelhard Heins (Germania Marburg, Germania Kassel) an „Glauning und seine Missionare", deren beständige Politisierungsversuche zwar enervierend für die über 70 Aktiven Germanias 1931/32 gewesen seien, die aber niemand recht ernst genommen habe, zumal der ganze NSDStB nicht mehr aktive Mitglieder als Germania Füchse gehabt habe: BA, DB 9 (s. Anm. 97), I. Örtliche und einzelne Burschenschaften, Marburg: Germania; s. a. Heins, Engelhard: Der Kampf um unser burschenschaftliches Haus 1934/35, in: BBl 116/2 (2001), S. 60-62.
148 BBl 44/10 (Juni 1930), S. 253.
149 Bachmann, Otto (Arminia Marburg): Was uns unser Wappenspruch: „Gott, Freiheit, Vaterland" sagen will, in: Marburger Arminen Zeitung 18/5-6 (Nov. 1928), S. 38-39.
150 Weber, Corps (s. Anm. 138), S. 106.
151 Welte, Konrad (Aenania München): Der 14. Deutschen Studententag in Graz, in: Academia 44/4 (15. 8. 1931), S. 90-92, hier S. 92.

wurde und die beiden anderen Vorstandsposten mit einem dem katholischen CV[152] nahestehenden Studenten, und Harald Askevold, wie Lienau Corpsstudent – Alemannia Karlsruhe – und Nationalsozialist, besetzt wurden[153]. Der Kompromißcharakter der Gewählten wird in der Person Lienaus wie Askevolds deutlich.

Trotz aller ideologischen Gemeinsamkeiten und der Zustimmung zu den propagierten Zielen Hitlers ist der Ton der Berichte in den meisten Verbandszeitschriften auffallend verhalten. In den „Wingolfsblättern" äußert sich der Autor über den Grazer Studententag besorgt angesichts der großen Zahl der Nationalsozialisten in der DSt und deren Einfluß auf den Kurs der Organisation[154]. Die Sorgen bestätigten sich in den folgenden Monaten, in denen die DSt durch Reden, Studienwochen und andere Veranstaltungen für die Zwecke der NS-Propaganda eingespannt wurde[155]. Die in allen Korporationsverbänden immer wieder geäußerten Vorbehalte gegen den Totalitätsanspruchs des NS-Studentenbunds verstummten bis zur Gleichschaltung nach 1933 nicht. Kritik an den Inhalten der Ideologie wurde jedoch außer im katholischen Lager nicht geübt[156].

Zum Bruch führte der Anspruch des NSDStB, daß seine korporierten Mitglieder in hochschulpolitischen Belangen ihrer Fraktion und nicht ihrem Convent unterliegen sollten[157]. Das bedeutete vor dem Hintergrund des „Führerprinzips" letztlich, daß die NSDStB-Reichsleitung die Linie der einzelnen Hochschulgruppen vorgab und alle potentiellen Konkurrenten auszuschließen suchte. Während der DSt-Hauptausschuß-Sitzung am 19. März 1932 traten die bisherigen Vertreter der Verbindungen daher zurück. Allerdings blieb dieser Schritt ohne Wirkung, ihre Plätze wurden mit den Nationalsozialisten freundlich gesinnten Korporierten besetzt[158]. So wurde versucht, die verschiedenen Verbände gegeneinander in Stellung zu bringen und die Masse der Korporierten gegen ihre Verbandsführungen auszuspielen[159].

Vor den Verbandstagungen des Jahres 1932 und im Hinblick auf den in Königsberg anstehenden DSt-Studententag bemühte man sich, durch verstärktes Werben wieder Geschlossenheit zwischen Nationalsozialisten und Korporierten zu demonstrieren. Die Propaganda wurde wäh-

---

152 Der CV trug, aller Abneigung gegenüber dem Nationalsozialismus und der Unvereinbarkeit der Mitgliedschaft in seinen Korporationen zum Trotz, die nun nationalsozialistisch geführte DSt mit; die anderen katholischen Verbände – KV, Unitas- und Hochland-Verband – hatten im März 1931 die Zusammenarbeit mit der DSt wegen deren Staatsfeindlichkeit und Rasseprinzipien gekündigt; Bleul/Klinnert, Studenten (s. Anm. 39), S. 217.
153 Kohary, Theodor v. (Arminia Graz): Der Grazer Studententag, in: BBl 45/12 (Aug./Sept. 1931), S. 292-295, hier S. 295; Welte, Studententag (s. Anm. 151), S. 92. – Zu Lienau und Askevold: Grüttner, Lexikon (s. Anm. 84), S. 109; Lönnecker, Harald: „Vorbild ... für das kommende Reich". Die Deutsche Studentenschaft (DSt) 1918-1933, in: GDS-A 7 (2004), S. 37-53, hier S. 48.
154 Kraak, Walter: Der 14. Deutsche Studententag in Graz, in: Wingolfsblätter 60/8 (15. 8. 1931), S. 345-354, hier S. 352.
155 Steinberg, Sabers (s. Anm. 99), S. 113.
156 Lönnecker, Harald: „Demut und Stolz, ... Glaube und Kampfessinn". Die konfessionell gebundenen Studentenverbindungen – protestantische, katholische, jüdische, in: Schwinges, Rainer Christoph (Hg.): Universität, Religion und Kirchen (Veröffentlichungen der Gesellschaft für Universitäts- und Wissenschaftsgeschichte, 11), Basel 2011, S. 479-540, hier S. 532 f.
157 Zinn, Studentenschaft (s. Anm. 3), S. 281; diese allgemein getroffene Regelung war im „Erfurter Abkommen" zwischen der Reichsleitung des NS-Studentenbunds und dem Allgemeinen Deutschen Waffenring (ADW) getroffen worden; Faust, Studentenbund (s. Anm. 100) 2, S. 16 f., 155.
158 Matheis, NS-Studentenbund (s. Anm. 66) S. 106.
159 Faust, Studentenbund (s. Anm. 100) 2, S. 34.

rend des 15. Studententages, der eher wie eine Heerschau denn eine Akademikerversammlung gewirkt haben soll[160], durch die Mehrheit DSt-freundlicher Abgesandter und NS-Delegierter erfolgreich inszeniert[161]. So verwundert es kaum, daß die Abstimmung über die Einführung des „Führerprinzips" in der DSt mit 155 zu drei Stimmen bei 25 Enthaltungen sehr deutlich ausfiel. Die DSt hatte sich selbst entmachtet[162].

11. Fazit

Innerhalb weniger Jahre hatte sich das Studentenleben nicht nur in Marburg, sondern reichsweit verändert. Zwischen Gründung des Studentenbunds und seiner hochschulpolitischen Dominanz waren nur fünf Jahre vergangen. Auf dem Weg zur Vorherrschaft in der DSt war es den NS-Studenten gelungen, auch ihre ehemaligen Weggefährten, die völkischen Verbindungsstudenten, bei Seite zu schieben. Im Fall der Philipps-Universität hatten sie dies durch geschicktes Taktieren erreicht und so die Vorherrschaft der Korporierten gebrochen.

Begünstigt war der Aufstieg der nationalsozialistischen Studenten in Marburg durch mehrere Faktoren. Einmal war hier ein republikanisches Milieu innerhalb der Einwohnerschaft nur in geringem Maße vertreten. Es dominierten die Rechtsparteien von DNVP, DVP bis hin zu völkischen Parteien, von denen die NSDAP zunächst noch unbedeutend war. Doch zeigte sich schon in der ersten Hälfte der Weimarer Republik, daß an der Lahn ein hohes völkisch-nationalistisches Wählerpotential vorhanden war. Auch die Mehrheit der örtlichen Hochschullehrer neigte dem konservativen bis rechten politischen Spektrum zu und stand der Republik ablehnend gegenüber. Vermeintlicher akademischer Statusverlust wie allgemeine politische Entwicklung bestärkten dies nur. In Verbindung mit dem im akademischen Umfeld seit dem späten 19. Jahrhundert etablierten, zunehmend rassistischer werdenden Antisemitismus ergab sich ein Klima, in dem völkische Vorstellungen auf fruchtbaren Boden fielen.

Die Universität bildete ein ideologisch weitgehend homogenes Feld, in dem es nur wenige linke oder pro-republikanische Studenten gab. Die Mehrheit der Hochschüler, die zu 66 % korporiert waren, wurde in ihren Verbindungen geprägt und sozialisiert. Als eine Folge galt die Marburger Studentenschaft schon früh als national bis nationalistisch, wie sich an der zeitweiligen HDA-Vormachtstellung zeigt. Die politisierten Korporationsangehörigen lehnten den als „Judenrepublik" geschmähten Staat von Weimar bis auf wenige Ausnahmen – oftmals aus dem katholischen Lager – ab. Die wirtschaftliche Not des akademischen Nachwuchses in den 1920er Jahren war zwar in Marburg geringer als im Reichsdurchschnitt, dürfte aber dennoch die zunehmende Republikfeindlichkeit unterstützt haben:

„Das Grundübel und die Tragik war, dass es dem Weimarer Staat nicht gelang, dieser wie die Studenten damals in aller Welt zum Nationalismus neigenden Jugend anziehende Ziele für

---

160 Bollmann, N. N. (Thuringia Berlin): Der Deutsche Studententag in Königsberg, in: LZ 46/8 (Sept. 1932), S. 113-114, hier S. 113.
161 Faust, Studentenbund (s. Anm. 100) 2, S. 37.
162 Brunck, Burschenschaft (s. Anm. 2), S. 263 f.; Grüttner, Studenten (s. Anm. 25), S. 54; Sanker, Stahlhelm-Studentenring (s. Anm. 132), S. 72-74; Weber, Corps (s. Anm. 138), S. 116.

ihre leidenschaftliche Hingabewilligkeit und Ungeduld zu zeigen. Sie wollte in ihren besten Kräften aus dem Turm eines akademischen Kastenwesens heraus und dem Volke außerhalb der bürgerlichen Kreise näher kommen, und diese Wurzel der völkischen Bewegung darf man nicht übersehen."[163]

Durch ihren national motivierten Idealismus bildeten Studenten für die 1923 in Marburg gegründete NSDAP-Ortsgruppe ein wertvolles Reservoire, das sich nutzen ließ. Hochschüler waren innerhalb der örtlichen Partei nicht nur überrepräsentiert, sondern auch besonders aktiv als Redner, Saalschutz und im Rahmen von Propagandaaktionen: „They were the most effective Nazi agitators locally."[164] Seit den späten 1920er Jahren traten die örtlichen Nationalsozialisten primär durch Vortragsabende und andere Propagandaveranstaltungen in Erscheinung, auch wenn sich der Erfolg erst im Zuge des reichsweiten Wahlsieges vom September 1930 einstellte.

Der Marburger NSDStB fand, anders als ursprünglich von der Reichsleitung beabsichtigt, schon früh Anschluß an das Korporiertenmilieu Marburgs, was primär dem offensiven Werben des Burschenschafters Hans Glauning zuzuschreiben ist. Doch waren die organisierten NS-Studenten im akademischen Umfeld nicht unumstritten. Dies lag weniger an den propagierten Inhalten ihrer Weltanschauung als an ihrem provokanten und als unakademisch empfundenen Auftreten, wie es sich im Fall des Besuchs des preußischen Kultusministers zeigte. Doch letztlich führte den Studentenbund, der sowohl reichsweit als auch in Marburg eine kleine aktivistische und aktionistische Gruppe blieb, genau dieses Vorgehen zum Erfolg. Er zeichnete sich nicht durch Mitgliedermassen aus, vermochte jedoch Wähler zu mobilisieren. Damit gerät etwa die These Rudy John Koshars ins Wanken, wonach die Verbindungen die Hauptverbreiter der nationalsozialistischen Ideologie in Marburg gewesen seien[165].

Seine Kampagnenfähigkeit bewies der NSDStB im Zusammenwirken mit anderen völkischen Kräften an der Hochschule bereits im Rahmen der Auseinandersetzung um die Verfassung der preußischen Studentenschaft. Dabei war es ihm gelungen, die Mehrheit der Kommilitonen gegen den preußischen Kultusminister Becker und seine Pläne in Stellung zu bringen. Angesichts seines Einsatzes und seines Bestrebens um Wahrnehmung in der akademischen Öffentlichkeit ist die Bemerkung Georg Heers, der NSDStB sei in Marburg bis 1935 unauffällig geblieben[166], der Perspektive auf das engere, gegenüber Außenstehenden eher abgeschottete innerburschenschaftliche Leben geschuldet[167]. Denn seit Baldur von Schirach 1928 neuer Studentenbunds-Reichsleiter geworden war und Umbesetzungen an der Spitze der Marburger Hochschulgruppe vornahm, trat diese verstärkt öffentlich in Erscheinung und dominierte in kurzer Zeit die lokale Studentenschaft.

---

163 Zorn, Wolfgang: Die politische Entwicklung des deutschen Studententums 1918-1931, in: Stephenson, Kurt/Scharff, Alexander/Klötzer, Wolfgang (Hg.): DuQ, Bd. 5, Heidelberg 1965, S. 223-307, hier S. 307.
164 Koshar, Social Life (s. Anm. 9), S. 189.
165 Ebd., S. 221.
166 Heer, Arminia (s. Anm. 98), S. 144.
167 Die Bemerkung kann auch nicht als vermeintliche Exkulpierung für mangelnden Widerstand gemeint sein, denn der am 3. 3. 1945 verstorbene Heer vollendete sein Manuskript 1938 und rechnete wohl nicht mit einer Veröffentlichung zur NS-Zeit; Lönnecker, BHK/GfbG (s. Anm. 37), S. 294.

Sebastian Sigler

Franz Böhm – Wissenschaftler, Widerstandskämpfer, Wirtschaftsfachmann

Eine strikte Ablehnung von Ideologie und Politik der NSDAP, umfangreiches Wissen um den Widerstand gegen Hitler, aktives Handeln gegen das nationalsozialistische Regime durch die Mitarbeit an der Konzeption für ein Deutschland nach dem NS-Terror – all dies vereinte Franz Böhm, und es hätte in der NS-Zeit bei weitem ausgereicht, um ihn an den Galgen zu bringen. Doch er überlebte die aufwendige Fahndung speziell nach seiner Person.

Franz Böhm war lange vor 1945 einer der Väter der Marktwirtschaft und damit des Wirtschaftswunders ab 1948, und zwar mit Konzepten, die er in seiner Habilitationsschrift entwickelt hatte. Dies machte ihn für das NS-Regime bereits früh zur persona non grata. Böhms Denken beeinflußte über Freiburger Widerstandskreise die Überlegungen und Konzepte des als „Kreisauer Kreis" bekannten Widerstandszirkels erkennbar[1]. Böhm war bei der Währungsreform und wenig später im Bundestag ein wichtiger Stichwortgeber für Bundeswirtschaftsminister Ludwig Erhard. Böhm wurde – und dies ist besonders bemerkenswert – in der jungen Bundesrepublik einer der wichtigsten Vertreter in den Wiedergutmachungsverhandlungen, die am Beginn der Aussöhnung mit Israel standen. Franz Böhm, Freiburger Rhenane[2], ist eine bedeutende Persönlichkeit des Widerstands gegen das NS-Regime.

1. Grundlagen und Voraussetzungen

Am 16. Februar 1895 kam Franz Josef Emil Böhm in Konstanz zur Welt[3]. Sein Vater war großherzoglich badischer Minister für Kultus und Unterricht, eine prägende Gestalt nationalliberaler Politik. Er starb 59jährig, als der Sohn eben 20 Jahre alt war[4]. Das Elternhaus war schöngeistig

---

1 Brakelmann, Günter: Die Kreisauer – folgenreiche Begegnungen (Schriftenreihe der Forschungsgemeinschaft 20. Juli 1944 e. V., 4), 2. Aufl. Münster 2004, S. 166.
2 Gerlach, Otto (Bearb.): Kösener Corpslisten 1960. Eine Zusammenstellung der Mitglieder der bestehenden und der nach dem Jahre 1892 suspendierten Corps mit Angabe von Farben, Zirkel, Jahrgang, Chargen und Personalien, Jever 1961, Nr. 35-893.
3 Blumenberg-Lampe, Christine: Franz Böhm (1895-1977). Vater der Kartellgesetzgebung, in: Buchstab, Günter (Hg.): Christliche Demokraten gegen Hitler. Aus Verfolgung und Widerstand zur Union, Freiburg i. Br./Basel/Wien 2004, S.108-114, hier S. 108; ebd. eine knappe, aber informative Biographie Böhms.
4 Hansen, Niels: Franz Böhm mit Ricarda Huch – zwei wahre Patrioten (Forschungen und Quellen zur Zeitgeschichte, 57), Düsseldorf 2009, S. 17.

geprägt. Böhm nahm am Ersten Weltkrieg teil, bereits im August 1914 wurde er mit dem Eisernen Kreuz 2. Klasse ausgezeichnet. Im Verlauf des Krieges wurde er im Deutschen Asiencorps eingesetzt, nahm an den Ostjordanschlachten teil und wurde bis 1919 in Kleinasien interniert. Am 30. Januar 1919 wurde er entlassen, der Dampfer „Lilly Rickmers" brachte ihn nach Hamburg[5]. Unmittelbar nach seiner Rückkehr, die auf den 2. März fiel, schrieb er sich in Freiburg im Breisgau für Rechtswissenschaft ein; bereits im ersten Studiensemester trat er dem Corps Rhenania bei. Nach einem Semester Fuchsenzeit wurde er zum Wintersemester rezipiert. Böhm ist einer von 31 Füchsen, die die Rhenanen 1919 rezipieren konnte[6]. Dem früheren Reichskanzler Otto von Bismarck[7] brachte er in jenen Jahren große Verehrung entgegen[8], Max Weber[9], der damals in Freiburg las, wird ihn – wie spätere Ausführungen nahelegen – beeindruckt oder sogar beeinflußt haben[10]. 1922 bestand Franz Böhm bereits sein erstes, 1924 sein zweites Staatsexamen, letzteres mit „gut". Zwei Jahre später war er Staatsanwalt am Landgericht Freiburg. Im selben Jahr, 1926, heiratete er Maria Antonia Ceconi, die einzige Tochter der Dichterin Ricarda Huch. Seine spätere Frau hatte er 1923 auf dem damals noch streng anthroposophisch ausgerichteten und bei Mittenwald in Oberbayern gelegenen Schloß Elmau kennengelernt; 1929 wurde dem Paar der Sohn Alexander geboren[11].

Bereits seit 1925 arbeitete Franz Böhm für die Kartellabteilung des Reichswirtschaftsministeriums. Er war an der Entwicklung von Lenkungsmechanismen beteiligt, mit denen eine freie Wirtschaft gewährleistet werden konnte, obwohl der Staat Kartellen und ungezügelter Kapitalmacht Grenzen setzte. Er prägte Sätze wie: „Ius publicum privatorum pactis mutari nequit"[12]. Wohl um die Jahresmitte 1931 entschied er sich dafür, die Universitätslaufbahn einzuschlagen und wurde mit dem Ziel der Habilitation vom Justizdienst beurlaubt[13]. Knapp zwei Jahre später, 1933, erschien seine Promotionsschrift „Der Kampf des Monopolisten gegen den Außenseiter als wettbewerbsrechtliches Problem", im selben Jahr war seine „Wettbewerb und Monopolkampf" betitelte Habilitationsschrift bereits druckreif. Einer der Gutachter war Walter Eucken, Mitglied des Corps Saxonia Kiel[14], mit dem Böhm wenige Jahre später, in der Zeit des Widerstands

---

5 Wiethölter, Rudolf: Franz Böhm (1895-1977), in: Diestelkamp, Bernhard/Stolleis, Michael (Hg.): Juristen an der Universität Frankfurt am Main, Baden-Baden 1989, S. 208-252, hier S. 211.
6 Gerlach, Corpslisten (s. Anm. 2), Nr. 35-869-35-899; vgl. Hansen, Franz Böhm (s. Anm. 4), S. 35.
7 Gerlach, Corpslisten (s. Anm. 2), Nr. 42-387.
8 Baum, Marie (Hg.): Ricarda Huch. Briefe an die Freunde, Zürich 1986, S. 352: Brief an Gustav Radbruch, 12. 3. 1942; später, als Böhm selbst an ordoliberalen Grundideen mitarbeitete, relativierte sich diese Verehrung deutlich u. a. auf Grund der Frage, welche Bedeutung der Außenpolitik zukomme.
9 Max Weber war Mitglied der Burschenschaft Allemannia Heidelberg; Reinbach, Wolf-Dietrich: Max Weber und seine Beziehungen zur Burschenschaft Allemannia zu Heidelberg, Heidelberg 1999.
10 Vgl. Wiethölter, Franz Böhm (s. Anm. 5), S. 215 f.
11 Hansen, Franz Böhm (s. Anm. 4), S. 17.
12 „Privatverträge, mit denen öffentliches Recht geändert wird, sind ungültig."; vgl. dazu Goldschmidt, Nils/Wohlgemuth, Michael: Grundtexte zur Freiburger Tradition der Ordnungsökonomik (Untersuchungen zur Ordnungstheorie und Ordnungspolitik, 50), Tübingen 2008, S. 61.
13 Hansen, Franz Böhm (s. Anm. 4), S. 41.
14 Als Eucken 2 im Jahre 1910 beim Corps Saxonia Kiel rezipiert; Gerlach, Corpslisten (s. Anm. 2), Nr. 77-177; 1934 sollte Eucken bei seinem Corps das Band niederlegen; er tat dies in Solidarität zu seinem Bruder und Corpsbruder Dieter, der mit einer Frau jüdischen Glaubens verheiratet war, deswegen als „jüdisch versippt" galt und nach den Regeln, die der NS-Staat den Corps aufzwingen wollte, das Band nicht behalten durfte; diese Bandniederlegungen sind nach der Befreiung 1945 nicht rückgängig gemacht worden.

gegen das NS-Regime, sehr vertrauensvoll und auch konspirativ zusammenarbeiten sollte. Am 3. Februar 1934 erhielt Böhm die Venia legendi[15] und begann umgehend eine Lehrtätigkeit an der Albert-Ludwigs-Universität Freiburg[16]. Er gehörte zu denjenigen, die sich unter Euckens Führung gegen die Umorientierung der Freiburger Hochschule im nationalsozialistischen Sinne und damit gegen den Rektor Martin Heidegger aussprachen.

Im scharfen Widerspruch zum braunen Ungeist bildete sich um Hans Großmann-Doerth, Eucken und den eben habilitierten Böhm ein Kreis von Wirtschaftswissenschaftlern, der später „Freiburger Kreis" genannt werden und dem von Peter Graf Yorck von Wartenburg und Helmut James Graf von Moltke gegründeten Kreisauer Kreis in Fragen der „Wirtschaftspolitik für ein Deutschland nach Hitler" zuarbeiten sollte. Eucken notierte bereits im Februar 1934: „Wir haben eben einen schönen Kreis: Großmann, Böhm, Pfister, Lampe, Johns und ich. Die Studenten empfinden, daß sich hier etwas entwickelt."[17] Das Generalthema dieses Kreises war „Die Ordnung der Wirtschaft", und Böhm widmete sich hier der Frage nach der Einheit von persönlicher und politischer Moral[18]. Dies interessierte ihn auf der Grundlage, wie Recht und Macht zusammenhängen, denn er war der Überzeugung, daß Ordnung und Freiheit einander bedingen[19] – ein Gedanke, der ihn von Beginn seiner wissenschaftlichen Arbeit an beschäftigte. Leidenschaftlich widersprach Böhm dem italienischen Philosophen Benedetto Croce, der die Freiheit für teilbar hielt, weil die geistig-politische Freiheit essentieller sei als die wirtschaftliche[20], weshalb er auch die Entkoppelung beider für möglich hielt. Böhm setzte dagegen, daß für alle Gesellschaftsbereiche dieselben Vorgaben zu gelten hätten, die die Politik geben dürfe, und daß alle Entscheidungen zu Einzelfragen frei seien, aber im Einklang mit diesem Rahmen zu stehen hätten[21]. Beeindruckend in diesem Zusammenhang waren – und bleiben auch heute – seine Ausführungen zum Privatrecht[22].

Unkontrollierte Souveränität sah Franz Böhm kritisch[23], das wirtschaftliche Handeln war für ihn eine Spielart politischen Handelns. Er formulierte: „Der Wettbewerb ist das großartigste und

---

15 Hansen, Franz Böhm (s. Anm. 4), S. 47; vgl. ebd., S. 43-47; dort auch genaueres zu Thema und Bewertung der Habilitationsschrift; vgl. zum Habilitations-Kolloquium: Hollerbach, Alexander: Wissenschaft und Politik: Streiflichter zu Leben und Werk Franz Böhms (1895-1977), in: Schwab, Dieter (Hg.): Staat, Kirche, Wissenschaft in einer pluralistischen Gesellschaft. Festschrift zum 65. Geburtstag von Paul Mikat, Berlin 1989, S. 283-299, hier S. 287.

16 Die Veröffentlichung der Habilitationsschrift mußte Böhm finanziell selbst tragen; vgl. Deutsches Literaturarchiv, Marbach a. Neckar, Nachlaß Ricarda Huch, Nr. 64.2082/162, Marietta Böhm an Marie Baum, ohne Datum.

17 Walter-Eucken-Archiv Frankfurt/Main, Eucken, Walter, Tagebucheintrag v. 21. 2. 1934.

18 Vgl. dazu: Fack, Fritz Ullrich: [Grußwort ohne Titel], in: Recht und Gesittung in einer freien Gesellschaft. Vortragsveranstaltung der Ludwig-Erhard-Stiftung und des Magistrats der Stadt Frankfurt am Main am 21. November 1985 im Kaisersaal des Römers. Zur Erinnerung an Franz Böhm aus Anlaß seines 90. Geburtstages (Standpunkte, 2), Bonn 1985, S. 9-12, hier S. 10.

19 Heck, Bruno: Leben und Werk, in: Kaff, Brigitte (Bearb.), Biedenkopf, Kurt (Hg.): Franz Böhm. Beiträge zu Leben und Wirken (Forschungsbericht, 8), Melle 1980, S. 9-14, hier S. 10.

20 Siehe Willgerodt, Hans: Die Sachlogik der Wirtschaft im Spiegel des Rechts, in: Recht und Gesittung (s. Anm. 18), S. 13-34, hier S. 18.

21 Vgl. ebd., S. 19.

22 Besonders gut zusammengefaßt bei: Zieschang, Tamara: Das Staatsbild Franz Böhms (Marktwirtschaftliche Reformpolitik, NF, 7), Stuttgart 2003, S. 117 ff.

23 Vgl. dazu Böhm, Franz: Der Rechtsstaat und der soziale Wohlfahrtsstaat, in: Mestmäcker, Ernst-Joachim (Hg.): Franz Böhm – Reden und Schriften. Über die Ordnung einer Freien Gesellschaft, einer Freien Wirtschaft und über die Wiedergutmachung, Karlsruhe 1960, S. 82-150, insbes. S. 82-94.

genialste Entmachtungsinstrument der Geschichte."[24] Sein israelischer Freund Yohanan Meroz bescheinigte ihm posthum eine geradlinige Haltung, die er nie verlassen habe: „Für Franz Böhm bestand völlige Untrennbarkeit zwischen seiner sittlichen Grundhaltung und der praktisch-politischen Konsequenz, die er aus ihr zog."[25] Der in Freiburg entwickelte Ordo-Liberalismus stand durch seine soziale und moralisch-wertende Komponente im Gegensatz zum klassischen Liberalismus, auch wenn er auf ihm fußt. Die weiterführenden Gedanken waren den grundlegenden Werken von Augustinus und Thomas von Aquin entlehnt, nach denen eine von Gott gesetzte Ordnung zu beachten sei[26].

Die Ablehnung der NS-Ideologie war im ab 1934 allmählich entstehenden „Freiburger Kreis" schon allein darin begründet, daß darüber nachgedacht wurde, wie unter sozialen und moralisch einwandfreien Gesichtspunkten eine minimal nötige Lenkung der Volkswirtschaft bei größtmöglicher Freiheit geschehen könne[27]. Ideologen des Nationalsozialismus hätten in diesem Denken die unüberbrückbaren Widersprüche zur Hitler-Ideologie erkennen können. Die Treffen des Professorenzirkels konnten jedoch einigermaßen ungestört stattfinden[28], Aufsätze veröffentlicht werden, weil dieser Kreis von den Nationalsozialisten – gerade auch von Hitler persönlich – verkannt und unterschätzt wurde[29]. Doch ab dem Wintersemester 1934/35 wurde es zu gefährlich, Debatten in Hörsälen zu führen, und so traf man sich im Haus des emeritierten Nationalökonomen und Geheimrats Karl Diehl. Böhm und seine Kollegen legten in dieser Zeit die gedankliche Grundlage für das, was ab 1949 in der jungen Bundesrepublik als „Soziale Marktwirtschaft" bezeichnet werden sollte. Es ist deswegen kein zu groß angelegter Maßstab, Böhm und seine Mitstreiter zusammen mit Ludwig Erhard zu den „Vätern des Wirtschaftswunders" zu rechnen. Der Arbeitskreis des Wintersemesters 1933/34 begründete die bis heute wirkende „Freiburger Schule" der Wirtschaftswissenschaften, „das Gemeinschaftsseminar gilt als Geburtsstunde der Freiburger Schule"[30]. Böhm und Eucken stehen hier, auch wenn ältere und damals bekanntere Kollegen mitwirkten, bis heute „stellvertretend und führend"[31].

---

24 Böhm, Franz: Die Bedrohung der Freiheit durch private ökonomische Macht in der heutigen Gesellschaft, in: Universitas 18/1 (1963), S. 37-48, hier S. 46.
25 Meroz, Yohanan: Franz Böhm und Israel, in: Kaff/Biedenkopf, Franz Böhm (s. Anm. 19), S. 15-25, hier S. 16.
26 Zieschang, Staatsbild (s. Anm. 22), S. 23, 200.
27 Ebd., S. 10; Hansen, Franz Böhm (s. Anm. 4), S. 75 ff.
28 Treffen fanden häufig statt im Haus Constantin von Dietzes, Maria-Theresia-Straße 13 in Freiburg-Wiehre. Das berichten Mitglieder der Burschenschaft Franconia, die dieses Haus bereits in den 1950er Jahren übernahm. Dietze, der zu diese Zeit noch im ersten Stock des Hauses wohnte, hat auch andernorts von den Treffen berichtet; vgl. dazu Goldschmidt, Nils: Der Freiburger universitäre Widerstand und die studentische Widerstandsgruppe KAKADU, in: Scholtyseck, Joachim/Studt, Christoph (Hg.): Universitäten und Studenten im Dritten Reich. Bejahung, Anpassung, Widerstand (Schriftenreihe der Forschungsgemeinschaft 20. Juli e. V., 9), Münster/Berlin 2008, S. 143-157, hier S. 147 f.; der Aufsatz bereits in: Martin, Bernd: 550 Jahre Albert-Ludwigs-Universität Freiburg, Bd. 3: Von der badischen Landesuniversität zur Hochschule des 21. Jahrhunderts, Freiburg i. Br./München 2007, S. 503-519, hier S. 507.
29 Böhm, Franz: Freiburger Schule und Nationalsozialismus, in: Frankfurter Allgemeine Zeitung v. 24. 5. 1955: „Weil der Nationalsozialismus für die gesamte Wirtschaftswissenschaft nur Geringschätzung übrig hatte und weil es ihnen völlig gleichgültig war, was deutsche Nationalökonomen zusammenschrieben und zusammendachten."; vgl. Hansen, Franz Böhm (s. Anm. 4), S. 85 f.
30 Bei Zieschang, Staatsbild (s. Anm. 22), S. 6, weiterführende Literaturangaben.
31 Blumenberg-Lampe, Franz Böhm (s. Anm. 3), S. 109.

Sie schufen damit nicht weniger als „die Grundlage für die Wirtschaftsordnung der Bundesrepublik seit 1948"[32].

In den 1930er Jahren stand zunächst ein anderes „Wirtschaftswunder" im Mittelpunkt des Interesses. Hitler hatte die Arbeitslosigkeit drastisch gesenkt und noch ahnten nur wenige, daß dies eine wirtschaftliche Blase war, die notwendig den Krieg benötigen sollte, um sich weiter ausdehnen zu können. Die Freiburger forschten weiter, und für Böhm blieb das durchaus nicht folgenlos. Ihm wurde auf Druck der NSDAP der Weg zur Professur verlegt, was seine Schwiegermutter mit Sorge zur Kenntnis nahm[33]. An Marie Baum schrieb sie über Böhms Aktivitäten gegen NS-Umtriebe an der Freiburger Universität: „Du kannst Dir denken, daß Franz immer der Vorderste war, überhaupt ohne Franz hätte gewiß die Juristische und die Volkswirtschaftliche Fakultät hier nicht die Unabhängigkeit bekommen, die sie jetzt hat. Natürlich kann es ja sein, daß alles einmal ein Ende mit Schrecken hat."[34] Zuvor hatte es Morddrohungen gegen Böhm, Eucken, Lampe und Großmann-Doerth gegeben[35]. Mit dem Ehepaar Eucken ergaben sich auch private Kontakte der Böhms. Eucken lernte auch Ricarda Huch kennen, er war sehr von ihr beeindruckt[36].

Am 31. März 1936 erhielt Franz Böhm das Angebot, in Jena vertretungsweise eine Professur an der Rechts- und wirtschaftswissenschaftlichen Fakultät wahrzunehmen. Eine baldige Ernennung zum Ordinarius schien in Aussicht[37]. Dieser Ortswechsel sollte für sein Engagement im Widerstand Bedeutung haben, denn nun konnte Böhm nur sporadisch an seinem alten Hochschulort präsent sein[38]. Trotzdem gab er ab 1936 zusammen mit Walter Eucken und Hans Großmann-Doerth die Schriftenreihe „Die Ordnung der Wirtschaft" heraus, deren erster Band mit einer Einleitung versehen war, die als Gründungsdokument der Freiburger Schule angesehen werden kann[39]. „Böhms Abhandlung ‚Die Ordnung der Wirtschaft als geschichtliche und rechtsschöpferische Leistung', der erste Band dieser Schriftenreihe, war für die Entwicklung des Ordoliberalismus von fundamentaler Bedeutung."[40]

In Jena zeigten sich für Böhm bald Schwierigkeiten. Zunächst zögerte sich seine Ordination ohne faßbare Gründe hinaus. Am 3. März 1937 protestierte dann der als besonders unangenehm bekannte thüringische NS-Gauleiter und Reichstatthalter Fritz Sauckel offen gegen seine Ernennung. Diese Beschwerde ging zunächst nicht durch, möglicherweise, weil der sächsische

---

32 Heck, Bruno: Leben und Werk, in: Gotto, Klaus (Hg.): Franz Böhm – Beiträge zu Leben und Wirken, Melle 1980, S. 9-14, hier S. 11; vgl. Biedenkopf, Kurt: Der Politiker Franz Böhm, in: ebd., S. 53-64, hier S. 59 f.; vgl. ebenso Böhm, Franz: Marktwirtschaft von links und rechts, in: Mestmäcker, Franz Böhm (s. Anm. 23), S. 82-157; Mestmäcker, Ernst-Joachim, [Grußwort ohne Titel], in: Recht und Gesittung (s. Anm. 18), S. 49-52, hier S. 52.
33 Baum, Ricarda Huch (s. Anm. 8), S. 171 f.; Deutsches Literaturarchiv, Marbach a. Neckar, Nachlaß Ricarda Huch, Nr. 64.2081/4: Franz Böhm an Marie Baum, 9. 8. 1933; beide zitiert nach: Hansen, Franz Böhm (s. Anm. 4), S. 64 f.
34 Hollerbach, Franz Böhm (s. Anm. 15), S. 287 f.
35 Ebd.
36 Walter-Eucken-Archiv Frankfurt/Main, Eucken, Walter, Tagebucheintrag v. 9. 12. 1934 u. 22. 1. 1935.
37 Hansen, Franz Böhm (s. Anm. 4), S. 88.
38 Vgl. dazu Blumenberg-Lampe, Christine: Oppositionelle Nachkriegsplanung. Wirtschaftswissenschaftler gegen den Nationalsozialismus, in: John, Eckhard (Hg.): Die Freiburger Universität in der Zeit des Nationalsozialismus, Freiburg i. Br./Würzburg 1991, S. 207-219, hier S. 209.
39 Großmann-Doerth, Hans/Eucken, Walter/Böhm, Franz (Hg.): Die Ordnung der Wirtschaft, Bd. 1, Berlin/Stuttgart, 1937.
40 Goldschmidt, Nils/Wohlgemuth, Michael: Die Freiburger Tradition der Ordnungsökonomik, in: dies., Grundtexte (s. Anm. 12), S. 4.

Gauleiter Martin Mutschmann auf Anfrage mitteilte, der Führer habe sich in Fragen der Wirtschaftsordnung noch nicht festgelegt, daher dürften die Professoren bis auf weiteres schreiben, was sie wollten[41]. Wenige Wochen später, Anfang Mai, wurde Böhm dann wegen „judenfreundlicher" Äußerungen im privaten Umfeld durch Richard Kolb denunziert. Kolb, der vom Gau Bayern mit der Leitung der Propaganda beauftragt war, lehrte ebenfalls an der Universität Jena, war Träger des Blutordens und SS-Hauptsturmführer. Er konstatierte eine „innerlich unbeirrbare demokratische Auffassung" Böhms[42] – wohlgemerkt, dies war als Anschuldigung im Sinne der NS-Ideologie gemeint.

Böhm forderte ein Disziplinarverfahren gegen sich selbst. Das war nicht ungeschickt, denn nun mußten seine Widersacher Farbe bekennen. Damit reagierte er im übrigen so, wie es von einem Corpsstudenten zu erwarten war. Außerdem tat er etwas, das zwar dem allgemeinen gesellschaftlichen Umgang bürgerlicher Kreise entsprach, aber deutliche Anklänge an den corpsstudentischen Comment erkennen läßt: Böhm bezichtigte Kolb am 21. Dezember des „unehrenhaften Verhaltens", was als Forderung auf Pistole zu verstehen war und verstanden wurde[43]. Kolb seinerseits verlangte vom Leiter der Weimarer Gestapo die „Verbringung Böhms in ein Konzentrationslager"[44]. Als Folge wurde dem denunzierten und angeschuldigten Dozenten, statt ihn zum Ordinarius zu befördern, am 22. März 1938 durch den Reichswissenschaftsminister die Lehrbefugnis entzogen[45], was Böhm und seine Familie menschlich wie finanziell schwer traf. Ein längerer Rechtsstreit vor mehreren Gerichten – darunter dem Reichsdisziplinarhof und dem Reichsdienststrafhof – endete in zweiter Instanz mit einem faktischen Freispruch[46]. Das wurde am 5. Oktober 1940 durch die Entscheidung des Reichswissenschaftsministers konterkariert, daß „die bisherige Lehrbefugnis des Dr. Böhm erloschen" sei – „und bleibe"[47].

Die Lehre von Franz Böhm ist – auf einen Begriff gebracht – der Ordoliberalismus. Es geht immer wieder um die Frage, wieviel Lenkung eine Volkswirtschaft minimal braucht, um einen möglichst freien Warenverkehr zu gewährleisten. Als offensichtlichste Gefahr machte Böhm dabei die Bildung von Kartellen aus und er untersuchte, inwieweit dieses Phänomen eindämmbar sei, ohne die freie Wirtschaftsentfaltung zu beeinträchtigen. Dies tat er vor dem Hintergrund eines sozial und christlich geprägten Menschenbildes, denn ihm lag daran, den Mittelweg zum Nutzen der Verbraucher, zum Nutzen der Menschen zu finden, davon ausgehend, daß eine freie Wirtschaftsentfaltung größtmöglichen Wohlstand in Freiheit schafft, daß dieser Zustand auf der anderen Seite, wenn die Kräfte des Marktes unkontrolliert walten, in Kartellen „verklumpt". Die

---

41 So, allerdings ohne Beleg, bei Hansen, Franz Böhm (s. Anm. 4), S. 85; zu Mutschmann: Parak, Michael: Hochschule und Wissenschaft. Nationalsozialistische Hochschul- und Wissenschaftspolitik in Sachsen 1933-1945, in: Vollnhals, Clemens (Hg.): Sachsen in der NS-Zeit, Leipzig 2002, S. 118-132; ders.: Hochschule und Wissenschaft in zwei deutschen Diktaturen. Elitenaustausch an sächsischen Hochschulen 1933-1952 (Geschichte und Politik in Sachsen, 23), Köln/Weimar/Wien 2004.
42 Bundesarchiv, (künftig zit.: BA), R 3001/52107, Personalakte Franz Böhm, hier: Anschuldigungsschrift im Dienststrafverfahren, 15. 9. 1938, Bl. 99; Archiv für christlich-demokratische Politik, St. Augustin (künftig zit.: ACDP), Nr. 01-200-003/2.
43 Ebd., Nr. 01-200-003/4.
44 Der gesamte – lesenswerte! – Vorgang mit ausführlichen Quellenangaben: Hansen, Franz Böhm (s. Anm. 4), S. 99-106.
45 ACDP (s. Anm. 42), Nr. 01-200-003/1; BA (s. Anm. 42), R 3001/52107, Personalakte Franz Böhm, Bl. 44.
46 Ausführlicher zu diesem Verfahren: Hollerbach, Franz Böhm (s. Anm. 15), S. 289 ff.
47 BA (s. Anm. 42), R 3001/52107, Personalakte Franz Böhm, Bl. 220.

freie Wirtschaft unter Einhaltung der Werte abendländischer, christlich geprägter Moralvorstellungen[48] – darum ging es ihm. Seine Promotion und die direkt darauf basierende Habilitationsschrift belegen es, aber auch seine später verfaßten Werke[49] zeugen von dieser Intention. Dieses wissenschaftliche Erbe ist bis heute von größter Relevanz[50].

2. Die drei Freiburger Widerstandskreise

Seit 1933 stand Franz Böhm mit Carl Friedrich Goerdeler in brieflichem Kontakt[51], 1938 trafen beide erstmals zusammen. Spontan waren sie sich sympathisch, denn eine wesentliche Ursache für ihre widerständige Haltung – die Entrechtung, Deportation und Ermordung von Menschen jüdischen Glaubens – war ihnen gemeinsam[52]. Goerdeler freute sich, einen konsequenten Mitstreiter gefunden zu haben[53]. Beide dürften sich im zentralen Wert, den sie der Freiheit beimaßen, getroffen haben, Goerdeler zeichnete sich in seinen Konzepten für ein Deutschland nach dem NS-Terror durch die Betonung der Freiheit aus[54]. Böhm schätzte am unermüdlichen Netzwerker gegen Hitler, daß dieser sich massiv für einen unbedingten Kampf gegen das mörderische NS-Regime auch um den Preis einer Niederlage gegen die gefürchtete bolschewistische Rote Armee

---

48   Schmölders, Günter: Das Moralische in der Politik. Würdigung Franz Böhms zu dessen 75. Geburtstag, in: Frankfurter Allgemeine Zeitung v. 14.2.1970.

49   Exemplarisch seien genannt: Böhm, Franz: Die Ordnung der Wirtschaft als geschichtliche Aufgabe und rechtsschöpferische Leistung (Ordnung der Wirtschaft, 1), Stuttgart/Berlin 1937; s. a. ders./Eucken, Walter/ Großmann-Doerth, Hans: Unsere Aufgabe, in: ebd., S. VII-XXI; Böhm, Franz: Der Wettbewerb als Instrument staatlicher Wirtschaftslenkung, in: Schmölders, Günter (Hg.): Der Wettbewerb als Mittel volkswirtschaftlicher Leistungssteigerung und Leistungsauslese (Schriften der Akademie für deutsches Recht, 22/6), Berlin 1942, S. 51-98; ders.: Konzentration, in: Blumenberg-Lampe, Christine (Hg.): Der Weg in die Soziale Marktwirtschaft. Referate Protokolle, Gutachten der Arbeitsgemeinschaft Erwin von Beckerath 1943-1947 (Forschungen zur Zeitgeschichte, 9), Stuttgart 1986, S. 329-342 (Mai 1944), S. 425-438 (Juli 1944).

50   Nicht verwechselt werden darf Böhm mit dem dem Nationalsozialismus nahestehenden Philosophen und außerordentlichen Professor in Heidelberg Franz Böhm (1903-1945); Mohler, Armin: Die konservative Revolution in Deutschland 1918-1932, Personenregister; Wiethölter, Franz Böhm (s. Anm. 5), S. 249; ein weiterer Franz Böhm (1908-1975) ist der sudetendeutsche und Vertriebenenpolitiker, Mitglied der Burschenschaft Arminia Prag; Dvorak, Helge: Biographisches Lexikon der Deutschen Burschenschaft, Bd. I: Politiker, Teilbd. 1-7, Heidelberg 1996-2013, hier I/1, S. 110 f.

51   Goerdeler war Mitglied der Tübinger Turnerschaft Eberhardina – nach Fusion mit der Turnerschaft Markomannia Königsberg heute: Alte Turnerschaft Eberhardina-Markomannia; vgl. Tiefensee, Gerd-Dietrich: Dr. Carl und Dr. Fritz Goerdeler. Zwei Turnerschafter im Widerstand gegen den Nationalsozialismus, in: Krause, Peter/Fritz, Herbert (Hg.): Korporierte im Widerstand gegen den Nationalsozialismus (Tradition und Zukunft. Beiträge zur Geschichte und Gegenwart des höheren Bildungswesens, unter besonderer Berücksichtigung der studentischen Vereinigungen, 3), Wien 1997, S. 184-194.

52   Hansen, Franz Böhm (s. Anm. 4), S. 140 ff.

53   Böhm, Franz: Begegnungen mit Carl Goerdeler. Gespräch mit Regina Büchel, Manuskript Mai 1969, von Böhm durchgesehen und korrigiert, in: ACDP (s. Anm. 42), Nachlaß Böhm, Nr. 01-200-004/4; vgl. Böhm, Franz: Begegnungen mit Carl Goerdeler, in: Kaff/Biedenkopf, Franz Böhm (s. Anm. 19), S. 65-82, hier S. 69.

54   Hoffmann, Peter: Widerstand – Staatsstreich – Attentat. Der Kampf der Opposition gegen Hitler, 3. Aufl. München 1979, S. 240: „Nicht nur will Goerdeler [...] Recht und Anstand wiederherstellen, sondern auch die Freiheit. Schon in den ersten Abschnitten über die Grundsätze der Innenpolitik heißt es: ‚Alle Beschränkungen der Freiheit und des Geistes, des Gewissens und der Forschung werden sofort aufgehoben.' Das ist klar und deutlich, nicht bloß vage Zukunftsmusik. Oder: ‚Presse und Schrifttum sollen grundsätzlich frei sein. Feige die Regierung, dumm das Volk, die diese nicht vertragen.' Nur ‚dem Verbrecher und dem Lumpen' gebührt diese Freiheit nicht."; vgl.

einsetzte, weil im Namen des NS-Regimes ein Massenmord an Unschuldigen im Gang sei, wie Goerdeler bereits 1942 sicher wußte[55]. Zu dieser Zeit hatte sich Böhm von Jena, wo er sich auf Grund des Lehrverbots zur Untätigkeit verurteilt sah, bereits wieder nach Freiburg orientiert. Von dort aus kam er, so oft es ging, zu den monatlichen Zusammenkünften des „Freiburger Konzils", einer Widerstandsgruppe, die sich als Reaktion auf die Reichspogromnacht vom 9. November 1938 gegründet hatte. Diese Gruppe fußte direkt auf den „Diehl-Seminaren", den Vorlesungen und Disputationen Karl Diehls[56], und trat letztmalig im September 1939 zusammen. Danach wurden Zusammenkünfte zu gefährlich, nach und nach waren die Gründungsmitglieder von der Gestapo verhaftet worden. Lediglich der zu den Gründern gehörende Eucken kam nach einem Verhör wieder auf freien Fuß. In der systematischen Kritik des „Freiburger Konzils" ist eine Parallele zur Berliner „Mittwochsgesellschaft" zu sehen[57], die größtenteils aus Mitverschwörern und Mitwissern Stauffenbergs bestand, darunter Ulrich von Hassell (Corps Suevia Tübingen), und nach dem Attentat vom 20. Juli 1944 nur noch ein einziges Mal zusammenkam.

Der seiner wirtschaftlichen Existenzgrundlage beraubte Franz Böhm war ab Anfang 1940 in einem von Jens Peter Jessen geleiteten Arbeitskreis engagiert, der unter „Klasse IV" firmierte und der „Erforschung der völkischen Wirtschaft" diente. In diesem Arbeitskreis empfahlen sich die Ordoliberalen „als Gegner des klassischen Liberalismus und der Planwirtschaft"[58]. Leiter einer sich im November 1940 bildenden Untergruppe „Arbeitsgemeinschaft Volkswirtschaftslehre" war Erwin von Beckerath, Ordinarius in Bonn; Walter Eucken, Constantin von Dietze und Adolf Lampe waren neben Böhm maßgebliche Mitarbeiter[59]. Jessen, der Kopf dieses Arbeitskreises, wurde nach dem Attentat vom 20. Juli 1944 vom Volksgerichtshof unter Roland Freisler[60] zum Tode verurteilt und am 30. November in Berlin-Plötzensee gehenkt.

---

dazu: Schramm, Wilhelm Ritter von: Beck und Goerdeler – Gemeinschaftsdokumente für den Frieden, München 1965, S. 81-166; Ritter, Gerhard: Carl Goerdeler und die deutsche Widerstandsbewegung, 3. Aufl. Stuttgart 1956, S. 569-576; Hoffmann gibt an, daß er sich auf diese beiden Darstellungen gestützt habe; diese günstige Darstellung läßt sich auch vertreten, wenn einbezogen wird, daß Goerdeler eine erbliche, konstitutionelle Monarchie bevorzugt hätte; vgl. Hoffmann, Widerstand (s. Anm. 54), S. 245 f.

55 Ab August 1942 machte Kurt Gerstein (Corps Teutonia Marburg) den Massenmord an den europäischen Juden in Widerstandkreisen, bei ausländischen Diplomaten und bei Regimegegnern im Reich bekannt; vgl. Friedländer, Saul: Kurt Gerstein oder die Zwiespältigkeit des Guten, Gütersloh 1968, S. 111 ff.; Gräbner, Dieter/Weszkalnys, Stefan: Der ungehörte Zeuge. Kurt Gerstein – Christ, SS-Offizier, Spion im Lager der Mörder (Libri vitae, 11), Saarbrücken 2006, S. 19 ff; Schäfer, Jürgen: Kurt Gerstein – Zeuge des Holocaust. Ein Leben zwischen Bibelkreisen und SS (Beiträge zur westfälischen Kirchengeschichte, 16), Bielefeld 1999, S. 165; insbesondere: Gerstein, Kurt: In der SS, in: Steinbach, Peter/Tuchel, Johannes: Widerstand in Deutschland 1933-1945. Ein historisches Lesebuch, München 1994, S. 177-183, hier S. 183.

56 Blumenberg-Lampe, Christine: Das wirtschaftspolitische Programm der „Freiburger Kreise". Entwurf einer freiheitlich-sozialen Nachkriegswirtschaft. Nationalökonomen gegen den Nationalsozialismus (Volkswirtschaftliche Schriften, 208), Berlin 1973, S. 117 ff.

57 Zur Mittwochsgesellschaft vgl. Scholder, Klaus: Die Mittwochsgesellschaft. Protokolle aus dem geistigen Deutschland 1932 bis 1944, 2. Aufl. Berlin 1982.

58 Herbst, Ludolf: Der Totale Krieg und die Ordnung der Wirtschaft. Die Kriegswirtschaft im Spannungsfeld von Politik, Ideologie und Propaganda 1939-1945 (Studien zur Zeitgeschichte, 21), Stuttgart 1982, S. 148 ff.

59 Wenn Böhm nicht immer als Mitglied des inneren Kreises dieser Widerstandszelle genannt wird, liegt das an seiner Lehrtätigkeit in Jena und der dadurch bedingten Abwesenheit; vgl. Goldschmidt, Widerstandsgruppe (s. Anm. 28), S. 147.

60 Freisler war zeitweilig Mitglied der Schwarzburgbundverbindung Alemannia Jena, wurde dort jedoch ausgeschlossen, weil er die Umwandlung Alemannias in eine Wingolfsverbindung betrieb; vgl. Hanne, Peter/Riotte, Heinrich-Josef: Die Geschichte der Schwarzburgverbindung Alemannia Jena, Essen 2011.

Abb. 1: Franz Böhm (Quelle: Universitätsarchiv Frankfurt, Abt. 854, Nr. 121)

Parallel dazu ging die Arbeit im „Freiburger Konzil" weiter. Hier wurde 1940, spätestens 1941 eine Denkschrift erarbeitet, in der zum Ausdruck kam, daß das im Römerbrief, Kap. 13, niedergelegte christliche Gebot, der Obrigkeit zu folgen, für eine Regierung außer Kraft gesetzt sei, die Greueltaten wie die Judenverfolgung verübe. Hier bestehe im Gegenteil ein Recht auf Widerstand bis hin zum Tyrannenmord[61]. Die Ergebnisse wurden in einer geheimen Denkschrift zusammengefaßt. Sie gelangten in Berliner Widerstandskreise und veranlaßten Dietrich Bonhoeffer, im Spätsommer 1942 nach Freiburg zu kommen, um weitere Denkschriften anzuregen[62]. Aus diesem Impuls formierte sich der „Freiburger Denkschriftenkreis" und an führender Stelle – dies kann für den Anhang „Rechtsordnung" gesagt werden – arbeitete Böhm mit[63]. Der Denkschriftenkreis trat erstmals vom 17. bis 19. November 1942 unter dem Vorsitz Goerdelers zusammen. Erarbeitet werden sollte eine christlich motivierte Standortbestimmung Deutschlands für eine Weltkirchenkonferenz, die vom Bischof von Chichester – der Bonhoeffer-Freund George Kennedy Allan Bell – bereits im November 1941 angeregt worden war[64]. Diese Konferenz sollte möglichst bald nach dem Ende von Weltkrieg und Völkermord stattfinden.

Unter der Leitung Goerdelers und Böhms entstand im Herbst 1942 das von Bonhoeffer erbetene und angeregte Papier unter dem Titel „Politische Gemeinschaftsordnung. Ein Versuch zur Selbstbestimmung des christlichen Gewissens in den politischen Nöten unserer Zeit". Die Arbeit daran kulminierte in einer geheimen Tagung vom 17. bis 19. November 1942 in Freiburg, die Goerdeler leitete und an der Böhm teilnahm[65]. Dieses Treffen war so groß angelegt, daß

---

61 Blumenberg-Lampe, Franz Böhm (s. Anm. 3), S. 110.
62 Hauenstein, Fritz: Der Freiburger Kreis. Eine Aufzeichnung für die Stiftung „Hilfswerk 20. Juli 1944", in: Bundeszentrale für politische Bildung (Hg.), Royce, Hans (Bearb.): 20. Juli 1944, Bonn 1969, S. 42h, 43. – Bonhoeffer gehörte der Verbindung Igel Tübingen an.
63 Ritter, Carl Goerdeler (s. Anm. 54), hier Stuttgart 1954, 2. Aufl. 1955, S. 511 (das Werk erfuhr viele weitere Auflagen); mit Ritter war Böhm wegen der Sichtweise der Person Goerdelers bald nach 1945 zerstritten; vielleicht auch deswegen findet Böhm bei Ritter nur dort knappe Erwähnung, wo es aus seiner Sicht unumgänglich ist.
64 Böhm, Begegnungen (s. Anm. 53).
65 Bonhoeffer, der ebenfalls zugesagt hatte, war kurzfristig an der Teilnahme gehindert; Goldschmidt, Nils: Zur Einführung: Wirtschafts- und Sozialordnung (1943), in: ders./Wohlgemuth, Grundtexte (s. Anm. 12), S. 91-198, hier S. 94.

die Geheimhaltung Schwierigkeiten bereitete[66], was für sich genommen ein Hinweis auf seine Bedeutung ist. Das Papier war im Januar 1943 fertig ausgearbeitet[67]. Goerdeler hatte darin die Mitbestimmung der Arbeitnehmer stärker verankert, als Böhm dies ursprünglich vorgeschlagen hatte. Begründet hatte er dies mit dem Kurs der Schwerindustrie, die aus seiner Sicht seit der Machtergreifung zu sehr auf Hitler eingeschwenkt war. Böhm ging auf diese Anregung ein. Für dieses Memorandum erstellte er[68] zusammen mit dem Freiburger Rechtshistoriker und Kirchenrechtler Erik Wolf, der erst spät zum Widerstand gefunden hatte, den „Anhang Nr. 1" mit dem Titel „Rechtsordnung"[69].

Der Denkschriftenkreis trat regelmäßig am letzten Sonnabend des Monats zusammen, öfter auch in Leipzig[70]. Böhm lebte überwiegend in Jena, Goerdeler in Leipzig, die Theologen Bonhoeffer, Helmut Thielicke und Otto Dibelius kamen aus Berlin dazu. Daß trotzdem die Stadt Freiburg als Namensgeberin der Widerstandskreise sowohl bei den Zeitgenossen als in der späteren Forschung selbstverständlich blieb, ist auf die Bedeutung der geistigen Väter dieser Lehre zurückzuführen. Der Anhang „Rechtsordnung" wurde weitgehend nicht in Freiburg, sondern in Leipzig und Jena erarbeitet, wahrscheinlich aufgrund des Umstands, das Franz Böhm, der hier maßgeblich war, in Jena wohnte.

Spätestens seit Mitte 1942 arbeitete Franz Böhm in einem dritten Freiburger Widerstandskreis mit[71], der „Arbeitsgemeinschaft Erwin v. Beckerath", aus der im März 1943 die „Arbeitsgemeinschaft Volkswirtschaftslehre der Akademie für deutsches Recht" hervorging. Dieser Kreis arbeitete unabhängig von den Denkschriftenkreisen[72]. Hier wurden detaillierte Pläne für eine Gestaltung des Volkswirtschaft nach einem Zusammenbruch des NS-Regimes erarbeitet[73] – davon gingen die Wissenschaftler inzwischen aus. Die hier erarbeiteten Papiere erreichten in ihrer großen Mehrzahl Goerdeler sowie über Peter Graf Yorck von Wartenburg den Kreisauer Kreis[74]. Die Verbindungsleute der „Freiburger" zum engsten Zirkel der „Kreisauer"

---

66 Ebd.
67 Ausführliche Schilderung bei: Hansen, Franz Böhm (s. Anm. 4), S. 152 ff.; vgl. Ritter, Carl Goerdeler (s. Anm. 54), S. 511; Zieschang, Staatsbild (s. Anm. 22), S. 7.
68 Böhm, Begegnungen (s. Anm. 53), S. 79; Goldschmidt, Einführung (s. Anm. 65), S. 94; Scholtyseck, Joachim: Robert Bosch und der liberale Widerstand gegen Hitler 1933 bis 1945, München 1999, S. 339.
69 Böhm, Franz/Wolf, Erik: Anhang I – „Rechtsordnung" – zum Memorandum des „Freiburger Denkschriftenkreises", Januar 1943, in: Wolf, Erik (Hg.): Im Reiche dieses Königs hat man das Recht lieb (Psalm 99,4). Der Kampf der Bekennenden Kirche um das Recht (Zeugnisse der Bekennenden Kirche, 2 = Das Christliche Deutschland 1933 bis 1945. Evangelische Reihe, 2), Tübingen 1946, S. 81-87; Hauenstein, Freiburger Kreis (s. Anm. 62), S. 44.
70 Ebd.
71 Hollerbach, Franz Böhm (s. Anm. 15), S. 283 ff.
72 Hauenstein, Freiburger Kreis (s. Anm. 62), S. 46.
73 Ebd., S. 44.
74 Böhm, Franz: Freiburger Schule und Nationalsozialismus, in: Frankfurter Allgemeine Zeitung v. 24. 5. 1955; Blumenberg-Lampe, Franz Böhm (s. Anm. 3), S. 111; Zieschang, Staatsbild (s. Anm. 22), S. 8. – Zur Namensgebung „Kreisauer Kreis" ist zu bemerken, daß die hier Versammelten sich selbst keinen Namen gegeben hatten und meist von „den Freunden" sprachen. Die Bezeichnung nach dem der Familie Moltke gehörenden Gut Kreisau stammt aller Wahrscheinlichkeit nach von SS-Standartenführer Walter Huppenkothen, der die Mehrzahl der „Kreisauer" nach ihrer Verhaftung verhörte und für viele Todesurteile Mitverantwortung trägt. Dieser ordnete jeden, der im Verhör ein oder mehrere Treffen in Kreisau erwähnte, den „Kreisauern" zu. Dabei handelt es sich bei dieser willkürlichen Zuordnung um Personen, die teils nur wenig miteinander zu tun hatten, außerdem fanden insgesamt nur drei Treffen von insgesamt hunderten auf dem Moltke-Gut statt. Natürlich waren aber unter den vielen, die entsprechende Zuordnung erfuhren, auch der engste Kreis um Moltke und Yorck, die Gründer des Kreises, erfaßt;

waren Adolf Lampe, Constantin von Dietze und Franz Böhm. Mehrfach traf Böhm mit Yorck und Goerdeler zur Beratung der Papiere zusammen[75]. Goerdeler und Böhm standen darüber hinaus in brieflichem Kontakt; auf diesem Weg kamen die schriftlichen Äußerungen der Verschwörer des 20. Juli und vor allem des Kreisauer Kreises nach Freiburg. Die Arbeiten der verschiedenen Freiburger Kreise waren im Juli 1944 so weit gediehen, daß sie eine Grundlage für die Wirtschaftsordnung eines auf Freiheit und Demokratie gegründeten Staates bilden konnten[76].

Dies alles wäre mehr als genug gewesen, um Böhm an den Galgen zu bringen. Doch die von den Freiburgern aufgebaute Tarnung funktionierte. Dazu trug wohl auch der Student Heinrich Kullmann bei, der die beiden inhaftierten Professoren Lampe und Dietze auf Bitten Euckens im Konzentrationslager besuchte, angeblich, damit sie die Betreuung seiner Diplomarbeit wahrnahmen, in Wirklichkeit, um Kassiber aus dem KZ hinauszuschmuggeln, aus denen die von der Verhaftung bedrohten Freiburger ersehen konnten, wonach die Gestapo suchte, welche Themen sie also bei möglichen Verhören vermeiden mußten: „Diese Information hat, wie auch Herr Professor Böhm bestätigt hat, die betroffenen Herren Professoren in den Stand versetzt, ihre Aussagen vor der Gestapo so zu machen, daß sie – mit Ausnahme von Professor Ritter – nicht verhaftet wurden."[77]

Im Laufe des Jahres 1944, insbesondere im Rahmen der verschärften Fahndung in Folge des Stauffenberg-Attentats vom 20. Juli, wurde die Gestapo auf das zentrale Papier des deutschen Widerstands, auf „Politische Gemeinschaftsordnung", aufmerksam. Gerhard Ritter, ebenfalls Freiburger Professor und zeitweise in Haft, hatte zwar das Ur-Exemplar im Schwarzwald versteckt und es gab nur zwei Kopien[78], doch nach und nach wurden die Namen vieler Mitarbeiter an dieser Schrift offenbar. Die Gestapo verhaftete alle ermittelten Mitglieder der Widerstandsgruppe und erpreßte unter Folter die Namen weiterer des damals bereits so genannten „Freiburger Denkschriftenkreises". Dabei verstanden die verhörenden Gestapo-Beamten offenbar, ein „Pfarrer Böhm" habe an der Schrift mitgearbeitet[79]. Allem Anschein nach hat dieser Irrtum oder auch Hörfehler Franz Böhm das Leben gerettet, denn die Gestapo suchte im Zusammenhang mit den Schriften der Freiburger Kreise nach Lampes Verhaftung nach einem „Pfarrer Böhm". Lampe oder Jessen nannten möglicherweise unter Folter diesen Namen. Wurde das mutmaßlich unter Schmerzen ausgesprochene Wort „Franz" dabei als „Pfarrer" verstanden?

---

vgl. Yorck von Wartenburg, Marion: Die Stärke der Stille. Erinnerungen an ein Leben im Widerstand, Moers 1998, S. 58; auch Freya von Moltke schreibt an ihren Mann über „die Freunde", wobei der auf Grund der Zensur verklausulierte textliche Zusammenhang nahelegt, daß hier Yorck und die anderen „Kreisauer" gemeint sind; beispielhaft: Moltke, Helmuth James u. Freya von: Abschiedsbriefe Gefängnis Tegel, September 1944-Januar 1945, München 2011, S. 129.

75 Blumenberg-Lampe, Nachkriegsplanung (s. Anm. 38), S. 215.
76 So Hauenstein, Freiburger Kreis (s. Anm. 62), S. 46.
77 Kullmann, Heinrich: Kassiber aus der KZ-Haft, in: Goldschmidt, Nils (Hg.): Wirtschaft, Politik und Freiheit. Freiburger Wirtschaftswissenschaftler und der Widerstand (Untersuchungen zur Ordnungstheorie und Ordnungspolitik, 48), Tübingen 2005, S. 457-458.
78 Ritter, Carl Goerdeler (s. Anm. 54), S. 512.
79 Dieser nicht näher bezeichnete, letztlich fiktiv gebliebene „Pfarrer Böhm" taucht in den Anklageschriften vom 20. 4. 1945 gegen Walter Bauer und Constantin von Dietze auf; vgl. dazu Bethge, Eberhard: Dietrich Bonhoeffer. Theologe – Christ – Zeitgenosse. Eine Biographie, 8. Aufl. Darmstadt 2004, S. 872; Buchstab, Günter: Verfolgung und Widerstand 1933-1945. Christliche Demokraten gegen Hitler (Veröffentlichung der Konrad-Adenauer-Stiftung), 2. Aufl. Düsseldorf 1990; Hansen, Franz Böhm (s. Anm. 4), S. 155.

Ohne hier jedoch ins Spekulative verfallen zu wollen kann gesagt werden, daß diese Ungenauigkeit möglicherweise Böhm das Leben rettete, aber mindestens einen anderen, unschuldigen Menschen ins Konzentrationslager brachte. In Frage kommen zwei Personen: einmal der katholische Priester Franz Boehm, Pfarrer im rheinischen Monheim, der unter dem Vorwand, Ostern 1944 NS-Propagandafilme in Predigten kritisiert zu haben, am 6. Juni verhaftet[80], in Wuppertaler Gestapo-Haft festgehalten und verhört sowie am 12. August ins KZ Dachau verschleppt wurde[81]. Er starb dort am 13. Februar 1945[82]. Dann ist die Namensverwechslung mit dem Nationalökonomen Franz Böhm möglich. Dafür spricht, daß in allen Gestapo-Papieren der Name des Pfarrers so konsequent wie falsch mit einem Umlaut geschrieben wird: Böhm[83]. Der wirklich gemeinte Franz Böhm vermutete indes, die Verwechslung habe sich eher auf den Berliner Pfarrer Hans Böhm bezogen, der 1936 zu den Unterzeichnern der Denkschrift der Bekennenden Kirche an Hitler gehört hatte, seitdem intensiver Verfolgung ausgesetzt war, nach dem 20. Juli ebenfalls in Gestapo-Haft genommen wurde, das Dritte Reich aber knapp überlebte[84]. Dieser Hans Böhm war indirekt auch an der Formulierung der Denkschriften der Freiburger beteiligt[85].

3. Nach der Diktatur

Noch vor dem endgültigen Zusammenbruch des NS-Regimes, am 25. April 1945, wurde Franz Böhm zum Prorektor der Universität Freiburg ernannt[86]. Kurz darauf drang er bei den französischen Besatzungsbehörden auf eine Untersuchung der Tätigkeit des Freiburger Rektors während der NS-Herrschaft, Martin Heidegger[87]. Böhm war – bemerkenswerterweise schon im Januar 1945 – zum Nachfolger auf dem Lehrstuhl des im Juli 1944 an den Folgen einer Kriegsverletzung verstorbenen Hans Großmann-Doerth bestimmt worden[88].

Böhm engagierte sich auch bei der Gründung der Christlich-Sozialen Volkspartei (CSVP) in Baden, wechselte aber schon zum 1. November 1945 als hessischer Kultusminister nach Frankfurt a. M. Gefördert und maßgeblich bestimmt wurde diese Berufung durch seinen

---

80 Buter, Peter/Pohlmann, Rudolf: Pfarrer Franz Boehm 1880-1945. Sein Leben, sein pastorales und karitativ-sozialpolitisches Wirken, sein Widerstand und seine Verfolgung im Dritten Reich, Monheim/Rhein 2005, S. 136.
81 Ebd., S. 139; er erhielt dort die Häftlingsnummer 91577; ebd., S. 141.
82 Ebd., S. 142; seine Todesursache war wahrscheinlich eine nicht behandelte Gesichtsrose, eine äußerst schmerzhafte Nervenerkrankung.
83 Ebd., S. 136 ff.
84 Hansen, Franz Böhm (s. Anm. 4), S. 171, zitiert: Gailus, Manfred: Protestantismus und Nationalsozialismus. Studien zur nationalsozialistischen Durchdringung des protestantischen Sozialmilieus in Berlin (Industrielle Welt, 61), Köln/Weimar/Wien 2001.
85 Goldschmidt, Widerstandsgruppe (s. Anm. 28), S. 148.
86 Hansen, Franz Böhm (s. Anm. 4), S. 184 f.; Blumenberg-Lampe, Franz Böhm (s. Anm. 3), S. 112.
87 Grün, Bernd: Der Rektor als Führer? Die Universität Freiburg i. Br. von 1933 bis 1945 (Freiburger Beiträge zur Wissenschafts- und Universitätsgeschichte, NF, 4), Freiburg i. Br./München 2010, S. 615.
88 Hollerbach, Franz Böhm (s. Anm. 15), S. 294.

Corpsbruder Karl Geiler[89], in Mannheim als Rechtsanwalt tätig[90], der selbst zuvor für leitende Funktionen vorgesehen war[91] und dann Ministerpräsident des neugegründeten Landes Groß-Hessen wurde.

In Frankfurt trat Böhm der CDU bei. Wegen seines Eintretens sowohl für eine christlich geprägte Gemeinschaftsschule als auch die Erhaltung des humanistischen Gymnasiums mißtrauten ihm die US-amerikanischen Besatzungsoffiziere, die klassische Bildung für verdächtig hielten[92]. Am 16. oder 17. Februar 1946 wurde Böhm entlassen, wohl auch deswegen, weil sich im Land eine linke Mehrheit abzeichnete, die für ordoliberale Ideen wenig Verständnis hatte[93]. Vom 24. September 1948 bis zum 2. November 1949 fungierte Böhm als Rektor der Frankfurter Universität. Er blieb dieser Hochschule bis zu seinem Tode verbunden.

Die soziale Marktwirtschaft, vom „Freiburger Kreis" zu einer Zeit erdacht, als die Verwirklichung in unabsehbarer Ferne zu liegen schien, wurde ab 1948 im westlichen Teil Deutschlands Realität. Franz Böhm blieb wichtiger Stichwortgeber für Ludwig Erhard, vor allem im Kartellrecht. Dabei ist es wichtig festzuhalten, daß Erhard nur wenige prinzipienfeste Mitstreiter hatte[94]. Schon unmittelbar nach dem Ende der Diktatur hatte der Kreis um Eucken begonnen, sich in Rothenburg o. d. T. zu treffen, um „innerdeutsche wissenschaftliche Kontakte" wiederaufzunehmen[95]. Ergänzt wurde die Themensetzung dieses Kreises, die im Grunde seit Anfang der 1930er Jahre gleichgeblieben war, um theologische Aspekte, und zwar 1949 im schweizerischen Chateau de Bossey unter Führung von

Abb. 2: Franz Böhm als Rektor der Universität Frankfurt a. M. (Quelle: Universitätsarchiv Frankfurt, Abt. 854, Nr. 1074)

---

89 Gerlach, Corpslisten (s. Anm. 2), Nr. 35-629.
90 Geiler, der an der Handelshochschule in Mannheim gelehrt hatte, war in Konflikt mit dem NS-Regime geraten; 1939 wurde ihm seine Lehrerlaubnis entzogen, weitere Verfolgung blieb ihm jedoch erspart; seinem Rhenanen-Corpsbruder Böhm war Geiler auch verbunden, weil Böhms Vater, der Kultusminister in Baden gewesen war, ihn 1911 bei der Errichtung der Mannheimer Handelshochschule unterstützt hatte; vgl. Wiethölter, Franz Böhm (s. Anm. 5), S. 236.
91 Vgl. ebd., S. 237, wo ausgeführt wird, daß Geiler 1945 als Regierungschef für ein Gebiet vorgesehen war, das in etwa die Südpfalz, Teile des Saargebietes sowie die hessische Provinz Starkenburg umfassen sollte; Vermittler war hier unter anderem Karl Jaspers.
92 Hansen, Franz Böhm (s. Anm. 4), S. 194, 196 f.
93 Vgl. Wiethölter, Franz Böhm (s. Anm. 5), S. 238, hier allerdings Ungenauigkeiten bei der Datierung; Wiethölter verlegt den tatsächlich erst im Dezember 1946 erfolgten Rücktritt Geilers auf den Februar und kommt so zu unrichtigen Begründungen auch für den Rücktritt Böhms.
94 Günther, Eberhard: Erinnerungen an Franz Böhm, in: Kaff/Biedenkopf, Franz Böhm (s. Anm. 19), S. 23-36, hier S. 29.
95 Müller-Armack, Alfred: Auf dem Weg nach Europa. Erinnerungen und Ausblicke, Stuttgart 1971, S. 36.

Willem Visser t'Hooft[96], der mit Adam von Trott zu Solz (Corps Saxonia Göttingen) bis 1944 eng zusammengearbeitet hatte, und Eugen Rosenstock-Hussey. Böhm begleitete diesen gedanklichen Prozeß, 1948 gründete er zusammen mit Walter Eucken das wirtschaftswissenschaftliche Jahrbuch „Ordo". Die Gedanken Franz Böhms und der Freiburger Schule flossen bei der Formulierung des Grundgesetzes der Bundesrepublik Deutschland ein, sie sind im Artikel 28 niedergelegt.

Im Evangelischen Studienzentrum Villigst wurde 1950 ein Arbeitskreis gebildet, in dem wirtschaftswissenschaftliche und theologische Ideen zusammengeführt wurden. Das Ziel war es, ein „Analogon zur katholischen Soziallehre zu entwickeln, das, wie diese, auf dem Naturrecht beruhte"[97]. Dieser Kreis speiste sich aus den Ideen der internationalen Mont-Pèlerin-Gesellschaft, der Franz Böhm angehörte und die sich mit der Arbeit an liberalen Ideen befaßte. Vertreter aus fast allen Ländern der freien Welt waren in dieser Gesellschaft versammelt[98].

Dem Bundestag gehörte Böhm von 1953 bis 1965 an. Und auch wenn er von der bundesdeutschen Erinnerungskultur bisher kaum wahrgenommen wird, ist Franz Böhm doch für bundesdeutsche Spitzenpolitiker als Vorbild von großer Bedeutung[99], nicht zuletzt wegen seines Beitrags zur Gestaltung des bundesdeutschen Kartellrechts[100]. Wichtiger war jedoch sein grundlegender Beitrag zur Einführung der sozialen Marktwirtschaft. Ludwig Erhard schrieb: „Es ist nicht zu bestreiten, daß ohne Franz Böhm, seine Lehren und Gedanken die Durchsetzung der sozialen Marktwirtschaft viel größeren Widerstand zu überwinden gehabt hätte."[101]

Der vielleicht wichtigste Teil seiner politischen Arbeit für die Bundesrepublik war die Leitung der Delegation, die mit dem 1948 gegründeten Staat Israel und den jüdischen Weltorganisationen über Aussöhnung und Wiedergutmachung verhandelte. Yohanan Meroz bescheinigte ihm: „Für die Menschen meines Landes ist Franz Böhm ein bewunderter Träger wahrer Versöhnung und echten Sichverstehens."[102] Jüdische Freunde trugen ihm die Leitung eines zu gründenden Instituts zur Erforschung des Antisemitismus an, was ihn freute, er gleichwohl aber ablehnte[103].

4. Schluß

Zu allen Zeiten war Franz Böhm ein brillanter und unbestechlicher Denker, der stets auf der Seite des Rechts stand und den Gedanken des Sozialen auf hervorragende Weise mit dem der Freiheit zu verbinden wußte. Dabei blieb er immer ein Warner vor Gefahren, denn er bezwei-

---

96 Ebd., S. 41.
97 Ebd., S. 42.
98 Ebd., S. 44.
99 So bezeichnet sich etwa Kurt Biedenkopf als „Enkel Franz Böhms"; Biedenkopf, Kurt: Erneuerung der Ordnungspolitik, in: Ludwig-Erhard-Stiftung (Hg.), Lambert, Martin (Red.): Wirtschaftsordnung als Aufgabe. Zum 100. Geburtstag von Franz Böhm (Symposion. Ludwig-Erhard-Stiftung, 34), Krefeld 1995, S. 15-33, hier S. 15.
100 Malettke, Klaus/Oldenhage, Klaus: Fritz Hellwig zum 100. Geburtstag, in: dies. (Hg.): Fritz Hellwig. Saarländer, Deutscher, Europäer. Eine Festschrift zum 100. Geburtstag (Darstellungen und Quellen zur Geschichte der deutschen Einheitsbewegung im neunzehnten und zwanzigsten Jahrhundert, 20), Heidelberg 2012, S. 369-423, hier S. 412; Hellwig, Fritz: 100. Geburtstag Ludwig Erhards, in: ebd., S. 440-460, hier S. 447.
101 Zitiert nach Blumenberg-Lampe, Franz Böhm (s. Anm. 3), S. 114.
102 Meroz, Franz Böhm (s. Anm. 25), S. 22.
103 Zu Böhms Arbeit und Haltung bezüglich des Antisemitismus vgl. Mestmäcker, Ernst-Joachim: Freiheit und Ordnung in der Marktwirtschaft, in: Kaff/Biedenkopf, Franz Böhm (s. Anm. 19), S. 37-52, hier S. 39 ff.

felte, daß mit Gesetzen der Machtmißbrauch des Individuums ausgeschlossen werden könne[104]. Eine demokratische Staatsform bedeutete seiner Meinung nach noch nicht, daß die hier verankerten Rechte und Freiheiten auch eingehalten würden. Die Tatsache der freien, durch Mehrheit geregelten Gesetzgebung biete noch nicht die Garantie für Rechtsstaatlichkeit und Freiheit[105]. Diese klare Sicht der Dinge ließ ihn, zusammen mit seinen wissenschaftlichen Leistungen und dem klaren Eintreten gegen das NS-Regime, sogar vorübergehend zum Kandidaten für das Amt des Bundespräsidenten werden. Er war als Nachfolger von Theodor Heuß im Gespräch[106].

Die Gedanken Franz Böhms sind auch im Jahrhundert nach ihrer Formulierung bedeutende Anregung und Ansporn. Daß er nicht dem NS-Regime zum Opfer fiel, darf als besonderes Glück auch für das von den Widerstandskämpfern ersehnte Deutschland nach dem Ende der Hitler-Diktatur gelten. Abschließend sei ein Satz seines Schülers Ernst-Joachim Mestmäcker zitiert, der drei wesentliche Aspekte der Persönlichkeit Böhms auf überzeugende Weise beleuchtet. Den des NS-Gegners, den des ordoliberalen Politikers und – ganz typisch – den des Corpsstudenten: „Die Menschennatur hat die Möglichkeit zum Guten und Bösen. Es ist die Aufgabe der Gesellschaft, dafür zu sorgen, daß die Möglichkeiten zum Bösen kleinbürgerliches Format behalten."[107]

---

104 Böhm, Rechtsstaat (s. Anm. 23), S. 85 f.; vgl. Zieschang, Staatsbild (s. Anm. 22), S. 198.
105 Hoppmann, Erich: Freiheit und Ordnung in der Demokratie – Sprachverwirrungen als politisches Instrument, in: ders.: Wirtschaftsordnung und Wettbewerb (Wirtschaftsrecht und Wirtschaftspolitik, 100), Baden-Baden 1988, S. 139-157, hier S. 154.
106 Hollerbach, Franz Böhm (s. Anm. 15), S. 299.
107 Wallmann, Walter: Vortrag anläßlich der Veranstaltung der Ludwig-Erhard-Stiftung und des Magistrats der Stadt Frankfurt am Main am 21. November 1985 im Kaisersaal des Römers, in: Recht und Gesittung (s. Anm. 18), S. 5-8, hier S. 6.

Dokumentation

Wolfgang Nüdling

Vielfältiges pennales Korporationswesen in Würzburg – Die Schülerverbindungen des Alten Gymnasiums Würzburg*

Schülerverbindungen führen heute in Deutschland angesichts der zahlreichen studentischen Korporationen in den meisten Regionen nur noch ein Schattendasein. Doch war dies nicht immer so, denn in der Zeit des Deutschen Reichs waren sie weit verbreitet. So auch in Würzburg, wo es vor 1945 eine große Zahl an Schülerverbindungen gab, von denen lediglich zwei, die Abituria der Oberrealschule – seit 1993: Abituria Wirceburgia – und die Absolvia 1887 Würzburg, die Zeit des „Dritten Reichs" einschließlich des Zweiten Weltkriegs überlebt haben. Beide Vereinigungen sind mit der Geschichte des Röntgen-Gymnasiums eng verbunden, da sie einst von Schülern dieser Lehranstalt, der damaligen Oberrealschule, gegründet worden waren. Doch auch an den anderen höheren Schulen Würzburgs lassen sich Pennalien nachweisen, von denen zahlreiche Dokumente wie etwa Ansichtskarten, Einladungen zu Veranstaltungen oder Fotografien zeugen. In diesem Beitrag werden die Entwicklungsgänge der Schülerverbindungen nachgezeichnet, die einst an der ältesten höheren Schule Würzburgs, dem Alten Gymnasium – heute: Wirsberg-Gymnasium –, bestanden haben.

1. Ursprung und Wesensmerkmale

Beide Organisationsformen, Studenten- und Schülerverbindung, haben sich seit ihren Anfängen gemeinsam entwickelt, da es über Jahrhunderte nicht die heute übliche Zweiteilung zwischen Schul- und Hochschulbildung gab. Höhere Schule und Universität waren früher inhaltlich, räumlich und personell eng verbunden. So auch in Würzburg, wo das 1561 von Fürstbischof

---

* Dieser Beitrag ist Ulrich Becker gewidmet, dem langjährigen Leiter des Instituts für Hochschulkunde (IfH) an der Universität Würzburg, in großer Dankbarkeit für seine jahrzehntelange Unterstützung der Forschungen des Verfassers über Schülerverbindungen im deutschen Sprachraum. – Der Verfasser ist zu großem Dank verpflichtet: der IfH-Kustodin Dr. Michaela Neubert, Gösta Rössner (Bamberg-Gundelsheim), Wolfgang Schmidt (Braunschweig), Walter Stöber (Aub-Baldersheim) sowie Manuel Weskamp (Hamburg) für ihre wertvolle Mithilfe bei der Erschließung der Quellen, Hermann Engert † und Dr. Hans Wördehoff † – beide Abiturjahrgang 1937 des Alten Gymnasiums Würzburg – für ihre zahlreichen Auskünfte, sowie OStD i. R. Norbert Bengel, ehemaliger Leiter des Wirsberg-Gymnasiums, für die Genehmigung zur Nutzung des Schularchivs, und Frau Monika Hörner vom Schulsekretariat für ihre tatkräftige Unterstützung bei den Recherchen.

Friedrich von Wirsberg (1507-1573) gegründete Humanistische Gymnasium[1] mit der von seinem Nachfolger Julius Echter von Mespelbrunn (1545-1617) im Jahr 1582 errichteten Universität bis 1829 im gleichen Gebäude untergebracht war[2]. Erst Anfang bis Mitte des 19. Jahrhunderts wurde die Maturitäts- oder Reifeprüfung verbindlich für den Übertritt an eine Universität. Bis dahin sahen sich die Schüler der höheren Klassen den kaum älteren Studenten oft gleichgestellt. In zahlreichen europäischen Ländern werden die Schüler der Oberstufe auch heute noch als Studenten bezeichnet, in Deutschland war dies in manchen Gegenden bis vor dem Zweiten Weltkrieg üblich.

Was waren die Beweggründe der Schüler, sich zu eigenständigen Verbindungen zusammenzuschließen? Wie der auf Pennalkorporationen spezialisierte Historiker Hans Sünkel[3] einst feststellte, sind die meisten Schülerverbindungen aus den Bedürfnissen der relativ kurzen, aber umso bedeutenderen Zeitspanne zwischen Pubertät und Erwachsenwerden entstanden[4]. Auch früher fiel es den Jugendlichen in dieser Altersstufe schwer, einen eigenen Weg und Freiraum zu finden. Die Suche nach ihnen wurde in der Blütezeit der Schülerverbindungen durch das wesentlich strengere Erziehungssystem seitens Schule und Elternhaus noch verstärkt. Eine weitgehend selbstbestimmte Freizeitgestaltung, wie sie den Jugendlichen heutiger Tage möglich ist, war damals kaum denkbar. Zu sehr wurde das Leben der jungen Menschen durch strenge Regelungen eingeengt. Nach den „Satzungen des Königlich Bayerischen Gymnasiums zu Würzburg" aus dem Jahr 1836, die nicht weniger als 100 Paragraphen umfaßten, durften die Schüler weder „Beinkleider ungewöhnlichen Schnittes" noch „besonderen Haarschnitt und ungewöhnliche Bärte" tragen[5]. Der Besuch öffentlicher Theater war „ohne Bewilligung des Rektors niemals gestattet" und selbst solch eine Erlaubnis sollte nur „selten erteilt werden"[6]. An diesen harten Maßnahmen sollte sich bis Anfang des 20. Jahrhunderts kaum etwas ändern. So berichtet rückblickend Dr. Wilhelm Wenglein, der im Jahr 1904 Abiturient des Würzburger Alten Gymnasiums war:

„Dieses Lehrerkollegium, an seiner Spitze der Rektor, beherrschte damals [...] nicht nur den Betrieb der Schule, sondern auch das Privatleben des Schülers absolut. Ja, seiner Autorität war die Autorität der Eltern untergeordnet. Ich erinnere mich z. B., daß mir mein Rektor kurz vor dem Abitur zwei Stunden Karzer diktierte, weil ich in Begleitung, also mit Erlaubnis meines Vaters, einen Spazierstock trug. [...] Unsere Schule war eine absolute Autoritätsschule [...]. Zu unserer Zeit war schlechthin alles verboten, was die Schuloberen für den Schüler schädlich oder auch nur nicht angemessen hielten. [...] Polizeistunde war bei Einbruch der Dunkelheit, spätestens aber abends um 6 Uhr. Da hatten wir zu Hause zu sein. Wer später auf der Straße

---

1   Die Schule wurde 1960, also fast vier Jahrhunderte später, nach ihrem Gründer „Wirsberg-Gymnasium" benannt.
2   Brecht, Josef (Red.): 425 Jahre Wirsberg-Gymnasium Würzburg. Festschrift zum Gründungsjubiläum, Würzburg 1986, S. 64.
3   Sünkel, Hans (Bearb.): Verzeichnis der deutschen Schülerverbindungen (GDS-Archiv für Hochschul- und Studentengeschichte, Beiheft 5), Vierow b. Greifswald 1996. – Zu Sünkel (1913-1999): Golücke, Friedhelm: Verfasserlexikon zur Studenten- und Hochschul[Universitäts-]geschichte. Ein bio-bibliographisches Verzeichnis (Abhandlungen zum Studenten- und Hochschulwesen, 13), Köln 2004, S. 328.
4   Sünkel, Hans: Das Deutsche Schülerverbindungswesen und seine Vertreter in Würzburg. Festvortrag auf dem 80. Stiftungsfest der Abituria der Oberrealschule Würzburg (heute Abituria Wirceburgia), in: Mitteilungsblatt der Abituria der Oberrealschule Würzburg, Teil 1 (Dezember 1990), S. 2-8, ebd., Teil 2 (April 1991), S. 5-8.
5   Satzungen des Königlich Bayerischen Gymnasiums zu Würzburg, Würzburg 1836.
6   Ebd.

gesehen wurde: Rektoratsstrafe. Der Pedell hatte das Recht und oft den Auftrag, verdächtige Streuner in ihrer Wohnung zu kontrollieren. Wirtshausbesuch ohne Begleitung Erwachsener war schlechthin verboten und unter strenge Bestrafung gestellt. Im Wiederholungsfall: Dimission[7]. Auch das Tanzen war verboten, ja, wir durften zur Erlernung des Tanzens nicht einmal eine Tanzstunde besuchen. Zur Vorbereitung auf das damals übliche, große dreitägige Abschiedsfest der Abiturienten bekamen die Oberklässer in der Turnhalle Tanzunterricht, aber ohne Damen. Wir mußten unter uns Schülern tanzen – ein tolles Gehopse. Auch sonstigen Sport kannten wir nicht, ja, er war zum Teil, wie z. B. das Rudern, streng verboten. Verboten war auch das Tragen von Spazierstöcken, von Mützen jeglicher Art, also auch Sport- und Reisemützen."[8]

Noch in der bayerischen Schulordnung von 1914 finden sich die meisten der von Wenglein aufgeführten Verbote und harten Strafen bestätigt[9].

Kein Wunder, daß die Schüler nach Unabhängigkeit suchten, um dem Druck zu entgehen und entgegenzuwirken. Sie schlossen sich, Formen der ersehnten „akademischen Freiheit" adaptierend, zu Schülerverbindungen zusammen. In solch einer Gruppe Gleichgesinnter und Mitleidender stärkte man sich gegenseitig und konnte wenigstens für die Zeit der gemeinsamen Veranstaltungen die Alltagssorgen hinter sich lassen. Bedingt durch das allgemeine Verbot der Schülerverbindungen wichen die Mitglieder der Würzburger Schülerverbindungen ins Umland aus, um dort ihre Zusammenkünfte abzuhalten. Wegen der damals noch kaum ausgeprägten Motorisierung war man hauptsächlich zu Fuß unterwegs. Auf der Übersicht (Abb. 1) ist die räumliche Situation Würzburgs mit den Orten der näheren Umgebung wiedergegeben, die für Veranstaltungen der Schülerverbindungen in Frage kamen.

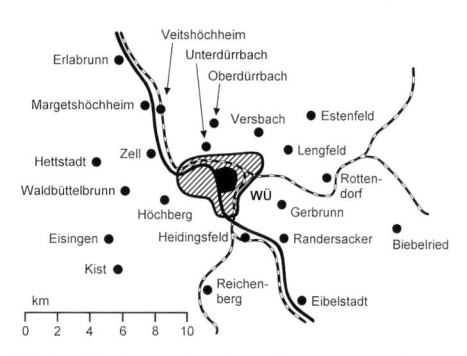

Abb. 1: Würzburg mit seinen Nachbargemeinden, um 1900 (Quelle: Sammlung des Verfassers)

Ein weiterer, im Grunde genommen ebenso wichtiger, wenn nicht wichtigerer Aspekt, der zur Bildung von Schülerverbindungen führte, war das Bestreben, durch einen festen Bund die Freundschaft unter den Mitschülern über die Schulzeit hinaus zu bewahren, was bis heute eines der essentiellen Ziele pennaler Korporationen darstellt. Offensichtlich hatte man schon recht früh erkannt, daß man sich nach dem Schulabschluß schnell aus den Augen verliert, wenn nicht eine gefestigte Organisation eine fortdauernde Kontaktpflege gewährleistet. Die dafür zeitgemäße Form waren seit dem 19. Jahrhundert Vereinigungen nach korporationsstudentischem

---

7   Verweis von der Lehranstalt.
8   Wenglein, Wilhelm: Erinnerungen eines Alt-Pennälers, in: Festschrift zur Wiedersehensfeier der ehemaligen Angehörigen des Alten und Neuen Gymnasiums Würzburg am 14., 15. und 16. Juli 1956, Würzburg 1956, S. 21-25.
9   Schülersatzung für die höheren Lehranstalten, München 1914.

Würzburg. Altes Gymnasium

Abb. 2: Das Alte Gymnasium Würzburg, 1926 (Quelle: Sammlung des Verfassers)

Muster mit den entsprechenden Charakteristika: Lebensbund- und Conventsprinzip, Unterteilung in Aktivitas und Altherrenverband, Farben, Wahlspruch, Bundeslied usw.

Wie eingangs erwähnt, war der Übergang zwischen höherer Schule und Universität bis in die ersten Jahrzehnte des 19. Jahrhunderts fließend, insofern ist es kaum verwunderlich, daß sich studentischer Habitus und studentisches Gedankengut auch bei den Schülern der Oberklassen höherer Schulen verbreiteten und somit die Entwicklung von Hochschul- und Schülerverbindungen zunächst parallel verlief. Dies belegen in Würzburg die pennalen Corps, Burschenschaften und Landsmannschaften, welche entsprechenden Strömungen im universitären Korporationswesen vergleichbar sind. Anders als in Österreich ist in Deutschland jedoch keine flächendeckende Entwicklung von konfessionell ausgerichteten pennalen Vereinigungen feststellbar. Auch in Würzburg sind, trotz des ausgeprägten Katholizismus, dem Verfasser für die Zeit ab etwa 1820 bislang keine rein katholischen Pennalverbindungen bekannt.

2. Schülerverbindungen am Würzburger Gymnasium im 19. Jahrhundert

Die ersten Schülerverbindungen Würzburgs waren, wie auch an anderen Orten, zunächst an eine bestimmte Bildungsanstalt gebunden. Das Würzburger Gymnasium, Vorläufer des späteren Alten Gymnasiums, besitzt die längste Tradition unter den örtlichen höheren Schulen, und so lassen sich hier die ältesten Pennälerverbindungen lokalisieren. Da diese auf Grund des strengen Verbots nur im Verborgenen existieren konnten, ist aus den Anfängen nur wenig bildliches und schriftliches Material überliefert. Eine Schülerverbindung fand meist nur dann Erwähnung, wenn ihre Existenz aufgedeckt wurde und sie in behördlichen Protokollen erscheint oder wenn sie in engerer Beziehung zu einer studentischen Korporation stand, die ihre Geschichte über eine längeren Zeitraum bewahren konnte.

Beide Kriterien treffen für die erste Schülerverbindung zu, die in Würzburg nachgewiesen werden kann. Im Sommersemester 1808 feindeten Studenten Mitglieder der Gymnasialverbindung Franconia an, weil man fälschlicherweise dachte, sie seien Anhänger der fränkischen Landsmannschaft, die zeitgleich an der Universität existierte[10]. Es kam zu harten Auseinandersetzungen zwischen Studenten und Pennälern, wobei die Landsmannschaft Franconia der Schülerverbindung Hilfe leistete. Die Auseinandersetzung wurde so erbittert geführt, daß das Bestehen der pennalen und der akademischen Franconia angezeigt wurde, worauf deren Mitglieder mit Karzerstrafen belegt wurden. Während sich die studentische Franconia[11] nach ihrer Zwangsauflösung wieder neu organisieren konnte, hat die gleichnamige Schülerverbindung die Streitigkeiten wohl nicht lange überlebt.

Mitglieder des gymnasialen Corps Orania – benannt nach dem nassauisch-niederländisch-luxemburgischen Herrschergeschlecht, abgeleitet von deren südfranzösischem Fürstentum Orange – waren 1836 maßgeblich an der Gründung des auch heute noch existierenden studentischen Corps Nassovia beteiligt. Ihre eigentliche Absicht, das seit 1835 suspendierte Corps Franconia zu reaktivieren, war „bei den Philistern desselben auf keine allzu große Gegenliebe" gestoßen, weswegen man sich zu der Neugründung entschloß[12].

Es wird vermutet, daß Orania die blau-orangen Farben des Herzogtums Nassau führte, da sie auch bei Nassovia getragen wurden, erweitert um zusätzliches Weiß in der Mitte und eine silberne Perkussion. Im Institut für Hochschulkunde an der Universität Würzburg befindet sich eine interessante Grafik, die Orania zugeschrieben wird, aber ganz andere Farben aufweist[13]. Es handelt sich um die Abbildung eines korpulenten Korporierten in Seitenansicht beim Biertrinken, der ein Cerevis mit den Farben weiß-rot und goldenem Eichenlaub trägt (Abb. 3). Die Widmung unter der Grafik lautet „Eisenstuck s/m Stenger z. frdl. Andenken Würzburg 1853" und schließt ab mit einem Zirkel (Abb. 4), der weitere Ungereimtheiten offenbart. Die am deutlichsten zu erkennenden Buchstaben sind ein „N" sowie ein nicht ganz geschlossenes „O" – oder „C"? –, dem ein „v" nachfolgt. Falls der Zirkel wirklich von Orania geführt wurde, warum wurde dann das „N" als Leitbuchstabe gewählt? Bedeutet dies vielleicht, daß man die gute Beziehung zur Nassovia auch im Zirkel der Schülerverbindung berücksichtigte? Da Nassovia allerdings erst nach Orania gegründet wurde, muß Orania in ihrer eigenen Anfangszeit einen anderen Zirkel geführt haben, da ein „N" für eine Verbindung, deren Namen mit „O" beginnt, keinen Sinn ergibt. Daß es bei Schülerverbindungen durchaus üblich war, den Zirkel zu ändern, kann man am Beispiel des wei-

---

10   Waas, Oskar: Die Pennalie. Ein Beitrag zu ihrer Geschichte (Geschichte des europäischen Studententums, 2), Graz 1967, S. 25; Maurmeier, Robert: Das Korps Franconia zu Würzburg, München 1905, S. 68 f.
11   Bei der Landsmannschaft Franconia handelt es sich um das heutige, gleichnamige Corps, die älteste heute noch bestehende Studentenverbindung Würzburgs, gegr. 1805, also nur drei Jahre vor dem erwähnten Vorfall mit der gymnasialen Franconia; vgl. Institut für Hochschulkunde Würzburg (Hg.), Becker, Ulrich (Red.): 1582-1982. Studentenschaft und Korporationswesen an der Universität Würzburg. Zur 400-Jahrfeier der Alma Julia-Maximiliana, Würzburg 1982, S. 233-235.
12   Ebd., S. 253 f.
13   Die Deutsche Gesellschaft für Hochschulkunde (DGfH) hat diese Grafik für ihren Jahreskalender 1981 als Motiv für den Monat Februar nachdrucken lassen.

ter unten erwähnten Gymnasialcorps Amicitia erkennen. Nicht nur die Farben und der Zirkel, sondern auch die auf der Grafik verewigten Protagonisten werfen Fragen auf, da weder Eisenstuck noch Stenger in den Corpslisten nachweisbar sind[14]. Dies ist verwunderlich, da es bei vielen Pennalcorps des 19. Jahrhunderts üblich war, nach dem Abgang vom Gymnasium und der Aufnahme eines Studiums einem akademischen Corps beizutreten. Dies alles legt den Schluß nahe, daß das Kunstwerk aus dem Umfeld einer anderen Würzburger (Pennal?-)Verbindung stammt, was Gegenstand weiterer Nachforschungen sein wird.

Erwiesen ist dagegen, daß sich zwischen dem pennalen und dem akademischen Corps Orania ein so gutes Verhältnis entwickelte, daß nach bestandener Reifeprüfung die Oranier bei Nassovia aktiv wurden. Die gebürtigen Franken, die überwiegend aus der Orania kamen, übertrafen zahlenmäßig bald den Anteil der nassauischen und aus anderen Regionen stammenden Mitglieder. So drängten die Einheimischen 1845 auf eine entsprechende Berücksichtigung im erweiterten Verbindungsnamen „Franco-Nassovia":

Abb. 3: Biertrinkender Korporierter, angeblich dem gymnasialen Corps Orania Würzburg angehörend, 1853 (Quelle: IfH Würzburg, Sammlung Bechthold)

„Nach Ablehnung dieses Vorschlages traten die Mitglieder Rudolf Heller, Valentin Wirth, Carl Josef Frantz und Benjamin Maas und ihr Anhang, die sämtliche aus der Gymnasial-Verbindung Orania gekommen waren, aus der Nassovia aus und erneuerten anfangs 1845 das Univ.

Abb. 4: Angeblicher Zirkel des gymnasialen Corps Orania Würzburg, 1853 (Quelle: IfH Würzburg, Sammlung Bechthold)

Corps Franconia. Ein neuerlicher Beweis, daß die Pennalien damals auch für Hochschulverbindungen keine geringe Bedeutung hatten."[15]

---

14 Rügemer, Karl (Bearb. u. Hg.): Kösener Korps-Listen von 1798 bis 1904. Eine Zusammenstellung aller Korpsangehörigen mit Angabe von Rezeptionsjahr, Chargen, Stand und Wohnort, beziehungsweise Todesjahr, Starnberg 1905; Gerlach, Otto (Bearb.): Kösener Corps-Listen 1930. Eine Zusammenstellung der Mitglieder der bestehenden und der nach dem Jahre 1867 suspendierten Corps mit Angabe von Jahrgang, Chargen und Personalien, Frankfurt a. M. 1930.

15 Waas, Pennalie (s. Anm. 10), S. 62 f. – Zu Heller, später Oberförster in Laufen a. d. Salzach, † 1894, Wirth, später Notar in Nürnberg, † 1893, Frantz, Pfarrer und Distriktschulinspektor in Würzburg, † 1901, Maas, später Arzt in Milwaukee, Wisconsin/USA, dort † ?: Gerlach, Corps-Listen (s. Anm. 14), S. 1366, Nr. 277-279, 291.

Ebenfalls schwerwiegende Auswirkungen hatte drei Jahre später ein heftiger Zwist um die Organisationsstruktur Nassovias, der darin gipfelte, daß acht Corpsbrüder unehrenhaft aus der Verbindung ausgestoßen wurden. Diese sorgten dafür, daß der Nachwuchs aus der Orania versiegte und Würzburger Gymnasiasten nach dem Ende ihrer Schulzeit nicht mehr der Nassovia beitraten.

Dank eines 1933 erschienenen Beitrags über Gymnasialverbindungen von Georg Meyer-Erlach, damals Leiter des Instituts für Hochschulkunde, ist das Wissen über viele weitere deutsche Pennalien des 19. Jahrhunderts der Nachwelt erhalten geblieben, darunter auch einige aus Würzburg (Abb. 5)[16].

Abb. 5: Erste Ausgabe des „Archivs für Studenten- und Hochschulgeschichte", 1933

Zwischen 1838 und 1882 lässt sich mit größeren Unterbrechungen am Würzburger Gymnasium ein pennales Corps Concordia nachweisen, das mit gleichnamigen Schülerverbindungen in Aschaffenburg, Bamberg, Schweinfurt und München freundschaftlich verbunden war. Die Verbindung führte rot-weiß-gelbe Farben, den Wahlspruch „Fratres Concordiae Vivant!" (F.C.V.) und feierte 1863 ihr 25-jähriges Bestehen[17]. Gegebenenfalls läßt sich der im Institut für Hochschulkunde in der Sammlung des Verbands Alter Corpsstudenten (VAC) aufbewahrte Biercomment, der auf den Eingangsseiten ein Wappen mit der Beschriftung „Concordia sei's Panier" enthält, dieser Pennalie zuordnen. Die in einer handschriftlichen Notiz angegebene Datierung „Biercomment des Würzburger Gymnasiasten Corps aus den 1820er Jahren" macht einen recht vagen Eindruck und ist offensichtlich von einem späteren Besitzer des Dokuments eingetragen worden. Eine zeitliche Zuordnung des Biercomments zur 1838 gegründeten Concordia scheint daher möglich. Gegen eine Gleichsetzung der beiden Concordia-Vereinigungen spricht allerdings, daß die Grundfarbe des im Biercomment aufgeführten Wappens die Farbe Blau ist, welche im Couleur der 1838er Concordia nicht vorkommt.

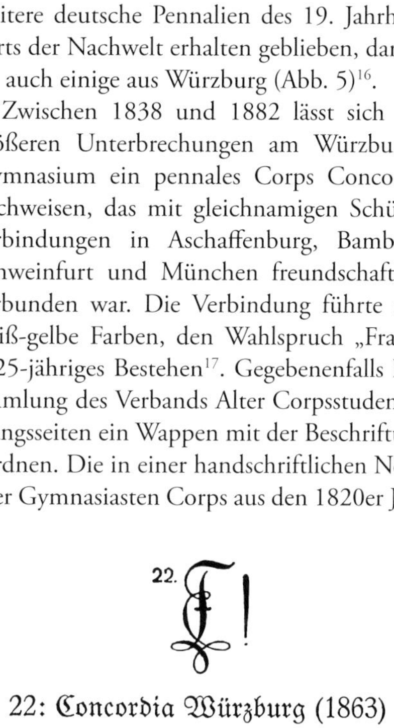

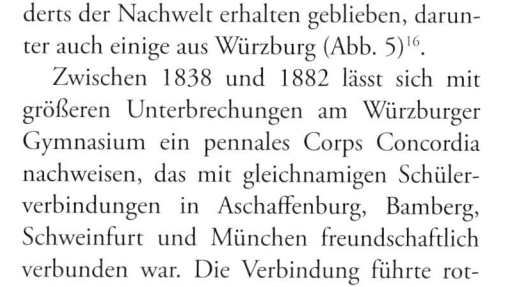

Abb. 6: Zirkel des pennalen Corps Concordia (Aus: Meyer-Erlach, Gymnasial-Verbindungen (s. Anm. 16), S. 38)

Das pennale Corps Amicitia, welches am 7. Juli 1842 am Würzburger Gymnasium gegründet worden war, gehörte einer Gruppe von Schülerverbindungen aus anderen fränkischen Gymnasialstädten an, die untereinander enge Beziehungen unterhielten: Franconia Aschaf-

---

16 Meyer-Erlach, Georg: Gymnasial-Verbindungen, in: Archiv für Studenten- und Hochschulgeschichte 1 (1933), S. 35-38. – Zu Meyer-Erlach (1877-1961): Golücke, Verfasserlexikon (s. Anm. 3), S. 228 f.
17 Meyer-Erlach, Gymnasial-Verbindungen (s. Anm. 16), S. 35, 37; Sünkel, Verzeichnis (s. Anm. 3), S. 134.

fenburg[18], Amicitia Bamberg und Amicitia Schweinfurt[19]. Die Pennäler standen in stetem Briefkontakt, luden sich gegenseitig ein und besuchten sich trotz der damals beschwerlichen Reisebedingungen zu den Stiftungsfesten ihrer Korporationen. Amicitia Würzburg hatte rot-gold-blaue Farben sowie rote Mützen und führte den Wahlspruch: „Vir fortis contemnit mortem". Die Verbindung läßt sich außer in ihrer Gründungszeit auch in den Jahren 1865 bis 1878 nachweisen.

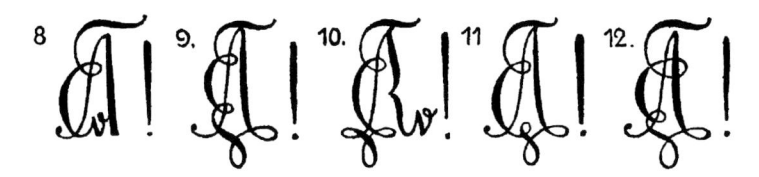

8 bis 12 Amicitia Würzburg (8 aus 1846, 9 und 10 aus 1866, 11 aus 1878 von einer Einladungskarte, 12 aus 1870)

Abb. 7: Zirkel des pennalen Corps Amicitia Würzburg, 1842 (Aus: Meyer-Erlach, Gymnasial-Verbindungen (s. Anm. 16), S. 38)

Nach dem Abschlußexamen war es bei den pennalen Corps üblich, sich einem akademischen Corps anzuschließen. So gingen „viele hervorragende Mitglieder" des Würzburger Corps Moenania aus den vier genannten pennalen Corps hervor[20].

Eine Schülerverbindung anderen Typs stellt die pennale Landsmannschaft Makaria dar, bei der es offensichtlich nicht die Verpflichtung gab, bei einem Hochschulcorps aktiv zu werden. Obwohl Meyer-Erlach bereits 1933 diese Schülerverbindung erwähnt hat, ist ein wichtiger Beleg für deren Existenz erst 1957 im Würzburger Kunsthandel aufgetaucht. Es handelt sich um ein Ölgemälde, das einen Ritter mit Fahne, Schärpe und Wappenschild vor der Festung Marienberg zeigt (Abb. 8). Der viergeteilte Schild zeigt einen Herkules mit Keule, darüber den Wahlspruch „amico pectus, hosti frontem", in einem grünen Kranz das (Gründungs-)Datum „14. II. 1850", einen Zirkel mit dem Leitbuchstaben „M" vor blau-gold-roten Farben und eine Eule[21]. Dem Chronisten des akademischen Corps Makaria, Herbert Kater, sowie dem damaligen Vorsitzenden des Vereins für corpsstudentische Geschichtsforschung, Erich Bauer, ist es zu verdanken, daß dieses Gemälde der pennalen Makaria zugeordnet werden konnte[22].

---

18 Ulrich Becker hat die zweibändige, handgeschriebene und reich illustrierte Chronik der Franconia Aschaffenburg für das Archiv der Studentengeschichtlichen Vereinigung des Coburger Convents anschaffen können (Sign. SGV), das im Würzburger IfH untergebracht ist. Das Aschaffenburger Gymnasialcorps wurde am 23. 1. 1843 gegründet, führte schwarz-silber-rote Farben und den Wahlspruch: „Vera amicitia sempiterna!"
19 Meyer-Erlach, Gymnasial-Verbindungen (s. Anm. 16), S. 35 f.
20 Waas, Pennalie (s. Anm. 10), S. 68.
21 Das Gemälde befindet sich im Besitz des Würzburger Corps Makaria-Guestphalia und war auf dem Titelblatt des DGfH-Jahreskalenders 1982 abgedruckt.
22 Kater, Herbert: Geschichte der Makaria zu Würzburg 1850-1950, Verden a. d. Aller 1963, S. 24-38. – Zu Kater (1909-2004): Bahnson, Karsten: In memoriam Dr. med. dent. Herbert Kater, in: Einst und Jetzt. Jahrbuch des Vereins für corpsstudentische Geschichtsforschung 51 (2006), S. 335-338; zu Bauer (1890-1970): Golücke, Verfasserlexikon (s. Anm. 3), S. 26-28.

Abb. 8: Wappenbild der pennalen Makaria, dem fränkischen Maler Peter Geist (1816-1867) zugeschrieben (Format: 40,0 x 50,0 cm) (Quelle: Corps Makaria-Guestphalia, Würzburg)

Interessanterweise führte das oben erwähnte gymnasiale Corps Amicitia identische Verbindungsfarben, nur in umgekehrter Reihenfolge. Hans Diem vermutete daher, daß zwischen beiden Pennalien ein Zusammenhang bestand und die pennale Makaria von Amicisten gegründet wurde, die nicht in einem der Würzburger Universitätscorps Mitglied werden wollten[23]. Von Bauer und Kater wird als bewiesen angesehen, daß ehemalige Mitglieder der pennalen Makaria am 7. Dezember 1863 an der Universität eine gleichnamige Studentenverbindung gründeten, die sowohl den Zirkel als auch die Farben der Schülerverbindung übernahm. Aus dieser gingen nach wechselvoller Geschichte zwei heute noch bestehende Studentenverbindungen hervor, das Corps Makaria-Guestphalia[24], das die Verbindungsfarben der pennalen bzw. akademischen Makaria beibehalten hat, und die Landsmannschaft Alemannia-Makaria[25].

Die akademische Makaria versuchte 1868, also fünf Jahre nach ihrer Entstehung, am Würzburger Gymnasium erneut Fuß zu fassen und gründete zu diesem Zweck die Schülerverbindung Neo-Makaria[26]. Von dieser Pennalie existiert in Privatbesitz eine Urkunde, mit der im Dezember 1868 ein akademischer Makare zum Ehrenphilister ernannt wurde. Auf der Rückseite des Dokuments befindet sich eine handschriftliche Notiz, offensichtlich von einem der Vorbesitzer. Danach war Neo-Makaria für die Heranziehung von Nachwuchs für die Landsmannschaft zuständig. Aus der Anmerkung geht außerdem hervor, daß die Pennalverbindung die damaligen Mitglieder der Landsmannschaft Makaria zu Ehrenphilistern ernannte.

Um 1860 ist am Würzburger Gymnasium eine pennale Burschenschaft Liga nachweisbar, von der außer dem Verbindungsnamen keine weiteren Informationen vorliegen[27]. Etwas besser ist die Quellenlage für das pennale Corps Germania (Farben: rot-grün-weiß), das 1865 gegründet wurde und von dem noch 1891 Beziehungen zum Münchener Pennalcorps Rania bekannt sind[28].

---

23 Diem, Hans: Entstehungsgeschichte der Makaria Würzburg, in: Becker, Ulrich (Hg.): Beiträge zur Geschichte der Landsmannschaft Alemannia Makaria Würzburg, Bd. II, Würzburg 1988, S. 11-17.
24 IfH/Becker, Studentenschaft (s. Anm. 11), S. 245-247.
25 Ebd., S. 216 f.
26 Blau-gold-rote Farben, hellblaue Mützen mit rot-goldenem Rand, Wahlspruch: „Fortes fortuna adjuvat"; Diem, Entstehungsgeschichte (s. Anm. 23), S. 15; Waas, Pennalie (s. Anm. 10), S. 106.
27 Meyer-Erlach, Gymnasial-Verbindungen (s. Anm. 16), S. 35.
28 Ebd., S. 35; Waas, Pennalie (s. Anm. 10), S. 106 f.

Meyer-Erlach vermutete, dass die fünf Verbindungen Concordia, Amicitia, Makaria, Liga und Germania niemals gleichzeitig am Würzburger Gymnasium bestanden. Vielmehr sei von einer jeweils nur kurzen Blütezeit auszugehen, nach der sie alsbald unterdrückt wurden[29].

3. Abiturientenvereinigungen am Alten Gymnasium bis 1918

Von den zwei Synonymen, die einst für die Reifeprüfung gebräuchlich waren – Abiturienten-Examen bzw. Absolutorium –, leiteten sich im 19. Jahrhundert „Abituria" und „Absolvia" als Bezeichnungen für den jeweiligen Abschlußjahrgang einer Schule ab. Trotz strengen Verbots der Schülerverbindungen durften die Feiern zum Schulabschluß in Formen eines studentischen Kommerses abgehalten werden. Den Abiturienten war es zudem gestattet, zu diesem Anlaß Mützen und Bänder zu tragen. Aus diesen losen Zusammenschlüssen entstanden auch echte Schülerverbindungen, was von der Schulobrigkeit sicher nicht beabsichtigt war.

Da sowohl bei den lockeren „Feiergesellschaften", die sich nach den Festlichkeiten wieder auflösten, als auch den Abituria- und Absolviabünden die gleichen Merkmale erscheinen – Wappen, Wahlspruch, Zirkel, dreifarbiges Band, Bundeslied, studentische Mütze, Bier- und Weinzipfel usw. –, ist die Unterscheidung zwischen beiden Organisationsformen schwierig, wenn nicht unmöglich. Eines der wenigen, wenn auch nicht sicheren Abgrenzungskriterien findet sich auf Couleurkarten: Wenn auf der Karte das Jahr des Schulabschlusses angegeben ist, handelt es sich eher um einen losen Verbund von Absolventen. Bei den echten Schülerverbindungen ist eine Jahresangabe auf Couleurkarten weniger üblich – vor allem für die Zeit nach 1918 –, um die Druckwerke über einen längeren Zeitraum nutzen zu können. Bei den lockeren Absolventenvereinigungen fällt zudem die immer wieder vorkommende Änderung von Farben, Wahlspruch, Zirkel usw. auf, während die wirklichen Pennalverbindungen über die Jahre in dieser Hinsicht eine größere Beständigkeit aufweisen. Die zu den Schlußfeierlichkeiten herausgegebenen Einladungs-, Couleur- und Tanzkarten waren oft sehr aufwendig gestaltetet und wurden von renommierten Würzburger Druckereien wie Scheiner oder Stürtz hergestellt. Vor allem die vor 1918 als Lithografien produzierten Druckwerke sind auf Grund ihrer besonderen künstlerischen Qualität eine Bereicherung jeder Würzburg-Sammlung.

Von der zweiten Hälfte des 19. bis Anfang des 20. Jahrhunderts sind am Würzburger Gymnasium zahlreiche Abiturientenvereinigungen nachweisbar, deren Charakteristika in der nachstehenden Tabelle zusammengefaßt sind. Vielleicht befinden sich darunter auch echte Schülerverbindungen, die aber, wie erwähnt, von den losen Vereinigungen nur schwer zu unterscheiden sind. Zu den ältesten dem Verfasser bekannten Bilddokumenten Würzburger Abiturienten zählt ein Fotoalbum, in welchem Leonard Dittmeyer die ihm gewidmeten Portraitfotos seiner Mitschüler gesammelt hat[30]. Die meisten davon sind mit Dittmeyer zusammen 1875 am Würzburger Gymnasium zur Reifeprüfung angetreten. Von den insgesamt 32 Schülern, deren Fotos noch im Album vorhanden sind, können über die Hälfte der damaligen Abituria zugeordnet werden, da diese Pennäler mit Abiturientenmütze und Brustband abgebildet sind.

---

29 Meyer-Erlach, Gymnasial-Verbindungen (s. Anm. 16), S. 35.
30 Wolfgang Schmidt (Braunschweig) hat dieses Album einst im unterfränkischen Weinort Iphofen in einem kleinen Antikladen erworben und es Anfang 2011 dankenswerterweise an den Verfasser weitergegeben.

Abb. 9a u. 9b (Vorder- und Rückseite): Portraitfoto des jüdischen Schülers Berthold Hecht mit Abiturientenmütze und Burschenband. Hecht wurde 1857 in Bonnland geboren (heute Truppenübungsplatz Hammelburg), bestand 1875 sein Abitur am Gymnasium Würzburg und starb 1891 in Werneck, wo er zuvor als Arzt tätig gewesen war. Auf der Rückseite befindet sich seine handschriftlich Widmung: „[Berthold] Hecht s[einem] l[ieben] [Mitabiturienten] [Leonard] Dittmeyer z[ur] f[reundlichen] Erinnerung 1875"[31].

Im Jahr 1886 ging auf Grund des großen Zustroms von Schülern aus dem Würzburger Gymnasium eine zweite humanistische Lehranstalt hervor. Die beiden Schulen wurden zur Unterscheidung „Altes" und „Neues Gymnasium" genannt, wobei das Alte Gymnasium die bis 1561 zurückreichende Schultradition fortführte. Aus den Quellen ist ersichtlich, daß zumindest in der Anfangszeit des Neuen Gymnasiums die Abschiedsfeierlichkeiten noch gemeinsam begangen wurden.

---

31 Sammlung des Verfassers; bibliographische Daten: Jahresbericht des Gymnasiums Würzburg über das Schuljahr 1873/74, S. 6, sowie: http://www.alemannia-judaica.de/bonnland_synagoge.htm (Stand: Oktober 2012).

Tabelle: Abiturientenvereinigungen des Alten Gymnasiums Würzburg

Datierung (jj-mm-tt)	Objekt	Bezeichnung	Farben	Zirkel	Wahlspruch	Quelle (1)
1870-08-08	Burschenband	(keine Angabe)	rot-weiß-rot		Nunc te melioribus offer!	WN
1875	Portraitfotos von 17 Abiturienten	(vermutlich Abituria)	?-weiß-?		(unbekannt)	WN
1877	Pfeifenkopf	(keine Angabe)	?	?	?	WiG
1879-08	Tanzkarte	Abiturienten zu Würzburg	rot-weiß-rot		(keine Angabe)	Stöber
1886	Aufspaltung der Schule in Altes und Neues Gymnasium Würzburg					
1887-08-09	Liederheft zum Festkommers	Abiturienten der humanistischen Gymnasien zu Würzburg	rot-weiß-rot		(keine Angabe)	WN
1887-08-10	Tanzkarte	Abiturienten der human. Gymnasien	rot-weiß-rot		(keine Angabe)	WN
1890-08	Einladung zu den Abschiedsfeierlichkeiten	Abituria der humanistischen Gymnasien zu Würzburg	rot-weiß-rot		Per aspera ad astra!	WN
1892-07-19	Liederheft zum Festkommers	Abituria des alten humanistischen Gymnasiums Würzburg	rot-weiß-rot		(keine Angabe)	WN
1893-07-19	Einladung zum Kellerfest	Abituria des alten Gymnasiums Würzburg	rot-weiß-rot		Per aspera ad astra!	Becker
1893-12-22	Einladung zur Kneipe	(vermutlich Abituria des alten Gymnasiums Würzburg)	rot-weiß-rot		Per aspera ad astra!	Becker
1896	Einladung zu den Abschiedsfeierlichkeiten	Abituria der beiden humanistischen Gymnasien zu Würzburg	rot-weiß-rot		Per aspera ad astra!	WiG
1902	Einladung zu den Abschiedsfeierlichkeiten	Abituria des Alten Gymnasiums Würzburg	rot-gold-rot		Per aspera ad astra!	Stöber
1904	Couleurkarte	Abituria des alten Gymnasiums Würzburg	rot-weiß-rot		(keine Angabe)	WN

Datierung (jj-mm-tt)	Objekt	Bezeichnung	Farben	Zirkel	Wahlspruch	Quelle (1)
1907-06-05	Couleurkarte	(vermutlich Abituria) (2)	rot-weiß-rot		Ex virtute libertas!	WN
1909	Couleurkarte	Abituria des kgl. Alten Gymnasiums Würzburg	rot-weiß-rot		XAIPE NIKH☒A☒	WN
1909-07-15	Liederheft zum Festkommers	Abituria des Kgl. Alten Gymnasiums Würzburg	weiß-rot-weiß		(keine Angabe)	WN
1909-07-18	Couleurkarte	Abituria (3)	rot-silber-rot		Carpe diem.	WN
1911	Couleurkarte	Abituria des alt. Gymnasiums Würzburg	weiß-rot-weiß		(keine Angabe)	WiG, WN
1911-07-14	Einladung zum Festkommers	Abituria des kgl. alten Gymnasiums 1911	(keine Angabe)		(keine Angabe)	WiG
1912	Couleurkarte	Abituria des Alten Gymnasiums	weiß-rot-weiß		X☒☒i☒☒ ☒☒☒☒☒☒	WiG, WN
1913	Couleurkarte	Abituria 1913 Altes Gymnasium	weiß-rot-weiß		Durch Kampf zum Sieg!	WN
1914	Couleurkarte (Motiv 1, „Korporierter mit Bier", Querformat)	Abituria 1913/14 des kgl. Alten Gymnasiums Würzburg	(keine Angabe)	(keine Angabe)	(keine Angabe)	WN
1914	Couleurkarte (Motiv 2, „Dreifarb", Hochformat)	Abituria 1913/14 des Kgl. Alten Gymnasiums Würzburg	weiß-rot-weiß		Gaudeamus igitur!	Stöber, WN

(1) Quellen: Becker = Sammlung Ulrich Becker; Stöber = Sammlung Walter Stöber; WiG = Brecht, 425 Jahre Wirsberg-Gymnasium Würzburg (s. Anm. 2), S. 291-296; WN = Sammlung des Verfassers.

(2) Nur indirekter Hinweis auf das Alte Gymnasium, da 1907 bereits eine datierte Couleurkarte der Abituria des Neuen Gymnasiums Würzburg erschienen war.

(3) Die Couleurkarte wurde beim Druck nur mit der Aufschrift „Abituria" versehen, ohne Nennung einer bestimmten Bildungseinrichtung; auf Grund der Beschriftung (Gruß vom „Frühschoppen der Abituria Kgl. Altes Gymnasium", 18. Juli 1909) konnte die Karte einer Abiturientenvereinigung des Alten Gymnasiums Würzburg zugeordnet werden.

Einladung

der

ABITURIA

der humanistischen Gymnasien

Würzburg

zu ihren

Abschiedsfeierlichkeiten

im August 1890.

Per aspera ad astra!

Programm.

Freitag, den 8. August: Commers im Platz'schen Garten. Beginn 8 Uhr. (Die obere Gallerie bleibt für die verehrlichen Damen reserviert.)

Samstag, den 9. August: Garten-Fest mit darauffolgender Tanz-Unterhaltung in den Räumen des Platz'schen Gartens. Beginn 4 Uhr.

Sonntag, den 10. August: Musikal. Frühschoppen im Theater-Café. Beginn 1/2 11 Uhr.

Dienstag, den 12. August: Ausflug in den königl. Hofgarten zu Veitshöchheim.

Sollte infolge ungünstiger Witterung der Ausflug am 12. Aug. nicht stattfinden, so erfolgt Benachrichtigung durch Maueranschlag.

Abb. 10a u. 10b (Vorder- und Rückseite): Einladungskarte der Abituria der beiden humanistischen Gymnasien zu den sich über vier Tage (!) erstreckenden Abiturfeierlichkeiten, 1890 (Quelle: Sammlung des Verfassers)

Abb. 11: Couleurkarte einer Abituria-Vereinigung des Alten Gymnasiums Würzburg, 1904 (Quelle: Sammlung des Verfassers)

Abb. 12: Couleurkarte einer Abituria-Vereinigung des Alten Gymnasiums Würzburg, 1912 (Quelle: Sammlung des Verfassers)

Abb. 13: Gründungsjahrgang der Abituria des Alten Gymnasiums, 1919 (Quelle: Sammlung des Verfassers)

4. Die Abituria des Alten Gymnasiums von 1919

Die Abituria- und Absolvia-Vereinigungen bildeten einen neue Typus von Schülerverbindungen, da sie zwar ebenfalls farbentragend und überkonfessionell, aber, anders als die früheren pennalen Corps, Burschenschaften und Landsmannschaften, nicht zwangsläufig auf eine Mitgliedschaft in schlagenden Verbindungen ausgerichtet waren. Wegen der fehlenden Festlegung auf bestimmte religiöse, weltanschauliche oder politische Richtungen erregten sie als Keilpotential bei den Hochschulkorporationen der verschiedenen Couleurs großes Interesse. So haben zahlreiche Angehörige dieser Abituria- oder Absolvia-Vereinigungen nicht unwesentlich dazu beigetragen, den Nachwuchs sowohl nichtschlagend-konfessioneller – christlicher oder jüdischer – als auch schlagender Hochschulkorporationen wie Corps, Burschenschaften, Landsmannschaften, Turnerschaften, Sängerschaften usw. zu sichern.

Für das Alte Gymnasium Würzburg steht erst bei der am 23. Februar 1919 gegründeten Abituria zweifellos fest, daß es sich um eine echte Schülerverbindung gehandelt hat mit Lebensbundprinzip und Altherrenverband. Kriegsheimkehrer vereinten sich zu dieser Abituria mit dem Ziel, untereinander sowie mit der Schule und den nachfolgenden Jahrgängen freundschaftlich verbunden zu bleiben. Durch einen Zufallsfund ist ein Bild des Gründungsjahrgangs dieser Abituria überliefert. Mit Hilfe alter Jahresberichte des Wirsberg-Gymnasiums konnte nachgewiesen werden, daß alle Unterzeichner, die sich auf der Rückseite des Fotos verewigten, dem Abiturientenjahrgang 1919 des Alten Gymnasiums Würzburg angehörten: Ludwig Anfänger (x), Ottmar Benz, Ferd (Ferdinand) Fröhlich, F. (Franz) Gullemann, Eduard Keßler, Karl Larsen

Abb. 14: Couleurkarte der 1919 gegründeten Abituria des Alten Gymnasiums Würzburg, gelaufen 1920 (Quelle: Sammlung des Verfassers)

(xx), Georg Oettinger, A. (Adalbert) Ruck, Oskar Rübel (FM), Toni (Anton) Simon (xxx) und Karl Weber. Die hinter die Namen gesetzten Zirkel sind zudem identisch mit dem Zirkel, der sich auf Couleurkarten der Abituria von 1919 findet. Damit ist klar, daß das Foto den ersten Jahrgang dieser Schülerverbindung zeigt. Leider haben nicht alle der 23 abgebildeten Pennäler unterschrieben, daher ist mehr als die Hälfte der Gründungsmitglieder der Abituria unbekannt.

Abb. 15: Einladung der Abituria des Alten Gymnasiums, adressiert an „eine verehrliche katholische Studentenverbindung Raethia" (heute KDStV Franco-Raetia zu Würzburg), 1920 (die Einladungskarten der 1920er und -30er Jahre waren weit weniger aufwendig gestaltet als in der Zeit vor 1918) (Quelle: Sammlung des Verfassers)

Während im Kaiserreich die meisten Pennalkorporationen noch streng verfolgt worden waren, war in der Weimarer Republik die Einstellung gegenüber Schülerverbindungen wesentlich liberaler geworden. So wurde die Existenz der Abituria des Alten Gymnasiums Würzburg vom Rektor offiziell geduldet und sie konnte sich in ihrer Anfangszeit relativ ungestört entwickeln. Über die Jahre bis etwa 1931 gibt eine interessante Quelle Auskunft, die „Geschichte der Abituria des Neuen Gymnasiums Würzburg", des heutigen Riemenschneider-Gymnasiums[32]. Bereits auf der

---

[32] Dr. Walter M. Brod (1912-2010), 1931 Abiturient des Neuen Gymnasiums, 1930/31 mehrfacher Aktiven- und später Philistersenior seiner Abituria, übergab die von Aktivenchargen handschriftlich geführte Chronik im November 1962 dem Schularchiv des Neuen Gymnasiums. Zu diesem Zeitpunkt existierte seine Pennalkorporation schon seit etwa 30 Jahren nicht mehr. Brod trat während seines Medizinstudiums dem Würzburger Corps Moenania bei, war bis zu seinem Tod ein bekannter Studentenhistoriker, leitete viele Jahre ehrenamtlich das Würzburger IfH und war zudem ein heimatkundlicher Forscher sowie großzügiger Mäzen städtischer und universitärer Museen Würzburgs; Golücke, Verfasserlexikon (s. Anm. 3), S. 61-64.

Abb. 16: Expressionistisch wirkendes Titelblatt der Bierzeitung der Abituria des Alten Gymnasiums, 1930, erschienen vermutlich anläßlich einer Kneipe. Inhaltlich geht es um die humorvollen Beschreibungen der aktiven Bundesbrüder, in Versform gebrachte Huldigung der Tanzdamen oder einen scherzhaften Anzeigenteil (Quelle: Sammlung des Verfassers)

zweiten Kneipe dieser am 17. September 1920 gegründeten Schülerverbindung waren Vertreter der Abituria des Alten Gymnasiums zu Gast. Die fast gleichaltrigen Pennalien der beiden humanistischen Gymnasien Würzburgs schlossen gut einen Monat später, am 28. Oktober, ein besonderes Freundschaftsabkommen in Form eines Kartells. In den folgenden Jahren wurde die ältere „Schwesterverbindung" regelmäßig auf die Veranstaltungen der Abituria des Neuen Gymnasiums eingeladen, zu diversen Kneipen, Tanzveranstaltungen sowie den jährlich stattfindenden Stiftungsfesten und Kommersen zur bestandenen Abiturprüfung. Einen Rückschlag gab es allerdings im Anschluß an die Kartellkneipe am 29. Mai 1926, die in eine „wüste Sauferei"[33] ausgeartet war. Die Polizei wurde auf „dümmste Weise"[34] von einem Fuchs der Abituria des Alten Gymnasiums beleidigt, woraufhin sich die Ordnungsmacht bei den Direktoren der beiden Gymnasien beschwerte. Diese wiederum unterbanden zeitweilig jegliche Kneipen, so daß nur die von den Aktivitas' organisierten Tanzkurse weiterbestehen durften.

Allerdings legte sich die Aufregung bald wieder. Couleur-, Tanz- und Einladungskarten oder eine Bierzeitung (Abb. 16) zeugen vom florierenden Verbindungsbetrieb der Abituria des Alten Gymnasiums in der zweiten Hälfte der 1920er Jahre bis in die Anfänge der NS-Diktatur. Die Entgleisung des Jahres 1926 fand später keine größere Beachtung mehr, wie sich aus den Schilderungen des Abituria-Mitglieds Dr. med. Karl-Robert Emmerich entnehmen läßt, die in der Festschrift zur 425-Jahrfeier des Wirsberg-Gymnasiums im Jahr 1986 abgedruckt wurden:

„Die Abituria war eine Vereinigung, die sich weitgehend nach den Bräuchen der Studentenverbindungen ausrichtete: Es gab Füchse, meist Schüler, welche (unerlaubterweise) schon in der achten Klasse beitraten, Burschen und die alten Herren, die das Abitur schon längere Zeit hinter sich hatten. Auf dem Programm standen Fuchsenstunden, Konvente, Kneipen, auch einmal jährlich eine ‚Lumpenkneipe', außerdem eine Damenkneipe. Da war es immer ein

---

33 Geschichte der Abituria des Neuen Gymnasiums Würzburg, S. 93.
34 Ebd.

Spaß, wenn die des Lateins unkundige leitende Dame auf die Bitte eines Anwesenden: ‚Hohes Präsidium, tempus peto' antwortete: ‚Ich komme nach.' – Außerdem ‚stieg' nach Ende des Schuljahres der Festkommers. Dann gab es natürlich Tanzstunden und -ausflüge sowie ab und zu einen ‚Exbummel'. Die Farben waren rot-weiß-rot, bei den Füchsen rot-weiß. Die weißen Tellermützen wurden nach Erhalt der Abschlußzeugnisse stolz auf der Straße getragen.

Das Stammlokal blieb alle Jahre die Gastwirtschaft ‚Klüpfel' an der Juliuspromenade[35]. Hier hat mancher ‚Altpennäler' den Umgang mit Bier erlernt und erprobt. Kommerse wurden meist im Platzschen Garten oder in den Huttensälen abgehalten.

Vielen unvergeßlich sind sicher die Tanzausflüge nach Veitshöchheim mit Dampferfahrt und die Tanzstunden bei dem Geschwisterpaar Herzog in der Sanderstraße. Die Abituria bestand mit Wissen des Direktorats. Bekannt sind noch die Worte des von uns wie ein väterlicher Freund verehrten Oberstudiendirektors Dr. [Hans] Rheinfelder in der Turnhalle (das Alte Gymnasium hatte keine Aula): Es bestehe an der Anstalt mit seiner Erlaubnis eine Abituria. Der oberste Senior sei er. Kneipen brauchten nicht, Tanzausflüge müßten beim Direktorat angemeldet werden (offiziell nur bis 10.00 Uhr abends genehmigt).

Die letzte, mir noch erinnerliche Großveranstaltung fand im Winter 1935/36 im überfüllten (!) großen Huttensaal statt. Anwesend waren unter anderen Oberstudiendirektor Keßelring, ein Großteil der Lehrerschaft, darunter der Musiklehrer [Carl] Schadewitz. Ich erinnere mich noch, wie er bei der Gesangsdarbietung einer unserer Tanzdamen ‚... komm auf mein Schloß zu mir ...' sich an den Kopf griff. Anwesend waren weiterhin auch ehemalige Angehörige der Abiturientenjahrgänge vor dem Ersten Weltkrieg.

Kurz darauf mußte sich die Abituria unter politischem Druck auflösen und sich in eine ‚Kameradschaft' der ehemaligen Schüler des Alten Gymnasiums Würzburg umbenennen. Berichte aus den ausgehenden 30er Jahren besagen, daß sich die Angehörigen der Abituria aus weltanschaulichen Gründen (zur Ehre des einen Teils sei dies erwähnt!) in zwei Lager spalteten. Darüber scheint die Gemeinschaft zerfallen und in Vergessenheit geraten zu sein."[36]

Den Ausführungen im letzten Absatz muß widersprochen werden. Einer der letzten Zeitzeugen jener Abituria, Dr. Hans Wördehoff, teilte dem Verfasser mit, noch Ende der 1930er Jahre habe es Zulauf von Schülern zur Abituria gegeben. Wördehoff hat im Jahr 1937 am Alten Gymnasium bereits in der achten Jahrgangsstufe – entspricht der heutigen zwölften Klasse – die Abiturprüfung abgelegt. Seine Altersgruppe war direkt von den Kriegsvorbereitungen betroffen, da die nationalsozialistischen Machthaber an den höheren Schulen die Schulzeit um ein Jahr verkürzt hatten und folglich 1937 zwei Jahrgänge das Alte Gymnasium verließen. Obwohl es bei der Abituria offiziell keinen Fuchsmajor mehr gab, hat Wördehoff noch nach seinem Abitur den Mitgliedern des Jahrgangs 1939 insgeheim Fuchsenstunden gegeben (vom Jahrgang davor hatte keiner Interesse an der Abituria gezeigt). Der Unterricht für die neuen Mitglieder fand nachmittags um 14.30 Uhr an der Juliuspromenade in der Gastwirtschaft Klüpfel statt. Die rot-

---

[35] Auch die Abituria der Oberrealschule Würzburg nutzte dieses Lokal bis weit in die 1930er Jahre für Veranstaltungen; Mitteilungsblatt der Abituria Wirceburgia 41 (August 2000), S. 9-14.

[36] Zitiert nach: Brecht, Josef: „Alle Brüder sollen leben, die das roth-weiß-rothe Band umzieht!" – Erinnerungen an die Abituria des Alten Gymnasiums Würzburg, in: ders., 425 Jahre Wirsberg-Gymnasium Würzburg (s. Anm. 2), S. 291-296.

weiß-roten Verbindungsfarben konnten zu dieser Zeit nicht mehr in Form von Band und Mütze getragen werden, sondern nur noch relativ unauffällig als Bier- und Weinzipfel. Wenn schon die Machthaber keine Verbindungen mehr duldeten, blieb immerhin der Direktor der Anstalt, Georg Keßelring, der Abituria wohlgesonnen, nicht zuletzt, weil seine Tochter Traudl zu den Tanzdamen der Schülerverbindung gehörte.

Auch die beiden älteren Brüder Wördehoffs gehörten der Abituria an und hatten als Amtsträger Verantwortung übernommen: Philipp, geb. 1907, leitete als Senior die Aktivitas und Hermann, geb. 1912, war Fuchsmajor.

Von den vielfältigen Aktivitäten der Abituria zeugt ein altes Gästebuch, das Hans Wördehoff seinem Schulfreund Hermann Engert zur Aufbewahrung übergeben hatte und das mit der Eintragung einer „Zusammenkunft" am 19. Dezember 1938 beginnt. Auch größere Unternehmungen sind dokumentiert, so der Tanzausflug am 26. Dezember 1938 (Abb. 18), der mit 29 Teilnehmern und Teilnehmerinnen recht gut besucht war. Der Chronist schrieb:

„Abfahrt 19 h im Omnibus m. Anhänger nach Rottendorf zum Gasthof ‚Krone'. Drei Mann Musik. Die Korona sitzt an einer langen Tafel. Stimmung sehr gut. Rückfahrt 3^{30} im Omnibus ohne Anhänger (oh wie schön!) bei eisiger Kälte (außen!)."

Derartige Tanzausflüge sind Wördehoff in besonderer Erinnerung geblieben, am weitesten ging es dabei einmal nach Bad Mergentheim.

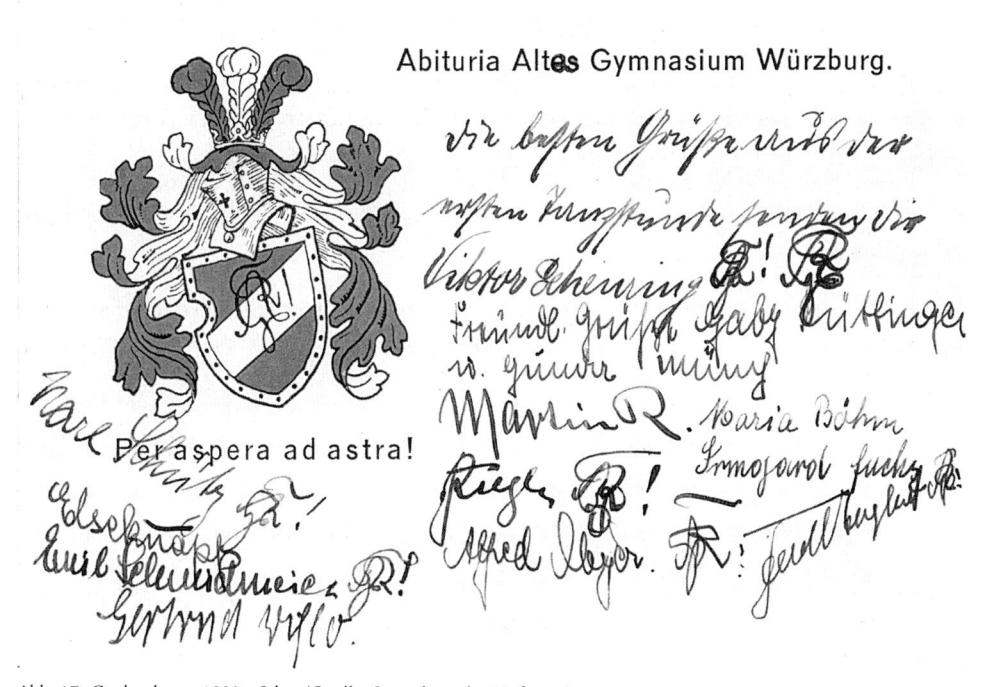

Abb. 17: Couleurkarte, 1930er Jahre (Quelle: Sammlung des Verfassers)

Abb. 18: Gästebuch der Abituria des Alten Gymnasiums, 26. Dezember 1938 (Quelle: Nachlaß Hermann Engert)

Andere Unterlagen wie das Sitzungsbuch der Abituria, Einladungen zu Veranstaltungen und Fotos, die in der Wördehoffschen Wohnung aufbewahrt wurden, gingen bei der Bombardierung Würzburgs am 16. März 1945 verloren.

Wie die meisten Schülerverbindungen Würzburgs hat die Abituria des Alten Gymnasiums die Zeit des „Dritten Reichs" in ihrer Form als Korporation nicht überlebt. Letzter Beleg im Gästebuch mit eindeutigem Verbindungsbezug ist am 25. November 1940 ein Allgemeiner Convent, der in der Gastwirtschaft „Walfisch" – heute: „Hotel Walfisch" – stattfand. Allerdings sind die Kontakte während der Kriegszeit und auch danach nicht abgerissen, wie Wördehoff dem Verfasser im Jahr 2003 mitteilte:

„Bis zum Kriegsende trafen wir uns wöchentlich meist im Kilianskeller (Bahnhofhotel) und setzten dies auch in München nach Schließung der Uni Würzburg im Spatenbräu (gegenüber Nationaltheater) fort. Eine Trennung zwischen der eigentlichen Abituria und den übrigen Mitabiturienten verwischte sich immer mehr, auch Kameraden aus anderen Schulen wurden integriert, obwohl es besonders auch in aktiven Zeiten keine offiziellen Kontakte zu anderen Schulen gab."[37]

Die ehemaligen Mitschüler trafen sich bis in die 2000er Jahre jeden ersten Mittwoch im Monat. Die nach 1945 veranstalteten „halbrunden" und „runden" Abiturjubiläen wurden dabei ins alte Abituria-Gästebuch eingetragen. Das 70jährige Jubiläum fand allerdings 2007 ohne größeren Aufwand und, der Zeit Tribut zollend, nur noch im kleinen Kreis statt.

---

37 Dr. Hans Wördehoff an den Verfasser, 22. 8. 2003.

Bartłomiej Wróblewski[1]

Noch ist Polen nicht verloren – die polnischen Studentenverbindungen 1816-2011

Wenig bekannt unter den Mitgliedern der Studentenverbindungen in deutschsprachigen Ländern ist die Tatsache, daß es überhaupt polnische Korporationen gibt. Polnische Studentenverbindungen haben eine reiche, fast 200 Jahre zurückreichende Tradition und sind nach 50-jähriger Unterbrechung seit Ende der 1980er Jahre wieder an den Hochschulen in Polen aktiv.

Die polnischen Korporationen sind den deutschen, insbesondere farbentragenden Verbindungen ähnlich. Das betrifft insbesondere die Organisationsstruktur, äußere Kennzeichen und die Gebräuche. Zwischen 1816 und 2010 existierten ca. 240 polnische Korporationen. Ähnlich wie im deutschsprachigen Raum kann man auch in Polen von einer Vielfalt der Verbindungstraditionen sprechen. Trotzdem hat nie eine Scheidung in nationalbewußte Burschenschaften, konfessionell geprägte Verbindungen oder eher traditionelle Corps und Landsmannschaften stattgefunden. Dennoch traten die für alle Hauptzweige des deutschen Burschentums charakteristischen Merkmale im Laufe der Geschichte bei den polnischen Korporationen auf.

1. Die ersten polnischen Verbindungen 1816-1914

Die ersten polnischen Studentenverbindungen wurden an den Universitäten in den Staaten gegründet, die das Gebiet Polens im 18. Jahrhundert teilten (Preußen/Deutschland, Österreich, Rußland). Sie übernahmen die Organisationskultur und -struktur der deutschen Verbindungen, waren jedoch stark national und patriotisch geprägt. Als erste wurde die Burschenschaft Polonia im Jahre 1816 in Breslau (Wrocław) und eine Zwillingsverbindung Polonia 1818 in Berlin gegründet. Beide Polonias existierten kaum mehr als ein Dutzend Jahre, die Verfolgung Anfang der dreißiger Jahre des 19. Jahrhunderts bereitete ihnen ein endgültiges Ende. Weitere

---

1 Dr. Bartłomiej P. Wróblewski, LL.M. (Universität Bonn) wurde 1975 geboren und studierte nach dem Abitur in Poznan/Posen und Bamberg Rechtswissenschaft, die juristische Magisterprüfung legte er 2000 in Posen, eine weitere 2002 in Bonn ab, es folgten Forschungsaufenthalte an der Universität Straßburg und an der Humboldt-Universität Berlin, 2009 Promotion zum Dr. jur. in Poscn mit cincr Arbeit über die Staatshaftung, 2010 Tätigkeit als Verfassungsexperte in der Kanzlei des polnischen Staatspräsidenten in Warschau, wissenschaftlicher Mitarbeiter an der dortigen Hochschule für Geisteswissenschaften; Mitglied der Korporationen Lechia und Surma zu Posen, Cerevisia zu Bamberg und Ascania zu Bonn.

polnische Verbindungen wurden auf russischem Gebiet im Baltikum gegründet (heute: Estland und Lettland), wo an der Universität in Dorpat (Tartu) und an der Technischen Universität in Riga viele Polen immatrikuliert waren. Die älteste war 1828 der Konvent Polonia in Dorpat, gefolgt von Arkonia (1879) und Welecja Riga (1883) sowie Lutycja Dorpat (1884). Außerhalb des Baltikums entstanden Anfang des 20. Jahrhunderts die Verbindungen Sarmatia Petersburg (1908), Jagiellonia Wien (1910), Lechia Czernowitz (1910) und Wisła Danzig (Gdańsk) (1913).

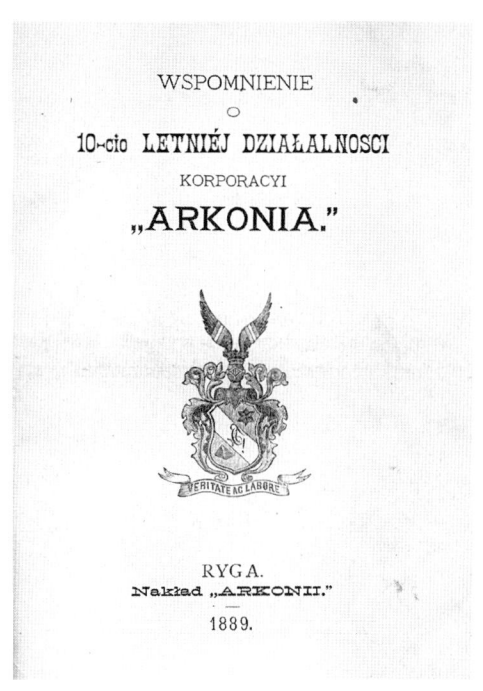

Abb. 1: Festschrift der Arkonia Riga, 1889 (Quelle: Archiwum Korporacyjne/Korporationenarchiv)

Abb. 2: Venedya Dorpat, um 1910 (Quelle: Archiwum Korporacyjne/Korporationenarchiv)

Abb. 3: Arkonia Riga, 1. Mai 1911 (Quelle: Archiwum Korporacyjne/Korporationenarchiv)

2. Korporationen in der Zweiten Republik Polen 1918-1939

Gegen Ende des Ersten Weltkriegs verlegten einige außerpolnische Verbindungen ihren Sitz ins wiedererstandene Polen, gleichzeitig bildeten sich ganz neue Konvente. Insgesamt wurden in der Zwischenkriegszeit über 200 neue Studentenverbindungen gegründet, und zwar an den Hochschulen in Vilnius (Wilna/Wilno), Warschau (Warszawa), Lemberg (Lwów/Lviv), Posen (Poznań), Krakau (Kraków), Lublin und Teschen (Cieszyn). Erwähnenswert ist auch, daß in dieser Zeit einige Dutzend Verbindungen ethnischer Minderheiten entstanden. Sie rekrutierten sich meist aus der ukrainischen, jüdischen oder deutschen Bevölkerung.

Die Korporationslandschaft war im Polen der Zwischenkriegszeit sehr vielfältig. Über die Hälfte der polnischen Korporationen verstanden sich als nationale Verbindungen, andere hatten christdemokratischen Charakter oder fühlten sich der Sanierungsbewegung verpflichtet, einem von Marschall Józef Piłsudski gegründeten politischen Zusammenschluß. Diese Orientierung weist jedoch eher auf die politischen Ausrichtungen und weniger auf die tatsächlichen ideologischen Unterschiede hin. Eine Vielzahl von Korporationen, wenn auch offiziell überparteilich und konfessionslos, war eng mit dem nationalen und konservativen Milieu sowie mit der katholischen Kirche verbunden. Ungefähr die Hälfte der polnischen Verbindungen gehörte dem im Jahre 1921 gegründeten „Bund der polnischen Studentenverbindungen" (Związek Polskich Korporacji Akademickich [ZPKA]) an. Das lateinische Motto dieses Bundes war: Salus Reipublicae Suprema Lex (Das Wohl der Republik sei das höchste Gesetz).

Abb. 4: Lechia Posen, in der Mitte „Verbindungsvater" Józef Dowbor-Musnicki, Heerführer des Aufstandes in Großpolen 1919, Posen 1922/23 (Quelle: Archiwum Korporacyjne/Korporationenarchiv)

Abb. 5: 100. Stiftungsfest der Verbindung Polonia Wilna, 1928 (Quelle: Archiwum Korporacyjne/Korporationenarchiv)

Abb. 6: Kommers des Verbands polnischer akademischer Korporationen, Lemberg, 8. Dezember 1928 (Quelle: Archiwum Korporacyjne/Korporationenarchiv)

Abb. 7: Marschall Józef Piłsudski, Ehrenmitglied der Verbindung Piłsudia Warschau, 1931 (Quelle: Archiwum Korporacyjne/Korporationenarchiv)

Abb. 8: Ball des Lemberger Verbindungszirkels, 1931 (Quelle: Archiwum Korporacyjne/Korporationenarchiv)

Abb. 9: Polnische Verbindung Samogitia Brünn, 20. Oktober 1931 (Quelle: Archiwum Korporacyjne/Korporationenarchiv)

Abb. 10: Treuegelübde der akademischen Jugend, die Fahnen der Studentenverbindungen, Tschenstochau 1936 (Quelle: Archiwum Korporacyjne/Korporationenarchiv)

Korporationen wurden in der Zwischenkriegszeit als elitäre Vereinigungen begriffen und genossen hohes gesellschaftliches Ansehen. Wahrscheinlich 10 bis 15 % der männlichen polnischen Studenten gehörten Verbindungen an. Viele prominente Persönlichkeiten des politischen, religiösen, wissenschaftlichen und kulturellen Lebens waren ordentliche Mitglieder bzw. Ehrenmitglieder, so etwa die Gründer und Führer der beiden damals größten politischen Lager, Józef Piłsudski (K! Piłsudia) und Roman Dmowski (K! Baltia), sowie Premierminister Ignacy Jan Paderewski (K! Patria) und Präsident Ignacy Mościcki (K! Welecja), die Generale Józef Dowbor-Muśnicki (K! Lechia) und Władysław Sikorski (K! Leopolia) sowie der Warschauer Erzbischof Aleksander Kakowski (K! Ostoja) und der Lemberger Erzbischof Józef Teodorowicz (K! Obotritia).

3. Kriegszeit und Kommunismus 1939-1989

Mit dem Ausbruch des Zweiten Weltkrieges war die Zeit der legalen Tätigkeit der Studentenkorporationen zu Ende. Viele Verbindungsmitglieder sind seit 1939 im Krieg und auf beinahe allen europäischen Schlachtfeldern gefallen. Noch mehr sind in russischen und deutschen Konzentrationslagern und Gefängnissen umgekommen, insbesondere in Katyn (Katyń) und Auschwitz (Oświęcim). Insgesamt sind in den Jahren 1939 bis 1956 über 2.000 Personen gefallen, ermordet worden oder verschollen, was über 10 % der Verbindungsstudenten ausmacht. Aber sogar unter solch dramatischen Umständen haben Korporationsmitglieder versucht, beständig in Kontakt zu bleiben und die Traditionen ihrer Verbindungen zu pflegen.

Abb. 11: Einladung zur Messe anläßlich des 23. Stiftungsfests der Verbindung Posnania Posen, Kriegsgefangenenlager Neubrandenburg, 1944 (Quelle: Archiwum Korporacyjne/Korporationenarchiv)

Abb. 12: Landesvaterstechen im Konvent Polonia, London 1969 (Quelle: Archiwum Korporacyjne/Korporationenarchiv)

Abb. 13: Enthüllung der Erinnerungstafel der Posener Verbindungen, Posen, 26. Mai 1984 (Quelle: Archiwum Korporacyjne/Korporationenarchiv)

Das Bekenntnis zur Mitgliedschaft in einer Korporation war im Polen der Nachkriegszeit ab 1956 nicht mehr mit Todes- oder Haftstrafe bedroht, konnte jedoch die berufliche Kariere oder den sozialen Aufstieg wesentlich beeinträchtigen. Dessen ungeachtet wurden die Korporationen Schritt für Schritt wiederbelebt und neu organisiert. Die ältesten und stärksten Korporationen schafften es, ihre Strukturen im Ausland aufrechtzuerhalten. So gab es korporationsübergreifende Philisterverbände in Chicago/USA und in Montreal/Canada. In Polen versuchten einige Korporationen, Freundschaftstreffen sowie Besuche und manchmal auch Kommerse zu veranstalten. In den siebziger und achtziger Jahren des vergangenen Jahrhunderts wurden meist in katholischen Kirchen und Klöstern rund zwei Dutzend Gedenktafeln enthüllt, die den ermordeten, gefallenen und verstorbenen Korporationsmitgliedern gewidmet sind. Die Gründung der aktiven und offiziell tätigen Verbindungen wurde jedoch erst nach der Wende 1989 möglich.

4. Reaktivierung der ersten Studentenkorporationen nach 1989

Die Wiedergeburt der polnischen Korporationen nach 50-jähriger Zwangspause war alles andere als selbstverständlich. Im Gegenteil, die meisten damals lebenden Philister hielten dies für unmöglich, ihr Durchschnittsalter lag 1989 bei weit über 80 Jahren. Darüber hinaus waren sie über ganz Polen und die Welt zerstreut, ihre materielle Lage war oft alles andere als gut. Dazu war nach einem halben Jahrhundert ohne Präsenz in der Öffentlichkeit die allgemeine Kenntnis über Korporationen sehr gering. Trotzdem wurden sie seit dem Ende der achtziger Jahre zu neuem Leben erweckt. 1991 in Posen und zwei Jahre später in Warschau erfolgte

Abb. 14: Neugründung der Verbindung Masovia Posen, 2006 (Quelle: Archiwum Korporacyjne/Korporationenarchiv)

Abb. 15: 88. Stiftungsfest des Posener Verbindungszirkels, Posen, 25. April 2009 (Quelle: Archiwum Korporacyjne/Korporationenarchiv)

die gerichtliche Eintragung korporationsübergreifender Philisterverbände. Unter dem Einfluß dieser Zusammenschlüsse, aber auch dank des Einsatzes anderer Philisterkreise und einzelner Philister, wurden die Korporationen reaktiviert. Als erste erstand in den Jahren 1990 bis 1993 die Korporation Lechia in Posen wieder, gefolgt 1992 von Sarmatia und Arkonia in Warschau. Insgesamt wurden in den Jahren zwischen 1988 und 2010 25 Korporationen reaktiviert und vier neue Konvente gegründet.

5. Polnische Korporationen 2011

2011 existieren 23 Korporationen, davon acht mit Sitz in Posen (Magna-Polonia, Lechia, Chrobria, Surma, Baltia, Masovia, Hermesia, Roma), fünf in Warschau (Arkonia, Welecja, Sarmatia, Aquilonia, Republica), drei in Danzig (Konvent Polonia, Wisła, Lauda), jeweils zwei in Breslau (Cresovia Leopolis, Magna Polonia Vratislaviensis), Thorn (Toruń) (Kujawja,

Batoria) und Krakau (Corolla, Arcadia) sowie eine in Lublin (Concordia). In den kommenden Jahren ist die Reaktivierung von weiteren Konventen geplant. Insgesamt gehören polnischen Korporationen ca. 650 Personen an, davon ca. 250 als aktive Mitglieder[2]. Zwischen den einzelnen Korporationen bestehen zahlenmäßige Unterschiede, lediglich drei Konvente haben mehr als 50 Mitglieder, 11 sogar weniger als 20. Versuche der Gründung einer polenweiten Dachorganisation sind gescheitert. Es gibt nur den Posener Korporationenkreis (Poznańskie Koło Międzykorporacyjne/Związek Polskich Korporacji Akademickich), in dem sechs Posener Verbindungen zusammengefunden haben, sowie einen korporationsübergreifenden Philisterverband, den „Verein der Philister der Studentenkorporationen" (Stowarzyszenie Filistrów Korporacji Akademickich). Diese Verbände umfassen etwa ein Drittel der polnischen Korporierten. In diesem Milieu ist auch das „Archiv und Museum der Polnischen Akademischen Korporationen" (Archiwum i Muzeum Polskich Korporacji Akademickich) und die Stiftung „Polnische Studentenkorporationen" (Polskie Korporacje Akademickie) angesiedelt. Eine andere, stärkere Gruppierung bilden die von der Mitgliederanzahl her größten und in einem Kartell verbundenen Korporationen Konvent Polonia (Danzig), Arkonia und Welecja (Warschau). Sie zählen zusammen über 200 Aktive und Philister. In diesem Kartell wurde die Idee des jährlich gefeierten polnischen Kommerses (Komersz Polski) geboren und verwirklicht, eine gemeinsame Korporationszeitschrift mit dem Titel „Korporant Polski" wird veröffentlich. Im Gegensatz zu Verbindungen des deutschsprachigen Raums verfügt keine polnische Korporation über ein Haus, die meisten nicht einmal über angemietete Räumlichkeiten, in denen man regelmäßig Treffen veranstalten könnte. Das sind Umstände, die nicht geringe Schwierigkeiten nach sich ziehen.

6. Charakter der polnischen Korporationen

Wie erwähnt, kann man polnische Verbindungen nicht nach dem deutschen Schema einteilen. Unterscheidungsmerkmale sind aber sichtbar. Zur polnischen Korporationstradition gehört als Schwerpunkt der Erziehungscharakter. Eine Orientierung nur auf Entspannung und Spaß wird, zumindest in der Theorie, abgelehnt. Die meisten der heutigen polnischen Korporationen berufen sich entweder direkt auf die Lehre der katholischen Kirche oder stützen sich auf unterschiedlich verstandene christliche Werte. Alle Korporationen nehmen Bezug – wenn auch mit unterschiedlichen Akzenten – auf die Prinzipien des Patriotismus und der Ehre, dabei verstehen sich alle als apolitische Organisationen. Ehrenkonflikte werden entweder auf Grund von mehr oder minder modernisierten Ehrenkodices gelöst oder vor den ständigen Korporations- bzw. Ehrengerichten entschieden. Duelle als letzte Form der Streitbeilegung werden im Prinzip allgemein und auf jeden Fall in der Praxis abgelehnt. Mensuren sind den polnischen Korporationen fremd. Alle Korporationen beziehen sich auf die Werte der Selbstbildung, Selbstverbesserung und Freundschaft. Darüber hinaus sind alle polnischen Verbindungen farbentragend.

---

2   Wróblewski, Bartłomiej (Hg.): Informator Poznańskiego Koła Międzykorporacyjnego, Poznań 2009, S. 120, 139.

7. Schluß

Polnische Korporationen haben einen schweren Stand. Einerseits konnten sie 50 Jahre lang nicht legal existieren, daher verfügen sie weder über starke Philisterverbände noch über nennenswertes Vermögen. Der Bekanntheitsgrad ist sehr gering. Andererseits agieren sie in einer Gesellschaft, die zwar unvergleichlich konservativer als die deutsche ist, die aber identischen Prozessen der Säkularisierung, des Moralrelativismus, des Kosmopolitismus und der Popkultur ausgesetzt ist. Trotzdem wird fast jedes Jahr eine Korporation reaktiviert und die Zahl der Korporierten wächst langsam aber ständig. Diese Anzeichen lassen hoffen, daß die Korporationstradition in Polen weiter lebendig bleibt.

Schließlich sind die Kontakte zwischen polnischen und deutschen Verbindungen seit 1989 erwähnenswert. Es gab viele, wenn sie oft auch eher Episodencharakter hatten. Die Initiative ging entweder von Alten Herren deutscher Verbindungen unterschiedlicher Provenienz aus, die an Polen interessiert waren, oder polnische Verbindungsstudenten in Deutschland ergriffen sie. Fast immer haben solche Kontakte positive Erinnerungen hinterlassen, und es kann sogar der Eindruck entstehen, daß die unterschiedlichen Traditionen, Prinzipien und Wahrnehmungen oft eine nachgeordnetere Rolle spielen als bei den Beziehungen zwischen Verbindungen im jeweils eigenen Land. Angesichts der gegenwärtigen Herausforderungen, mit denen die Verbindungen in allen europäischen Ländern konfrontiert sind, sollte die Überzeugung, daß wir vieles gemeinsam haben, eine erfreuliche Botschaft sein.

8. Archiv und Museum der Polnischen Akademischen Korporationen in Posen

Das „Korporationenarchiv – Archiv und Museum der Polnischen Akademischen Korporationen" wurde 2001 in Posen gegründet. Diese Institution bezweckt, das Erbe und die Traditionen der Studentenverbindungen im Bewußtsein der Allgemeinheit unter besonderer Berücksichtigung des Erziehungscharakters der Korporationen zu festigen. Das Archiv sammelt Materialien und Erinnerungsstücke über polnische akademische Korporationen aus den Jahren 1816 bis 1989 sowie biographische Angaben über die verstorbenen Mitglieder. Die Tätigkeit des Archivs wird von der Stiftung „Polnische Studentenkorporationen" (Polskie Korporacje Akademickie), vom „Verein der Philister der Studentenkorporationen" (Stowarzyszenie Filistrów Korporacji Akademickich) sowie vom Posener Korporationenkreis (Związek Polskich Korporacji Akademickich) nach Kräften unterstützt.

Seit der Archivgründung wurden einige tausend Erinnerungsstücke gesammelt, die die Geschichte der polnischen Korporationen dokumentieren. Darunter sind ca. 100 originale Studentenmützen, etwa 200 Bänder, Schärpen und Abzeichen, ein paar tausend Fotos aus der Vorkriegszeit, Zeitschriften und Dokumente. Im akademischen Jahr 2006/07 wurden Interviews mit ein paar Dutzend der ältesten Alten Herren polnischer Korporationen der Zwischenkriegszeit aufgenommen.

2007 wurde das virtuelle „Museum der Polnischen Akademischen Korporationen" (www.archiwumkorporacyjne.pl) ins Leben gerufen, seit 2009 ist ansatzweise auch die englischsprachige Version der Archivseite zugänglich. Im Museum werden 232 polnische Verbindungen aus den Jahren 1816 bis 1940 sowie 40 Verbindungen ethnischer Minderheiten aus der Zwischenkriegszeit vorgestellt. Zudem sind biographische Informationen über 16.000 Verbindungsmitglieder zugänglich. Mehrmals war das Archiv an Ausstellungen beteiligt, u. a. 2008/09 an „Zwanzig Jahre der Zwischenkriegszeit. Das Antlitz der Moderne" im Warschauer Königsschloß. Das Korporationsarchiv unterstützt Reaktivierung, Neugründung und die Tätigkeit der heutigen Studentenkorporationen. Aufgrund der gesammelten Erinnerungsstücke wurden in den Jahren 2002 bis 2010 die Insignien der 11 reaktivierten Korporationen rekonstruiert, fast alle polnische Korporationen haben in den letzten Jahren von dieser Sammlung auf die eine oder andere Weise profitiert. Das Archiv wird für wissenschaftliche Forschungszwecke in Polen und im Ausland benutzt und leistet Hilfe bei entsprechenden Veröffentlichungen.

Wir möchten die Gelegenheit nutzen und um Hilfe bitten: Aus unterschiedlichen Quellen ist bekannt, daß sich während und nach dem Zweiten Weltkrieg Archivalien und Insignien – insbesondere Fahnen – polnischer Studentenverbindungen in Deutschland befanden. Vielleicht weiß jemand von den Alten Herren oder Kommilitonen darüber Bescheid? Wir sind auch auf der Suche nach Informationen aller Art über polnische Studentenverbindungen, die in der Zeitspanne 1816 bis 1940 in den deutschsprachigen Ländern und an den deutschsprachigen Universitäten – insbesondere Breslau, Dorpat, Riga, Czernowitz – existierten. Für alle Informationen, Materialien sowie für jegliche Hilfe und Unterstützung sind wir sehr dankbar!

Archiwum Korporacyjne/Korporationenarchiv
Anschrift: os. B. Śmiałego 2/8, 60-682 Poznań, Polen
Tel. (+48) 61-8236-194, Mobil (+48) 602-236-194
E-Post: archiwum@archiwumkorporacyjne.pl
Internet: www.archiwumkorporacyjne.pl

Lexikon

Acta Studentica, Österreichische Zeitschrift für Studentengeschichte, hg. vom Österreichischen Verein für Studentengeschichte in Wien. Die Quartalsschrift berichtet schwerpunktmäßig über österreichisches und altösterreichisches Hochschul- und Studentenwesen.
Bibl.: Acta Studentica, Wien Folge, 1.1972 ff.

F. Golücke

Adelsstudium, Universitätsbesuch des niederen und höheren Adels.

Personen von Stand, die durch ihre Herkunft bereits eine gesicherte und vorteilhafte gesellschaftliche Stellung innehatten, studierten aus Liebe zur Wissenschaft *(amor sciendi)* oder um ihr gesellschaftliches Prestige zu erhöhen. Der Universitätsbesuch wurde für den Adel besonders seit dem Spätmittelalter unumgänglich, als die Landesherren ihre Verwaltungs- und Hofstellen mehr und mehr mit Bürgerlichen besetzten, weil diese durch ihr Studium dafür fachlich besser qualifiziert waren.

An der Univ. nahm der adelige Student seit der Zeit des Humanismus bzw. der Reformation eine herausgehobene Stellung ein. Er war wie die anderen Studenten nicht mehr genötigt, in eine Burse einzutreten, die eher einen einheitlichen Studententyp erzeugte. Die Vorrechte, die der Adel, zumal der Hochadel, genoß, bestanden noch im 18. Jh. und zeigten sich etwa in erhöhten Bänken im Hörsaal oder in der Tatsache, daß sie zur Immatrikulation nicht die Univ. aufsuchen mußten, sondern der Rektor bei ihnen vorsprach. Die adeligen Studenten, die zudem noch von den Professoren bevorzugt behandelt wurden, übersprangen i. d. R. die Artistenfakultät, da sie bereits durch privaten Unterricht über die dort vermittelten Kenntnisse verfügten. Sie mieden nicht selten die „ordinären" dt. Hochschulen, begaben sich samt gewohntem Dienstpersonal, mindestens aber mit einem Hofmeister, an eine oberital. oder südfrz. Univ. und dehnten ihren dortigen Aufenthalt gern über die notwendige Zeitspanne hinaus aus. Akad. Grade erwarben sie oft nicht, weil dies nicht notwendig war oder als Minderung ihres sozialen Status angesehen worden wäre. Ein ähnliches Verhalten legten zunehmend die Studenten aus dem oberen Bürgertum an den Tag, die zwar eine Graduierung erwarben, aber nach der Heimkehr ihre Existenz ebenfalls nicht ausschließlich auf den im Studium erworbenen Kenntnissen aufbauten, sondern in den bereits vorher sicheren sozialen Status zurückkehrten.

Das Verhalten des niederen Adels überschnitt sich zunehmend mit dem des (oberen) Bürgertums. Er betrieb das Studium nach den vorgegebenen Regeln und schloß es mit einer Prüfung ab. Das Studium des höheren Adels bzw.

Academicus Francofurtensis.

Student in Frankfurt a. d. Oder, um 1720

Angehöriger regierender Häuser ist unter einem anderen Blickwinkel zu sehen. Ein solches Studium wurde als staatspolitische Angelegenheit betrachtet und bis in die Einzelheiten von den politisch maßgeblichen Stellen geplant. Der Besuch der Univ. war nicht auf ein Fachstudium mit Abschluß angelegt, sondern sollte neben einer durchaus soliden wiss. auch eine umfassende gesellschaftliche Bildung vermitteln, die den „Studenten" befähigen sollte, später seinen Staatsgeschäften nachgehen zu können.

Insgesamt zeigte der Adel lange Zeit eine Tendenz zur Absonderung, indem er bestimmte Universitäten bevorzugte oder mit den Ritterakademien gar einen gesonderten Bildungsgang einzurichten versuchte. Im 19. Jh. verschwanden die Unterschiede zwischen Adeligen und Bürgerlichen mehr und mehr. In der Univ. hielten sich noch einige Reste, wenn z. B. in Göttingen noch um 1830 „Adelige, Grafen und Prinzen auf Grund erhöhter Immatrikulationsgebühren eigene Sessel in den Hörsälen erhielten". Eine Absonderung erfolgte angesichts der intensiveren Studien nicht mehr so sehr in der Univ. als in der Verbindungszugehörigkeit; so gab es in Bonn oder Heidelberg Corps, deren Mitgliedschaft faktisch nur aus Adeligen („feudale Corps") bestand.

Lit.: Schulze, Friedrich u. Paul Ssymank, Das dt. Studententum von den ältesten Zeiten bis zur Gegenwart, 4., völlig neu bearb. Aufl. München 1932, Nachdruck Schernfeld 1991, passim; Hammerstein, Notker, Bildung und Wissenschaft vom 15. bis zum 17. Jh., München 2003, S. 46 f.; Kintzinger, Martin, Wissen wird Macht, 2. Aufl., Ostfildern 2007, S. 172 f.

F. Golücke

Adlerschild, auch: Adlerplakette, von Reichspräsident Friedrich Ebert 1922 gestiftetes hohes Ehrenzeichen (Bronzeguß auf einem Podest, seit 1933 mit Hakenkreuz), das als Ehrengabe des Dt. Reiches bis 1945 verhältnismäßig selten an insgesamt etwa 70 Persönlichkeiten verliehen wurde, „deren geistiges Verdienst [in Kunst und Wissenschaft] Gemeingut der Nation ist".

Lit.: Steguweit, Wolfgang, Der „Adlerschild des Deutschen Reiches", in: Berlinische Monatsschrift, 6, 2000, S. 182-187.

F. Golücke

altdeutsch, heute seltene, nicht eindeutige Bez. für alles, was der dt. Kultur vor der Reformation eigentümlich war. A. wird als wiss. Begriff noch in der germanistischen Philologie verwendet. Die Bez. bürgerte sich in der Romantik ein und schlug sich in bestimmten Moden nieder, z. B. bei Möbeln und Kleidung. Die a.e Tracht wurde insbesondere bei der frühen Burschenschaft in der ersten Hälfte des 19. Jh. üblich und hat sich teilweise bis heute im Wichs einiger Burschenschaften erhalten. Politisch meinte a. zwischen etwa 1818 und 1830 auch eine stark oszillierende Richtung in der Burschenschaft, für die deutsche Einheit und ein erneuertes Kaisertum im Vordergrund stand.

Lit.: Schneider, Eva Maria, Herkunft und Verbreitungsformen der „Deutschen Nationaltracht der Befreiungskriege" als Ausdruck politischer Gesinnung, 2 Bde., Diss. phil. Bonn 2002; dies., Herkunft und Verbreitungsformen der „Deutschen Nationaltracht der Befreiungskriege" als Ausdruck politischer Gesinnung: Die Altdeutsche Tracht, o. O. (Aurich) 2004.

F. Golücke

Arkandisziplin, lat. *arcani disciplina,* von lat. *arcanum,* Geheimnis; Geheimlehre, ursprünglich auf die Gewohnheit der alten Kirche vom 2. bis 5. Jh. bezogen, Ungetauften die christlichen Glaubenswahrheiten vorzuenthalten. Sie wurden zur Predigt, nicht zu Abendmahl und Taufe zugelassen, deren Formeln geheimgehalten wurden; auch in anderen Kulturen bekannt. Seit dem 17. Jh. im Sinne von Geheimnis, Geheimmittel besonders in der Alchemie verbreitet.

F. Golücke

Armenstudenten, lat.: *[scolares] pauperes,* Studenten, welche die Kosten für Gebühren und Lebensunterhalt während des Studiums nicht aufbringen konnten. Schon an Kloster-, Dom- und Stiftsschulen gab es Armenschüler, denen Vergünstigungen eingeräumt wurden. Sie waren dafür zu bestimmten Dienstleistungen im Kloster oder im Gottesdienst verpflichtet. An den Univ. gab es immer A.; sie waren von Gebührenzahlungen befreit. In den Matrikeln wurde i. d. R. bei ihrem Namen ein *pauper* (Armer) vermerkt. Sie erhielten Unterstützung bei der Unterbringung und beim Lebensunterhalt, die bei genauem Hinsehen nicht immer gerechtfertigt sein mochten, aber doch recht angenehm und zum längeren Verweilen an der Hochschule einluden. Eine Kontrolle auf Bedürftigkeit wie in einem modernen bürokratischen Sozialstaat war bis weit in die frühe Neuzeit hinein nicht möglich. Hilfsdienste wie noch an den Domschulen wurden an den Univ. nicht verlangt, jedoch gab es die Möglichkeit, sich durch Tätigkeiten an der Univ. einen Verdienst zu verschaffen, nicht zuletzt durch das Unterrichten von Anfängern. Andererseits gab auch in der mittelalterlichen Univ. arme Studenten, die als solche nicht erkennbar waren und die von kirchlicher oder privater Seite Zuwendungen oder regelrechte Stipendien erhielten, mit denen von Seiten des Gebers i. d. R. Erwartungen oder Verpflichtungen für die Zeit nach Abschluß des Studiums verbunden wurden.

F. Golücke

Artistenfakultät, die A. war auf der mittelalterlichen Univ. die Vorstufe zu den drei oberen Fakultäten der Theologie, der Rechte und der Medizin. Sie war etwa der Oberstufe des heutigen Gymnasiums vergleichbar und sollte die sog. *humaniora* vermitteln.

Die Quellenlage für die Frühzeit der A. ist lückenhaft, doch dürfte sie bis über drei Viertel der Gesamtstudentenzahl umfaßt haben. Die Lehrer der A., die *magistri artium,* waren meist Schüler oberer Fakultäten und zählten nicht zum Lehrkörper der Univ., sondern zu den Scholaren. In der A. gab es zunächst keine anderen Aufnahmekriterien als Lese-, Schreib- und Lateinkenntnisse, welche auf Kloster-, Dom- oder Pfarrschulen erworben werden konnten. Waren die dort erworbenen Kenntnisse nicht ausreichend, konnte noch ein sog. Pädagogium eingeschoben werden. Ein Mindestalter für die Einschreibung der *beani,* zu dt. „Schützen", war nicht festgelegt. Es dürfte bei etwa 15 Jahren gelegen haben, konnte davon aber auch nach unten und oben abweichen; der Dichter Christoph Stymmelius z. B. wurde 1537 bereits mit zwölf Jahren an der Univ. in Frankfurt a. d. O. immatrikuliert. Vor einem solch frühen Eintritt warnten freilich die Professoren immer wieder, da die notwendigen Vorkenntnisse für ein effektives Studium noch nicht gegeben seien. Dies galt vor allem für die Beherrschung der lat. Sprache, die nicht nur für das Studium, sondern auch für die spätere Berufsausübung etwa in Kirchen- und Staatsämtern unverzichtbar war.

Mittelalterliche Vorlesung, 14. Jahrhundert

Die A. folgte einem Lehrprogramm, das aus den seit der Antike bekannten Sieben Freien Künsten bestand, die unterteilt waren in ein *trivium* (Dreiweg) mit den Fächern Grammatik, Rhetorik, Dialektik sowie ein *quadrivium* (Vierweg) mit den Fächern Arithmetik, Geometrie, Musik und Astronomie, letztere eher der Astrologie verwandt als einer heutigen Wissenschaft. Die A. wurde nach dem Trivium mit dem Grad des Bakkalaureus oder nach dem Quadrivium mit dem des Magisters abgeschlossen und eröffnete den Zugang zu den höheren Fakultäten der Theologie, Philosophie und Medizin. Die Absolventen der A. mögen zwischen 17 und 20 Jahren alt gewesen sein. Die meisten gingen von der Univ. ab, um als Lehrer oder Pfarrer eine Stelle zu finden; die Berufschancen der Absolventen der oberen Fakultäten, besonders der Juristen, blieben ihnen weitgehend verschlossen.

Das Konzept der A. war noch bis zur Mitte des 19. Jh. in Teilen wirksam, da jeder Student vor Beginn seines „Fachstudiums" einen ein- bis zweijährigen phil. Kurs (phil. *Biennium*) mit teilweise strengen Semestralprüfungen zu belegen hatte. Die Studenten des *Bienniums* in Bayern durften bis in die Zeit des Progresses in der Mitte des 19. Jh. nicht in eine Verbindung eintreten und galten als eine Zwischenform von Pennäler und Student.

Frühestens seit dem 14. Jh. deutete sich ein Wandlungsprozeß zur späteren Phil. Fakultät an, der sich über Jh.e hinziehen sollte. Ein wesentlicher Schritt in diese Richtung wurde im 16. Jh. durch den Humanismus herbeigeführt. Exemplarisch verfolgen kann man ihn mittels der Reformen Melanchthons in Wittenberg. Dort gab es um die Mitte des 16. Jh. Professuren für die lat., griech. und hebräische Sprache, für Poesie, Rhetorik, Dialektik und Moralphilosophie bzw. Ethik sowie für Physik und Mathematik. Die älteren Universitäten zogen mit zeitlicher Verzögerung nach. Die Besoldung der Lehrer an der A. verbesserte sich nun, der Unterricht wurde inhaltlich und methodisch den neuen Erkenntnissen angepaßt. Die jetzt aufblühenden Gymnasien vermittelten außerdem immer besser die für die Univ. notwendigen propädeutischen Kenntnisse. Dies zwang die A. zur Neudefinition der eigenen Stellung und mündete in die vertiefte Beschäftigung mit der Philosophie, der Philologie und den geschichtlichen Disziplinen. In Leipzig gab es beispielsweise seit 1550 ein *collegium philosophicum*. Im 18. Jh. wurde dieser Prozeß abgeschlossen. In den späten 1770er Jahren wurde in Göttingen der erste *studiosus philosophiae* eingeschrieben. Damit hatte sich die A. endgültig von der Lern- zur Denkinstitution gewandelt. Die nunmehrige Phil. Fakultät, deren Selbständigkeit 1810 von Humboldt in Berlin festgeschrieben wurde und die nun auch das Promotionsrecht ausübte, erreichte im 19. Jh. den Höhepunkt ihrer Entwicklung, bevor sich aus ihr heraus im 20. Jh. weitere Fakultäten entwickelten.

Lit.: Uiblein, Paul, Mittelalterliches Studium an der Wiener A. Kommentar zu den Acta Facultatis Artium Universitatis Vindobonensis 1385-1416, Wien 1987, 2. verb. Aufl. 1995; Weijers, Olga et Louis Holtz (Editeurs), L'enseignement des disciplines à la Faculté des arts (Paris et Oxford, XIIIe-XVe siècles). Actes du colloque international, Turnhout 1997; Kintzinger, Martin, Studens artium, rector parochiae und magister scolarum im Reich des 15. Jh. Studium und Versorgungschancen der Artisten zwischen Kirche und Gesellschaft, in: Zs. f. Hist. Forschung, Jg. 26, 1999, S. 1-41; Schwinges, Rainer C. (Hg.), Artisten und Philosophen. Wissenschafts- und Wirkungsgeschichte einer Fakultät vom 13. bis zum 19. Jh., Basel 1999; Asche, Matthias, Frequenzeinbrüche und Reformen. Die dt. Universitäten in den 1520er bis 1560er Jahren zwischen Reformation und humanistischem Neuanfang, in: Ludwig, Walter (Hg.), Die Musen im Reformationszeitalter. Akten der Tagung der Stiftung Luthergedenkstätten in der Lutherstadt Wittenberg, 14.-16. Okt. 1999, Leipzig 2001, S. 53-96; Lorenz, Sönke, Die Tübinger Artistenfakultät (1477-1534/35), in: Haag, Norbert u. a. (Hg.), Tradition und Fortschritt. Württembergische Kirchengeschichte im Wandel. Festschrift für Hermann Elmer zum 65. Geburtstag, Epfendorf 2008, S. 1-31; Scheible, Heinz, Die Phil. Fakultät der Univ. Wittenberg von der Gründung bis zur Vertreibung der Philippisten, in: ders., Aufsätze zu Melanchthon, Tübingen 2009, S. 91-124.

F. Golücke

Berlin, *Studium generale* der sächsischen Provinz der Dominikaner, die Gründung wurde 1478 vom Generalkapitel der Dominikaner beschlossen, konnte den Status eines Hausstudiums bis zur Umwandlung des Klosters in ein Domstift 1536 jedoch nicht abstreifen.

Lit.: Thiel, Adalbert, Berlins älteste Hochschule, in: Berliner Hefte für geistiges Leben, Jg. 4, 1949, S. 97-100.

F. Golücke

Bildungsreise, Bestandteil der Erziehung junger Adeliger wie auch vermögender Bürgerlicher im 16. und 17. Jh., die auf eine Tätigkeit vorbereiten sollte, die ihrem Stande entsprach. Die B. diente der Vermittlung von Kenntnissen über fremde Länder sowie der Förderung der Allgemeinbildung und Weltläufigkeit, aber auch der Tätigkeiten, die einem Adligen zukamen wie Reiten, Fechten, Tanzen und dem Erwerb von Fremdsprachen, vorzugsweise der frz. Sprache. Vor der Frz. Revolution sprach man von einer Kavalierstour. Im 19. Jh., nachdem sich politisch, wirtschaftlich und technisch, insbesondere durch die Eisenbahn, tiefgreifende Veränderungen vollzogen hatten und Bürgerliche in großer Zahl die alte Tradition in neuer Form weiterführten, setzte sich an Stelle der „Kavalierstour" der Begriff B. durch.

F. Golücke

Bildungsrendite, ein Schlagwort, das im Zuge der Ökonomisierung des Bildungsgedankens in den 1990er Jahren entstanden ist. Es soll die Vorteile von [Aus-]Bildung in Bezug auf den späteren wirtschaftlichen Gewinn herausstellen. Dazu werden Studienkosten und das während des Studiums entgangene Einkommen dem späteren höheren Einkommen und der Arbeitsplatzsicherheit gegenübergestellt. Als Ergebnis stellte sich heraus, daß mit zunehmendem Bildungsgrad sowohl die Sicherheit des Arbeitsplatzes wie auch das Einkommen steigen. Dazu kommen u. a. immaterielle Vorteile wie höhere Zufriedenheit der Akademiker. Für den Staat ergeben sich höhere Steuereinnahmen und für die Wirtschaft gut ausgebildeter Nachwuchs. 2005 lag das Einkommen eines Berufstätigen mit akad. Abschluß 61 % über dem eines Nichtakademikers; die höchsten „Renditen" werfen demnach Zahnmedizin, Jura und Maschinenbau ab, einen negativen Saldo weisen Pädagogik, kath. Theologie, Germanistik, Anglistik und Biologie auf. Die hauptsächlich von der OECD vorgelegten Zahlen werden von Kritikern mit Blick auf spätere höhere Steuerzahlungen in Frage gestellt. In den angelsächsischen Ländern scheinen die ursprünglich wesentlich höheren „Renditen" eines Studiums erheblich geschrumpft zu sein (2010); dabei spielt allerdings die Definition von „Studium" eine Rolle.

Lit.: Renditeträchtiges Jurastudium, in: FAZ v. 28. Jan. 2005; Becker, Lisa, Eine gute Schulbildung macht reich. Wirtschaftswissenschaftler versuchen erstmals, die Vorteile genau zu beziffern, in: FAZ v. 10. Mai 2010; Balzter, Sebastian, Warten auf das große Geld, in: FAZ v. 13. März 2010; B. Lernen lohnt sich, in: iwd v. 18. März 2010, S. 2.

F. Golücke

Bücherverbrennung, demonstrative Vernichtung mißliebiger gedruckter Meinungsäußerungen durch das (reinigende) Feuer. Eine B. kann Ausdruck der Unterdrückung durch die Obrigkeit sein, aber auch Zeichen des Aufbegehrens von Untergeordneten. Inhaber politischer Macht wollen Wissen unterdrücken, das bestehende, für sie günstige Verhältnisse in Frage zu stellen in der Lage ist oder Aufbegehrende wollen bestehende Dogmen ächten, die neues, für die Inhaber der Macht unbequemes oder bedrohliches Wissen aufrechterhalten. Die B. war in der Regel ein Mittel der Herrschenden und nur im Ausnahmefall ein Mittel der Beherrschten, das sich dann eher spontan und unorganisiert vollzog.

Die an der Herstellung eines verbotenen Buches Beteiligten hatten unterschiedliche Strafen von einer Geldbuße über die Zerstörung der Druckstöcke und im Extremfall bis zur Hinrichtung zu erwarten.

Die B. war vor der Erfindung des Buchdrucks eine wirkungsvolle Waffe vor allem der kirchlichen Autoritäten gegen von ihnen definierte Irrlehren, da die im Mittelalter handgeschriebenen Bücher nur in vergleichsweise wenigen Exemplaren vorhanden waren. Seit der Erfindung des Buchdrucks ist daraus eher ein symbolischer Akt geworden, der auch darin zum Ausdruck kommt, daß bis ins 18. Jh. die Verbrennung eines Werkes durch den Henker unter dem Galgen vorgenommen oder das betreffende Druckwerk an den Schandpfahl genagelt wurde. Ein (symbolischer) Schandpfahl kam noch am 10. Mai 1933 bei der B. in Rostock zum Zuge.

B.en gab es in allen Kulturen, etwa in China oder im arabischen Raum, aber auch in allen europäischen Ländern. Historische Beispiele für B.en sind: die Vernichtung der Bibliothek von Alexandria durch den Kalifen Omar 641, bei der 400000 Schriftrollen mit dem Großteil des antiken Wissens verbrannt worden sein sollen; die wiederholte Verbrennung häretischer Schriften auf Grund von Konzilsbeschlüssen wie 325 nach dem Konzil von Nicäa der arianischen Schriften; im Jahre 475 der Schriften des Nestorius; arianischer Schriften der Goten durch den westgotischen (röm.-)kath. König Rekkared; die B. im niedergehenden arabischen Kalifat in Spanien im 11. und 12. Jh.; die völlige Vernichtung des talmudischen Schrifttums im Spanien und England, aber besonders dem Frkr. des 13. Jh.s durch Kirche und weltliche Obrigkeit; die Inquisition des Mittelalters und der frühen Neuzeit; die Verbrennung von Luthers Schriften durch Katholiken wie auch die Verbrennung von gegen Luther gerichteten Schriften durch ihn selbst und andere Protestanten; die Wiedertäufer in Münster verbrannten 1534 ihnen nicht genehme Schriften; im Frkr. des 18. Jh.s wurden aufklärerische Bücher von Voltaire und Diderot, unter anderem die ersten beiden Bände der „Encyclopédie" symbolisch „hingerichtet"; in den ersten Jahren nach der Frz. Revolution wurde tatsächliches oder vorgebliches „absolutistisches Schrifttum" frkr.weit vernichtet.

Zwei bedeutende, aber vom Ansatz her gegensätzliche B.en gingen ganz oder teilweise von Studenten aus. Auf dem Wartburgfest verbrannten Burschenschafter am 18. Okt. 1817 28 neben den Symbolen eines Korporalstocks und eines Schnürleibs von ihnen als reaktionär oder antinational empfundene Schriften, darunter Veröffentlichungen von August von Kotzebue,. NS-Studenten führten am 10. Mai 1933 eine „Aktion wider den undeutschen Geist" durch, bei der Bücher politisch mißliebiger, pazifistischer und jüdischer Schriftsteller verbrannt wurden.

B.en werden seit dem 20. Jh. zumindest von den westlich orientierten Staaten in ihrer Wirkung eher als kontraproduktiv angesehen. Nach sowjetischem Vorbild wurde etwa 1946 der Befehl Nr. 4 des Alliierten Kontrollrats erlassen, der nicht mehr die spektakuläre Vernichtung, sondern die unauffälligere Einziehung nationalsozialistischer und militaristischer Literatur betraf. Bis 1952 wurden 35000 Buchtitel indiziert, worunter beispielsweise die gesamte Literatur zum Versailler Vertrag, Werke von Ernst von Salomon, Gottfried Benn oder Carl Schmitt fielen; selbst Bismarcks „Gedanken und Erinnerungen" unterlagen dem Bann wie auch Ulrich von Huttens Schriften. Tatsächliche B.en erfolgten im Westen kaum mehr, wenn nicht durch einzelne fundamentalistische Gruppen wie 1988 die Satanischen Verse Salman Rushdies. In islamischen Staaten geschah dies teilweise noch als obrigkeitlich angeordnete Aktion unter Einbeziehung aller modernen Medien. Weitgehend unbekannt ist die große Vernichtungsaktion sozialistischer Buchbestände 1992 in den neuen Bundesländern, bei der die Beteiligten zum Schweigen verpflichtet wurden. Ein Pfarrer, der sich dagegen wehrte, erhielt Jahre später das Bundesverdienstkreuz.

Bibl.: Schoeps, Julius H. u. a. (Hg.), Bibliothek verbrannter Bücher, 10 Bde, Hildesheim 2008.

Lit.: Strätz, Hans-Wolfgang, Die stud. „Aktion wider den undeutschen Geist" im Frühjahr 1933, in: VfZG, Jg. 16, 1968, S. 347-372; Sauder, Gerhard (Hg.), Die Bücherverbrennung. Zum 10. Mai 1933, 2. Aufl. München/Wien 1983; Schöne, Albrecht, Göttinger B.en 1933. Rede am 10. Mai 1983 zur Erinnerung an die „Aktion wider den undeutschen Geist", Göttingen 1983; Walberer, Ulrich (Hg.), 10. Mai 1933. Bücherverbrennungen in Dtl. und die Folgen, Frankfurt a. M. 1983; Leonhard, Joachim Felix (Hg.), Bücherbrennung. Zensur, Verbot, Vernichtung unter dem Nationalsozialismus in Heidelberg, Heidelberg 1983; Kater, Herbert, Der Anteil der hannoverschen Korporationen an der Bücherverbrennung am 10. Mai 1933 in Hannover, in: Einst und Jetzt, Jg. 34, 1989, S. 207-217; Schönhoven, Klaus, Wir Studenten rennen wider den undeutschen Geist. Geschichte und Folgen der Bücherverbrennungen 1933, in: Mitteilungen der Gesellschaft der Freunde der Universität Mannheim, Jg. 43, 1994, H. 1, S. 24-31; Verweyen, Theodor, Bücherverbrennungen. Eine Vorlesung aus Anlaß des 65. Jahrestages der „Aktion wider den undeutschen Geist", Heidelberg 2000; Lischeid, Thomas, Symbolische Politik. Das Ereignis der NS-Bücherverbrennung 1933 im Kontext seiner Diskursgeschichte, Heidelberg 2001; Treß, Werner, Wider den undeutschen Geist. Bücherverbrennung 1933, Berlin 2003; Benz, Wolfgang, Mythos und Skandal. Traditionen und Wirkungen der Bücherverbrennung des 10. Mai 1933, in: Zs. f. Geschichtswissenschaft, Jg. 51, 2003, S. 398-406; ders., Gedanken töten, um den Feind zu vernichten. Die Bücherverbrennung 1933 als aktuelles Ereignis, in: Zs. f. Geschichtswissenschaft, Jg. 61, 2013, S. 389-397; Schoeps, Julius H. u. Werner Treß (Hg.), Orte der Bücherverbrennungen in Dtl. 1933, Hildesheim/Zürich/New York 2008; Gussek, Anja, Daniel Schmidt u. Christoph Spieker (Hg.), Öffentliche Zensur und Bücherverbrennung in Münster. Eine Dokumentation herausgegeben aus Anlass der Enthüllung einer Gedenktafel am 6. Mai 2009, Münster 2009; Schoeps, Julius H. u. Werner Treß (Hg.), Verfemt und verboten. Vorgeschichte und Folgen der Bücherverbrennungen 1933, Hildesheim/Zürich/New York 2010; Harth, Dietrich, Die Heidelberger Bücherverbrennung des Jahres 1933. Geschichte und Gedenken, Heidelberg 2011; Dietzler, Anke u. Felix Schürmann, Die Bücherverbrennungen am 10. Mai 1933 in Hannover, Peine b. Hannover 2013.

F. Golücke

Celtis, Konrad, auch: Celtes, eigentlich: Conrad Bickel, Humanist, geb. am 1. Febr. 1459 in Wipfeld bei Schweinfurt, gest. am 4. Febr. 1508 in Wien. Celtis war in Heidelberg Schüler Rudolf Agricolas und wurde bedeutendster dt. Vertreter der humanistischen Studien („Erzhumanist"), die er auf zahllosen (Studien-)Reisen vertiefte und bekannt machte. Nach einer Professur in Ingolstadt ließ er sich in Wien nieder, wo Kaiser Maximilian I. im Jahre 1501 eine humanistische Fakultät (*Collegium poetarum et mathematicorum*) eingerichtet hatte, die mit dem Recht der Dichterkrönung ausgestattet war und deren Leitung C. übernahm.

C. vertrat ein umfassendes Bildungsideal unter Einschluß von Geistes- und Naturwissenschaften, konnte von seinen Plänen jedoch nur einen Teil verwirklichen; seine vielen Anregungen, darunter sein Plan einer geographischen Darstellung Dtl.s *(Germania illustrata)*, wirkten jedoch lange fort. C. war lat. Dichter und als solcher als erster Deutscher von Kaiser Friedrich III. in Nürnberg 1487 zum Dichter gekrönt worden. Gleichzeitig war er Entdecker alter Handschriften, so mehrerer Werke der Roswitha von Gandersheim und der *Tabula Peutingeriana*. Im Jahre 1500 gab er die *Germania* des Tacitus heraus. Als „Organisator des Humanismus" gründete C. humanistische Gesellschaften (Sodalitäten), legte den Entwurf eines nationalen Bildungsprogramms vor und trug so zur Entstehung eines dt. Nationalgefühls bei. Das Werk des

„Agitators des Humanismus" (Friedrich Schulze) ist bis heute in Teilen noch unerschlossen.

Lit.: Wuttke, Dieter, C., C., in: Lexikon des Mittelalters, Stuttgart 2002, Bd. 2, 2003, Sp. 1608-1611.

F. Golücke

Charmante, die, von frz.: die Bezaubernde. Im 18. Jh. unverheiratete junge Frau oder Mädchen, denen zu Ehren man trank und focht, die man aber noch nicht einmal persönlich kennen mußte. Auf ihr Wohl wurde auf jeder Kneipe getrunken. Die *Spaßcharmante* stellte daneben eher ein handfestes Verhältnis dar. Die veränderte Wahrnehmung der Frau ist auf den starken frz. kulturellen Einfluß im 17. und dann besonders 18. Jh. zurückzuführen, der sich nicht nur in gehobenen Kreisen bis zur kritiklosen Nachäfferei steigern konnte; er beeinflußte stark den Umgangston und versah auch die erotische Seite des Zusammenlebens mit einer anderen Sichtweise. Die C. konnte ähnlich der idealisierten Dame des Mittelalters eine platonische Beziehung bedeuten oder aber ein simples „Verhältnis" sein, das auch eine praktische materielle Seite aufwies wie der Ausdruck „Schürzenstipendium" erkennen läßt. Nicht selten sah sich der Studiosus vornehmen Standes auch zur unfreiwilligen, nicht standesgemäßen Heirat gezwungen, wenn eine Schwangerschaft eingetreten war. Damit war eine aussichtsreiche akad. Karriere zumeist abrupt beendet. Einen Eindruck vom Lebensgefühl der damaligen Zeit vermitteln „Der academische Roman" (1690) von Happel, „Der verliebte Student" (1709) von Celander sowie sowie Zachariaes „Der Renommist" (1744).

Lit.: Paschke, Robert, Studentenhistorisches Lexikon, Köln 1999, S. 64.

F. Golücke

Deposition, die, von lat. *depositio cornuum,* Ablegung der Hörner oder *depositio beani,* Ablegung des Fuchsenstandes. Eine symbolische Aufnahmezeremonie, die im 14. bis 15. Jh. in den Bursen entstand. Später, etwa im 16. Jh., in Prag z. B. im Jahre 1528, war die D. ein offizieller Universitätsakt, mit dem die Voraussetzung für die Immatrikulation geschaffen wurde. Der Begriff findet sich am frühesten 1384 in den Wiener Statuten sowie in den Erfurter Statuten von 1447.

Der auf die Univ. kommende Neuling hatte im 17. Jh. wie auch vorher einen förmlichen Eintritt in die Fakultät zu vollziehen, die allein für seinen wiss. Werdegang zuständig war. Der vorgeblich unwissende und ungehobelte *Bean* (Gelbschnabel) mußte dazu ein besonderes Ritual durchstehen, für das der Dekan der Artistenfakultät zuständig war. Ihm stand dafür eigens ein Depositor zur Verfügung. Der Dekan nahm eine Latein-„prüfung" vor, die schnell farcenhafte Formen annahm und zum Hauptzweck hatte, den Neuling als Ignoranten bloßzustellen. Er wurde daher einer symbolischen Reinigung unterworfen, die im Laufe der Zeit immer roher ausgestaltet wurde. Der Bean wurde dabei in Jauche getaucht, als dummes Vieh mit Hörnern, Eselsohren und Schweinezähnen hergerichtet, die ihm unter Aufsicht des Depositors mit ungefügen Werkzeugen manchmal einschließlich Hautfetzen und halber Ohren entfernt wurden. Die Werkzeuge wie Axt, Hobel, Bohrer, Zange, Schere nahmen mit der Zeit monströse Formen an. Die Anwendung eines jeden Marterinstruments war mit moralisch-pädagogischen Belehrungen verbunden; beim Bohren wurde an die dicken Bretter erinnert, die der künftige Student bohren mußte, das Feilen sollte einer ordentlichen Arbeit dienlich sein. Gleichzeitig mußte abscheulich schmeckende „Medizin" genommen werden. Nach Ende der Tortur folgte eine Art Taufe. Am

Depositionsszene, 1582

Depositionsszenen, um 1580

Depositionsszene, 1608

Schluß hatte der Bean seine Peiniger mit einem Festmahl für deren selbstlose Arbeit zu „entschädigen". Ähnliche Initiationsriten mit rohen Ausschreitungen gab es bei den von den Universitäten unabhängigen Landsmannschaften zur Zeit des Pennalismus, die ihrerseits eine „Reinigung" glaubten vornehmen zu müssen, für die sie ein Jahr veranschlagten (Pennaljahr). Harmlose Reste haben sich bis heute im Verbindungsbrauchtum gehalten.

Der Sinn der D. wurde bereits im 17. Jh. heftig diskutiert und der Würde der Univ. als abträglich empfunden; zumindest wollte man die D. umgestalten, wenn sie schon nicht abzuschaffen war. Damit gaben sich aber die Depositoren nicht zufrieden, die ihren Verdienst schwinden sahen und sich mit allen möglichen pädagogischen Argumenten zur Wehr setzten; dies um so mehr, als man sich vielerorts unter der Hand von der Quälerei loskaufen konnte.

Wie tief dieser Brauch im Hochschulleben verwurzelt war, zeigt die 1694 gegr. Univ. Halle. Hier wurde die D. als offizieller Brauch überhaupt nicht mehr eingeführt, er ist aber bis 1766 belegt. Vielfach wurden um diese Zeit die D.s-Instrumente nur noch symbolisch vorgezeigt. Nachdem die Auswüchse der D. im 17. Jh. beseitigt worden waren, wurde die D. selbst im aufklärerischen 18. Jh. abgeschafft. Lediglich die von dem Prüfling zu erlegende Gebühr wurde weiterhin eingezogen und darüber ein D.sschein in aller Form ausgestellt.

Auch im Ausland sind D.s-Riten bei Jungakademikern bekannt und heute noch – teilweise in brutaler Form – üblich, so die *Bizutage* in Frkr., das *Fagging* in England, das *Ontgroening* an holländischen Univ.en oder in den USA das *Hazing*.

Eine Art D. bzw. Initiationsritual war schon in der Antike als Vexation bekannt und wurde auch dort von der Behörde bekämpft. Sie war und ist auch anderen genossenschaftlich organisierten Berufen bekannt, besonders den der Univ. lange Zeit sehr nahestehenden Druckern mit ihrem Depositionsspiel, später Postulat genannt, bei der Aufnahme von Lehrlingen in den Gesellenstand. Dies wurde erst 1803 wegen Auswüchsen verboten und Mitte des 19. Jh. durch das „Gautschen" ersetzt. Auch die Äquatortaufe erinnert an die D.

Lit.: Fabricius, Wilhelm, Die akad. D., Frankfurt a. M. 1895; Schulze, Friedrich u. Paul Ssymank, Das dt. Studententum, 4. Aufl. München 1932, Nachdruck Schernfeld 1991, S. 68 f.; Bauer, Erich, Zur D. und ihrer Symbolik, in: Einst und Jetzt, Jg. 14, 1969, S. 120-136; Kruse, Erich, Die stud. D., in: Einst und Jetzt, Jg. 16, 1971, S. 117-130; Paschke, Robert, Studentenhistorisches Lexikon, Köln 1999, S. 84 f.; Füssel, Marian, Riten der Gewalt. Zur Geschichte der akad. D. und des Pennalismus in der frühen Neuzeit, in: Zs. f. historische Forschung, Jg. 32, 2005, S. 605-648; Rasche, Ulrich, D., in: Enzyklopädie der Neuzeit, Stuttgart, Weimar 2005, Bd. 2, Sp. 924-927.

F. Golücke

Domschule, auch: Episkopalschule, Kathedralschule (übliche Bez. in Frankreich und England). Schule an einem Bischofssitz zur Ausbildung des (eigenen Welt-)Klerus. Vorläufer der Univ.

Entstehung: Schulen hatte es schon an Bischofssitzen der Spätantike gegeben. Nicht unwichtig war es, daß der hl. Augustinus nicht nur für die Pflicht der Bischöfe zur Unterweisung ihrer Kleriker, sondern mit seiner Schrift *„de doctrina christiana"* auch für den Unterricht in den Sieben Freien Künsten eingetreten war. Mit der zunehmenden Konsolidierung der bischöflichen Klerikerschaft in Form von Domkapiteln erfolgte eine Verselbständigung des Lehrauftrags und seine Institutionalisierung und Verselbständigung in Form einer (Dom-)Schule. Seit etwa 750 n. Chr. war sie neben der älteren Klosterschule ein Bildungszentrum der frühmittelalterlichen Welt. Auf der Synode von Aachen 789 (*admonitio generalis* Karls d. Gr.) wurde jeder Bischof zur Einrichtung einer Schule aufgefordert; dies forderten und förderten später auch Päpste. Die Zielsetzung und der Lehrinhalt der D. ähnelten zunächst sehr stark denen der Kosterschulen. Sie bestanden in der Erneuerung der gottesdienstlichen Verrichtungen und vermittelten daher zunächst Kenntnisse in lat. Grammatik, in Musik für die Liturgie sowie in Komputistik zur Ermittlung des Ostertermins. Später traten weitergehende Studien hinzu und hoben den Bildungsstand der adeligen und später auch vornehmeren bürgerlichen Schüler. Mit ihnen wurden mehr und mehr die höheren kirchlichen Ämter, aber auch die kgl. Hofkapelle besetzt, die seit Otto dem Großen (936-973) zunehmend der Reichsverwaltung wahrnahm. Wesentlichen Anteil hieran hatten etwa die Schulen in Hildesheim, Köln, Lüttich, Utrecht und Magdeburg.

Organisation: Vorsteher einer Domschule war der Domscholastiker (*magister scholarum,* Domscholaster), ein Mitglied des Domkapitels, dessen Angehörige nicht mehr einer einengenden Klosterdisziplin unterworfen und durch eigene Pfründen unabhängiger waren. Der Scholaster erhielt die Lehrbefugnis vom Bischof oder dem Domkapitel und übte die oberste Aufsicht sowohl über weitere Lehrer als auch die Schüler wie auch die Lehrinhalte der Domschule aus. Später beaufsichtigte er u. U. aber auch alle Schulen der Stadt oder des Bistums. Weltkleriker und Laien hatten im Domstift zu wohnen. Für die Laien wurde oft eine sogenannte externe Schule eingerichtet. Alle Schüler wurden wie Kleriker behandelt. Arme Schüler konnten das Schulgeld in Form von kirchlichen oder sonstigen Hilfsdiensten entrichten. In den Städten gab es mit der Zeit immer mehr freie Magister, so daß Spannungen zwischen dem Bischof und seinem Kanzler, den Stadträten und den freien Magistern zunahmen.

Lehrprogramm: Zum üblichen Lehrprogramm der Klosterschulen traten das Studium zunächst des kirchlichen Rechts sowie vor allem der Logik, die nunmehr begann, theologische Texte nicht nur zu überliefern, sondern auch kritisch zu hinterfragen, indem von verschiedenen Überlieferungen die zutreffende mit Hilfe von Argumenten gefunden bzw. festgelegt wurde. Die Sieben Freien Künste, zu deren Vorbereitung ein eigenständiger Elementarunterricht bis hin zu einer Zweistufigkeit entwickelt wurde, bildeten nach wie vor die Grundlage, auf der theol. und jur. Studien aufbauten.

Weitere Entwicklung: Seit dem Hochmittelalter (10. Jh.) begannen die D., nicht zuletzt wegen ihrer größeren Offenheit gegenüber weltlichen Entwicklungen und ihrer Nähe zu weltlicher Herrschaft, die Klosterschulen an Bedeutung zu überflügeln. Im ottonischen Reichskirchensystem waren sie nun die „maßgeblichen Ausbildungsstätten". Dadurch und auch infolge der (cluniazensischen) Kirchenreform, die eine Rückbesinnung der Klöster auf das monastische Leben verlangte, verlagerten sich im 11. Jh. die Schwerpunkte der mittelalterlichen Bildung und Wissenschaft zusehends von den Klöstern in die städtischen Zentren mit den D.n. Im 11. Jh. erhielten die D. eine nachhaltige Förderung durch die Kirche, die allerdings darauf drängte, daß nicht die Wissenschaft, sondern die Bildung des Klerus im Mittelpunkt stand und keine Laien aufgenommen wurden.

Der Wandel im Lehrprogramm vollzog sich im 11. und 12. Jh., der Blütezeit der D., vor allem in Frkr. Dort war die Bindung an die weltliche Herrschaft weniger stark ausgeprägt als in Dtl., wenn auch ihre Schwerpunkte an den weltlichen Herrschaftszentren zu finden waren. An der Pariser Kathedralschule wandten sich immer mehr Magister von der enzyklopädischen Methode der Kloster- und D.n ab und neuen kritischen Denkmethoden (**Scholastik**) zu. Aus der sich so bildenden Korporation der freien, sich nicht mehr der Kathedralschule zugehörig fühlenden Magister entstand im 12. Jh. langsam die Univ. Paris. Ähnlich entwickelten sich Toulouse, Bologna, Padua und Siena. Auch in Köln und Erfurt sollten die D.n zu unmittelbaren Vorläufern der Univ. werden, die sich mehr und mehr zum vorrangigen Ausbildungsort der Geistlichkeit entwickelte. Der Prozeß der Trennung der Universitäten von den D.n verlief nicht ohne Konflikte, da die Kirche ihr Lehrmonopol wahren wollte. Ab 1233 wurde für die Magister an den Universitäten die päpstliche *licentia docendi* erforderlich, die der Verbreitung von Irrlehren vorbeugen sollte.

Die D.n verloren seit dem späten 12. Jh. mit der Abwanderung der höheren theol. und jur. Studien an die Universitäten und die seit dem 13. Jahrhundert ebenfalls in den Städten eingerichteten Ordensstudien der Franziskaner und Dominikaner viel von ihrer Bedeutung. Gleichzeitig wurden die elementaren Fächer teilweise von Pfarrschulen übernommen, in denen der Pfarrer Kenntnisse des Lateinischen vermittelte, und von städtischen Schulen, die seit dem 15. Jh. auch in dt. Sprache unterrichteten. Einen weiteren, sehr erheblichen Bedeutungsverlust erfuhren die D.n schließlich infolge der Beschlüsse des Konzils von Trient (1545-1563), die die Einrichtung von Seminaren für die Ausbildung des Klerus festlegten. Damit hatte sich der Hauptzweck der D. erledigt.

Die D. in Frkr. wie auch später in Dtl. ist gleichwohl mancherorts unmittelbarer Vorläufer der Univ., so 1365 in Köln oder 1392 in Erfurt. Aus den verbleibenden D.n entwickelten sich andererseits nicht selten „Domgymnasien", deren heutiger Name teilweise noch erhalten ist und auf ihren Ursprung verweist. Die D. in Münster reformierte im Jahre 1500 den Lateinunterricht auf humanistischer Grundlage und führte im Unterricht die griech. Sprache ein. Zusammen mit der Schule in Deventer schuf sie damit eine Vorläuferform des heutigen humanistischen Gymnasiums.

Wichtige D.n waren u. a.: Utrecht (Ende 7. Jh.); Mainz (Mitte 8. Jh.); Köln (Ende 8. Jh.); Lüttich (8. Jh.; im 10. u. 11. Jh. führend in Europa); Münster i. W. (797); Paderborn (um 800); Osnabrück (804); Hildesheim (um 815); Regensburg (975); Verden (um 1000); Magdeburg (10. Jh.); Naumburg (1088). Herausragende frz. D.n waren: Paris, Reims, Chartres, Laon, Tours, Toulouse.

Lit.: Reichling, Dietrich, Die Reform der D. zu Münster im Jahre 1500, Berlin 1900; Ehlers, Joachim, D.n, in: Lexikon des Mittelalters, 1980 ff., Bd. III, Sp. 1226-1229; Kintzinger, Martin, Wissen wird Macht. Bildung im Mittelalter, Ostfildern 2007; Dopsch, Heinz, Von der Klosterschule zur Univ. Grundzüge des mittelalterlichen Bildungswesens, Internet-Ms. 2009; Schlechter, Armin, D., in: Lexikon für Theologie und Kirche, 3. Aufl., Sonderausgabe 2009, Bd. 3, Sp. 330 f.

F. Golücke

Duisburg-Essen, *Universität Duisburg-Essen* (UDE oder Uni DuE), entstanden am 1. Jan. 2003 durch Auflösung beider bis dahin selbständigen Univ.en und deren Zusammenlegung. Sie wurden nunmehr als „Univ. Duisburg-Essen, Campus Duisburg" und „Univ. Duisburg-Essen, Campus Essen" bezeichnet. Die Fusion ging auf einen „Qualitätspakt" zwischen Ministerium und Hochschulen aus dem Jahre 2000 zurück, der Profilschärfung und mehr Wettbewerbsfähigkeit bewirken sollte und u. a. den Zusammenschluß von Duisburg und Essen empfahl, die nur 25 km voneinander entfernt liegen. Die Fusion sollte angesichts der großen Hochschuldichte im Ruhrgebiet und zur Kostenersparnis durchgeführt werden. Gleichzeitig sollte das Modell „Gesamthochschule" damit beendet werden. Nachdem ursprünglich das Einverständnis auch der Rektorate beider Hochschulen gegeben war, entstanden nach dem Gesetzentwurf der Regierung („Effizienz geht vor Konsens") heftige Auseinandersetzungen im Hinblick auf die Umsetzung, bis hin zu Klagen vor Verwaltungsgerichten und dem Bundesverfassungsgericht in Karlsruhe. Auch die Oppositionsparteien (CDU, FDP) im Düsseldorfer Landtag stellten sich gegen die Zusammenlegung, die als „Zwangsfusion unter Mißachtung der Autonomie der Hochschulen" bezeichnet wurde, die die Regierung (SPD, Grüne) jedoch aus Kostengründen für unumgänglich hielt. Um Spannungen zwischen den Hochschulen zu mindern, erließ die Landesregierung eine Grundordnung und ernannte einen kommissarischen Leiter aus dem Ministerium. Statt der von den Hochschulen gewünschten stufenweisen Zusammenführung entschied sich die Regierung nun für eine Neugründung. Durch Konzentration der Fächer an jeweils einem Standort sollten Synergieeffekte erzielt werden. Die Natur- und Geisteswissenschaften zusammen mit der Medizin sollten demnach in Essen und die Ingenieur- und Gesellschaftswissenschaften in Duisburg zusammengefaßt werden. Die Wirtschaftswissenschaften sollten an beiden Standorten bestehen bleiben. In der Praxis blieben jedoch viele unerwünschte Doppelstrukturen erhalten. 2007 wurde zwischen den Ruhrgebietsuniversitäten Dortmund, Bochum und Duisburg-Essen die „Universitätsallianz Metropole Ruhr" gegr., die die Kooperation bei den Lehr- und Forschungsaktivitäten fördern soll.

2009 bestanden an der Univ. D.-E. folgende Fakultäten: Geisteswissenschaften, Gesellschaftswissenschaften, Bildungswissenschaften, Wirtschaftswissenschaften, *Mercator School of Management* – Betriebswirtschaftslehre, Chemie, Physik, Mathematik, Biologie und Geographie, Ingenieurwissenschaften sowie Medizin mit Klinikum. Zusätzlich bestehen Sonderforschungsbereiche, Zentrale Forschungseinrichtungen, An-Institute und Graduiertenkollegs. Die Univ. D.-E. umfaßte im WS 2009/10 bei rund 4285 Mitarbeitern, davon rund 420 Professoren, rund 31000 Studierende an beiden Standorten.

Zss.: Campus. Nachrichten und Berichte aus der Univ. D.-E., Essen, Jg. 1, 1993-11, 2003, Forts.: Campus Report.

Lit.: Finetti, Marco, Von Stärke keine Spur. Die erste Fusion zweier Universitäten wird vor Gericht entschieden – der wiss.e Nutzen ist in Vergessenheit geraten, in: SZ v. 14. Jan. 2003; Vorstand Universitätsklinikum Essen (Hg.), Tradition und Innovation. 100 Jahre. Von den Städtischen Krankenanstalten zum Universitätsklinikum Essen, 2 Bde., Krefeld 2010.

F. Golücke

Freie Deutsche Jugend (FDJ), die in der DDR bis 1989 allein zugelassene (Staats-)Jugendorganisation.

Entstehung: Die FDJ wurde am 7. März 1946 in der damaligen sowjetischen Besatzungszone (SBZ) gegr., um die Jugendlichen ab dem 14. Lebensjahr im Sinne der Sozialistischen Einheitspartei Deutschlands (SED) zu beeinflussen. Sie war fest eingebunden in das politische System des Sozialismus. Einer der Sekretäre des nachmaligen obersten Leitungsgremiums, des Zentralrates, war zugleich Vorsitzender der ideologisch ähnlich aus-

Postkarte, vor 1949

gerichteten Kinderorganisation der Pioniere. Eine obere Altersgrenze bestand nicht, jedoch war nach dem Ende der Lehrlings- oder Studienzeit eine aktive Mitgliedschaft selten. Die FDJ spielte eine wesentliche Rolle in der vormilitärischen Ausbildung durch die Zusammenarbeit mit der Gesellschaft für Sport und Technik (GST), sowie in den Betrieben, in der Verwaltung und im Schul- und Hochschulwesen.

Die Leitung der FDJ lag zwischen den FDJ-Parlamenten (periodische Delegiertenversammlungen) nominell in den Händen eines Zentralrates, die wirkliche Führung waren Büro und Sekretariat. Als sogenannte „Kampfreserve der Partei" lag die Anleitung der FDJ in der Verantwortung der Abteilung Jugend beim Zentralkomitee (ZK) der SED und in geringerem Maße beim Amt für Jugendfragen beim DDR-Ministerrat. Zentralratsbeschlüsse wurden zuvor vom Sekretariat des ZK der SED genehmigt. Die Nichtzulassung bzw. das Verbot anderer Jugendorganisationen, z. B. der Blockparteien, wurde mit der Erfüllung der historischen Lehre der Überwindung der Spaltung der dt. Jugendbewegung gerechtfertigt. Dem Zentralrat der FDJ gehörten allerdings stets „Vorzeigechristen" an.

Die Organisationsdichte betrug 1974 bei 2,1 Millionen FDJ-Mitgliedern 75 % der Jugendlichen. An den Schulen und Hochschulen lag sie erheblich höher. Dort war die FDJ einerseits mit Sitz und Stimme im Wiss., im Gesellschaftlichen und im Rat der Sektionen institutionell vertreten, andererseits stellte sie für Studenten die einzige offizielle Organisationsmöglichkeit neben der inoffiziellen der evan. oder kath. Studentengemeinde dar. Die FDJ entsandte ohne Direktwahl Studentenvertreter in die verschiedenen Gremien der Hochschulen. Nichtorganisierte hatten keine Einflußmöglichkeit, wobei in den letzten Jahren der DDR Theologiestudenten einen Sonderstatus besaßen.

Aufgabe: Im Hochschulbereich sollte mit Hilfe der FDJ eine bessere Einwirkung und Kontrolle auf/über den einzelnen Studenten, seine Studienleistung wie auch seine politische und gesellschaftliche Tätigkeit im Sinne der SED ausgeübt werden. Die Rolle der FDJ war im Rahmen dieses Auftrags Schwankungen unterworfen. Von Ende der vierziger bis Mitte der 1950er Jahre war ihr Gewicht gegenüber dem fachlich gebildeten Hochschulpersonal noch schwach. Hochburgen der FDJ waren zunächst die Vorstudienanstalten, die Arbeiter- und Bauernfakultäten sowie die pädagogischen Fächer. 1958 wurde im Selbstverständnis der FDJ der Prozeß der Umwandlung in einen sozialistischen Jugendverband durch die Annahme eines neuen Programms und Statuts durch das Parlament abgeschlossen. Dies fand in Formulierungen wie der von der „Kampfreserve der Partei der Arbeiterklasse" und der Forderung nach Propagierung des Marxismus-Leninismus Ausdruck. In der Folgezeit setzte sich im Zuge der Orientierung auf den „Sieg der sozialistischen Produktionsverhältnisse" (forcierte Durchsetzung der Bildung von Landwirtschaftlichen Produktionsgenossenschaften [LPG], Produktivgenossenschaften des Handwerks, einhergehend mit einer Massen-

FDJler, 1954

233

flucht von DDR-Bürgern) ein härterer Kurs durch, so daß sich die Einflußmöglichkeiten der FDJ erhöhten.

Die 1960er Jahre räumten mit der Einführung des „Neuen ökonomischen Systems" dem Fachwissen wieder Vorrang ein, womit sich das Gewicht der FDJ im Hochschulbereich verminderte. Bis zum Schluß dominierte die Arbeiterjugend. Eine erneute Änderung war seit der Hochschulreform 1968 zu verzeichnen, als die FDJ ihre alte Stellung zurückgewinnen und sogar ausweiten konnte. Diese Veränderungen sind auch eine Reaktion auf die Studentenrevolte in der Bundesrepublik und den „Prager Frühling" gewesen. Durch die Übernahme von Eigenverantwortung sollten die Jugendlichen in das politische System integriert und stärker eingebunden werden. Eine mit der Zeit nicht mehr überschau- und beherrschbare Zahl von Jugendobjekten wurde übergeben. Das betraf auch den Hochschulbereich, wo außerdem zunehmend wiss. Studentenzirkel gegründet wurden.

20 Jahre FDJ, FDJ-Emblem und Fahne (FDJ-Abzeichen für gutes Wissen), 1966

Nach dem Rücktritt Ulbrichts 1971 konnte die FDJ ihren Einfluß weiter ausdehnen. Der langjährige FDJ-Vorsitz Erich Honeckers hat diese Entwicklung fraglos beeinflußt. Seit dieser Zeit hatte der Staatsjugendverband das Recht, bei der Zulassung von Studenten zum Studium mitzuentscheiden, war in den Beratungsgremien der Hochschule vertreten, arbeitete bei Studentenangelegenheiten mit den Leitern der Hoch- und Fachschulen zusammen, hatte ein Mitspracherecht bei der Festsetzung von Inhalt und Anforderungen des Studiums und beteiligte sich an der Absolventenvermittlung.

Struktur: Höchstes Organ war laut Statut das über Kreis- und Bezirksdelegiertenkonferenzen gewählte Parlament; der dabei angewandte Schlüssel begünstigte sehr stark die durch das ZK der SED gesteuerte Politik des Zentralrates und seines Büros.

An den Hochschulen war die Organisationsform der FDJ der Hochschulstruktur angepaßt. In der Regel bestand eine FDJ-Leitung für eine Hochschule, die bei den größten Einrichtungen wie der Humboldt- oder der Karl-Marx-Univ. in Berlin bzw. Leipzig einer FDJ-Kreisleitung gleichgestellt war. Die FDJ-Hochschulleitungen verfügten an allen klassischen Einrichtungen über eine gewisse Eigenständigkeit. Ihnen nachgeordnet waren FDJ-Sektions-, FDJ-Instituts- und FDJ-Fachrichtungsleitungen. Kleinste Einheiten waren die mit den Seminargruppen identischen FDJ-Gruppen, die im allgemeinen 5 bis 30, meist um die 20 Studierende umfaßten. Sie waren der Dreh- und Angelpunkt zwischen der Jugendorganisation und den einzelnen Studenten. Ihre vielfältigen Aufgaben zu erfüllen, oblag vor allem den FDJ-Leitungen, an deren Spitze ein Sekretär stand. Im allgemeinen gehörten ihr ferner Stellvertreter, Funktionäre für Agitation und Propaganda sowie Wissenschaft an. Weitere Amtsträger waren möglich. Das tägliche, normale FDJ-Leben ließ durchaus größere Spielräume zu.

Entwicklung der FDJ im Hochschulbereich: Bei ihrer Gründung 1947 waren die Gruppen der FDJ zunächst Zusammenschlüsse neben sogenannten bürgerlichen Hochschulgruppen. Außerdem gab es noch als stud. Vertretungsorgan die von der FDJ eingerichteten „Interessenzirkel" und „Außenarbeitseinsätze": Sie brachten der FDJ nicht den erhofften Durchbruch. Erfolge waren dennoch zu verzeichnen, da die Arbeit der FDJ durch Staat und sowjetische Besatzungsmacht unterstützt wurde, die FDJ über ein diszipliniertes Auftreten, eine überlegene taktische Wendigkeit und Argumentationskraft verfügte.

Ab 1949 traten Rivalitäten mit dem Freien Dt. Gewerkschaftsbund (FDGB) auf, der mit seinen Hochschulgruppen eine starke Stellung besaß, denn fast alle Absolventen der Vorstudienanstalten und späteren Arbeiter- und Bauernfakultäten waren in der Regel schon vor Eintritt in die Hochschule gewerkschaftlich organisiert. Die daraus entstehenden Reibereien zogen sich eine ganze Zeit hin, bis 1957 der FDJ die kulturelle und politische, dem FDGB die soziale Betreuung der Studenten zugesprochen wurde und damit die FDJ das Feld behauptet hatte.

Ein Prestigeerfolg nach außen gelang der FDJ am 24. Sept. 1949, als sie mit ihren Hochschulgruppen Mitglied der *International Union of Students* (IUS) wurde. Ähnlich sind die international ebenfalls bedeutsamen Weltfestspiele der Jugend und Studenten 1953 und 1973 zu bewerten. Auch im Innern wurde der entscheidende Schritt zur „überparteilichen" (Einheits-)Organisation getan. Seit dem 1. Sept. 1951 wurden die Grundsätze der

X. Weltfestspiele der Jugend und Studenten, 1973

FDJ-Hochschulgruppen auf alle Studenten in „Staatlichen Seminargruppen" übertragen, womit der Agitation der FDJ gute Möglichkeiten geboten wurden.

Auch die Arbeitsweise hatte sich inzwischen verfeinert. Die Hochschulgruppen hatten „Fakultätsgruppen" gebildet, die sich wieder in „Zehnergruppen", auch „Hochschulstudiengruppen" von weniger als 20 Mitgliedern unterteilten. Ein Mitläufertum war damit weitgehend ausgeschaltet. Zehnergruppen sollten als „kollektive Lerngemeinschaften" den Lehrstoff im politisch erwünschten Sinne erarbeiten. 1949 waren rund 50 % der Studenten Mitglied der FDJ. Dieser Prozentsatz wurde in der Folge weiter gesteigert. Nach Ausschaltung der bürgerlichen Kräfte konnte auch die Schulung der Studenten verstärkt und deren Einbindung in die FDJ personell und institutionell vorangetrieben werden. Die Koordination innerhalb der Fakultäten erfolgte durch den Fakultätsstudiendienstleiter der FDJ, die zentrale Steuerung durch das FDJ-Sekretariat.

Die dritte Hochschulkonferenz 1958 brachte der FDJ an den Hochschulen eine erhebliche Stärkung. Die FDJ-Leitungen erhielten nun je einen Sitz in Senat, Fakultätsrat und Fachrichtungsleitung. Beim FDJ-Zentralrat wurde ein Sekretariat für Studentenfragen eingerichtet, bei den FDJ-Bezirks- und Kreisleitungen jeweils Studentenkommissionen. Später kam für die kleineren Einrichtungen die Unterstellung unter die Sekretäre für Agitation und Propaganda auf. Bereits im Jahr zuvor war die Erstellung einer gesellschaftlichen Beurteilung von Studienanfängern durch die FDJ eingeführt worden, die für die Immatrikulation von Bedeutung sein konnte. Ebenfalls 1957 wurde nach sowjetischem Vorbild mit einem mehrwöchigen Arbeitseinsatz begonnen, den späteren „Lagern der Erholung und Arbeit", die ab 1965 durch den „Studentensommer" ergänzt wurden, der eine große Zahl von Kommilitonen erfaßte. Späterhin wurde es selbstverständlich, daß die Sekretäre der FDJ-Hochschulgruppenleitungen den Universitätsparteileitungen angehörten.

Das „Neue Ökonomische System" (NÖS) ließ von 1964 bis 1971 das Leistungsprinzip wieder stärker hervortreten, womit der Einfluß der FDJ sank. Doch mit dem Sturz Ulbrichts wurde die „gesellschaftliche Betätigung" wieder stärker bewertet, und die Bedeutung der FDJ nahm im Hochschulbereich erneut zu.

Ausdruck dessen war das dritte Jugendgesetz 1974. Die FDJ wirkte nun mit bei der Studienzulassung, der Leistungsstipendiengewährung und der Absolventenvermittlung. Schließlich wurde ihr die Möglichkeit einer Delegierung von Vertretern mit beratender Stimme bei den mündlichen Prüfungen zugesprochen. Schon nach der Hochschulreform von 1968, als Senat und Fak. durch den Gesellschaftlichen, den in Fakultäten untergliederten Wiss. und den Rat in den Sektionen ersetzt wurden, war die FDJ in allen Räten institutionell präsent, nämlich durch den Sekretär der Leitung auf der entsprechenden Ebene bzw. deren Vertreter. Seit dieser Zeit bestand die Tendenz, die Zahl der hauptamtlichen Funktionäre zu erhöhen. Insgesamt erhöhte sich dabei auch die Bedeutung der FDJ für die Freizeitgestaltung durch die Möglichkeit der Einstellung von Jugendklubhausleitern. Aufwendige Festivals und Musikgroßveranstaltungen wurden ermöglicht. Die Singebewegung der FDJ (mehrere tausend Gruppen) erreichte 1973 mit den X. Weltfestspielen der Jugend und Studenten in Berlin (Ost) ihren Höhepunkt. Der Zug zu einer partiellen Entpolitisierung mit subtileren Methoden der Einflußnahme war ab Mitte der 1970er Jahre auch hier nicht aufzuhalten.

Bewertung: Die FDJ galt gegenüber dem FDGB als Aufsteigerorganisation, aus der ein großer Teil der Parteielite hervorging. Dies erschwerte andererseits Möglichkeiten, sich auf die Veränderungen in der Gesellschaft einzustellen. Die Kluft zwischen der besonders nach 1985 „Perestroika" und „Glasnost" fordernden Basis und der fest in das SED-Establishment eingebundenen Führung verstärkte sich trotz partieller Anpassung. Trotzdem konnte die FDJ eine wichtige und einflußreiche Stellung vor allem an den verschiedenen Ausbildungseinrichtungen behaupten. Es war ein hoher Organisationsgrad vorhanden, dem eine ebenfalls hohe verbale Zustimmung entsprach. Es war in den siebziger und achtziger Jahren eine nur von wenigen in Frage gestellte Selbstverständlichkeit, als Student der FDJ anzugehören. Während der reale Einfluß der FDJ zurückging und sich das Mitläufertum verstärkte, blieb ihre Bedeutung als Freizeitfaktor erhalten, z. B. über den eigenen Reiseveranstalter Jugendtourist. Im Rückgriff auf Traditionen (z. B. Wartburgfest und Liederbuch 1987, Wiederbelebung von Rektoratsfackelzügen usw.) wurde ein weiterer Versuch unternommen, verlorengegangenen Einfluß zurückzugewinnen. Letztlich blieben die durch die FDJ vorgenommenen Veränderungen hinter den realen Erfordernissen zurück. Dies zeigte sich spätestens während des Herbstes 1989. Die Verbandszeitung der FDJ, die „Junge Welt", war zwar das erste offizielle, SED-dominierte Publikationsorgan, das auf die Ereignisse einging und nach Lösungen suchte, aber letztlich erwies sich die Einbindung in die verkrustete Struktur als stärker, zumal die Auswahl des Führungspersonals ab der Sektionsebene immer stärker von der Partei und staatlichen Leitungen bestimmt worden war.

So löste sich die FDJ gewissermaßen von innen her auf. Teile der Perestroika-Fraktion an der Hochschule gingen in den Sozialistischen Studentenbund über. Die FDJ spielt seit Ende 1989 an den Hochschulen keine Rolle mehr (Mitgliederzahl 1989: 2,3 Millionen; 2003: 150). Ihre Räumlichkeiten werden großteils durch die neu geschaffenen Studentenräte weitergenutzt. Als Gesamtorganisation ging die FDJ am 27. Jan. 1990 einen ähnlichen Weg wie die SED. Sie löste sich auf dem Erneuerungskongreß von alten Strukturen, allerdings unter Beibehaltung des Namens. Sie sicherte sich damit die s. Z. umstrittene Rechtsnachfolge (Umwandlung in eine Stiftung?) für Vermögen und Bauten. Kultureinrichtungen und Reisebüro wurden selbständig, verkauft oder aufgelöst.

Vorsitzende (bis 1955) bzw. Erste Sekretäre des Zentralrates der FDJ: Erich Honecker (1946-1955), Karl Namokel (1955-1958), Horst Schumann (1958-1967), Günther Jahn (1967-1974), Egon Krenz (1974-1983), Eberhard Aurich (1983-1989).

Zs.: Forum (Zs. für die stud. Jugend), Berlin 1947-1980, seit 1952 hg. vom Zentralrat der FDJ; Junge Welt, hg. v. Zentralrat der FDJ [Tageszeitung bis 1989; besteht mit dem gleichen Namen und einem Großteil der Mitarbeiter weiter].

Veröffl.: Jahnke, Karl-Heinz u. a., Geschichte der Freien Deutschen Jugend, letzte Aufl. Berlin 1982 (Selbstdarstellung).

Lit.: Klump, Brigitte, Das rote Kloster. Eine dt. Erziehung, 2. Aufl., Hamburg 1978; Wilhelmus, Wolfgang u. Erich Leddin, Geschichte der FDJ-Hochschulgruppe „Hans Beimler" der Ernst-Moritz-Arndt-Univ. Greifswald, Greifswald 1979; Rausch, Heinz u. Theo Stammen (Hg.), DDR. Das politische, wirtschaftliche und soziale System, 5. Aufl., München 1981; Freiburg, Arnold u. Christa Mahrad, FDJ. Der sozialistische Jugendverband der DDR, Opladen 1982; Mählert, Ulrich, Die Freie Deutsche Jugend 1945-1949, Paderborn 1995; ders. u. Gerd-Rüdiger Stephan, Blaue Hemden, Rote Fahnen. Die Geschichte der Freien Deutschen Jugend, Opladen 1996; Jahnke, Karl Heinz: Die Entstehung der Freien Deutschen Jugend 1945/46, in: Beiträge zur Geschichte der Arbeiterbewegung, Jg. 38, 1996, H. 1, S. 14-30; Mannheim, Felix, An die Spitze geschrieben? Das Zusammenspiel von FDJ, SED und Zeitungen im Nomenklatursystem der DDR. Eine empirische Untersuchung zur Repräsentanz der FDJ-Vorsitzenden in „Junge Welt" und „Freie Presse", Dipl.-Arbeit München 2006.

Dok.: Freundschaft! Die Freie Deutsche Jugend, Dokumentation des Norddeutschen Rundfunks (NDR), 2 Tle., 2008.

F. Gölücke/E. Oberdörfer

„**Gaudeamus igitur …**", dt.: „Darum laßt uns fröhlich sein …", wohl bekanntestes lat. Studentenlied, das auch heute noch sehr häufig gesungen wird. Es ist erstmals 1267 als kirchliches Bußlied mit einzelnen Strophen nachgewiesen, dessen Text seit 1582 mit den Worten „G. i." beginnt. Die früheste handschriftliche Überlieferung des gesamten Liedtextes findet sich 1745 im Liederbüchlein des Friedrich Reyher. Die heutige Textfassung besteht seit 1781, die Melodie seit 1797.

Die ersten drei Stophen sind „eine Rechtfertigung jugendlicher Lebensfreude durch den Hinweis auf die Todverfallenheit des Menschen" (Otto Böcher). Diesen Strophen sind im 18. Jh. zwei Vivat- und eine Pereat-Strophe angefügt worden. Das Lied ist in Österreich, Polen, Ungarn, Großbritannien, den USA u. a. Ländern als offz. akad. Hymne bei Promotionen und akad. Festakten geläufig. Mehrere berühmte Komponisten haben das Thema aufgenommen, so Johannes Brahms (1833-1897) in seiner Akad. Festouvertüre. In Österreich ist es zudem „Erstes Allgemeines", d. h. es wird auf Kommersen und Kneipen der Verbindungen fast immer als erstes Lied gesungen. Das G. i. ist das letzte der ursprünglich vielen lat. Studentenlieder, das sich, obwohl mehrfach ins Deutsche übersetzt, bis heute in seiner alten lat. Form erhalten hat und das in dieser Sprache auch in mehreren anderen europäischen Ländern gesungen wird. Seine Melodie liegt der Siegesfanfare der Studentenweltmeisterschaften zugrunde.

Lit.: Burdach, Konrad, Kommentar zu: Christian Wilhelm Kindleben, Studentenlieder, in: Studentensprache und Studentenlied in Halle vor hundert Jahren, Halle 1894, S. 122-124; Birkenbihl, Michael, Das dt. Studentenlied, in: Velhagens und Klasings Monatshefte, Jg. 42, 1927/28, Bd. I, S. 277-279; Leupold, Hermann, Ubi sunt, qui ante nos in hoc mundo fuere? Ursprung und Geschichte des „Gaudeamus igitur", in: Einst und Jetzt, Jg. 7, 1962, S. 5-44; ders., Selbst im Laub die Vöglein singen: G. i. Geschichte des G. (Nachtrag), in: Einst und Jetzt, Jg. 18, 1973, S. 102-113; Böcher, Otto, Kleines Lexikon des stud. Brauchtums, 3. Aufl., Hannover 2009, S. 135-138 [mit dt.er Übersetzung]; Probst-Effah, Gisela, „Gaudeamus igitur" – Reflexionen über ein Studentenlied, in: ad marginem. Randbemerkungen zur musikalischen Volkskunde. Mitteilungen des Instituts für musikalische Volkskunde an der Univ. zu Köln, H. 76, 2004, S. 3-11.

F. Gölücke

Gesellschaft für burschenschaftliche Geschichtsforschung (GfbG), gegr. am 13. April 1909 als Burschenschaftliche Historische Kommission (BHK) nach dem Vorbild der historischen Landeskommissionen von der die Universitätsburschenschaften umfassenden Deutschen Burschenschaft (DB), dem an den TH vertretenen Rüdesheimer Verband deutscher Burschenschaften (RVDB) und dem Verband der deutschen Burschenschaften in Österreich, der Burschenschaft der Ostmark (BdO). Eine Vorläuferorganisation bestand seit 1898. Treibende Kraft waren bekannte Universitätshistoriker, Archivare und Bibliothekare, die der Burschenschaft angehörten: Herman Haupt, Heinrich von Srbik, Wilhelm Oncken, Ferdinand Bilger, Friedrich Meinecke, Felix Rachfahl, Otto Oppermann, Reinhold Koser, Max Doblinger, Wilhelm Hopf, Wilhelm Erman sowie der Pathologe Ludwig Aschoff. Seit 1929 bezeichnet sich die Burschenschaftliche Historische Kommission als GfbG, die seit 1933 eingetragener Verein ist. Die Kommission bzw. die Gesellschaft brachte von 1910 bis 1942 17 Bände „Quellen und Darstellungen zur Geschichte der Burschenschaft und der dt. Einheitsbewegung" mit weiteren Sonderbänden heraus. 1949/50 wurde die GfbG wiedergegr.; seit 1957 erscheint die Reihe „Darstellungen und Quellen zur Geschichte der dt. Einheitsbewegung im 19. und 20. Jh.", die die burschenschaftliche Bewegung insgesamt wie in den Einzelaspekten erfassen soll. Bis 2012 sind 20 Bände erschienen. Dazu kommt seit 1996 das „Biographische Lexikon der Dt. Burschenschaft", vom dem bis 2014 8 (Teil-)Bände vorliegen. Die GfbG fußt weitgehend auf den Beständen von Archiv und Bücherei der Dt. Burschenschaft im Bundesarchiv in Koblenz.

Veröfftl.: Veröffentlichungen des Archivs für die Dt. Burschenschaft, H. 1, 1894-H. 4, 1896/97; Quellen und Darstellungen zur Geschichte der Burschenschaft und der dt. Einheitsbewegung [Rote Reihe], Bd. 1, 1910-Bd. 17, 1942; Beihefte dazu: H. 1, 1927-H. 6, 1937; Burschenschafterlisten, 2 Bde., 1940 u. 1942; Darstellungen und Quellen zur Geschichte der dt. Einheitsbewegung im 19. und 20. Jh., Bd. 1, 1957-20, 2012; Biographisches Lexikon der Dt. Burschenschaft, Bd. I, Teilbd. 1, 1996-Teilbd. 8, 2014; Jahresgaben, 1959-2013; Veröffentlichungen des Archivs der Dt. Burschenschaft, NF, H. 1, 1999-H. 16, 2014.

Lit.: Klötzer, Wolfgang, Wege und Aufgaben der G.f.b.G., in: Wentzcke, Paul (Hg.), Jahresgabe der G.f.b.G. 1959, o. O. o. J., S. 3-12; Lönnecker, Harald, „Das Thema war und blieb ohne Parallel-Erscheinung in der dt. Geschichtsforschung". Die Burschenschaftliche Historische Kommission (BHK) und die Gesellschaft für burschenschaftliche Geschichtsforschung e. V. (GfbG) (1898/1909-2009). Eine Personen-, Institutions- und Wissenschaftsgeschichte, Heidelberg 2009 [dort weiterführende Literatur, Geschichten einzelner Burschenschaften usw.]; ders., 100 Jahre Archiv und Bücherei der Dt. Burschenschaft – 100 Jahre Burschenschaftliche Historischen Kommission (BHK)/Gesellschaft für burschenschaftliche Geschichtsforschung e. V. (GfbG), in: Der Archivar. Zs. f. Archivwesen, Jg. 63, 2010, S. 181-183; Oldenhage, Klaus (Hg.), 200 Jahre burschenschaftliche Geschichtsforschung – 100 Jahre GfbG – Bilanz und Würdigung. Feier des 100-jährigen Bestehens der G.f.b.G. e. V. (GfbG) am 3. und 4. Okt. 2009 in Heidelberg, Koblenz 2009.

Internet: www.burschenschaftsgeschichte.de

F. Golücke/H. Lönnecker

Karte mit Wappen und Wahlspruch der Deutschden Burschenschaft, hrsg. von der BHK/GfbG, um 1930

Göttinger Universitätsbund, am 26. Juni 1918 auf Vorschlag des Physikers Hermann Theodor Simon (1870-1918) gegründeter rechtsfähiger Verein mit dem Zweck der Unterstützung der Univ. G.

Der Satzungszweck war und ist im einzelnen: Zusammenschluß der ehemaligen und gegenwärtigen Mitglieder der Georg-August-Univ. sowie ihrer sonstigen Freunde, Förderung der Univ. neben und über die staatliche Förderung hinaus, Herausgabe von Schriften, Sammlung und Verteilung von Geldmitteln für Zwecke der Univ.

Die Leitung erfolgte zunächst durch einen Senat, ab 1928 durch einen Verwaltungsrat, der den Vorstand wählt. Die Zahl der Mitglieder überschritt 1923/24 bereits 1100, sank bis 1945 auf 350 ab und erholte sich bis 1962 auf 470. Bis 1933 hatte der U. rund eine halbe Million Reichsmark aufgebracht, 1955 ca. 44000 DM. Die ersten 25 Jahre der Vereinsgeschichte werden von dem Historiker Karl Brandi beherrscht, der auch nach der Einführung des Führerprinzips 1935 bis zu seinem Tode 1946 den Verein tatkräftig und taktisch geschickt leitete. Der G. U. hatte Vorbildfunktion für ähnliche andere Vereinigungen.

Zs.: Mitteilungen, G. 1918 ff.; Nachrichten 1948 ff.; Georgia Augusta, 1961 ff.; Nachrichten aus der Univ. Göttingen, 2001 ff.

Lit.: Ebel, Wilhelm, Kleine Geschichte des G.er Univ.s-bundes, in: Georgia Augusta, Göttingen, Nr. 9, 1968, S. 3 ff.

F. Golücke

Hagen, (Ehem.) Staatliche Ingenieurschule für Maschinenwesen. Die Ingenieurschule geht zurück auf die am 1. Dez. 1824 gegründete Provinzial-Gewerbeschule, die 1878 um eine Fachschule für Maschinentechnik erweitert wurde und sich seit 1898 „Kgl. (seit 1918: Staatliche) Höhere Maschinenbauschule" nannte. Sie wurde 1931 zur „Höheren Technischen Staatslehranstalt (HTL) für Maschinenwesen und Elektrotechnik" und 1938 zur „Staatlichen Ingenieurschule für Maschinenwesen". Diese wurde 1971 in die „Märkische FH" mit Sitz in Iserlohn eingegliedert.

F. Golücke

Hamburg-Harburg, Technische Universität (TUHH), gegr. auf Grundlage des Errichtungsgesetzes vom 22. Mai 1978 in der Absicht, den regionalen Strukturwandel zu fördern. 1980 erfolgte die Aufnahme der Forschungstätigkeit, im WS 1982/83 der Lehrtätigkeit. Die Hochschule ist die jüngste dt. TU und beschreitet organisatorisch neue Wege, indem sie Forschung und Lehre strukturell, nicht aber personell trennt. Statt Abteilungen oder Fakultäten ist die TUHH in sechs Forschungsschwerpunkten organisiert. Dies waren zuerst: (1) Anlagenplanung, Apparatebau und Fertigungstechnik sowie entsprechende Grundoperationen der Verfahrenstechnik, (2) Werkstoffphysik einschließlich Materialforschung und Kunststofftechnik und zugehörige Konstruktionstechnik, (3) Sicherheitstechnik, Zuverlässigkeitstechnik, Arbeitsschutz und Umweltschutztechnik, (4) Wasserbau, Meerestechnik und zugehörige Bio-Technologie, (5) Hochbau, (6) Stadterneuerung und Werterhaltung. Später ergab sich folgende Struktur: (1) Stadt, Umwelt, Technik; (2) Systemtechnik; (3) Bautechnik und Meerestechnik; (4) Informations- und Kommunikationstechnik; (5) Werkstoffe – Konstruktion – Fertigung; (6) Verfahrenstechnik und Energieanlagen. Die Lehre vollzieht sich innerhalb der Studiendekanate (1) Maschinenbau, (2) Elektrotechnik, (3) Verfahrenstechnik (zunächst auch mit Chemietechnik) und (4) Bauwesen.

Entstehung: Bemühungen zur Gründung einer Technischen Hochschule in Hamburg gab es mit Unterbrechungen seit 1928, um auf diese Weise die technischwissenschaftliche Kompetenz der Region zu stärken. Das Gesetz zur Errichtung der Hochschule wurde von der Hamburger Bürgerschaft am 22. Mai 1978 angenommen. Der Gründungssenat konstituierte sich im folgenden Februar. 1980 wurde der Forschungsbetrieb aufgenommen. Der Lehrbetrieb in elf Studiengängen begann im WS 1982/83. Seit 1985 ist die Technische Universität rechtlich selbständig.

Baulich wurde 1991 mit Fertigstellung des dritten Bauabschnitts, der Mensa und Bibliothek umfaßt, ein Abschluß erreicht. Die TUHH ist keine Campusuniversität; daher wurde auf die bauliche Einbindung in die Stadt besonderer Wert gelegt.

Die TUHH geriet im Zusammenhang mit den New Yorker Terror-Anschlägen vom 11. Sept. 2001 in die Schlagzeilen, da einer der mutmaßlichen Hauptverantwortlichen, Mohammed Atta, 1993-1999 an der TUHH Städtebau/Stadtplanung studierte und ein Diplom in diesem Fach erwarb.

1985 waren 350 Studierende eingeschrieben, als Obergrenze waren knapp 3000 vorgesehen. 1998 waren rund 3400, 2008 rund 5000, 2013 rund 6700 Studenten, davon ein Fünftel Ausländer, eingeschrieben. Anfang der 1990er Jahre betrug die Zahl der Mitarbeiter etwa 1000, davon rund 110 Professoren und 220 wissenschaftliche Angestellte. 2012 hatte die TUHH einen Jahresetat von 115 Millionen Euro, davon 41 Millionen Euro Drittmittel.

Zss.: TUHH. Spektrum. Berichte und Meinungen aus der TU H-H, späterer Untertitel: Das Magazin der TU H.-H., Jg. 1.1986 ff.

Lit.: Severin, Jörg u. Helmut Thamer (Red.), TU H.-H., H.-H. 1986; [Vierhein, Annette (Red.),] Technische Universität Hamburg Harburg, [Hamburg 1991].

F. Golücke

Kadettenanstalt, militärische Erziehungsanstalt für den Offiziernachwuchs, die unter Beachtung militärischer Formen eine dem neunklassigen Realgymnasium entsprechende wiss. Ausbildung bot. K.en gab es in Dtl. und Österreich bis zum Ende des Ersten Weltkriegs. In Preußen konnten die Jungen mit zehn Jahren in die Sexta, in Bayern und in Sachsen mit 14 Jahren in die Quarta eintreten. Die Zivillehrer der K.en waren in Preußen und Sachsen Reichs-, in Bayern königl. Beamte. Seit 1885 wurde an der Hauptkadettenanstalt in Berlin das Abitur abgelegt. Nach Abschluß der Obersekunda oder der Prima konnten die Absolventen unter jeweils unterschiedlichen Bedingungen als Fähnrich ins Heer eintreten oder einen freien Beruf wählen. Bei allen Unterschieden in den einzelnen Ländern war den K.en als Hauptaufgabe gemeinsam die internatsmäßige Ausbildung der Zöglinge mit dem Ziel des Offizierberufs. Einige dt. Staaten schlossen mit Preußen Militärkonventionen ab, so daß die dortigen Kadetten in das preußische Kadettenkorps übernommen wurden.

Ebenfalls zu den K.en zu zählen waren die Kadettenschulen in Österreich-Ungarn: die Theresianische Militärakademie in Wiener Neustadt, die Technische Militärakademie, die Militäroberrealschule in Mährisch-Weißkirchen, fünf Militärrealschulen und das Erziehungsinstitut für verwaiste Offiziersöhne in Hirtenberg in Niederösterreich. Auch die Junkerschulen und Adelskadettenschulen im zaristischen Rußland, die teilweise noch heute bestehen, gehören dazu.

Das Kadettenwesen in der Schweiz nahm eine gänzlich andere Richtung, wo seit dem 15. Jh. Aufzüge von bewaffneten Knaben aller Volkskreise bekannt sind. Erst mit der Gründung von Korps in Zürich und Aarau (1789) nahm das Kadettenwesen in der Schweiz deutlichere Gestalt an. 1814 wurde in Luzern die Vorbereitung auf den Offizierberuf festgeschrieben. Die Bundesverfassung von 1848 zwang die Kantone, sich um das Kadettenwesen zu kümmern. Eigentliche K.en gab es jedoch nicht. Als Zweck sah man die körperliche Entwicklung, die vaterländische Gesinnung und den Ausgleich zu geistiger Arbeit. 1936 wurden die Kadettenkorps im Schweizerischen Kadettenverband zusammengeschlossen. Seit 1942 gab es Bestrebungen, das Kadettenwesen in den militärischen Vorunterricht einzubauen, was jedoch nach dem Krieg aufgegeben wurde.

In der DDR gab es von 1956 bis 1960/61 in Naumburg eine Kadettenschule. Sie erbrachte aber aus Sicht der Nationalen Volksarmee nicht die gewünschten Ergebnisse, da die Schulbildung im Vordergrund stand und die Ausbildungszeit in der Armee nicht verkürzt werden konnte.

Geschichte: In den Kriegen der Niederländer gegen die Spanier gewann die Beweglichkeit der Heeresabteilungen eine immer größere Bedeutung. Damit nahmen auch die Anforderungen an die Führungsqualitäten der Offiziere zu. Die Oranier führten daher im 16. Jh. eine Neuordnung des Heeres durch und schickten die Offiziere auf die Universitäten. Johann von Nassau gründete 1607 die Kriegs- und Ritterschule in Siegen und übertrug damit das niederländische Kriegswesen nach Dtl. Der frz. König Ludwig XIV. gründete 1682 die *compagnie des cadets,* damit ist der eigentliche Beginn des Kadettenwesens anzusetzen.

Nachdem schon der Große Kurfürst Friedrich Wilhelm (1620-1688) in Berlin, Kolberg und Magdeburg Kadetten- bzw. Ritterakademien eingerichtet hatte, gründete König Friedrich Wilhelm I. am 1. Sept. 1717 mit 110 Zöglingen das „Königlich Kronprinzliche Corps des Cadets" in Berlin, dessen Chef Kronprinz Friedrich, der spätere Friedrich II. d. Gr., war. Ab 1809 wurden auch Nichtadlige ins Kadettenkorps aufgenommen. Gleichzeitig (1807) wurden Reformen durchgeführt, die aus einer „Verwahr- und Versorgungsanstalt ein Bildungs- und Erziehungsinstitut" machten.

Sachsen war in Dresden 1692 vorangegangen, 1731 gründete Zarin Anna (1730-1740) in Rußland ein Adliges Kadettencorps, Maria Theresia (1740-1780) richtete K.en in Österreich ein, Bayern in München 1756. Neben bekannten Soldaten sind aus den K.en auch bedeutende Wissenschaftler und Künstler hervorgegangen. In Dtl. und Österreich mußten die K.en auf Grund der Verträge von Versailles und St. Germain am 9. März 1920 aufgelöst werden.

Lit.: Crousaz, Adolf Friedrich Johannes v., Geschichte des Königlich Preuss. Kadetten-Corps. Nach seiner Entstehung, seinem Entwicklungsgange und seinen Resultaten, Berlin 1857; Poten, Bernhard v., Geschichte des Militär-Erziehungs- und Bildungswesens in den Landen dt. Zunge, 5 Bde, Berlin 1889 ff.; Scharfenort, v. (Hg.), Das Königlich Preußische Kadettenkorps 1839-1892, Berlin 1892; Ziehen, Dr., Die dt. Kadettenkorps, in: Lexis, W[ilhelm]. (Hg.), Das Unterrichtswesen im Dt. Reich, II. Bd.: Die höheren Lehranstalten und das Mädchenschulwesen, Berlin 1904, S. [227]-234; Stübig, Heinz, Armee und Nation. Die pädagogisch-politischen Motive der preuß. Heeresreform 1807-1814, Frankfurt a. M. 1971; ders., Kadettenanstalt und Kriegsschule Potsdam, in: Kroener, Bernhard R. (Hg.), Potsdam. Staat, Armee, Residenz in der preußisch-deutschen Militärgeschichte, Frankfurt a. M. u. a. 1993, S. 393-407; ders., Bildung, Militär und Gesellschaft in Dtl. Studien zur Entwicklung im 19. Jh., Köln u. a. 1994; ders., Zwischen Reformzeit und Reichsgründung. Studien zur Entwicklung der preuß.-dt. Armee im 19. Jh., Berlin 2012; Schwirkmann, Klaus, Königlich-Preußische K. Karlsruhe, Karlsruhe 1977; Schmitz, Klaus, Militärische Jugenderziehung. Preuß. Kadettenhäuser und Nationalpolitische Erziehungsanstalten zwischen 1807 und 1936, Köln 1997; Erlich, Horst, Die Kadettenanstalten. Strukturen und Ausgestaltung militärischer Pädagogik im Kurfürstentum Bayern im späteren 18. Jh., München 2007; Lapp, Peter Joachim, Schüler in Uniform. Die Kadetten der Nationalen Volksarmee, Aachen 2009; Burgener, Louis, Kadetten in der Schweiz, in: Allgemeine Schweizrische Militärzeitschrift, Jg. 152, 1986, Beih. 10, S. 1-8; Salomon, Ernst v., Die Kadetten [Roman 1933], Reinbek b. Hamburg 1979; Johann, Klaus, Grenze und Halt. Der Einzelne im „Haus der Regeln". Zur deutschsprachigen Internatsliteratur, Heidelberg 2003, S. 217-249; Faber, Richard B., Totale Institutionen? Kadettenanstalten, Klosterschulen und Landerziehungsheime in der Schönen Literatur, Würzburg 2013.

F. Golücke

Komputistik, f., von lat. *computare*, berechnen, allg.: Zeitrechnung. Seit den frühen mittelalterlichen Klosterschulen im 8. Jh. eine mathematische Disziplin neben lat. Grammatik, Kirchengesang u. a., die dazu diente, den Ostertermin zu berechnen. Von diesem wichtigsten kirchlichen Feiertag, der Auferstehung Christi, hingen alle beweglichen Feste ab und damit die Ordnung bzw. der Festkalender *(computus)* des Kirchenjahres. Der infolge der gregorianischen Kalenderreform von 1582 entwickelte Algorithmus machte die K. überflüssig.

Lit.: Bach, Joseph, Die Osterfest-Berechnung in alter und neuer Zeit, in: Jahresberichte des bischöflichen Gymnasiums Straßburg, Straßburg 1907; Bergmann, Werner, K., in: Lexikon des Mittelalters, Stuttgart 2002, Bd. 5, 2003, Sp. 1293-1295 (Lit.).

F. Golücke

Mann, Heinrich, *zeitkritischer Romancier und Novellist,* geb. am 27. März 1871 in Lübeck, gest. 12. März 1950 in Santa Monica in Kalifornien. Älterer Bruder von Thomas Mann (1875-1955). M. ging nach der Machtergreifung der Nationalsozialisten 1933 ins Exil. In seinen Werken greift er die Gesellschaft der wilhelminischen Zeit und der Weimarer Republik scharf an; studentenhistorisch interessant ist der Roman „Der Untertan" (1918), in dem M. vernichtende Kritik am zg. Korporationswesen in Gestalt der schlagenden Verbindung „Neuteutonia" übt. Bekannt ist die DEFA-Verfilmung von Wolfgang Staudte aus dem Jahr 1951.

Werke: M., H., Gesammelte Werke, 25 Bde, Berlin (Ost), Weimar 1966 ff.

Lit.: Schröter, Klaus, H. M., Reinbek 1967 u. ö. (ständige Neuaufl. mit jeweil aktualisierter Bibl.); Reich-Ranicki, Marcel, H. M. – ein Abschied nicht ohne Wehmut, in: FAZ v. 15. Aug. 1987; Neuß, Raimund, M., H., in: Golücke, Friedhelm, Verfasserlexikon zur Studenten- und Hochschulgeschichte. Ein bio-bibliographisches Verzeichnis, Köln 2004, S. 215 f.; Alter, Reinhard, Heinrich Manns Untertan – Prüfstein für die „Kaiserreich-Debatte"?, in: Geschichte und Gesellschaft, Jg. 17, 1991, H. 3, S. 370-389; ders., Die bereinigte Moderne. Heinrich Manns „Untertan" und politische Publizistik in der Kontinuität der dt. Geschichte zwischen Kaiserreich und Drittem Reich, Tübingen 1995; Roos-Schumacher, Hedwig, H. M.s „Der Untertan". Korporationen in der Zeitkritik, in: Der Convent. Akad. Monatsschrift, Jg. 39, 1988, S. 131-132.

F. Golücke

München, *Hochschule für Politik* (HfP), gegr. am 14. Juli 1950, selbständige Einrichtung an der Ludwig-Maximilians-Universität in der Rechtsform einer Körperschaft des öffentlichen Rechts. Die HfP ist die einzige Hochschule ihrer Art in Dtl. Das Gesetz über die HfP von 1970 überträgt der Hochschule die Pflege der politischen Wissenschaft und politischen Bildung. Laut Gründungsurkunde soll sie in Zusammenarbeit „mit Gelehrten, Staatsmännern und Politikern der demokratischen Welt in freier Forschung und Lehre der Wahrheit dienen und allen nach politischer Bildung Strebenden jetzt und in kommenden Zeiten Berater, Helfer und Freund sein". Die HfP sieht sich dabei als „Begegnungsstätte zwischen politischer Theorie und politischer Praxis". Das Studium unterteilt sich in Grund- und Hauptstudium von zusammen in der Regel neun Semestern. Es bestehen die vier Lehrbereiche Theorie der Politik, Recht und Staat, Wirtschaft und Gesellschaft, Internationale Politik und neueste Geschichte. Die Lehrveranstaltungen werden hauptsächlich in Abendkursen angeboten. Nichtabiturienten müssen zwecks Fortsetzung des Studiums bis zur Diplomprüfung die Begabtenreifeprüfung ablegen. Die Hochschule verleiht den Grad eines Dipl. sc. pol. Univ., seit 2007 besitzt sie das Promotionsrecht zum Dr. sc. pol. *(Doctor scientiarum politicarum)* für Absolventen mit abgeschlossenem Studium.

Entstehung: Die HfP wurde als Hochschule für Politische Wissenschaften e. V. am 14. Juli 1950 von der US-amerikanischen Besatzungsmacht als „Schule für Demokratie" bzw. zum Zwecke der *Reeducation* (Umerziehung) gegründet. Durch bayer. Landesgesetz vom 27. Okt. 1970 wurde sie zur institutionell selbständigen Einrichtung an der Univ. München erhoben; durch Änderungsgesetz vom 16. Febr. 1981 erhielt sie den Status einer Körperschaft des öffentlichen Rechts, die nicht dem bayer. Hochschulgesetz unterliegt. Die über hundert Dozenten aus Politik, Wirtschaft, Verwaltung und Wissenschaft sind sämtlich nebenberuflich tätig. 1986 hatte die Hochschule 800 Hörer, 2007 bei etwa 150 Mitarbeitern, auch früheren Professoren, gut 900 Hörer, davon etwa 350 Ausländer.

Zs.: Zeitschrift für Politik (ZfP). Organ der Hochschule für Politik München, Baden-Baden 2004 [?] ff.

Veröffl.: Junge Wissenschaft. Schriften der Hochschule für Politik München, München, Stamsried 1.1990 ff.

Lit.: Wissenschaft und Politik, München 1960 [Festschrift zum 10jährigen Bestehen]; Jüttner, Alfred, Die Hochschule für Politik München. Geschichte – Entwicklung – Charakter 1950-1990, München 1990.

F. Golücke

Münster, *Evangelische Universitätskirche,* zwischen 1687 und 1698 an der Schlaunstraße errichtet. Ugs. Observantenkirche, da die Kirche zu einem Kloster der Observanten, einem spätmittelalterl. Zweig des Franziskanerordens, gehörte, der die Ordensregel authentisch und streng „beobachtete" (lat.: observare). Seit der Franzosenzeit säkularisiert und als Stall benutzt, gehört die Kirche seit 1946 dem Land Nordrhein-Westfalen. Nach einer Restaurierung Anfang der 1960er Jahre dient sie seit dem 31. März 1961 als ev. Universitätskirche und als Bleibe der Studentengemeinde. Die Kirche steht auch der kath. Studentengemeinde zur Verfügung.

Kath. Universitätskirche: Die Stadt M. hat die Ruine der Dominikanerkirche in der Salzstraße der Univ. mit der Maßgabe zur Verfügung gestellt, sie unter Beachtung des historischen Befundes denkmalgetreu als kath. Univ.skirche wieder aufzubauen.

Lit.: Burger, Reiner, Gottes vergessenes Haus, in: FAZ v. 28. Dez. 2009.

F. Golücke

Professorenbursch, ein nach Aufhebung der Bursen bei einem Professor wohnender wohlhabender Bursch (Student) etwa seit Mitte des 16. Jh., der auch in dessen Familie verköstigt wurde. Der Professor spielte dabei die Rolle eines Privatpräzeptors, der in gewisser Weise die Aufgaben einer Burse übernahm, indem er Leistung und Betragen des bei ihm wohnenden Studenten überwachte und gegenüber Eltern und Univ. vertrat. Ein wohlhabender P. wurde nicht selten noch von einem Privatlehrer begleitet. Heizung, Beleuchtung, Bettenmachen und Tischgeld wurden besonders berechnet. Geschenke an die Hausherrin und Trinkgelder an die Dienstboten waren üblich. Gut situierte Studenten mieteten sich meistens noch einen Famulus, einen bedürftigeren Studenten, für allfällige Hilfstätigkeiten.

Die P.en hatten je nach Hochschule und Gewohnheit verschiedene Vorrechte und standen daher vielfach in scharfem Gegensatz zu den ärmeren „Bürgerburschen", die „nur" bei einem Bürger der Univ.-Stadt wohnten. Die Hunde der P.en trugen z. B. in Jena zuweilen ein Halsband mit der Aufschrift P. P. H. (Professoren-Purschen-Hund) und durften mit in Vorlesungen und Gottesdienste genommen werden. Beim Ausgießen des Nachtgeschirrs auf die Straße brauchten die P.en im Gegensatz zu den Bürgerburschen nun einmal „Kopf weg!" zu rufen.

Bis dieser Zustand seit der zweiten Hälfte des 17. Jh. zunehmend kritisch gesehen und mehr und mehr bekämpft wurde, da mit einem gewissen Recht eine Bevorzugung dieser Studenten durch ihre professoralen Wirtsleute vermutet werden konnte, stellte er für die u. U. schlecht besoldeten Professoren eine nicht zu verachtende Einnahmequelle dar. In der Tat überwog oft das geschäftliche Interesse das wiss., zumal wenn die Professoren wie in Jena noch Privilegien hatten wie das Recht des Bier- und Weinausschanks. Die Kritikwürdigkeit solcher Zustände wurde von vielen Professoren durchaus erkannt und u. a. mit Hausordnungen bekämpft. Sie erteilten zusätzlichen Unterricht, an dem teilzunehmen für den P.en Pflicht war, die Essenszeiten wurden streng eingehalten, Ordnungswidrigkeiten wurden mit Strafgeldern geahndet, die in eine gemeinsame Kasse eingezahlt werden mußten usw.

F. Golücke

Professorenforum, ein 1996 gegründetes, unabhängiges, interdisziplinäres und interkonfessionelles Netzwerk von Hochschullehrern, das die christliche Weltsicht im akad. Raum zur Geltung bringen will, indem es sinnstiftende Werte und zukunftsfähige Positionen aus christlicher Weltsicht aufzeigt, um zu gemeinsamen ethischen Grundlagen zu gelangen. Das P. läßt sich dabei von einem Wort des Philosophen Ortega y Gasset leiten, der die Hochschulen als die geistige Schmiede der Nation und ihre Professoren als Motor und Gewissen der Universität sieht.

Arbeitsweise: Zur Erreichung seiner Ziele regt das P. Initiativen an den Hochschulorten an, fördert internationale und interdisziplinäre Zusammenarbeit, unterstützt vergleichbare stud. Bemühungen und ermutigt die Lehrenden, Verantwortung für die Zukunft wahrzunehmen. Das Forum, das als gemeinnützig anerkannt ist, finanziert sich aus Beiträgen der Mitglieder und Spenden aus weiteren gesellschaftlichen Kreisen wie der Wirtschaft. Die Geschäftsführung erfolgt durch den Verein „Campus für Christus".

Entwicklung: Das P. entstand im Nov. 1996 als Ergebnis eines Arbeitstreffens in Stuttgart. 1998 fand das erste Symposium mit etwa 50 Teilnehmern in Frankfurt a. M. statt. 1998 wurde ein eigener Verlag gegründet, in dem 1999 das erste Buch „Pluralismus und Ethos der Wissenschaft" mit den Beiträgen des ersten Symposiums erschien. Es wurde an 32000 Professoren in Dtl. verschickt. Seit 2006 finden alljährlich Symposien statt, 2007 erschien der erste „Email-Newsletter".

Veröff.: Tagungsbände unter verschiedenen Titeln 1999 ff.: Bd. 1, Beckers, Eberhard u. a. (Hg.), Pluralismus und Ethos der Wissenschaft, Bd. 2, Hochschulbildung im Aus?, und weitere; E-mail-Newsletter, vierteljährlich, Sept. 2004 ff.

Internet: www.professorenforum.de [22. Dez. 2013].

F. Golücke

Rauchen, das bei nordamerikanischen Indianern übliche Inhalieren von teilweise narkotischen Stoffen, die durch das Verbrennen von Tabak entstehen, verbreitete sich nach der Entdeckung der Neuen Welt auch in Europa und der gesamten übrigen Welt. In Dtl. ist das R. von Tabak, damals „Tabaktrinken" genannt, seit dem Dreißigjährigen Krieg üblich geworden und fand schnell Eingang bei der Studentenschaft. Da das R. von der Obrigkeit verboten wurde, erhöhte sich der Reiz und sog. „Tabakschmäuse" mußten im Geheimen abgehalten werden; gleichwohl scheinen sie sehr häufig stattgefunden zu haben. Dabei waren Pennäler gehalten, die Pfeifen der alten Burschen anzuzünden, die diesen gegenüber sogar ein „Tabakrecht" geltend machten, das ihnen Zugriff auf deren Tabakvorrat gab. Die riesige, manchmal bis auf den Boden reichende Tabakpfeife wurde noch im frühen 19. Jh. mancherorts in der Vorlesung geraucht, womöglich in Schlafrock und Pantoffeln. Da das R. in der Öffentlichkeit an den norddt. Hochschulen ursprünglich verboten war, bot es gleichzeitig eine gute Möglichkeit, die Obrigkeit zu provozieren, indem man mit brennender Pfeife an den Stadtsoldaten (Polizisten) vorüberging. Wenn auch das R. einer Pfeife bis zum Ersten Weltkrieg verbreitet war, kam um 1830 in Göttingen das Zigarrenrauchen auf, das als vornehmer galt. Das R. von Hanf wie in Arabien und Afrika oder von Opium in Asien fand dagegen lange Zeit keine Verbreitung, war nicht spezifisch stud. und kam erst nach dem Zweiten Weltkrieg im Gefolge der Studentenrevolte über die USA nach Europa und Dtl.

Lit.: Mergel, Joachim, Studenten und Tabak. Zu den kultur- und sozialgeschichtliche Grundlagen einer innigen Beziehung, vornehmlich im 19. Jh., Dipl. (Bachelor)-Arbeit Berlin 2012 [gesperrt].

F. Golücke

Relegation, die, lat. *Verbannung,* ursprünglich im antiken Rom die Ausweisung aus der Stadt ohne Ehr- und Vermögensverlust; auch: Relegat (1831, 1846). Verweis von der Univ. auf Grund eines Beschlusses des akad. Senates (1893, zg.), der in allen Hochschulen veröffentlicht wurde (1813, 1846). Es gab eine einfache und eine verschärfte R. Eine einfache R. war zeitlich meist auf zwei Jahre befristet, eine verschärfte auf vier oder war unbefristet. „Cum infamia" (mit Schande) relegiert wurde, wenn ein rechtswirksames Strafurteil vorlag (1831). Diese Disziplinarmaßnahme ist etwa seit dem 15. Jh. im dt. Univ.swesen üblich, als der Begriff *relegatus* auftaucht. Im 17. Jh. wird auch das Tätigkeitswort *relegieren* gebräuchlich. Im Unterschied zum älteren *excludere* (exkludieren), ausschließen, bedeutet R. zunächst nur den befristeten Ausschluß.

F. Golücke

Rinteln, *Universität,* auch: *Academia Ernestina, Academia Hasso-Schaumburgica* (seit 1647) u. a., gestiftet 1621 durch Umwandlung des 1610 in Stadthagen gegr. Akad. Gymnasiums von Fürst Ernst III. von Holstein-Schauenburg mit kaiserl. Privileg ohne theol. Fakultät; bei ihrer Gründung wurde die Univ. von Stadthagen nach R. verlegt. Die Einweihung fand am 17. Juli 1621 statt; zu diesem Zeitpunkt war sie die einzige evang.-luth. Univ. in Norddtl. Bis 1665 war R. Gemeinbesitz zwischen Hessen-Kassel und Lippe, 1647 kam R. zu Hessen, das es als luth. Hochschule ausbaute. 1631 bestand vorübergehend eine kath. theol. Fakultät. Der an ihr lehrende Friedrich Spee von Langenfeld (1591-1635) gab im gleichen Jahr seine *„Cautio criminalis"* heraus, die den Beginn des Kampfes gegen die Hexenprozesse darstellt. R. dürfte nie mehr als 120 Hörer gehabt haben, die Frequenz ging nach der Gründung Göttingens 1736/37 stark zurück. Die Univ. wurde 1809 durch König Jérôme von Westphalen aufgehoben.

Bibl.: Erman, Wilhelm u. Ewald Horn, Bibliographie der dt. Universitäten, Bd. II, Leipzig, Berlin 1904, Nachdruck Hildesheim 1965, S. 859-868.

Lit.: Schröder, Edward, Die Univ. R., R. 1927; Woringer, August, Die Studenten der Univ. R., Leipzig 1939, Nachdruck Nendeln/Liechtenstein 1980; Feige, Rudolf, Das akad. Gymnasium Stadthagen und die Frühzeit der Univ. R., Hameln 1956; ders., Die schaumburgische Universität R. 1610-1685, in: Kunst und Kultur im Weserraum, Bd. 1, Münster 1967 [Katalog Ausstellung des Landes Nordrhein-Westfalen], S. 314-322; Goldmann, Karlheinz, Verzeichnis der Hochschulen, Neustadt a. d. Aisch 1967, S. 311; Heutger, Nicolaus, Die Universität R. als Stätte des konfessionellen Ausgleichs. Zum 350. Gründungstag, in: Jb. d. Gesell. f. Niedersächs. Kirchengeschichte, Jg. 68, 1970, S. 147-152; Jähnig, Bernhart, Gründung und Eröffnung der Universität R., in: Niedersächs. Jb. f. Landesgeschichte, Jg. 45, 1973, S. 351-360; ders., Universität R. 1621-1810. Eine Archivalienausstellung des Niedersächs. Staatsarchivs in Bückeburg, Göttingen 1971; Winter, Bernd, Die Universität R. Unter besonderer Berücksichtigung der Politik- und Geschichtswissenschaft, in: Schaumburger Heimat, 1979, S. 1-40; Schormann, Gerhard, R.er Studenten des 17. und 18. Jh., R. 1981; ders., Academia Ernestina. Die schaumburgische Univ. zu R. an der Weser (1610/21-1810), Marburg 1982; Kater, Herbert (Bearb.), Die Statuten der Universität R., Weser, 1621-1809, Fürth i. Bay. 1992; N. N., Pommern auf der Universität R., in: Sedina-Archiv. Familiengeschichtl. Mitt. Pommerns, NF Jg. 39, 1993, H. 7, S. 208-221; Höing, Hubert, Hortus Medicus oder Kraut- und Küchengarten? Der botanische Garten der Universität R., in: ders. (Hg.), Träume vom Paradies. Historische Parks und Gärten in Schaumburg, Melle 1999, S. 231-255; Dammann, Ernst, Die schauenburgische Universität R., in: Jb. f. d. Kreis Pinneberg, 2001, S. 153-157; Menk, Gerhard, Die Hochschul- und Wissenschaftslandschaft zwischen Main und Weser in der frühen Neuzeit, in: Ehrenpreis, Stefan (Hg.), Wege der Neuzeit. Festschrift für Heinz Schilling, Berlin 2007, S. 585-619; ders., Die schaumburgische Hohe Schule in der Universitätslandschaft des Reiches in der Frühen Neuzeit, in: Höing, Hubert (Hg.), Zur Geschichte der Erziehung und Bildung in Schaumburg, Bielefeld 2007, S. 404-435; Schramm, Hans-Peter, Schaumburgische Bibliotheken in Früher Neuzeit und Moderne, in: ebd., S. 574-585.

F. Golücke

Scholar, ursprünglich: *scolar,* von lat. *scholaris,* zur Schule gehörig. In der Form *scolar[es]* bereits im Mittellat. des 12. Jh.; dt. zuerst in Tübingen 1557. Anfänglich war der Begriff doppeldeutig und nur aus dem Zusammenhang erschließbar; er bezog sich undifferenziert auf die „Leute in den Schulen", d. h. Lehrer und Schüler. Daher [1] Magister, Professor (im Deutschen veraltet; im Englischen als *scholar* noch im Sinn von „Wissenschaftler" gängig). [2] Lernender im Gegensatz zum Lehrenden, Student, (fahrender) Schüler; seit Beginn der Univ. im Mittelalter die häufigere Bedeutung, die sich im Dt. durchgesetzt hat. Im engeren Sinne handelte es sich um denjenigen Studenten, der noch keinen akad. Grad erreicht hatte *(scholaris simplex).* Der immatrikulierte S. war Mitglied der Univ. und genoß deren Privilegien wie eigenes Gericht *(privilegium fori)* und Abgabenfreiheit; umgekehrt hatte er die Statuten der Univ., die er beschworen hatte, zu achten. Da die frühen Univ. noch kirchlich bestimmt waren, galt er als Halbpfaffe und trug eine klerikale Tracht. [3] Bez. für Angehörige des Wandervogels.

Lit.: Butzbach, Johannes, Thomas Platter, Felix Platter u. Lucas Geizkoffler, Fahrende Schüler zu Beginn der Neuzeit, Selbstzeugnisse aus dem 16. Jh., Heidenheim a. d. Brenz 1972; Verger, Jacques, S. in: Lexikon des Mittelalters, Stuttgart 2002 , Bd. 7, 2003, Sp. 1519 f.

F. Golücke

Student, wehrhafter, ein an kriegerischen Handlungen beteiligter Student.

Im Mittelalter empfand sich die Univ. als geistl. Korporation und lehnte eine Teilnahme ihrer Angehörigen, also auch der Studenten, als „Halbpfaffen" an kriegerischen Auseinandersetzungen ab. Noch während der Belagerung der Stadt Wien im Jahre 1461 wie auch 1477 angesichts eines drohenden ungarischen Vorstoßes lehnte die Univ. ein entsprechendes Hilfsersuchen des Stadtrats ab. Gleichwohl scheint sich in Österreich am frühesten, zwischen dem 15. und 17. Jh., eine Abkehr von der mittelalterlichen Auffassung vollzogen zu haben. Die Ursachen können in äußeren Bedrohungen wie inneren Wirren gesehen werden. Die Tatsache, daß 1529 viele Studenten, die aus der Stadt geflüchtet waren, den Türken in die Hände fielen, scheint endgültig zu einem Umschwung des Denkens beigetragen zu haben.

Bereits 1456 nahmen einige Wiener Baccalaurei und Studenten das Kreuz gegen die Türken und 1466 zogen ein Magister und mehrere Studenten gegen die Hussiten. Während der Protestantenwirren 1619 wurden 400 Studenten zur Verteidigung der Univ. und des Jesuitenkollegs eingesetzt. Während des Dreißigjährigs Krieges erfolgte zweimal ein Aufgebot und 1663 kam es angesichts des türkischen Vorrückens zum ersten Mal zu einem nach militärischen Grundsätzen organisierten stud. Aufgebot.

1683 wurden bei der Belagerung Wiens durch die Türken neben acht Bürgerkompanien und weiteren Freikompanien auf Beschluß der Univ. drei Kompanien mit Studenten und Universitätsverwandten (Advokaten, Notare, Chirurgen, Buchdrucker, Buchbinder, Buchhändler u. a.) unter Offizieren aus dem Universitätsverband im Gesamtumfang von über 1000 Mann aufgestellt. Wenn sie auch noch keine einheitliche Uniform getragen haben dürften, entsprach ihre Gliederung der der regulären militärischen Einheiten. Die Studentenkompanien bewährten sich bei Befestigungsarbeiten, in Verteidigung und Angriff außerordentlich.

Dies wiederholte sich in ähnlicher Weise 1703 angesichts der Kuruzzengefahr (ungarische Aufständische), 1741 beim Vorrücken bayerisch-frz. Truppen und 1797 nach dem Fall der Festung Mantua im Ersten Koalitionskrieg, als ein Vorrücken Napoleons in die habsburgischen Erblande drohte. In diesem Fall bildeten die über 1000 Studenten eine „Universitätsbrigade" mit einheitlicher Uniform; bis dahin war von Studentenkompanien oder einem Studentenregiment gesprochen worden. Die Kriege Napoleons führten in den Jahren 1800 und 1809 erneut zu Mobilisierungen. In Prag bildete sich die „Ferdinandeische Division", die an der Schlacht bei Wagram teilnahm, in Innsbruck entstand 1809 ein akad. Korps von etwa 200 Mann, das aber wie die Universitätsbrigade von 1797 nicht zum Einsatz kam und aufgelöst wurde.

Gänzlich anders stellte sich der w. S. der Wiener „Akad. Legion" im Jahr 1848 dar. Er verteidigte zum ersten Mal nicht das Vaterland, sondern kämpfte für demokratische Freiheiten und nationale Einheit, auch die universitäre Lehr- und Lernfreiheit. Bei den Auseinandersetzungen während der Märzrevolution hatte die Akad. Legion keine Hilfsfunktion inne, sondern stand im Mittelpunkt der Ereignisse.

In Schleswig lagen die Dinge etwas anders, als die Kieler Studenten 1848 gegen die Dänen zogen, um den Erhalt des Herzogtums für Dtl. zu sichern. Sie wurden bei Bau nördlich von Flensburg von dänischem Militär geschlagen und ihr Unternehmen brach damit zusammen. In anderen dt. Universitätsstädten bildeten sich Studentenwehren, die wie in Berlin erheblichen Anteil an den Auseinandersetzungen hatten.

1914 und nach dem Ersten Weltkrieg kam es nur noch in der Theorie zur Aufstellung selbständiger stud. Einheiten; die kriegsfreiwilligen Studenten wurden in normale Heereseinheiten eingegliedert. Bei Langemarck kamen allerdings Regimenter zum Einsatz, die einen überdurchschnittlich hohen Anteil an Studenten hatten. In den Wirren nach dem Ersten Weltkrieg kam es verschiedentlich zur Aufstellung von Zeitfreiwilligeneinheiten von Studenten einiger Universitäten. In Österreich wurden stud. Milizen zur Aufrechterhaltung der inneren Ordnung aufgestellt, die teilweise die Bez. „Akad. Legion" führten.

Lit.: Gall, Franz, Alma Mater Rudolfina 1365-1965. Die Wiener Univ. und ihre Studenten, Wien 1965, S. 139 ff.; Reitterer, Hubert, Eine zeitgenössische Quelle zum Aufgebot der Wiener Univ. im Jahre 1683, in: Jb. des Vereins für Geschichte der Stadt Wien 1983, S. 104-129; Hansen, Karl: Das Kieler Studenten- und Turnerkorps 1848, in: Einst und Jetzt, Jg. 20, 1975, S. 94-130; Zirlewagen, Marc (Hg.), „Wir siegen oder fallen" – Deutsche Studenten im Ersten Weltkrieg, Köln 2008.

F. Golücke

Turboabitur, saloppe Bez. für das ab 2010 in den alten Bundesländern eingeführte Abitur nach acht Jahren Gymnasium bzw. zwölf Schuljahren. Der Ausdruck hebt darauf ab, daß der Unterrichtsstoff von neun Jahren in nunmehr acht Jahren durchgenommen werden muß, also durch gesteigerten Druck eine erhöhte Geschwindigkeit erzielt werden soll wie bei einer Turbine (ugs. zg.). Umfragen ergaben, daß die Mehrheit der Bevölkerung gegen die Neuregelung war. Nach lang anhaltenden Protesten von Lehrern, Schülern und Eltern entschloß sich die Kultusministerkonferenz (KMK) nach den Worten ihrer Vorsitzenden, der saarländischen Kultusministerin Annegret Kramp-Karrenbauer, im Frühjahr 2008 zu Nachbesserungen, „um die Qualität des Gymnasiums zu sichern".

Lit.: Gürtler, Detlef, Stoppt den Uniformismus! Das Turbogymnasium ist zu Unrecht unter Beschuß geraten. Es bereichert unsere Bildungslandschaft. Doch der allein selig machende Weg ist es nicht, in: Die Welt, Berlin, v. 15. Febr. 2008.

F. Golücke

Anmerkung: Ich bedanke mich bei Dr. Dr. Harald Lönnecker für verschiedene Hinweise, insbesondere für viele Ergänzungen zur Literatur.

Alle Mitglieder der GDS sind nach wie vor eingeladen, am Lexikon mit Hinweisen, Korrekturen oder Beiträgen mitzuarbeiten. Es soll später in Buchform veröffentlicht werden.

Nachrichten

***Arbeitskreis der Studentenhistoriker
im Convent Deutscher Akademikerverbänden (CDA)***
www.studentenhistoriker.de

Arbeitskreis- und Tagungsleiter: Dr. Sebastian Sigler, Leipziger Straße 7, D-33803 Steinhagen, sebastiansigler@gmail.com

Die Vereinigung der Studentenhistoriker versteht sich als übergreifender Arbeitskreis des CDA unter dem Leitgedanken „Vielfalt und Einheit des Korporationsstudententums". Aus der Zusammenarbeit mit der Deutschen Gesellschaft für Hochschulkunde (DGfH), der Gemeinschaft für Deutsche Studentengeschichte (GDS) und den studentengeschichtlichen Vereinigungen bzw. Historischen Kommissionen der Korporationsverbände ergibt sich die Ausrichtung und organisatorische Leitung der jährlichen Studentenhistorikertagungen. Organe des Arbeitskreises sind in Fortführung der früheren Zeitschrift „Der Convent" die Reihe „GDS-Archiv" sowie „Einst und Jetzt. Jahrbuch des Vereins für corpsstudentische Geschichtsforschung".

Die Jahrestagungen bieten Studentenhistorikern ein öffentliches Forum, ihre Arbeiten vorzutragen und zu diskutieren. Auf der Netzseite des Arbeitskreises sind aktuelle Zusammenstellungen aller seit Beginn der Tagungen 1924 gehaltenen Vorträge als bibliographische Hilfsmittel abrufbar. Der Arbeitskreis steht verbandsunabhängig jedem Interessierten zur Teilnahme offen.

*70. Deutsche Studentenhistorikertagung,
Berlin, 8.-10. Oktober 2010*

Die Tagung fand im lokalen Umfeld der Freien Universität statt. Am Freitag gegen Abend trafen sich die Teilnehmer auf dem Haus der Burschenschaft der Märker. Der bedeutende Lehrer für Universitäts- und Wissenschaftsgeschichte, Prof. Dr. Rüdiger vom Bruch, berichtete über die Entwicklung der Berliner Hochschullandschaft seit 1945. Der Aspekt der fast fünf Jahrzehnte andauernden Teilung der Stadt in eine kommunistische und eine freie Hälfte bildete dabei, das war dem Vortrag vom Bruchs deutlich zu entnehmen, nur den Rahmen für eine auch sonst sehr bedeutende und zugleich spezielle Hochschultradition, die seit der Wiedervereinigung in Freiheit – und der damit einhergehenden Wende auch an der Humboldt-Universität – zunehmend wieder ihr historisch gewachsenes Gepräge annimmt.

In Kooperation mit dem Geheimen Staatsarchiv Preußischer Kulturbesitz fand am Samstag der Vortragsteil statt. Egbert Weiß (KSCV) sprach zum Thema: „Der Berliner SC-Pauk-Comment als Motor des korporationsstudentischen Neubeginns in Mitteldeutschland seit 1990". Eine Entdeckung auf dem Gebiet der Wissenschaft ist Annette von Schlabrendorff, die zum Zeitpunkt ihres Vortrags in Berlin noch nicht einmal examiniert war. Die Enkelin des gleichnamigen Widerstandskämpfers überraschte positiv mit einer Analyse zur Rolle der von Frauen geführten Salons im Berlin des beginnenden 19. Jahrhunderts im Bezug auf die Entstehung der Corps – und nachfolgend die Entwicklung des breitgefächerten, heute bekannten Korporationswesens.

Anschließend sprach Björn Thomann (DB). Seine Untersuchung betraf „Berlin, Bonn, Breslau – der Beginn der burschenschaftlichen Bewegung an drei preußischen Universitäten im Vergleich". Seine gut fundierten Ausführungen ergänzten das zuvor Gehörte und paßten besonders gut zum spiritus loci des – Berlin und Preußen verpflichteten – Tagungsortes. Sebastian Kurtenacker (KV, NDB) schloß sich mit einem Referat über „Die Burschenschaft der Klosteraner, später Corps Baltia Berlin, und ihre Berliner Wurzeln" an.

Nach einem Mittagessen mit echt Alt-Dahlemer Lokalkolorit folgten deutliche und pointierte Anmerkungen zur Bildungspolitik in heutiger Zeit: Prof. Dr. Dietmar Klenke, Paderborn, der sie vortrug, ist ein seitens der Studentenhistoriker überaus geschätzter Wissenschaftler. Ihm folgte für das mit dem Arbeitskreis kooperierende Geheime Staatsarchiv Preußischer Kulturbesitz Dr. Ingeborg Schnelling-Reinicke mit einem Vortrag über „Das Geheime Staatsarchiv Preußischer Kulturbesitz als Quelle für Universitätsgeschichte und Studentenhistoriker". Prof. Dr. Jürgen Kloosterhuis (CC), der Direktor des Archivs, steuerte ein Co-Referat über die Bedeutung des Archivs für die Geschichtsschreibung innerhalb der Korporationen bei.

Den Abschluß der Vorträge bildete eine bewegende Schilderung aus Leipzig – Dr. Ulrich Stötzner war Augenzeuge der Sprengung der dortigen Universitätskirche St. Pauli am 30. Mai 1968. Er richtete ein flammendes Plädoyer für einen originalgetreuen Wiederaufbau der Kirche an die Teilnehmer der Tagung. Dies, so Stötzner, sei unverzichtbar dafür, daß die seit 1409 bestehende Universität Leipzig ihren Charakter nach fast sechs Jahrzehnten (national)sozialistischer Diktatur von 1933 bis 1989 wieder entdeckt und festigt.

Die Abendveranstaltung fand beim Corps Marchia in der Berliner Bernadottestraße statt. Prof. Dr. George Turner (WSC) sprach über „Differenzierung und Egalisierung im Hochschulsystem – zur Zukunft der deutschen Universität". Er vervollständigte damit den bildungspolitischen Dreiklang, den die Professoren vom Bruch und Klenke begonnen hatten.

Am Sonntag zog es die Studentenhistoriker dann endlich in das wiedergewonnene Zentrum der Bundeshauptstadt. Eine Führung durch das Zeughaus schräg gegenüber dem wieder zu errichtenden Berliner Schloß komplettierte das Programm der Tagung.

Mit der Berliner Studentenhistorikertagung direkt verbunden war der Rhein-Main-Kommers in der Darmstädter Orangerie, der anläßlich des 10. Deutschen Akademikertages am 6. November 2010 stattfand. Für seine jahrelange hervorragende Arbeit als Studentenhistoriker und Leiter des Arbeitskreises wurde Klaus Gerstein (KSCV) vom CDA-Vorsitzenden Joachim Schön die Fabricius-Medaille des CDA verliehen.

In seiner Laudatio sagte Schön: „Vom Jahre 1985 bis zum vergangenen Jahr – also fast 25 Jahre – galten Ihr Einsatz, Ihre Begeisterung und Ihr Engagement dieser Thematik. Die Studentenhistorikertagungen waren für alle Teilnehmer stets ein Erlebnis. Ihnen, Herr Gerstein, gilt unser uneingeschränkter Dank und unsere Anerkennung für Ihre erbrachten Leistungen und dies möchte der Convent Deutscher Akademikerverbände dadurch zum Ausdruck bringen, daß ich Ihnen hiermit, verbunden mit einem sehr herzlichen Glückwunsch, die Fabricius-Medaille verleihe." Gerstein bezog sich in seinen Dankesworten direkt auf den Namensgeber der Ehrung, Wilhelm Fabricius: „Seien wir einig in unserem akademischen Gesetz gegenseitiger Wahrhaftigkeit! Seien wir offen für das Gespräch, frei von ideologisch belastetem Vorurteil. Dann wird Einheit von Professoren und Studenten in der uns eigenen Bildungslandschaft endlich wieder wahrgenommen werden, von innen wie von außen. Die studentische Korporation hat ihren Stellenwert im Bildungsraum zu wahren."

71. Deutsche Studentenhistorikertagung, Duisburg, 7.-9. Oktober 2011

Über die Tagung schrieb Hans-Joachim Rudolph (WSC): „Die Stadt Duisburg, weder für ein großes Korporationsleben noch für eine große Zahl kunsthistorischer Schätze bekannt, überraschte die Teilnehmer der 71. Deutschen Studentenhistorikerkonferenz positiv." (in: Studentenkurier 4/2011). Oberbürgermeister Adolf Sauerland habe beim Empfang der Tagungsteilnehmer im Historischen Rathaus seine Stadt trefflich vorzustellen gewußt: Neben die Bedeutung Duisburgs umreißenden Stichworten, wie „Kaiserpfalz", „Hansestadt", „Montanindustrie" und „Verkehrsknoten mit größtem deutschen Binnenhafen", tauchte dann auch der Hinweis auf, daß die Stadt nicht nur den großen Humanisten und Mathematiker, Geographen, Philosophen, Theologen und Kartographen Gerhard Mercator in ihren Mauern hatte, sondern daß Duisburg von 1655 bis 1818 bereits eine Universität besaß. Die Meinung der Preußen, man benötige im Rheinland lediglich eine Universität, führte zur Schließung Duisburgs und Gründung der Bonner Hochschule, an die dann die Duisburger Universitätsinsignien übergeben werden mußten. OB Sauerland ließ es sich auch nicht nehmen, seinen Gästen den prächtigen Ratssaal zu zeigen, in dem das Originalgemälde hängt, auf dem die Gründung der Universität Duisburg am 14. Oktober 1655 dargestellt ist, bevor das schmackhafte und reichliche Buffet eröffnet wurde. Zum fröhlichen Umtrunk und Beisammensein der Tagungsteilnehmer traf man sich anschließend bei der Landsmannschaft Teutonia Mittweida zu Duisburg.

Am nächsten Tag begrüßte der Veranstaltungsleiter Dr. Sebastian Sigler (KSCV) im Vortragsraum des Museums der Stadt Königsberg am Duisburger Binnenhafen die Teilnehmer, die Referenten, seinen Amtsvorgänger Klaus Gerstein sowie mit ganz besonderem Dank Frau Uta Gerstein, die wiederum in bewährter Weise als „Finanzministerin" fungierte. Sodann wurde den Teilnehmern „Die alte Universität Duisburg von 1655 bis 1818" durch Dr. Wolfgang Manfred Komorowski (KV) von der Universitätsbibliothek der örtlichen Hochschule nähergebracht.

Dr. Florian Hoffmann (KSCV) sprach „Vom Traum der deutschen Republik", indem er aus dem Leben und über das Gedankengut des Revolutionärs Friedrich Hekker referierte. Insbesondere wies er auf Heckers Jurastudium in Heidelberg von 1830 bis 1834 hin, bei dem er sich bei den Heidelberger Corps Hassia, Palatia und Rhenania engagierte. Hecker promovierte 1834 summa cum laude, ließ sich als Rechtsanwalt nieder, wurde badischer Abgeordneter, war enttäuscht von der fehlgeschlagenen 1848er Revolution und dem gescheiterten Aufstand in Baden. Nach seiner Flucht und Emigration in die USA kämpfte er im Sezessionskrieg, wobei er verwundet wurde. Bis zu seinem Lebensende war er Farmer und Weinbauer.

Dr. Günter Zwanzig (SB) ließ unter dem Titel und Wahlspruch „Frisch, fromm, frei, froh!" die vergangenen 175 Jahre der Uttenruthia zu Erlangen Revue passieren. Anschließend führte Werner Poehling vom Stadthistorischen Museum Duisburg die Teilnehmer durch die „Sammlung Mercator" und ließ die besondere Leistung Mercators als Kartograph anhand von Globen und Kartenwerken lebendig werden.

Nach dem gemeinsamen Mittagessen im noch aus dem Spätmittelalter stammenden ehemaligen Klostersitz und heutigen Restaurant „Dreigiebelhaus" entführte der Direktor des Museums der Stadt Königsberg, Pfarrer Lorenz Grimoni, die Studentenhistoriker auf humorvolle und überaus kundige Weise nach Ostpreußen. Er merkte auch an, daß Duisburg die Patenschaft für die alte Stadt

Königsberg übernommen habe. Prof. Dr. Rüdiger Döhler (KSCV) referierte anschließend – thematisch sehr passend – zusammen mit Herrn Andreas Mildahn (DB) über: „Die Korporationen an der Albertina zu Königsberg"

Frau Sabrina Lausen, Doktorandin an der Universität Paderborn, trug zum Thema „Polnische Korporationen in Breslau und in der Zweiten Polnischen Republik" vor. Sie griff eine sicherlich schwierige Thematik auf, zu der es im Wesentlichen lediglich Quellen in polnischer Sprache gibt. Vielen Zuhörern war diese Thematik vorher weitgehend unbekannt, deshalb ergab sich nach dem Vortrag eine lebhafte Aussprache. Besonders aktuell, beeindruckend und beachtenswert waren die Ausführungen des VAC-Referenten für Öffentlichkeit, Albrecht Fehlig (KSCV) zum Thema „Eine neue Art der Öffentlichkeit – die Korporationen und das Internet". Fehlig zeigte den Zuhörern auf, daß die Öffentlichkeitsarbeit der Korporationen ohne intensiven und kontinuierlichen Einsatz des Internet heute chancenlos ist. Twittern und das Surfen im Internet seien für angehende Studierende selbstverständlich. Alle Korporationen sollten deshalb besonderen Wert auf ihren stets aktuellen Auftritt im Internet legen. Unliebsamen und diffamierenden Angriffen Dritter im Internet müsse aktiv entgegnet werden. „Aktiv zu sein, das ist doch schließlich unsere Art!", meinte er.

Zu einem festlichen Abend im geselligen Kreis trafen sich alle Teilnehmer und einige Gäste im Restaurant des Binnenschifffahrtsmuseums in Duisburg-Ruhrort. Vor dem Gang zum Buffet lauschten die Teilnehmer dem Lichtbilder-Vortrag von Dr. Helge Kleifeld (Philippina Marburg, KV, SB) über: „Auf den Spuren des deutschen Korporierten Ernst August Gries in Deutsch-Südwestafrika 1911-1925". Kleifeld unterstützte seine Ausführungen durch Auszüge aus dem Tagebuch und Fotos des als Lehrer nach Deutsch-Südwest gegangenen Gries im Vergleich mit seinen eigenen Fotos, die er in jüngster Zeit als Reisender in Namibia auf den Spuren von Gries aufgenommen hat.

Ein größerer Teil der Besucher der Studentenhistorikertagung besichtigte zum Ausklang der Tagung am Sonntagmorgen das Preußen-Museum in der Zitadelle Wesel. Nach kurzer Begehung der Zitadelle hörten sie einen Vortrag von Studiendirektor i. R. Dr. Horst Schroeder, einem früheren Lehrer des Konrad-Duden-Gymnasiums, über die ehemals in Wesel lange beheimatete Familie Duden und natürlich über das bewegte Leben von Conrad Duden, dem allseits bekannten Sohn der Stadt, der selbst Reformburschenschafter und Wingolfit war.

Klaus Gerstein hielt dazu ein Co-Referat, bei dem er auf Friedrich Theodor Althoff, einen Zeitgenossen Conrad Dudens aus Wesel und Dinslaken, einen Universitätsorganisator Preußens, der zuerst die Universität Straßburg und danach alle preußischen Universitäten am Ende des 19. und Anfang des 20. Jahrhunderts wesentlich beinflußte, näher einging. Nach dem Abitur in Wesel studierte Althoff von 1856 bis 1861 Rechtswissenschaften in Berlin und Bonn. In Bonn schloß er sich 1856 dem Corps Saxonia an, das ihm später die Ehrenmitgliedschaft verlieh. Den Abschluß der sehr informativen und rundum gelungenen Tagung bildete die Führung durch das sehenswerte Preußen-Museum.

72. Deutsche Studentenhistorikertagung, Freiburg i. Br., 12.-14. Oktober 2012

„Mit der 72. Deutschen, 23. Schweizer, 20. Österreichischen und 7. Europäischen Studentenhistorikertagung kam nach 34 Jahren wieder eine Tagung der Studentenhistoriker nach Freiburg im Breisgau", freute sich der in Freiburg und Lörrach tätige Historiker Sebastian Kurtenacker (KV, NDB) in seinem Bericht für das Freiburger „Uni-Magazin", auf den wir uns hier weitgehend stützen. Das übergeordnete Thema der Tagung lautete: „Ursprünge – vom Wesen der Korporationen" Kurtenacker führte weiter aus: „Der Anreisetag begann mit einem Begrüßungsabend auf dem Haus der Burschenschaft Franconia Freiburg. Die beiden Tagungsleiter Sebastian Kurtenacker und Gerhart Berger sowie der langjährige Tagungsleiter Klaus Gerstein begrüßten alle Eintreffenden; der Leiter des Arbeitskreises, Sebastian Sigler, hatte seine Teilnahme kurzfristig aus gesundheitlichen Gründen absagen müssen." Den Eingangsvortrag hielt Dr. Hans-Ulrich Foertsch (KSCV) aus Marl. Er sprach über „555 Jahre Universität Freiburg – von der spätmittelalterlichen Hohen Schule zur Alma mater und den ersten Korporationen". Es war ein Parforceritt durch ein halbes Jahrtausend Freiburger Universitätsgeschichte. Gemeinsam mit der Universität war Foertsch bereits 2007 an der Vorbereitung und Durchführung der 550-Jahresfeier beteiligt – der Vortrag war also auch aus interner Freiburger Sicht ein sehr interessanter.

Am Samstagmorgen startete, nur wenige Gehminuten vom ersten Treffpunkt entfernt, auf dem Hause des Corps Hubertia die erste Vortragsabteilung. Der Eidgenosse Dr. Robert Develey aus Oberwil (Zofingia) eröffnete die Tagung mit einem Vortrag „Über die Schweizerischen Corps Helvetia in Deutschland im 19. Jahrhundert". Er gab dem Auditorium einen Überblick über die Schweizer Studenten in Deutschland von Freiburg bis Rostock in dieser Zeit und erläuterte, warum die deutsche Hochschullandschaft so beliebt bei den Schweizern war – und ist. Ihm folgte der frei gehaltene, lebhafte Vortrag des Wiener Professors Dr. Roland Girtler (KSCV) über die Sprache der „feinen Leute" wie Huren, Zuhälter, Räuber und Vaganten, deren eigenwilliges „Kauderwelsch" er beleuchtete: Die „Welschen" sind die romanischen Nachbarn, „Kaudern" bedeutet „Handel treiben". Kauderwelsch ist somit ein für hiesige Verhältnisse unverständliches sprachliches Gemisch, das die Händler und

247

Handwerker aus den südlichen Nachbarländern sprachen. Der eigentliche Titel „Studenten, Vaganten und die Kultur des Alkohols" ging darüber etwas unter, aber Girtler, hatte schon vor Beginn kundgetan, daß er etwas freier sprechen wolle, was er dann auch mit feinstem Wiener Schmäh tat. Ihm folgte der Grazer Prof. Dr. Dieter Binder (KV, ÖKV) mit einem Vortrag über „Die Transformation des studentischen Milieus in Österreich zwischen 1914 und 1970". Es wurden die Unterschiede dieser Milieus in den Zeitläuften sichtbar, die Mechanismen der Transformation blieben aber etwas undeutlich. Einen weiteren und sehr gehaltvollen Vortrag hielt Prof. Dr. Matthias Asche (CV) aus Tübingen. Er sprach über: „Handlungen, welche Geheimnisse vermuthen lassen – Landsmannschaften und Studentenorden als Geheimgesellschaften im 18. Jahrhundert"

Gestärkt nach einem zünftigen Mittagsmahl wurde das Zepter wieder an die Schweiz übergeben und Dr. Paul Ehinger (Zofingia) hielt seinen Vortrag über „Karl Barth als Couleurstudent" – der bedeutende Theologe war ein Zofinger Bundesbruder des Vortragenden. Auf diesen lebendigen und persönlichen Vortrag folgte ein Thema mit Freiburger Lokalkolorit: Albert Leo Schlageter ist wohl jedem Freiburger Studierenden zumindest dem Namen nach bekannt. Er war ein von den Nationalsozialisten zum Märtyrer stilisierter Freikorpskämpfer im Ruhrkampf, der Anfang der 1920er Jahre in Freiburg studiert hatte und seinerzeit bei der KDStV Falkenstein drei Monate Fuchs gewesen war. In der NS-Propaganda wurde er zum „Ersten Soldaten des Nationalsozialismus". Dr. Knud Bücker-Flurenbrock (CV), Wien, trug vor unter dem Titel: „Albert Leo Schlageter – ein Student aus Freiburg"

Den Abschlußvortrag hielt der Freiburger Promovierende Markus M. Neuhaus (KSCV): „Korporierte Forstleute im badischen Staatsdienst" Dieser Berufsstand rekrutierte sich über Jahrzehnte hinweg fast ausschließlich aus Mitgliedern des Corps Hubertia Freiburg. Ein Wechsel bahnt sich nun an, da in Freiburg das Diplom im Studiengang Forstwissenschaften nicht mehr angeboten wird. So bleibt offen, ob Hubertia die angestammte Rolle als badisches „Staatsforstcorps" eines Tages wieder wird einnehmen können.

Dem umfangreichen Tagesprogramm folgte auch in diesem Jahr wieder ein geselliger Teil. Einen festlichen Rahmen und fürstliche Bewirtung garantierte die Gastfreundschaftlichkeit der KDStV Hercynia Freiburg in der ehemaligen „Villa Hasse". Dort, hoch auf dem Lorettoberg, fand auch der letzte Vortrag der Tagung statt. Dr. Florian Hoffmann (KSCV), stellvertretender Vorsitzender des Verbands alter Corpsstudenten (VAC), sprach über den „Godesberger Verband der Sportschaften an deutschen Hochschulen". Nach der letzten Diskussion klang der Abend in geselliger Runde der über 80 Teilnehmerinnen und Teilnehmer bei guten Essen, dem einen oder anderen Bier und gewissem studentischem Schabernack, für den man wohl nie zu alt wird, feuchtfröhlich aus.

„Am Sonntag schloß sich mit dem Besuch der ‚UNIseums' in der Alten Universität, wo uns zwei kundige Führerinnen viele weitere Einblicke in die Freiburger Universitätsgeschichte gaben, der studentenhistorische Kreis dieser Tagung. Damit nicht genug. Auch der Sommer- und der Winterkarzer wurden besichtigt, was jedem Studierenden zu empfehlen ist." Soweit die Ausführungen Kurtenackers, und er hat mit seiner Bemerkung zu den Freiburger Karzern natürlich Recht, auch wenn diese beiden Räume kunsthistorisch nicht an das berühmte Heidelberger Vorbild heranreichen können.

In den Jahren 2010 bis 2012 hat der CDA treu die Kosten des Arbeitskreises für die Einladung Interessierter getragen und darüber hinaus einen Beitrag zur Erstellung regelmäßiger Dokumentationen geleistet. Dafür sind die Mitglieder des Arbeitskreises, der sich bis heute keine Vereinsform gegeben hat, um seine Stellung außerhalb der Konkurrenzsituation zwischen den studentischen Dachverbänden zu bewahren, sehr dankbar. Diese Unterstützung durch den CDA wird nicht vergessen, und der Arbeitskreis hofft auch für die kommenden Jahre auf Zuwendungen. Doch diese Hilfe, so wichtig sie ist, reicht nicht, um die Teilnehmer der Tagungen, die einen nicht unerheblichen Tagungsbeitrag zu leisten haben, wirksam zu entlasten. Daher werden Kooperationen mit der Gemeinschaft für Deutsche Studentengeschichte (GDS) und anderen vergleichbaren Einrichtungen ausdrücklich angestrebt.

Für das vierte Oktoberwochenende 2013 ist die 73. Deutsche Studentenhistorikertagung geplant. Programmschwerpunkte sind die Jubiläen des Weinheimer Corpsstudententums in diesem Jahr: 150 Jahre WSC und 100 Jahre Fertigstellung der Wachenburg.

Dr. Sebastian Sigler

Deutsche Gesellschaft für Hochschulkunde e. V. (DGfH)
und
Institut für Hochschulkunde (IfH) an der Universität Würzburg
www.hochschulkunde.de

DGfH-Vorsitzender: Dr. Karsten Bahnson, Franziusstraße 2, D-28209 Bremen, karsten.bahnson@victoria.de

IfH-Leiter: Prof. Dr. Matthias Stickler; Kustodin: Dr. Michaela Neubert, Institut für Hochschulkunde (IfH) an der Universität Würzburg, Universitätsbibliothek, Am Hubland, D-97074 Würzburg, Ruf: 0931-31-85982, info@hochschulkunde.de; Öffnungszeiten: Montag bis Freitag 9.00-13.00 Uhr

Seit 2010 hält die DGfH ihre Mitgliederversammlungen alljährlich ab, sie zählt rund 400 Mitglieder. Bedeutendste Änderung ist der am 1. Dezember 2011 bzw. 28. Juli 2012 erfolgte Wechsel im Amt des wissenschaftlichen Leiters des IfH: Prof. Dr. Stefan Kummer zog sich aus gesundheitlichen Gründen zurück, als sein Nachfolger konnte der Neuzeit-Historiker Prof. Dr. Matthias Stickler gewonnen werden.

Wie bisher gab die DGfH alljährlich einen Kalender heraus, der gut aufgenommen wurde. Im Vordergrund stand jedoch die Frage der Gewinnung neuer Mitglieder. Unmittelbar damit im Zusammenhang stehen die Bemühungen um zusätzliche finanzielle Mittel, die zur Katalogisierung der Zeitschriften ebenso wie für Mitarbeiter eingesetzt wurden, um möglichst lange Öffnungszeiten zu gewährleisten. Sie konnten seit Anfang 2012 wieder auf die ganze Woche ausgedehnt werden.

DGfH-Mitglieder waren an vielfältigen Projekten und Veranstaltungen beteiligt, so etwa im Wintersemester 2010/11 an der Vorlesungsreihe der Technischen Universität Dresden über „Studentenverbindungen in Vergangenheit und Gegenwart".

Der jährliche Beitrag beträgt für Einzelmitglieder € 35,–, für Vereine und Verbände, also juristische Personen, € 51,–.

Im Mittelpunkt der IfH-Tätigkeit stand wie bisher die Betreuung und Beratung der Benutzer. Diesen wissenschaftlichen Serviceleistungen galt der Großteil der Zeit der Mitarbeiter, vor allem der Buchausgabe und -ausleihe (2009: 2106, 2010: 2057; 2011: 2061). Die seit 2005 geführte Themenliste wurde aktualisiert und gibt einen Einblick in die überaus große Bandbreite der von den Benutzern bearbeiteten Themen. In der Mehrzahl handelte es sich um Seminar-, Bachelor-, Magisterarbeiten und Dissertationen.

Dazu kam die weitere Erschließung und Katalogisierung der Bibliothek, die kontinuierlich Zuwächse erhielt, die Neuordnung der Sammlungsbestände (Zimelien, Graphik, Flugblätter u. a. m.), der Nachlässe – hervorhebenswert sind die Nachlässe Dr. Herbert Katers und Prof. Dr. Heinrich Henkels, des letzten deutschen Rektors der Universität Breslau – usw., die gleichfalls erfreulich vermehrt wurden. Dabei handelte es sich in der Regel um Geschenke. Die bedeutendsten wurden 2011 von Frau Dr. Neubert vorgestellt (Ausgewählte Neuerwerbungen des Instituts für Hochschulkunde an der Universität Würzburg, in: Einst und Jetzt 56 (2011), S. 159-186). Das IfH war außerdem beteiligt an mehreren Ausstellungen, etwa 2010 an „Schwarz – Rot – Gold. Die deutschen Farben aus Jena" (Stadtmuseum Jena), 2011/12 an „Gefärbt, gekämmt, getunkt, gedruckt. Die wunderbare Welt des Buntpapiers" (Mainfränkisches Museum Würzburg) oder 2012 an „Album Amicorum – Das Stammbuch als Spiegel sozialer Netzwerke" (Herzogin-Anna-Amalia-Bibliothek Weimar).

Der Vertrag mit den kooperierenden Verbänden Verband Alter (Kösener) Corpsstudenten, Weinheimer Verband Alter Corpsstudenten und Verband Alter Herren des Coburger Convents wurde 2009 um drei Jahre verlängert. Der Bearbeitung der Corpsbestände nahm sich seit 2009 Herr Dr. Florian Hoffmann an, wobei es vor allem um die vorbeugende Bestandserhaltung, die Erschließung (Ordnung und Verzeichnung) und Übernahme neuer Bestände geht.

Für 2012/13 ist der Umzug des Instituts in die ehemalige Schule auf dem aufgelassenen Gelände der US-Streitkräfte in Würzburg vorgesehen, dessen Großteil der Universität zur Verfügung gestellt wurde. Dem IfH wird dort wesentlich mehr Platz zur Verfügung stehen, Synergieeffekte werden durch die Zusammenarbeit mit dem gleichfalls dort untergebrachten Universitätsarchiv und dem neugegründeten Institut für Deutschordensforschung eintreten. Die Unterbringung ist dort miet- und nebenkostenfrei möglich.

nach den Versammlungsprotokollen und Jahresberichten

Gemeinschaft für Deutsche Studentengeschichte e. V. (GDS)
www.gds-web.de

Vorsitzender und Geschäftsstelle: Dr. Friedhelm Golücke, Giersstraße 22/24, 33098 Paderborn, Ruf: 05251-6889976, f_goluecke@teleos-web.de

Auf der Mitgliederversammlung im November 2012 wurde ein neuer Vorstand gewählt. Der bisherige Vorsitzende Pfr. em. Detlef Frische kandidierte aus gesundheitlichen Gründen nicht mehr. Auch Prof. Raimund Lang verzichtete auf eine erneute Kandidatur. Dr. Bernhard Grün nahm seine Wahl in den Vorstand nicht an. Dem scheidenden Vorstand wurde für seine erfolgreiche Arbeit gedankt. Kaum erwähnt werden muß, daß der „Studenten-Kurier" regelmäßig unter seinem Redakteur Pfr. Detlef Frische in gewohnter Qualität erschien. Ebenso kam der Band 9 des „GDS-Archivs" heraus. Die Tätigkeit des alten Vorstands wird vom neuen Vorstand in allen wesentlichen Punkten fortgeführt. Der nunmehrige Vorstand besteht aus Dr. Friedhelm Golücke (Vorsitzender), Privatdozent Dr. Stefan Gerber (1. stellvertretender Vorsitzender), Marc Zirlewagen M.A. (2. stellvertretender Vorsitzender), Siegfried Schieweck-Mauk (Kassierer), Prof. Dr. Matthias Asche (Schriftführer), Dipl.-Math. Stephan Eichhorn (Vertreter der Stiftung Deutsche Studentengeschichte), Sebastian Kurtenacker (Mitglied ohne Geschäftsbereich). Zu Beisitzern mit wechselnden bzw. festzulegenden Aufgaben wurden berufen Dr. Gerhart Berger, Dr. Frank Grobe, RA Werner Hanauske, Dr. Helge Kleifeld, Prof.

Dr. Dietmar Klenke, Dr. Wolfgang Löhr, Dr. Dr. Harald Lönnecker, Thomas Schindler M.A., Bernhard Schroeter, Dr. Sebastian Sigler, Prof. Dr. Matthias Stickler, Dr. Paul Warmbrunn. Der neue Vorstand traf sich im Jahr 2013 zu vier Sitzungen. Dabei wurden folgende Arbeitsschwerpunkte benannt: Fortführung der bisherigen soliden Vereinsverwaltung sowie der Veröffentlichungen „Studenten-Kurier" und „GDS-Archiv", das in Zukunft wieder an alle Mitglieder verschickt werden soll. Weiterhin war man sich einig hinsichtlich einer Verstärkung bzw. Neuausrichtung der Öffentlichkeitsarbeit und Mitgliederwerbung, der Einrichtung einer Geschäftsstelle, der Reorganisation des Internetauftritts und der Herausgabe von diversen anstehenden Veröffentlichungen. Beim Erscheinen von geplanten Veröffentlichungen traten leider Verzögerungen ein. Jedoch konnte zum 40jährigen Jubiläum der GDS zusammen mit der Deutschen Gesellschaft für Hochschulkunde in Würzburg ein studentenhistorischer Kalender herausgebracht werden, mit dem eine Werbeaktion für neue Mitglieder verbunden war. Sie hat bereits erste Erfolge erbracht.

Dr. Friedhelm Golücke

Institut für Deutsche Studentengeschichte (IDS), Paderborn
www.gds-web.de/institut.htm

Stadtarchiv Paderborn, Pontanusstr. 55, 33102 Paderborn, Ruf: 05251-881593, stadtarchiv@paderborn.de; Leitung: Dr. Friedhelm Golücke, Ruf: 05251-6889976, f_goluecke@teleos-web.de

Auch in den Jahren 2010 bis 2013 entwickelte sich das Institut planmäßig weiter. Die ehrenamtlich geleisteten Arbeitsstunden der vier Mitarbeiter haben sich inzwischen auf über 6100 Stunden summiert. Bisher nicht bearbeitet werden konnten wegen zu geringer Arbeitskapazitäten die Zeitungsartikelsammlung, die gleichzeitig an Umfang kontinuierlich zunimmt, und unsere Studentikasammlung, bei der ebenfalls Zuwächse zu verzeichnen sind. Die alten Buchbestände sind zu einem großen Teil aufgearbeitet, die Katalogisierung geht laufend weiter. Dies gilt auch für die Komplettierung und das Binden der Zeitschriften. Die Zahl der katalogisierten Bände ist von 3200 im Jahre 2008 bis Oktober 2013 auf gut 8000 gestiegen und wird laufend fortgesetzt. Unsere Sammlung von Einzelaufsätzen ist inzwischen auf 100 Bände erweitert worden, sie wird von Jürgen Boschin und Carsten Müller betreut. Dazu kommen Register für jeweils 25 Bände. Auch die Zahl der „kleinen" Veröffentlichungen hat zugenommen. Sie füllen jetzt deutlich über 2300 Archivkartons. Es fanden mehrere Einführungsveranstaltungen für Studenten aus Seminaren von Dr. Dr. Harald Lönnecker statt. Es sollte zusammen mit dem GDS-Vorstand beraten werden, ob von der bisherigen passiven Erwerbungstätigkeit zu einer aktiven übergegangen werden kann.

Dr. Friedhelm Golücke

Stiftung Deutsche Studentengeschichte (SDS)
www.stiftung-deutsche-studentengeschichte.de

Vorsitzender und Schatzmeister: Dipl.-Math. Stephan Eichhorn, eichhorn@stiftung-deutsche-studentengeschichte.de

Zweck der Stiftung ist die Förderung von Wissenschaft und Forschung sowie von Bildung und Erziehung. Hierfür akquiriert die Stiftung das erforderliche Kapital. Der Stiftungszweck wird je nach Verfügbarkeit der Mittel durch die Förderung der Studentengeschichtsschreibung und der Hochschulkunde innerhalb oder außerhalb des Rahmens der Gemeinschaft für Deutsche Studentengeschichte e. V. (GDS) verwirklicht. Im Vordergrund stehen zunächst insbesondere die Gewährung und Vermittlung von Veröffentlichungshilfen.

Stephan Eichhorn

Einst und Jetzt e. V. – Verein für corpsstudentische Geschichtsforschung (VcGf)
www.vfcg.eu

1. Vorsitzender: Prof. Dr. Rüdiger Döhler, Kiefernweg 6, D-25336 Elsmhorn, Ruf: 04121-91224, r.doehler@einst-und-jetzt.com; Redaktion „Einst und Jetzt. Jahrbuch": Prof. Dr. Hans Peter Hümmer, Weiherweg 4, D-91096 Möhrendorf, Prof.Huemmer@gmx.de; Postanschrift des Vorstands: Bernhard Edler von Lapp, Institut für Hochschulkunde (IfH) an der Universität Würzburg, Universitätsbibliothek, Am Hubland, D-97074 Würzburg, info@vfcg.eu

Auf der Mitgliederversammlung am 27. Mai 2009 auf der Rudelsburg wurde der Vorstand wiedergewählt und erwogen, anlässlich der 2013 anstehenden 150-Jahr-Feier des Weinheimer Senioren-Convents einen Schwerpunkt- oder Sonderband ins Auge zu fassen. Verschiedene kleinere Satzungsänderungen wurden vorgenommen. Der Mitgliederversammlung vom 8. Juni 2011 berichtete die Historische Kommission des KSCV von verschiedenen, teilweise mehrjährigen Projekten, vor allem über die Neuausgabe der Kösener Corpslisten. Die älteren Ausgaben sollen digitalisiert und im Internet zur Verfügung gestellt werden.

Zwischen 2009 und 2012 erschien jeweils ein Band von „Einst und Jetzt". Der Schriftleiter Hümmer betonte, daß sein Bestreben dahin gehe, ein hohes Niveau des Jahrbuchs als wesentliches Markenzeichen des Vereins beizubehalten.

Besondere Aufmerksamkeit wurde dem Internet-Auftritt des Vereins gewidmet. Er wird erweitert durch ein weiteres Netz-Portal zu den Archiven der Kösener und Weinheimer Corps (www.corpsarchive.de), welches von Dr. Florian Hoffmann erstellt und betreut wird. Er stellte es auf der Mitgliederversammlung 2011 in einem Vortrag vor. Der Vortrag 2009 wurde von Egbert Weiß über Studentenduelle in Leipzig im 19. Jahrhundert gehalten.

Der Verein zählte im Januar 2012 über 1.378 Mitglieder in Deutschland, Österreich (ca. 65) und der Schweiz (ca. 40). Neben 124 korporativen Mitgliedern handelt es sich um 1.254 Einzel-, davon ca. 400 studierende Mitglieder. Dazu kommen einige öffentliche Institutionen.

Der jährliche Beitrag beträgt für Einzelmitglieder € 22,–, für Studenten € 11,–, für korporative Mitglieder € 33,–. Das Jahrbuch ist im Mitgliederbeitrag enthalten. Zusätzliche Jahrbücher kosten € 22,– zuzüglich Versandkosten.

nach den Versammlungsprotokollen

Gesellschaft für burschenschaftliche Geschichtsforschung e. V. (GfbG)
und
Archiv und Bücherei der Deutschen Burschenschaft im Bundesarchiv, Koblenz
www.burschenschaftsgeschichte.de

Vorsitzender: Dr. Klaus Oldenhage, Bismarckstraße 9-11, D-56068 Koblenz, k.oldenhage@online.de; Geschäftsstelle: Hans-Jürgen Schlicher, Am Zieglerberg 10, D-92331 Degerndorf, Ruf: 09492-6168, gfbg@burschenschaft.de, hans-juergen.schlicher@gmx.de

Archiv und Bücherei (Benutzung nach Voranmeldung und Vereinbarung eines Termins): Dr. Dr. Harald Lönnecker, Bundesarchiv, Potsdamer Straße 1, D-56075 Koblenz, archiv@burschenschaft.de

Auf der Veranstaltung der GfbG am 18. Juni 2011 berichtete Frau Angela Heinemann, M. A., über ihre Forschungen zu: „Studenten im Aufbruch. Die Entstehung der Jenaer Urburschenschaft und das Wartburgfest als mediale Inszenierung" Am 2. Juni 2012 sprach Björn Thomann M.A. über: „,Das politische Gewissen der deutschen Burschenschaft' – Geschichte und Gesichter der Breslauer Raczeks in Vormärz und Revolution"

Der GfbG-Vorstand wurde 2011 wiedergewählt, Kassenwart Dipl.-Ing. Wolfgang Eymann für seine langjährige höchst erfolgreiche Tätigkeit besonderer Dank und Anerkennung ausgesprochen, zu seinem Nachfolger Dipl.-Kfm. Moritz Herbst bestellt. Zum Ehrenmitglied wurde der 1986/87 bis 2005 amtierende vormalige Vorsitzende Prof. Dr. Christian Hünemörder ernannt.

Erschienen sind 2012 Band XIX und XX der „Darstellungen und Quellen zur Geschichte der deutschen Einheitsbewegung im 19. und 20. Jahrhundert". Band XIX trägt den Titel: „,… ein großes Ganzes …, wenn auch verschieden in seinen Teilen' – Beiträge zur Geschichte der Burschenschaft" Er umfaßt Arbeiten über „Burschenturner, politische Professoren und die Entstehung einer neuen Öffentlichkeit" (Klaus Ries), „Aus den Geständnissen des Wachenstürmers Ludwig Silberrad" (Karl Gundermann), den bereits erwähnten, überarbeiteten und bedeutend erweiterten Vortrag Thomanns, „Die Mitglieder der Burschenschaft Rugia Greifswald 1856-1944" (Jens Carsten Claus) und eine Geschichte der Burschenschaft der Ostmark (BdO) und ihrer Vorläufer 1889-1919 von Harald Lönnecker.

Band XX ist als Festschrift dem ältesten lebenden GfbG-Mitglied zum 100. Geburtstag gewidmet: Prof. Dr. Fritz Hellwig, geboren 1912, GfbG-Mitglied seit 1933, ehemals Bundestags- und EU-Parlamentsabgeordneter sowie Vizepräsident der Montanunion. Der Band „Fritz Hellwig. Saarländer, Deutscher, Europäer" umfaßt 18 Beiträge, die Hellwigs Leben in der einen oder anderen Weise berühren, darunter natürlich solche zur Geschichte der Burschenschaft. Er wurde dem Jubilar in feierlicher Form am 20. September 2012 in der Stiftung Bundeskanzler-Adenauer-Haus in Rhöndorf übergeben. Glückwünsche überbrachte die vormalige FDP- und SPD-Bundestagsabgeordnete Ingrid Matthäus-Maier, Präsidentin der Gesellschaft ehemaliger Mitglieder des Deutschen Bundestages und des Europäischen Parlaments, deren Gründungsmitglied Hellwig ist, sowie Frau Bundesministerin a. D. Dr. Dorothee Wilms. Der Festakt wurde dokumentiert in der GfbG-Jahresgabe 2012. Die Jahresgabe 2011 hat „Deutsche in Europa" zum Gegenstand, der umfangreichste Beitrag ist der von Harald Lönnecker über den Prager Slavisten und Burschenschafter Franz Spina, den ersten deutschen Minister in einer tschechoslowakischen Regierung.

2013 werden voraussichtlich zwei Ergänzungsbände zu Band I „Politiker" des „Biographischen Lexikons der Deutschen Burschenschaft" als Teilbände 7 und 8 des Bandes I erscheinen. Die Arbeiten an Band II „Künstler" gehen voran. Damit wird das Lexikon abzuschließen sein. Es wäre allerdings denkbar, weitere Bände über bestimmte Wissenschaftssparten in Angriff zu nehmen.

Weitergeführt werden auch die Arbeiten an den Burschenschafterlisten, insbesondere für Berlin und Jena. Fortschritte sind auch zu verzeichnen an den Gefallenenlisten, die bisher bereits rund 8.000 Datensätze umfassen, wobei der Zweite Weltkrieg weitgehend noch nicht erfaßt ist.

Der jährliche Beitrag beträgt für Einzelmitglieder € 30,– und € 10,– für Studenten. Die Veröffentlichungen werden wie bisher für Mitglieder verbilligt abgegeben, der Bezug der Jahresgaben ist für Mitglieder gratis.

nach den Versammlungsprotokollen

Historische Kommission
des KV (Kartellverbands der katholischen deutschen Studentenvereine)

Vorsitzender: Stadtarchivdirektor a. D. Dr. Wolfgang Löhr, Wolfsittard 33 b, D-41179 Mönchengladbach, Ruf: 02161-542108, wolfgang.loehr@kartellverband.de

Erster Schwerpunkt der Tätigkeit war die Fertigstellung des siebten Bandes des „Biographischen Lexikons des KV". Er konnte im Herbst 2010 nach zweijähriger Vorarbeit der Öffentlichkeit vorgestellt werden. Damit betrachten die beiden Herausgeber Siegfried Koß, der die größte Last der Fertigstellung trug, und Wolfgang Löhr das Unternehmen als abgeschlossen. Die Anfänge liegen mehr als 20 Jahre zurück. 1991 konnte der erste Band des Lexikons erscheinen und 2000 der sechste Band mit umfangreichen Registern aller Bände. Der siebte Band ist quasi ein Nachzügler. Aber es fehlten noch viele wichtige Personen der Nachkriegsgeschichte des Verbandes, so daß sich die Herausgeber zur Herausgabe eines weiteren Bandes entschlossen. Alle Bände sind Bestandteil der von der GDS betreuten Publikationsreihe „Revocatio Historiae".

Mit dem letzen Band liegen nun über 600 Kurzbiographien von KVern aus anderthalb Jahrhunderten vor. In ihnen spiegelt sich nicht nur Leben und Wirken katholischer Akademiker wieder, sondern zudem die Geschichte des Verbandes. Keine Epoche, auch nicht die NS-Zeit, wurde ausgenommen. Um ein Gesamtbild der Mitglieder des KV nachzuzeichnen, fanden außerdem bewußt nicht nur die großen Gestalten des deutschen katholischen Milieus Aufnahme in die Bände, sondern auch KVer mit einer eher unspektakulären Karriere.

Zweiter Schwerpunkt der Arbeit war die bessere Erschließung der Bestände des KV-Archivs, das in der KV-Geschäftsstelle in Marl liegt. Zunächst wurde das Bildarchiv des Chefredakteurs der „Akademischen Monatsblätter" Wilhelm Schreckenberg (1925-2006) vorsortiert und Doppelstücke kassiert. Eine genauere Verzeichnung steht noch aus.

Die Verzeichnung des Bestandes KV 2, der Schriftgut aus der Zeit von 1947 bis 1968 mit Nachträgen bis 1973 enthält, hingegen ist nicht nur abgeschlossen, sondern auch digital zugänglich gemacht worden. Der Bestand umfaßt mehr als 400 Bände und enthält das Schriftgut des KV-Sekretariats, einzelner Vorsitzender, des Rechtsamts, des sogenannten Ostausschusses, des Religiös-Weltanschaulichen Amtes und der Vororte aus den Jahren 1949 bis 1968. Damit ist eine wichtige Quelle für die Geschichte des Verbandes nach dem Zweiten Weltkrieg bis in die Adenauerzeit greifbar. Die Verzeichnung ist wegen seiner Bedeutung für den Wiederaufbau nach 1945 besonders ausführlich und zeichnet sich durch viele Vollanalysen aus.

In ähnlicher Weise soll auch der Bestand KV 1 erschlossen werden, der über 2000 Bände enthält und das Schriftgut ab den 1860er Jahren bis zur NS-Zeit enthält. Bisher liegt nur eine eher kursorische Verzeichnung vor. Neu verzeichnet ist erst ein Bruchteil.

Wie immer wurden zahlreiche Anfragen an das KV-Archiv beantwortet. Sie belaufen sich jährlich auf etwa 30 und machen oft sehr eingehende Recherchen nötig. Seit 2012 steht die Erforschung des österreichischen Schwesterverbands im Mittelpunkt der Anfragen. Er kann 2013 sein 80jähriges Bestehen feiern. Zuvor hatten die meisten seiner Korporationen dem KV angehört.

Dr. Wolfgang Löhr

Studentengeschichtliche Vereinigung (StGV) des Coburger Convents e. V.
www.studentengeschichte.cc

Vorsitzender: Peter Engelhardt, Friedrich-Ebert-Ring 4-5, D-97072 Würzburg, Ruf: 0931-14278, wiesnolm@web.de

Auf der Mitgliederversammlung der StGV sprach am 22. Mai 2010 Werner Essl zum Thema „Aufbruch und Verfolgung – Studentenverbindungen in der DDR", auch und vor allem aus persönlichem Erleben. Für den 11. Juni 2011 konnte Alexander Graf, M. A. gewonnen werden: „Keine goldenen 20er Jahre – Studentische Radikalisierung zwischen Wirtschaftskrise(n) und Hoffen auf eine neue Zeit". Grundlage war seine Magisterarbeit über Marburger Studentenverbindungen und den NS-Studentenbund während der Weimarer Republik, die 2012 gedruckt erschien. Am 26. Mai 2012 sprach der Direktor des Geheimen Staatsarchivs Preußischer Kulturbesitz (Berlin), Prof. Dr. Jürgen Kloosterhuis, über: „Vivant membra quaelibet! – Quellen zur Studenten- und Korporationsgeschichte im Geheimen Staatsarchivs Preußischer Kulturbesitz"

Der Vorstand wurde auf der Mitgliederversammlung 2011 wiedergewählt. Am 21. Januar 2012 wurden zwischen dem Verband Alter Herren des Coburger Convents e. V. (AHCC) und der StGV eine neue Vereinbarung über die Verwahrung der AHCC-Archivalien getroffen. Ein Hauptaugenmerk ruhte auf der Mitgliedergewinnung (Ende 2012 697 Einzel- und 119 korporative Mitglieder).

Der jährliche Beitrag beträgt für Einzelmitglieder mindestens € 15,–, für korporative Mitglieder € 30,–.

Erschienen ist im Berichtszeitraum: Frische, Detlef/Zinn, Holger (Hg.): „Da capo!" oder „No amol!" Die bunte Welt der Bieroper, Essen 2012 (= Historia Academica. Schriftenreihe der Studentengeschichtlichen Vereinigung des Coburger Convents, Bd. 47), mit zwei längeren Beiträgen von Harald Lönnecker (Die studentische Oper zwischen Kunst, Unterhaltung und Politik. Ein „unpolitisches Vergnügen zu allgemeiner Erheiterung und Belehrung"?, S. 15-63) und Detlef Frische („Vorhang auf!" Das Erste Wiener Bieropern-Ensemble zu Gast beim Coburger Pfingstkongreß, S. 65-116) sowie der DVD der Bieropernaufführung 2009 in Coburg. Als Band 48/49 der „Historia Academica" erschien: Schmidt, Wolfgang/Becker, Ulrich/Zipfel, Hans-Ulrich: „Mit studentischem Gruß" – Couleurkarten und ihre Geschichte, ihre Herstellung und ihr Gebrauch unter besonderer Berücksichtigung der Verbindungen des Coburger Convents, Essen 2011. Ein weiterer Band ist in Vorbereitung, geplant ist eine Veröffentlichung zur 150-Jahr-Feier des CC sowie die Aufarbeitung der Verbandsgeschichte zwischen etwa 1930 und 1949.

Teile des im Institut für Hochschulkunde an der Universität Würzburg verwahrten Archivs des Coburger Convents wurde geordnet und verzeichnet, es gab zahlreiche Zugänge, darunter etwa die Couleurkartensammlung Rampacher. Die Ordnung und Verzeichnung der Bundeszeitungen konnte abgeschlossen werden. Einen Großteil der Zeit des Archivars Dr. Holger Zinn beanspruchte die Recherchentätigkeit. Unter Verwendung von Archivalien entstand etwa: Hensel, Rolf: Stufen zum Schafott. Der Berliner Stadtschulrat und Oberbürgermeister von Görlitz: Hans Meinshausen (Zeitgeschichtliche Forschungen, Bd. 44), Berlin 2012. Meinshausen gehörte Hasso-Guestphalia Marburg an und war bis 1935 der Verbandsführer der Deutschen Landsmannschaft.

nach Mitgliederrundschreiben und Versammlungsprotokollen

Gesellschaft für Studentengeschichte und studentisches Brauchtum (GGB) e. V.

Vorsitzender: Dr. lic. rer. pol. Werner Herold, Berliner Ring 39, D-33100 Paderborn, Ruf: 05251-57335

CV-Archiv: Leiter Dr. Stephan Acht, St.-Peters-Weg 13, 93047 Regensburg, Ruf: 0941-58813, Öffnungszeiten Montag-Freitag 9.00-12.00 Uhr und 14.00-16.00 Uhr

Der Vorstand der GGB wurde in seiner bisherigen Zusammensetzung bei den Wahlen am 4. Juni 2010 bestätigt. Seit der Cartellversammlung 2012 in Freiburg i. Br. ist Archivoberrat Dr. Stephan Acht neuer CV-Archivar und löste damit den seit 1975 amtierenden Msgr. Dr. Paul Mai ab, seit 1967 Leiter des Diözesanarchivs in Regensburg.

Die Anfänge des CV-Archivs reichen bis zum Ende des 19. Jahrhunderts, als noch eine sog. CV-Kiste mit dem anfallenden Schriftgut zunächst von Vorort zu Vorort weitergereicht worden war. Seit 1921 wurde das CV-Archiv auf Beschluß der Cartellversammlung in Linz zunächst auf dem Haus der KDStV Aenania in München eingerichtet, das 1933 nach Düsseldorf verlagert wurde. Ein Teil davon konnte im Pfarrhaus von Johannes Michael Hausladen über den Krieg gerettet werden. 1962 gelangten diese Bestände in das CV-Sekretariat nach München, seit 1964 wurde das Archiv weiter betreut von Alfons Brandl bzw. Herbert Neugebauer. Diesem gelang es 1967/68, Akten des CV aus dem Geheimen Staatsarchiv in Berlin nach München zu holen. Nach 1990 konnten bei Auflösung und Verbot des CV im Jahr 1938 durch die Gestapo beschlagnahmte Bestände aus dem Zentralarchiv der DDR zurückerlangt werden. Zuletzt übernahm Dr. Paul Mai 1995 weitere CV-Akten aus dem Bundesarchiv Potsdam in die Obhut des CV-Archivs, das unter seiner Leitung nach und nach von München nach Regensburg verlagert worden war.

Die von der GGB vorbereitete Veröffentlichung „Bischöfe, Äbte, Pröpste aus dem CV und ÖCV" (Regensburg/Wien 2009) ist im Berichtszeitraum neu erschienen. Die Vorarbeiten für eine Neuausgabe des CV-Liederbuchs und des CV-Handbuchs wurden fortgesetzt. Die GGB hat den CV wie bisher in Form- und Stilfragen begleitet. Die GGB zählte 2012 49 persönliche und 32 korporative Mitglieder. Die Jahresbeiträge belaufen sich für persönliche bzw. korporative Mitglieder auf € 25,– bzw. € 46,–.

Dr. Bernhard Grün

Verband ehemaliger Rostocker Studenten (VERS) e. V.
www.vers-online.org

Kontakt: Prof. Asmus Dowe, Voßstr. 27, D-18059 Rostock, Ruf: 0381-2002490, asmus.dowe@uni-rostock.de

Zwischen 1945 und 1955 wurden etwa 70 namentlich bekannte und etliche unbekannte Rostocker Studenten und Dozenten verhaftet und zumeist in die Lager Sibiriens deportiert. Der VERS wurde 1957 in Tübingen von ehemaligen Studenten der Universität Rostock gegründet. Sie hatten die sowjetische Besatzungszone bzw. die DDR aus politischen Gründen, einige erst nach langen Haftjahren, verlassen. Der VERS ist eine freie, unabhängige Vereinigung ehemaliger Angehöriger der Universität Rostock. Die Mitgliedschaft können auch andere Personen erwerben, wenn sie sich die Ziele des Verbandes zu eigen machen.

Hielt der VERS gemeinsam mit der Universität Rostock am 18. Oktober 2009 in der Universitätskirche noch eine Gedenkveranstaltung für den Rostocker Studenten Arnold Esch aus Anlaß des 60. Jahrestags seiner Verhaftung ab, konnte am 9. Dezember 2011 das neue Hörsaalgebäude der Universität am Campus Ulmenstraße – die alte Füselierkaserne – mit einem Festakt nach Esch benannt werden. Anläßlich des 85. Geburtstages von Arno Esch fand am 6. Februar 2013 im Foyer des Arno-Esch-Hörsaalgebäudes ein ehrendes Gedenken statt. Gemeinsam mit dem Rektor der Universität, Prof. Dr. Wolfgang Schareck, und der AStA-Vorsitzenden, Sarah Grote, legten Vertreter des VERS an der Gedenktafel für den am 24. Juli 1951 in Moskau erschossenen Rostokker Studenten Blumen nieder. Prof. Dr. Horst Pätzold, Kommilitone von Esch, sprach Worte des Erinnerns und Gedenkens. Bereits am 23. September 2010 fand eine Gedenkveranstaltung anläßlich des 60. Jahrestages des Güstrower Oberschülerprozesses statt.

Zwischen 2010 und 2012 veranstaltete der VERS mehrere Seminare in Bad Kissingen und Kühlungsborn zur Geschichte der Universität Rostock während der DDR-, aber auch zur NS-Zeit, der gegenwärtigen Entwicklung, mit bildungspolitischem Inhalt oder zu den deutsch-polnischen Beziehungen. Als Rahmenthemen wurden gewählt „Die SED-Aktivitäten im Westen" (2010), „20 Jahre Entwicklung in den Ländern des ehemaligen Ostblocks" (2011) und „Die deutsche Teilung und Wiedervereinigung im Spiegel der Literatur" (2012).

Als Veröffentlichungen des VERS erschienen neben den VERS-Nachrichten Nr. 40/2010 bis 43/2013 zwei Bücher, einmal: Bernitt, Hartwig/Köpke, Horst/Wiese, Friedrich-Franz: Arno Esch – Mein Vaterland ist die Freiheit, Dannenberg 2010. Dann: Ahrenholz, Gerd Manfred: „Alleslüge" – Leben und Überleben in Krieg und Gulag 1939-1956, Dannenberg 2011.

nach Netzangaben

Österreichischer Verein für Studentengeschichte (ÖVStG)
www.studentengeschichte.at

Vorsitzender: Dr. Peter Krause; Anschrift: Weimarer Str. 5, A-1180 Wien, Ruf: 0043-1-8769316, oevfstg@aon.at, aegir@utanet.at

Neben den vierteljährlich erscheinenden „Acta Studentica", Folge 171-182 – darunter das 48 Seiten starke Jubiläumsheft 175 – mit Nachrichten und Rezensionen, schwerpunktmäßig aus dem österreichischen Korporationswesen, wurde die Reihe „Beiträge zur österreichischen Studentengeschichte" mit Band 31 (Die Vorträge der 19. österreichischen Studentenhistorikertagung in Klosterneuburg) und Band 32 (Michael Mittelstaedt: Das Register der Verbandszeitschrift Burschenwacht/coul/ Couleur für die Jahre 1921–2011) fortgesetzt. Auf Grund des Umfangs von fast 800 Seiten wurde der letzte Band auf einer CD als Beilage zu einer Einführungsbroschüre herausgebracht.

In der Schriftenreihe „Tradition und Zukunft" erschien Band 14 als gemeinsame Geschichte und Festschrift von Thuringia Coburg und Thuringia Wien. Noch nicht erschienen ist Band 13. Er wird von Ernst Exner bearbeitet und den Couleurkarten des Mittelschüler-Kartellverbands (MKV) gelten.

Bereits 2010 begannen die Vorarbeiten zu einer wesentlich erweiterten und ergänzten Neuauflage des 1988 erschienen Buches „Farbe tragen – Farbe bekennen 1938-1945. Katholische Korporierte in Widerstand und Verfolgung". Umfaßte die erste Auflage 400 Seiten und war ein Gemeinschaftswerk von vier Autoren, so ist daraus ein Sammelband mit 12 Autoren geworden und der Umfang auf 700 Seiten angewachsen. Darunter befinden sich rund 550 Biographien Betroffener aus den katholischen Verbänden. Die Präsentation der Neubearbeitung fand zum 75. Jahrestag des ersten „Prominententransports" in das KZ Dachau am 3. April 2013 statt.

Neben den laufenden Archivarbeiten wie Recherchen und Auskunftstätigkeit ist der Zugang des Archivs des Corps Marchia Wien hervorhebenswert. Außerdem wurde ein Teil des MKV-Archiv im Umfang von etwa 150 Ordnern übernommen.

Dr. Peter Krause

Österreichische Gesellschaft für Wissenschaftsgeschichte (ÖGW) an der Universität Wien
www.wissenschaftsgeschichte.ac.at/

Vorsitzender: Univ.-Prof. Dr. Helmuth Grössing, helmut. groessing@univie.ac.at; Anschrift: Archiv der Universität Wien, Postgasse 9, A-1010 Wien, Ruf: 0043-1-4277-17201, office@wissenschaftsgeschichte.ac.at

Die Österreichische Gesellschaft für Wissenschaftsgeschichte wurde im Jahr 1980 unter dem Namen „Österreichische Gesellschaft für Geschichte der Naturwissenschaften" mit der Absicht ins Leben gerufen, ein öffentliches Forum für alle an wissenschaftsgeschichtlichen Themen und Forschungen Interessierten im In- und Ausland zu schaffen. Dies war um so vordringlicher, als es in Österreich keine entsprechende universitäre Institution gab und gibt. Die Umbenennung der Gesellschaft in ÖGW erfolgte 1992 in Hinblick auf die inzwischen gesteigerte Anteilnahme an allgemein wissenschaftsgeschichtlichen Fragestellungen.

Im Berichtszeitraum erschienen die Bände 28 und 29 der „Mitteilungen der Österreichischen Gesellschaft für Wissenschaftsgeschichte", darin u. a. von Ulrike Denk „Alimentierung oder Disziplinierung? Der Umgang mit studentischer Armut im frühneuzeitlichen Wien am Beispiel des Kodrei Goldberg" (Bd. 28) und von Robert Rosner „Frauen in den Naturwissenschaften an der Universität Wien und an der Deutschen Universität Prag 1910-1919" (Bd. 29).

Jedermann kann, Interesse am Gegenstand der Wissenschaftsgeschichte vorausgesetzt, die Mitgliedschaft in der ÖGW erwerben. Sie berechtigt zum Bezug der „Mitteilungen" und zur Teilnahme an Vorträgen und Symposien. Derzeit umfaßt die ÖGW ca. 260 Mitglieder, die sich zu einem großen Teil aus Universitätsangehörigen rekrutieren. Der Jahresbeitrag beträgt derzeit € 30,–.

nach Netzangaben

Steirischer Studentenhistorikerverein (StStV)

Vorsitzender: Univ.-Prof. Dr. Reinhold Reimann, Humboldtstraße 9, A-8010 Graz, Ruf: 0043-316-685290, reinhold.reimann@meduni-graz.at

Der Steirische Studentenhistorikerverein (StStV) wurde am 11. September 1979 mit Sitz in Graz gegründet. Zweck des Vereins ist die Herausgabe einer wissenschaftlich fundierten Schriftenreihe zu Themen der österreichischen Studentengeschichte mit Schwerpunkt auf der nationalfreiheitlichen Studentenschaft, der Aufbau eines studenten- und hochschulgeschichtlichen Archivs, Beratung bei der Gestaltung studentischer Gedenkfeiern und -schriften sowie der regelmäßige Gedankenaustausch zwischen den Vereinsmitgliedern. Mitglied des StStV können studenten- und hochschulgeschichtlich tätige Personen werden.

Herausragende Veranstaltungen in der über 30jährigen Vereinsgeschichte waren die Enthüllung der Gedenktafel „Alte Sternkneipe" am traditionsreichsten Grazer Studentenlokal im Jahr 1982, die Mitgestaltung der 6. Österreichischen Studentenhistorikertagung anläßlich der 400-Jahr-Feier der Karl-Franzens-Universität Graz 1984, ein Podiumsgespräch an der Universität zum 140-Jahr-Gedenken an die Revolution von 1848 im Jahr 1988 sowie zwei weitere Veranstaltungen aus demselben Anlaß im Gedenkjahr 1998. Die Vereinsabende finden in der Regel am zweiten Donnerstag jeden Monats um 19.00 Uhr im Gasthaus „Zum Schwarzen Adler" (Leonhardstraße 27) statt.

Die StStV-Schriftenreihe umfaßt bisher 31 Folgen, die jeweils ein Grundthema behandeln. Zuletzt erschien:

Seewann, Harald: Das frühe Mensurwesen in (Alt-)Österreich (1860-1880) und das „konservative Prinzip". Eine Quellensammlung (Schriftenreihe des Steirischen Studentenhistoriker-Vereines, Folge 31), Graz 2011.

nach mündlicher Auskunft

Alemannia Studens (AS) –
Verein für Vorarlberger Bildungs- und Studentengeschichte

Der Verein wurde aufgelöst.

Schweizerische Vereinigung für Studentengeschichte (SVSt)/Association Suisse pour l'Histoire des Societés d'Etudiants (ASHSE)
www.svst.ch

Anschrift: Gurzelngasse 27, CH-4500 Solothurn, info@svst.ch; Präsident: Stephan Aebersold, praesident@svst.ch

Am 27. Generalconvent der Schweizerischen Vereinigung für Studentengeschichte (SVSt) im Helveterhaus Bern am 23. Oktober 2010 wurde einstimmig der Berner Jurist Stephan Aebersold neu als Präsident gewählt. Nach der Matur 1985 immatrikulierte er sich an der Universität Bern; sein Rechtsstudium schloß er im Frühling 1992 mit dem bernischen Notar ab. Er wurde im WS 1985 aktiv bei der Berna Bern, wo er als FM und x chargierte. Auch präsidierte er den Corporationenconvent Bern. 1995 wurde er AH dieser traditionsreichen Corporation. Schon seit 1986 ist er Mitglied der SVSt. Der 46jährige Aebersold führt in Bern seit 2004 mit einem Partner ein eigenes Notariatsbüro. Er war 1998 bis 2002 Gemeindepräsident von Rüdtligen-Alchenflüh. Er ist ferner Mitglied der Gesellschaft zu Pfistern der Burgergemeinde Bern; deren Vorstand gehörte er 12 Jahr lang an.

Als Zielsetzungen für das SVSt-Präsidium gab Aebersold an: „Nebst dem Vereinszweck in einer ersten Phase neue Mitglieder finden. Aktivwerbung; Plattform schaffen, auf welcher man sich unabhängig vom Couleur, politischer Gesinnung, Religion etc. regelmässig trifft und den freien Gedankenaustausch pflegt." Daß dazu auch der Commentbetrieb gehört, bewies er am Generalconvent.

Stephan Aebersold folgt auf Peter Platzer, Fürsprecher in Solothurn, welcher der SVSt seit 1995 vorstand. Die Würdigung des abtretenden Präsidenten nahm Paul Ehinger, SVSt-Präsident 1986-1994, vor. Er hob dessen große Verdienste für die schweizerische Studentengeschichte hervor, u. a. mit seinem Standardwerk über das jüdische Verbindungswesen in der Schweiz. Die weiteren Chargen wurden bestätigt, so Rudolf Mohler (Berna Bern, Falkenburger St. Gallen im SWR) als Quästor und Philipp Walter (Helvetia Zürich) als Aktuar.

Am Samstag, den 20. Oktober 2012 fand der Generalconvent der SVSt statt. Das wichtigste Traktandum war die Wahl des neuen Zweitchargierten, nachdem Ruedi Mohler diese Charge niedergelegt hatte, aber im Vorstand verbleibt. Gewählt wurde mit Akklamation der 42jährige lic. rer. pol. Mathias Jost (Zofingia Bern), wohnhaft in Neuenburg, Inhaber eines Käsegroßhandels in Uettligen. Gedacht wurde des ersten Präsidenten der SVSt 1984-1986, Dr. Rätus Luck (Helvetia Bern), der völlig überraschend verstorben war.

Den traditionellen Convents-Vortrag hielt Dr. Erwin Bischof (Zähringia Bern im FB) über die Schweiz im Kalten Krieg. Fazit: Die schweizerischen Corporationen und ihre Verbände waren vom Bazillus des Linksextremismus kaum infiziert. Ihre Strukturen, ihre Ziele, Werte und Normen waren dazu nicht geeignet. Nur gerade bei den Freiburger Rodensteinern schlich sich ein Stasi-Spion ein, der aber nach der Aufdeckung exkludiert wurde.

Bereits am Generalconvent 2011 informierte Paul Ehinger darüber, daß der bekannte Aargauer Unternehmer und langjähriger Präsident des Aargauischen Gewerbeverbandes, seit 2007 Ehrenpräsident, Herr Samuel Wehrli, anerboten hat, einen Raum in seinem Schloß Wildenstein (in der Nähe von Brugg) dem Schweizer Couleurmuseum zur Verfügung zu stellen. Schon seit Jahren sucht die SVSt nach Räumlichkeiten, um ihre wertvolle Sammlung an Studenica der Öffentlichkeit zu zeigen. Bis 1988 war das auf Schloss Hünegg am Thunersee möglich, bis die damalige rot-grüne Regierung den Saal räumen ließ. Seither ruht die umfangreiche Sammlung, die durch jene von Dr. Robert Develey beträchtlich vergrößert werden wird, nach verschiedenen Örtlichkeiten im Zeughaus in Willisau.

Am 27. April 2012 war der SVSt-Vorstand mit Präsident Stephan Aebersold an der Spitze von Samuel Wehrli zu einer informativen Besichtigung der prachtvollen Anlage eingeladen. Als versierter Fachmann stand der Gruppe SVSt-Vorstandsmitglied Hans-Christian Steiner, Luzerner Denkmalpfleger, bei. Zurzeit befindet sich das Schloß Wildenstein in der aufwendigen Restaurationsphase. Aber die Vision, daß das Schweizer Couleurmuseum im Aargau zu stehen kommen könnte, müßte alle Schweizer Couleuriker beflügeln. Im Hofe ließen sich mit einer unglaublich stimmigen Kulisse Verbindungsanlässe, von Stiftungscommersen bis zu Couleurbälle, durchführen, ja vielleicht sogar die VIII. Europäische Studentenhistorikertagung 2016, welche vom SVSt organisiert wird.

Im Zusammenhang mit der Sammlung Develey muß noch angefügt werden, daß am 16. November 2012 Dr. Robert Develey mit dem Präsidenten der SVSt und dem Präsidenten der Sammlungs- und Ausstellungskommission (SAK) der SVSt, Dr. Hans-Christian Steiner (Alemmania Freiburg im StV), in einem feierlichen Akt den Leihvertrag die große und wertvolle Sammlung des erstgenannten betreffend unterzeichnet hat. Damit wurde für die SVSt und auch für die Sammlungs- und Ausstellungskommission eine entscheidende Grundlage und Sicherheit für ihre weitere Arbeit geschaffen. Schließlich ist noch zu vermerken, daß in der Berichtsperiode sechs Hefte der „Studentica Helvetica" erschienen sind (Jge. 26-28, Hefte 51-56). In der Reihe „Documenta et Commentarii" sind keine Neuerscheinungen zu registrieren. Auch wurden keine eigenen Studentenhistorikertagungen durchgeführt. Dafür lud die Forschungskommission der SVSt zu zwei Archivbesuchen ein, einmal in die Burgerbibliothek Bern, dann ins Staatsarchiv Zürich.

Dr. Paul Ehinger

Gesellschaft für Universitäts- und Wissenschaftsgeschichte e. V. (GUW)
guw-online.net

Präsident: Prof. Dr. Martin Kintzinger, Historisches Seminar, Domplatz 20-22, 48143 Münster i. W., M.Kintzinger@uni-muenster.de; Schriftführerin: Jun.-Prof. Dr. Sita Steckel, ebd., Sita.Steckel@uni-muenster.de

Die Tagungen der GUW finden alle zwei Jahre statt, die letzte vom 14.-16. September 2011 in Essen. Sie hatte „Akademische Wissenskulturen. Praktiken des Forschens und Lehrens vom Mittelalter bis zur Moderne" zum Gegenstand und war unterteilt in die Sektionen „Akademische Interessenlagen – Akteure und ihre Handlungsfelder", „Wissen zeigen und vermitteln – Praktiken des Lehrens" und „Wissen handhaben – Praktiken der Forschung und Wissensorganisation". Ein Tagungsband wird in den „Veröffentlichungen der GUW" erscheinen. Erschienen ist Band 12 „Professorinnen und Professoren gewinnen", der die Ergebnisse der GUW-Tagung 2009 zusammenfaßt: Hesse, Christian/Schwinges, Rainer Christoph (Hg.): Professorinnen und Professoren gewinnen. Zur Geschichte des Berufungswesens an den Universitäten Mitteleuropas, Basel 2012.

Die nächste Tagung mit dem Thema „Universitätsreformen" wird vom 18.-20. September 2013 in Wolfenbüttel stattfinden. Nähere Hinweise finden sich auf der GUW-Netzseite.

Das GUW-nahe „Jahrbuch für Universitätsgeschichte" erschien 2009 mit Band 12 (Universität und die Grenzen der Rationalität), 2010 mit Band 13 (Universitätsreformen vom Mittelalter bis zur Gegenwart) und 2011 mit Band 14 (Alte Universität – neue Universität? Festkolloquium für Rüdiger vom Bruch).

Der Vorstand setzt sich zusammen aus: Prof. Dr. Rüdiger vom Bruch, Berlin; Prof. Dr. Marian Füssel, Göttingen; Prof. Dr. Christian Hesse, Bern; Prof. Dr. Martin Kintzinger, Münster; Archivdirektor Dr. Kurt Mühlberger, Archiv der Universität Wien; Prof. Dr. Sylvia Paletschek, Freiburg i. Br.; Prof. Dr. Wolfgang Eric Wagner, Münster i. W.

nach Newsletter und Netzangaben

**Studentenhistorisches Museum Assens /
Musée de l'Histoire Estudiantine Assens**
www.musee-assens.ch

Präsident des Trägervereins: Dr. Georg Bärtschi, Route du moulin 9, CH-1042 Assens, Ruf: 0031-21-8811677, Fax 0031-21-8816077

Öffnungszeiten: Mittwoch-Freitag 14.00-17.00 Uhr, Samstag/Sonntag 11.00-12.30 Uhr und 14.00-18.00 Uhr oder nach Vereinbarung (30. April bis 24. Juli, geschlossen vom 25. Juli bis April, Eintritt frei); Anfrage: contact@musee-assens.ch, sekretariat@lanfranconi.ch

Das Studentenhistorische Museum Assens ist das einzige Museum seiner Art in der Schweiz. Eröffnet im November 1997, widmet es sich der Geschichte des Schweizer Akademikertums und thematisiert in wechselnden Sonderausstellungen die verschiedensten Aspekte studentischen und universitären Lebens. Dabei werden stets auch aktuelle Bildungsdiskussionen und moderne Entwicklungen mit einbezogen. Die Grundidee des Museumsprojekts stellt auf dem Hintergrund wissenschaftlicher Geschichtsforschung die didaktisch aufbereitete Visualisierung der Ergebnisse für eine breitere, auch nichtkorporierte Besucherschaft dar. Dies belegt der Besuch zahlreicher Gruppen privater wie staatlicher Provenienz.

Neben einer ständigen Ausstellung gibt es Sonderausstellungen, zuletzt den zweiten Teil von „Gaudeamus! Scholaren und Vaganten – 600 Jahre studentisches Musizieren". Der erste Teil mit 134 Bildtafeln und 34 Titeln auf Tonträgern wurde 2009/10 gezeigt.

Der Ausbau des Museums schreitet mit Unterstützung zahlreicher Stifter voran. Ein Großteil der anfallenden Arbeiten wird ehrenamtlich erbracht.

Der „Trägerverein Studentenhistorisches Museum Assens" mit Sitz in Assens/Waadt wurde am 29. Oktober 1995 gegründet und bezweckt die Unterstützung des gleichnamigen Museums in Assens. Präsident ist Dr. Georg Bärtschi, Freiburg i. Ue. Aktivmitglied des Vereins kann jede juristische, öffentlich-rechtliche oder natürliche Person werden, die einen jährlichen Beitrag (mindestens SF 500,–) oder eine einmalige Zuwendung von mindestens SF 10.000,– erbringt. Fördermitglied des Vereins kann jede juristische, öffentlich-rechtliche oder natürliche Person werden, die einen jährlichen Beitrag von SF 80,– leistet. Fördermitglieder werden zur Generalversammlung und zu allfälligen Rahmenveranstaltungen eingeladen. In 2011/12 lag ein Schwerpunkt der Vereinsarbeit in der Gewinnung von Neumitgliedern.

nach den Versammlungsprotokollen

Redaktion

Korrespondenz

Dr. Dr. Harald Lönnecker, Bundesarchiv, Potsdamer Straße 1, D-56075 Koblenz, loennecker-bundesarchiv@email.de

GDS@aktuell. Forum für Hochschulkunde

Zwar mußte das Projekt eines elektronischen Rundbriefs unter dem Namen „GDS@aktuell. Forum für Hochschulkunde", das in Ergänzung zum gedruckt erscheinenden GDS-Archiv laufend mit Nachrichten, Rezensionen und Neuerscheinungen, Tagungen und Terminen aus dem Hochschul- und Korporationswesen informieren sollte, Ende 2007 aus zeitlichen Gründen eingestellt werden. Eine Fortsetzung findet sich in den „GfbG-Nachrichten". Sie finden sich auch auf dem Server der Deutschen Nationalbibliothek über www.kvk.de oder auch unter: www.burschenschaftsgeschichte.de/nachrichten.htm

Mitarbeiterverzeichnis

Dr. Helma Brunck, Johannes-Gutenberg-Universität Mainz, Humboldtstr. 46, D-60318 Frankfurt a. M., brunck@uni-mainz.de

Alexander Graf, M.A., grafalex@gmx.de

Dr. Bernhard Grün, Gabelsberger Str. 4 d, D-89264 Weißenhorn, e-post@bernhard-gruen.de

Bernhard Homa, Stiffurtstr. 9, D-72074 Tübingen, bernhard.homa@student.uni-tuebingen.de

Dr. Ronald Lambrecht, Knöflerstr. 12, D-04157 Leipzig, lambrecht78@hotmail.com

Dr. Wolfgang Nüdling, Altstr. 2, D-84547 Emmerting, Ruf: 08679-914334, wolfgang.nuedling@gmx.de

Dr. Sebastian Sigler, Leipziger Str. 7, D-33803 Steinhagen, sebastiansigler@gmail.com

Mario Todte, M.A., Alfred-Kästner-Str. 90, D-04275 Leipzig, mariotodte@yahoo.de

Dr. Bartłomiej Wróblewski, Archiwum Korporacyjne/Korporationenarchiv, os. B. Śmiałego 2/8, PL-60-682 Poznań, archiwum@archiwumkorporacyjne.pl

Register

A

Abel, Christian 37
Abel, Karl August von 66, 68
Ahlefeld, Georg von 37
Ahlefeldt, Georg von 37 f.
Alenfeld, Georg von 37
Alquen, Gunter d' 155
Andreas, Prinz von Griechenland 69
Anfänger, Ludwig 202
Aquin, Thomas von 174
Armansperg, Ludwig Graf von 66
Arndt, Ernst Moritz 51, 56
Asche, Matthias 11
Askevold, Harald 167
Augustinus 174

B

Bake, Joachim 143
Bauer
   Erich 194 f.
   Joachim 13 f., 21
   Walter 181
Baum, Marie 175
Becker
   Carl Heinrich 161, 169
   Ulrich 187, 194
Beckerath, Erwin von 178, 180
Bekk, Johann Baptist 77
Bell, George Kennedy Allan 179
Bengel, Norbert 187
Benz, Ottmar 202
Berchelmann, Georg Adolph 87, 92
Bergemann, Wolfgang 153, 156, 161
Biedenkopf, Kurt 184
Biermann, Franz Benedikt 109
Bismarck, Otto von 172
Böckel, Otto 147
Boehm, Franz 182
Böhm
   Alexander 172
   Franz 171-185
   Hans 182
   Walter 175 f.
Bolle, Fritz 26, 30
Bonhoeffer, Dietrich 179 f.
Bourbon, Charles Ferdinand de 60
Brassier de Saint-Simon-Ballade, Maria Josef Anton Graf 70
Brockhaus
   Heinrich 100
   Pauline 100
Brod, Walter M. 203
Bunsen 79, 82
   Georg 76, 80, 87, 90-92
   Gustav 74, 76, 80, 82, 87, 90-93
   Josias 91
   Robert Wilhelm 91
Burlage, Maximilian 136

C

Ceconi, Maria Antonia 172
Christomannos, Anastasios 68 f.
Christoph, Prinz von Griechenland 69
Cichos, Hubert 115 f., 118
Croce, Benedetto 173
Cunio 112-114

D

Degelow, Karl Friedrich 101
Dember, Harry 141
Dibelius, Otto 180
Diehl, Karl 174, 178
Diem, Hans 195
Dietze, Constantin von 174, 178, 181
Dinger, Hugo 106 f.
Dittmeyer, Leonard 196 f.
Dmowski, Roman 215
Dowbor-Musnicki, Jozef 212, 215
Duden, Gottfried 83, 85

E

Eckert, Mark 88
Eichendorff, Joseph von 55
Eimer, Christian Heinrich 76 f., 96
Elster, Johann Daniel 48, 57, 65, 67
Eltz-Rübenach, Kuno von 154, 158, 160
Emmerich, Karl-Robert 204

Engelmann
　Friedrich 83
　Friedrich Theodor 74
　Friedrich Wilhelm 89
　Georg 86
　Sophie 83
　Theodor 74, 83, 88 f.
Engert, Hermann 187, 206
Erasmus, Theodor 74
Erhard, Ludwig 171, 174, 183 f.
Eucken
　Dieter 172
　Walter 172-175, 178, 181, 183 f.

F

Fabricius, Wilhelm 12-14, 19-21, 23, 26, 31, 33, 38
Feickert, Andreas 114 f.
Fichte
　Johann Gottlieb 51
　Werner von 153
Flechsig
　Emil 102
　Paul 102
Follen
　Eliza 94
　Karl 94 f.
Follenius
　Christian 94
　Paul 74, 95
Frantz, Carl Josef 192
Freisler, Roland 178
Fremont, John C. 85
Freund, Heinrich Josef 75, 77, 92 f., 97
Fries, Eduard 76
Friesen, Friedrich 55
Fritzsch, Ernst Wilhelm 103
Fröhlich, Ferdinand 202
Frohwein, Heinrich Christian Karl 59
Funck, J. F. 97

G

Gärth, Franz Carl 77, 82
Geiler, Karl 183
Geist, Peter 195
Genzmer, Felix 149
Georgii 30
Gerstein, Kurt 178
Glauning, Hans 156 f., 164-166, 169
Glauth, Jacob 93 f.
Glauth, Jakob 77

Goerdeler, Carl Friedrich 177-181
Goethe, Johann Wolfgang von 54, 102
Golf, Arthur 111-114
Gregor-Dellin, Martin 100
Grieg, Edvard 103
Grimme, Adolf 161
Großmann-Doerth, Hans 173, 175, 182
Gruner 112 f., 115 f.
Guaita, Georg Friedrich von 80, 90
Gullemann, Franz 202
Güssau, Johann 38, 39

H

Halamik 114, 116
Handel 81, 90
Hardtwig, Wolfgang 13, 18, 20-23, 39, 41, 44
Harring, Harro 48
Hassel, Ulrich von 178
Hauff, Wilhelm 58, 65
Haupt, Herman 47 f.
Hecht, Berthold 197
Heckel, Emil 103
Heer, Georg 55, 151, 169
Heidegger, Martin 173, 182
Heine, Heinrich 64
Heins, Engelhard 166
Heller, Rudolf 192
Helm, Karl 152
Herward, Johannes Jacob 30 f., 36, 39
Heuß, Theodor 185
Hilgard, Eduard 87
Hilgard, Eugen 87
Hilgard, Eugen Woldemar 87
Hilgard, Julius 87, 91
Hilgard, Julius E. 87
Hilgard, Theodor 87
Hilgard, Theodor E. 87
Hindenburg, Paul von 147
Hitler, Adolf 112, 114 f., 118, 147 f., 156, 166 f., 171, 174 f., 177, 180
Hitzeroth, Carl 146
Hoerle, Heinrich 36
Hölderlin, Friedrich 54
Homer 54, 64
Hooft, Willem Visser t' 184
Hörner, Monika 187
Huch, Ricarda 172, 175
Huebner, Kurt 162
Humboldt
　Alexander von 56
　Wilhelm von 54, 56
Huppenkothen, Walter 180

J

Jahn, Friedrich Ludwig 51, 55, 63, 76
Jarausch, Konrad H. 131
Jessen, Jens Peter 178, 181
Johns 173
Jucho, Friedrich S. 77
Junge, Karl Wilhelm 57

K

Kabisch, Hans 109
Kähler, Heinrich 76
Kakowski, Aleksander 215
Kapp, Friedrich 86
Kapp, Wolfgang 86
Kater, Herbert 194 f.
Kater, Michael 157
Keßelring, Georg 205 f.
Keßler, Eduard 202
Kessler, Gerhard 141
Kestner, Charlotte 93
Kestner, Theodor Friedrich 93
Kestner, Theodor Josef 93
Kilian, Wilhelm 153
Kleist, Heinrich von 56
Klemke, Ulrich 73-75
Klemt, Eduard 140
Kolb, Richard 176
Konstantin I., König von Griechenland 69
Körner
    Carl Gottfried 84
    Gustav Peter 74, 76 f., 79, 82-92
    Pauline 83 f.
    Theodor 56
Koshars, Rudy John 169
Kotzebue, August von 52, 66
Krassas, Alkibiades 69
Krawielitzki, Hans 152
Krueger, Felix 111
Krüger, Gerhard 137
Krug, Wilhelm Traugott 57, 99, 102
Kullmann, Heinrich 181

L

Lampe, Adolf 173, 175, 178, 181
Larsen, Karl 202
Laukhard, Friedrich Christian 31 f.
Lerchenfeld, Maximilian von 68, 80
Lessing, Gotthold Ephraim 54
Liebenstein, Johann von 37

Lieber, Franz 48, 63-65
Lienau, Walter 166 f.
Lincoln, Abraham 63, 74, 85, 87 f.
Link, Heinrich 160
Liszt, Franz 103
Litt, Theodor 120, 139
Lizius, Bernhard 71, 97
Lönnecker, Harald 104
Lorber, Karl 68
Ludwig I., König von Bayern 66 f.
Luther, Martin 52, 59

M

Maas, Benjamin 192
Mader 116
Maercker, Ludwig 109
Manewald 112
Marbach, Oswald 103
Matteson, Joel Aldrich 85
Mebold, Karl August 58, 61
Meroz, Yohanan 174, 184
Mespelbrunn, Julius Echter von 188
Mestmäcker, Ernst Joachim 185
Meyer-Erlach, Georg 193 f., 196
Moltke
    Freya von 181
    Helmut James Graf von 173, 180
Moré, Hermann Friedrich 76, 96
Moscicki, Ignacy 215
Müller
    Johannes 148, 162
    Rainer A. 13
Münch, Friedrich 74, 95
Mutschmann, Martin 176
Mütze, Ludwig 148

N

Nägeli, Hans Georg 99
Napoleon I., Kaiser der Franzosen 51, 56
Nestel, Heinrich Friedrich 34
Neubert, Michaela 187
Neuhoff
    Georg 74, 87
    Georg Ludwig 89 f.
    Georg Walter 89 f.
    Georg Wilhelm 76
    Peter 90
    Peter Friedrich 76, 90, 92
    Wilhelm 74, 87
Niebuhr, Barthold Georg 63

O

Obermüller
    Theodor 92, 96
    Wilhelm 75, 77, 92
Oettinger, Georg 203
Otto
    Karl Eduard 102
    König von Griechenland 66

P

Paderewski, Ignacy Jan 215
Pestalozzi, Johann Heinrich 91
Pfister, Bernhard 173
Philip, Herzog von Edinburgh 69
Pietzsch, Friedrich August 23
Pilsudski, Jozef 211, 213, 215
Poncet, Harald von 138
Pöppe 112
Posselt 39
    Gottfried 37
    Wilhelm 37
Prüfer, Arthur 105-109, 117

Q

Quante, Andreas 80

R

Raabe, Wilhelm 109
Rabe, Rudolf von 70
Rasche, Ulrich 36
Rauschenplat, Johann Arminius Ernst von 80
Reichenbach, Heinrich Graf von 70
Reitzenstein, Carl Heinrich von 75 f., 92, 97
Reuter, Friedrich 97
Reyscher, August Ludwig 58
Rheinfelder, Hans 205
Richeville 15, 26
Richter, Walter 23, 26, 33, 37
Riedel, Carl 103
Riederer, Jens 13, 22, 35, 43
Ritter, Gerhard 179, 181
Robbespierre, Maximilien de 94
Rochau, August Ludwig von 96
Rosenberg, Alfred 160
Rosenstock-Hussey, Eugen 184
Rössner, Gösta 187
Rübel, Oskar 203

Rubner, Karl Gustav 97
Ruck, Adalbert 203
Rudolph, Bernhard Ernst 101
Ruge, Arnold 52

S

Sand, Carl Ludwig 52, 66, 94
Sauckel, Fritz 175
Sauerwein, Johann Wilhelm 71, 97
Schadewitz, Carl 205
Schiller, Friedrich von 54, 56, 99
Schirach, Baldur von 158-160, 163, 169
Schlegel
    August Wilhelm von 56
    Friedrich von 56
Schlichtegroll, Nathanael von 68
Schlösser, Rudolf 105-107
Schmidgall, Georg 25-27, 30-36, 38
Schmidt, Wolfgang 187, 196
Schnorrbusch, Hanns 143
Schopenhauer, Arthur 109
Schöttle, Silke 38
Schüler, Friedrich 79
Schumann, Robert 102 f.
Schurz, Carl 85
Schwarz 112
Seidl, Armin 106 f.
Seifert 115
Seuffert, Johann Adam 80
Seyffer, Johann Friedrich 34
Siebenpfeiffer, Philipp Jakob 79
Sikorski, Wladyslaw 215
Silberrad
    Gustav 77
    Ludwig 75, 92 f., 96 f.
Simon, Anton 203
Sperling, Georg 111, 116
Spieß 162
Stauffenberg, Klaus Graf Schenk von 178, 181
Stöber, Walter 187
Stoltze
    Anette 96 f.
    Friedrich 96
Stöltzer, Moritz 101
Stüken, Wolfgang 87
Sünkel, Hans 188
Svendsen, Johann Severin 103
Sylvester, Jordan 82

T

Tempel, Wilhelm 157 f.
Teodorowicz, Jozef 215
Thielicke, Helmut 180
Thiersch, Friedrich 56 f., 66
Tischer, Hermann 101
Treiber, Heinrich 66
Treitschke, Heinrich von 63
Troje, Paul 148
Trott zu Solz, Adam von 184
Truöl, Christoph 143
Tzschirner, Heinrich Gottlieb 57

U

Uhland, Ludwig 57

V

Veltzke, Veit 104, 117
Vitriarius, Ludwig 36, 41
Vock, Friedrich Ernst 34
Voigt, Georg 148

W

Wagner
    Adolph 99
    Richard 99-103, 105-109, 112, 114, 117
    Siegfried 108
Wallbrun, Fridericus de 36
Walz, Johannes 36, 41
Weber
    Carl David 88
    Karl 203
    Max 123, 172
    Rosco 164
Wegner, Arthur 149
Weibezahn, Fritz 162
Weichs, Klemens von 68
Weidig, Friedrich Ludwig 77
Weinlig, Christian Theodor 100, 102
Weissbach, Arthur 106 f.
Weiße, Christian Hermann 99
Wenglein, Wilhelm 188 f.
Weskamp, Manuel 187
Wienbarg, Ludolf Christian 52
Wiethölter, Rudolf 183
Wimer, Marie Wilhelmine 77
Wirsberg, Friedrich von 188
Wirth
    Johann Georg 78
    Valentin 192
Wohlfahrt, Gustav 101
Wolf
    Erik 180
    Friedrich August 91
    Theodor Conrad 30
Wördehoff
    Hans 187, 205-207
    Hermann 206
    Philipp 206
Wulffen, Friedrich von 68

Y

Yorck von Wartenburg, Peter Graf 173, 180 f.

Z

Zaleukos 58
Zaunstöck, Holger 13, 21, 23, 33
Zehler
    Ludwig Friedrich 77
    Wilhelm 66, 75, 77, 92, 96
Zenker, Paul 111-114, 117 f.
Ziegler, Hans 159